U0924173

碧海生命乐章

首位归国海洋学女博士洪华生传

黄水英 主编
许晓春 编著

厦门大学出版社
XIAMEN UNIVERSITY PRESS
国家一级出版社
全国百佳图书出版单位

图书在版编目(CIP)数据

碧海生命乐章:首位归国海洋学女博士洪华生传/黄水英主编;许晓春编著.—厦门:厦门大学出版社,2021.1
ISBN 978-7-5615-8045-5

Ⅰ.①碧… Ⅱ.①黄… ②许… Ⅲ.①洪华生—传记 Ⅳ.①K826.16

中国版本图书馆 CIP 数据核字(2021)第 026411 号

出 版 人 郑文礼
责任编辑 陈进才 李峰伟
封面设计 李夏凌
技术编辑 许克华

出版发行 厦门大学出版社
社 址 厦门市软件园二期望海路 39 号
邮政编码 361008
总 机 0592-2181111 0592-2181406(传真)
营销中心 0592-2184458 0592-2181365
网 址 http://www.xmupress.com
邮 箱 xmup@xmupress.com
印 刷 厦门集大印刷厂

开本 720 mm×1 020 mm 1/16
印张 31.25
插页 2
字数 398 千字
版次 2021 年 1 月第 1 版
印次 2021 年 1 月第 1 次印刷
定价 100.00 元

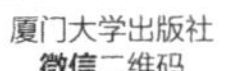
厦门大学出版社
微信二维码

厦门大学出版社
微博二维码

1984年8月，洪华生于美国罗德岛大学海洋研究生院获海洋学博士学位。

序　一

胡敦欣

洪华生是我国学成归国的第一位海洋学女博士。《碧海生命乐章》全书详尽介绍了洪华生教授从出生、小学、中学、大学和研究生到现在的生活、学习和工作经历，反映了她人生观的形成和历练的全过程。

洪华生是一位意志坚强、刻苦努力的女性。我和洪华生第一次见面是1980—1981年间我在美国麻省理工学院的时候，时间短暂，但印象深刻：她是一位朝气蓬勃、富有生气的女性。较多的接触和认识是1989年中国全球海洋通量联合研究（JGOFS）委员会成立后的几年（当时我是委员会主席，共有13个委员，她是唯一的女委员和少有的几个海洋生物地球化学老师之一）。多次开会，她总是积极地发表意见，是委员中的积极分子。更多和深入的认识是从2004年厦门大学近海海洋环境国家重点实验室（简称“国重室”）申请及其启动后的10年间（我是国重室两届学术委员会主任，洪华生教授是副主任），这是愉快而难忘的10年，这10年国重室有了飞速的发展，这与洪华生教授的努力是分不开的。国重室刚刚启动时，原有的几个专业方向都不错，都有自己的特点，都想进入国重室，取舍难定。学术委员会每次讨论国重室的主攻方向时，委员们和实验室的同事们各抒己见，分歧非常大，难以确定。经过几次学术委员会会议的认真分析和激烈讨论，逐渐消减与海洋生物地球化学不太相关的成分；几经凝练，最后统一到实验室学术委员会（我、洪华生教授为代表的）和实验室主任戴民汉教授一直坚持的以生物地球化学为中心的意见，确立了国重室的主攻方向为海洋生物地球化学及其生态效应。在这个过程中，洪华生教授起到了非常重要的作用。在这10年期间，通过国重室学术委员会的不断学术咨询，经实验室全体同事的不懈努力，国重室获得了长足的发展，在连续两届全国国重室评选中都获得优秀，全国瞩目。现在这个实验室不仅是国内海洋生物地球化学的研究中心，也是国际知名的海洋生物地球化学研究中心之一。我们可以看到，这个国重室的发展历程不容易！

从洪华生教授1984年回国后，在厦大建立海洋生物地球化学开始，她费尽心血，筑巢引凤，不断吸引优秀人才，爱护、培养各类人才，壮大厦大研究力量，给他们提供优异的条件，帮他们发展。特别是，引进戴民汉、焦念志、高坤山等一批优秀人才，其中，戴民汉、焦念志已晋升中科院院士；还有其他一些后续人才，现在厦大已成为全国海洋生物地球化学方面的一颗明珠。回顾近30年厦大海洋生物地球化学的发展历程，洪华生教授的贡献是有目共睹的，是不可磨灭的。厦大海洋生物地球化学有今天，离不开洪华生教授几十年为集体的发展执着奉献，筑巢引凤，克己奉公，不懈努力；识才，爱才，尽心全力培养、支持年轻人发展的努力分不开的，她的这种精神值得大家学习、传承和发扬！

中国科学院院士 胡敦欣

2020年10月

序　二

戴民汉

《碧海生命乐章》是对洪华生先生精彩人生、学术历程的回顾和叙述，也集合了多位学生、同事、合作伙伴等所分享的点滴往事。先生是家人眼中的独立女性、同事眼中的“巾帼英雄”，更是极具家国情怀的爱国者、锐意进取的学者、坚忍不拔的创业者、德才兼备的导师，是一代科学家的杰出代表。

“坚毅”“进取”是洪华生先生的成长印记。先生出生于日寇侵略时期千岛之国菲律宾的一个爱国华侨家庭，从小深受家国情怀的影响。十岁时随母亲回国，后考取了厦门大学化学系。1968年本科毕业后，先后在大连夏家河农场、北大荒和武汉钢铁公司进行劳动锻炼，直至1978年国家恢复高考和研究生招生制度。十年的锤炼，将一位女大学生塑造成为坚毅自强、吃苦耐劳、坚守科学理想的知识女性。

1978年，全国科学大会召开，国家恢复研究生招考。先生斟酌再三报考了厦门大学海洋学系的研究生，从化学系“游”到海洋系，从此开启了追逐蓝色梦想的航程；而后，在导师李法西先生的推荐下，赴美留学，学成后毅然回国投身科研，是中华人民共和国成立后第一位公派留学后回国的海洋学女博士。从赴美时学业“荒废”已近10年，到在美期间，从31位同学中以总平均分最高的优异成绩获得博士学位，非进取、坚毅无以达成！2002年，洪华生老师、商少凌和我曾有幸在罗德岛大学与她的博士导师 Dana Kester 教授相聚。交谈中，Dana Kester对其学生洪华生的赞赏溢于言表。

“柔和”“敏锐”是我作为学生对洪老师的素描。1987年初春，我第一次踏入厦门大学海洋系的海洋生物地球化学实验室，于当时的我，海洋生物地球化学若然是一个莫测高深的名词，幸亏在那之前曾热衷过交叉学科，一知半解地知晓所谓的创造发明往往较易出现在边缘科学，于是，朦朦胧胧地意识到，海洋生物地球化学可也是一门交叉学科？这种朦胧的感觉在先生的启蒙下得以消失，先生之于学术，态度之严谨，工作之认真，科学嗅觉之敏锐，令我深得熏陶，同时，以先生为带头人的海洋生物地球化学实验室宽松浓厚的学术气氛也令我获益匪浅。1987年秋，我正式成为先生的硕士研究生，并于1989年开始硕博连读。因而我一直自诩是先生的“大弟子”。先生不仅带我进入海洋学科这个领域，其科学视野与学术情怀也影响了我终生的事业追求。早在博士毕业时，先生即手写了一封满含深情的信给远在法国的我，希望我回国工作，我深受感动，其时的我已然决定回国。后得到了伍兹霍尔海洋研究所的博士后机会，回国遂推迟，最终于1998年回到母校。

“奋斗”“前瞻”是对洪华生教授回国传承开拓、再续厦大海洋辉煌的诠释。1984年洪华生博士学成归来，便无怨无悔地投入祖国的海洋科学事业。其时，国内海洋科学研究条件较为落后，但先生始终瞄准国际科学前沿，大胆创新，培养了一大批学科人才，使学科不断传承和发扬；她始终瞄准国家需求，为省市地方经济及海洋环境综合治理做出了突出贡献。

先生自接过海洋化学学科接力棒，便融合多学科交叉学术思想，开拓海洋生物地球化学新兴交叉学科领域，成为我国知名的海洋环境科学带头人，被推选为中国海洋科学委员会主席、国际海洋科学委员会副主席，推动我国海洋科学事业走向国际舞台；建立长期观测研究平台，为福建海洋经济建设和海洋防灾减灾工作提供了重要支撑；前瞻性跨学科发展并有效地实践了海岸带综合管理的理论研究，为厦门成为东亚发展中国家海岸带综合管理示范区起了关键作用。

先生的艰苦创业历程正是厦大海洋学科的发展脉络踪迹。多年来，先生先后推动并创建了厦门大学环境科学研究中心、海洋与环境学院、近海海洋环境科学国家重点实验室、海洋与海岸带发展研究院等海洋科教平台，以及环境海洋学博士点，我国首个海洋事务国际博、硕士项目，聚集和培养了一批批优秀的海洋青年人才。如今，厦门大学已成为我国具有国际影响的海洋与环境科学研究和教育的重要基地。

最后，谨以本人在先生从教三十周年所作之序总结我的思绪。

忆往昔，先生
负笈海外，栉风沐雨
学成归国，传承开拓
矢志不渝，天道酬勤
乐育英才，桃李芬芳
建树卓著，誉及四海
率国之海洋生物地球化学之先
图宏志于世界海洋科学之席
载美誉于中国海洋科学之册

看今朝，先生
松柏之姿，经冬犹茂
睿智豁达，懿德裕后

业之所承，正在我辈
弘先辈之道统，扬先生之风范
共续中华海洋之新篇

中国科学院院士 戴民汉
于庚子年秋

目　录

附录二　大家眼中的洪华生　331

第一章 筑梦

第一节 千岛之国的爱国情怀

1944年7月17日，一个十分闷热的夏日，正是每年菲律宾国花茉莉花满城开放的时节，在马尼拉的一个家庭里，一个女婴呱呱坠地。在家中喜悦的氛围之外，菲律宾，这个“千岛之国”，依然笼罩在日寇的侵略阴影下。

多年以后，洪华生才知道，她的名字正是出自英文“war-son”的音译，意思就是“战争之子”。1941年，日本偷袭珍珠港，挑起太平洋战争并轰炸菲律宾，不久后便登陆菲律宾。菲律宾沦陷期间，广大侨胞同仇敌忾，旅菲华侨于1942年成立了菲律宾华侨抗日游击队（华支），与菲律宾人民并肩作战，成为当时抗击日寇的重要力量。他们的鲜血撒在了菲律宾这片热土上，为抗日战争立下了不朽的功勋，用生命与鲜血谱写了中菲友谊的光辉篇章。洪华生小的时候，爸妈每年都会带她到马尼拉郊区华人义山公墓的华侨抗日烈士纪念碑，缅怀他们的英勇事迹。当时，她的父母亲都是著名的“华支”的外围成员，参加了抗日活动。

马尼拉华人义山公墓的华侨抗日烈士纪念碑（图来自网络）

在身为爱国华侨的年轻父母心里，满怀着对祖国的炽热爱意，即使在战争风云的压迫下，也要用自己能够掌握的命名权，来宣示他们的新一代是堂堂正正的中华之子。而在抗战风云中出生的洪华生，正是因为从小受到家庭观念的影响和熏陶，所以有了一生报效祖国的信念，并且在此后半个多世纪的岁月里一直秉承着这样的爱国信念，兢兢业业、无怨无悔地为祖国的海洋科学事业奉献自己的汗水和心血。

父亲母亲的故事

父亲洪克刚年轻时照片

母亲洪如萍年轻时照片

洪华生的父亲洪克刚出生于1910年，是福建省南安华美乡人。洪克刚的父亲本身也是一名爱国华侨，他出身贫寒，后来到了菲律宾谋生，和亲戚们一起办了一个酱油厂，筚路蓝缕，艰苦奋斗。致富之后，他热心支持家乡的教育，和几位老华侨一起在家乡南安创办了华美小学。洪克刚从小就爱读书，幼年时进过私塾，后来，因“逃土匪”外迁辗转，先后在泉州、厦门就读。

生逢乱世，看到祖国因落后而受欺凌，洪克刚更加立志要发奋学习，以实现科学救国。1932年，他获得“庚子赔款”助学金，前往日本，

父亲洪克刚日本留学时照片

就读于早稻田大学，并获得电气工学学士学位。1937年“七七卢沟桥事变”前，他毅然离开日本回国。回国后，他曾在厦门鼓浪屿当过家庭老师、学校代课教师，由于宣传抗日爱国思想，并拒绝当日本翻译，1941年被日本领事馆宪兵逮捕关押，幸得其在菲律宾的伯父托人把他保释出来，并远渡菲律宾。

洪克刚到菲律宾后，遇到了在菲律宾当教师谋生的同乡洪如萍，他俩自由恋爱，冲破阻力结了婚。当时的菲律宾被日本占领，夫妻一起参加抗日地下工作，在热血抗争的年代中，为抗日事业奔走，也迎来了寄托着他们希望的女儿洪华生的诞生。

1945年，日本投降，菲律宾解放，洪克刚被安排到马尼拉《侨商工报》担任编辑工作，他不辞辛劳，不计报酬，埋头苦干。由于报社积极报道、宣传祖国在中国共产党领导下的八路军、新四军浴血抗日，而国民党消极抵抗，造成国土沦失、人民遭受残忍迫害等事实，引起了马尼拉国民党右派的不满，他们勾结当时的菲律宾政府，对报社进行搜查，洪克刚不幸被捕，后来经过社会知名人士及组织的交涉营救，才获得释放。

随着国内解放战争节节胜利，侨胞们识破了国民党的虚伪宣传，爱国情绪与日俱增。在菲律宾的国民党右派，变本加厉地勾结当地政府，对左派的人员进行迫害。1954年7月，菲律宾警察局根据国民党右派提供的名单进行大肆搜捕，洪华生的父母作为共产党嫌疑人同时被捕。

在洪华生的记忆里，这一幕依然清清楚楚：

“当时是一个清晨，一批警察突然闯入我家里来，翻箱倒柜，最后把我父亲母亲带走了，当时我10岁，三个弟弟一个8岁、5岁，还一个才3岁，我们几个孩子都吓得不知道怎么办才好。后来，是父母在菲律宾的好朋友把我们接到她的家里。有一天，一位叔叔说带我去看母亲，我一听特别开心。原来，母亲当时怀着我最小的弟弟，另外我的三弟也在生病发烧，母亲就找这个理由要求到医院。结果，她被关到病房里，外面还有两个警察在站岗放哨。那位叔叔带我去之前，把纸条塞到我的身上，让我带给母亲——因为我是小孩，不容易被发现，这一次，等于是我也当了个小小的地下通讯员了。”

后来，洪华生才知道，在自己还是婴儿的时候，父母就曾在她的尿布下藏过抗日宣传单了。而这次洪克刚夫妇被捕后，因为反动当局拿不到证据，加上她的伯父又花了一大笔钱，所以得以保释在外候审，但每个星期都要去警察局报到。后来，等“风声”不那么紧的时候，洪克刚夫妇就申请自动离境，先后将洪华生姐弟5人带回祖国求学，为建设社会主义新中国服务。

洪克刚回国后，一开始被分配到集美华侨补校工作，后来又被调到厦门电厂、仙游糖厂、杏林糖厂等企业工作。作为一名电气工程师，在建设新中国的火红年代里，党指向哪里，他二话没说就奔向哪里，在工作中，也丝毫没有知识分子的架子，和工人打成一片，他的谦虚谨慎、勤奋工作，深受领导的好评和群众的爱戴。“文革”期间，洪克刚夫妇因“菲共”问题遭受冲击，分别被下放到永定和连城，直到1972年才调回厦门，1983年办理离休。

在洪华生的印象中，父亲是一个典型的知识分子，酷爱学习，英语、日语和德语都很好，而且活到老学到老，即使年纪大了以后眼睛不太好，仍然坚持用放大镜阅读报纸杂志，关心国家大事和社会新闻。父亲的一生是平凡的，但也是勤奋的，虽经历风风雨雨，依然无悔无怨，心系祖国。他为人诚实宽厚，不计较个人得失；淡泊名利，知足常乐，生活俭朴，为人正直。而让洪华生印象最深的，就是他经常教育子女们，对穷苦人一定要有同情心，助人为善。

这些优秀品质，对洪华生和几个弟弟的人生道路，都有着潜移默化的重要影响。

而母亲的影响，则塑造了洪华生的另一重人格特质。她的母亲叫洪如萍，这个温婉而坚定的名字，正是母亲一生的写照。

洪华生至今仍记得，母亲年轻时很漂亮，在菲律宾的时候，大家常常说她长得像西班牙人，还开玩笑说她怎么生了丑小鸭洪华生。而在幼时的洪华生看来，母亲还有着和外表一样美丽的心灵，这一点对她的影响也很大。

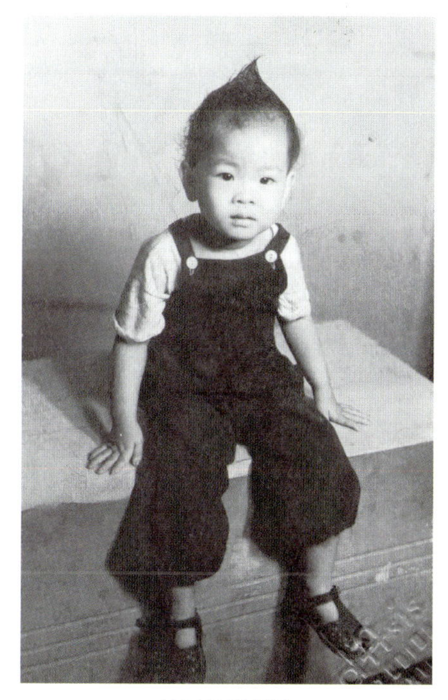

幼时的洪华生

有一次，她听到有人叫她母亲“也好”，不禁感到好奇。母亲告诉她，这是自己的小名，当时在农村重男轻女现象很严重，华生的母亲是老大，按农村的习俗，女孩子出生后会有人来给外公报喜，他只淡淡地说：“也好。”

后来，洪华生的阿姨出生之后，外公便抛弃了她的外婆，家里只剩下外婆带着两个年幼的女儿一起生活，仅靠外公留下的一点田地租给人家贴补家用。

幼时的洪华生和母亲

困苦的生活却磨炼了这个坚韧的女子。当时农村里一般认为只有男孩子才能养家，但洪如萍从小就不服输，并立志要自立，长大后要像男孩子一样养活母亲。她很聪明，从小也很爱读书，经常站在私塾外面听。她姑姑看着这个侄女长得漂亮又好学，也很支持她，因此资助洪如萍16岁时到集美读幼师（即“陈嘉庚幼儿园”的幼师班）。洪如萍毕业之后先在集美师范附属幼儿园工作，后来又到鼓浪屿普育小学任教。

洪如萍一直记得自己从小的誓言。那时，国内教师的收入是相对微薄的，于是，在22岁那年，她漂洋过海，和自己的妹妹洪玛瑙一道，到菲律宾南部岛上教书，希望挣更多的钱来让母亲过上更好的生活。洪如萍的教师生涯，让洪华生从小对老师这个职业有着一种超乎寻常的热爱。

当时的菲律宾华人很多，大部分来自闽南一带。母亲在菲律宾时开始接触到进步思想，当时的菲律宾，是国共斗争很激烈的地方，国民党势力一开始占优，但共产党的势力也逐渐强大起来，包括著名将领叶飞，也是从菲律宾走出去的。洪如萍于1941年加入菲律宾共产党，后来周恩来总理承认了菲律宾共产党，因为他们当时跟国内党组织有联系。

说起来，缘分是一个很奇妙的东西。洪华生的父母真正结缘虽然是在菲律宾，但在浪漫的小岛——鼓浪屿，才是他们最初的相识。

在出国之前，洪如萍在鼓浪屿的普育小学教书，正好那段时间，洪华生的祖母也搬到鼓浪屿，洪克刚也从日本早稻田大学毕业回国，在鼓浪屿英华中学当代课教师。这个血气方刚的帅气青年，文武兼备，特别喜欢踢足球，经常上完课，脱了长袍，就打着赤脚去踢球。鼓浪屿的“洋人球埔”(今为“人民体育场”)，当时云集了岛上许多著名的足球队，还曾经出现过华人足球队大胜洋人的壮举。

尽管早在鼓浪屿就认识了，但如果后来没有去菲律宾，按照华美村的习俗，同姓的青年男女，虽然一个在“上厝”，一个在“下厝”，没有血缘关系，但是也不允许结婚。可能是冥冥之中的缘分，洪克刚被保释去了菲律宾，加入菲律宾共产党，两人在菲律宾重逢后不久就结婚了，并且一起抗日，参加“华支”外围活动——可以说，在彼时彼地，他们的婚姻就代表了一种反抗精神。

日本投降后，洪如萍在进步组织支持下，创办了“建国小学”，校址就设在马尼拉的一个平房里。这个学校是专门为当时抗战以后当地没钱读书的华人服务的，资金来源主要靠募捐，母亲担任校长。那时，才不过4岁的洪华生，经常站在一年级“班级”的门口，好奇地看着比自己大几岁的孩子们上课。

那时候没有幼儿园，四五岁的孩子就开始听课了，5岁就可以读一年级。洪如萍创办这所学校之后，又想方设法送升学的孩子们进入比较进步的中学——侨中，继续接受教育。从“建国小学”走出的许多家庭穷困、努力成才的学生，一直心怀感恩。有一次，洪华生和母亲回到菲律宾，不少学生知道后赶来跟她们会面，一见面就喊：“洪校长！”

而有一件事，洪华生直到现在想起来，还很感动。有一位当年“建国小学”的学生，后来到美国继续读书、当医生，退休之后，好不容易打听到洪华生母亲的消息，知道洪华生在厦门大学教书，特地把60年前“建国小学”的校徽和自己同“洪校长”的合照一起寄过来，给她留念。后来，这位学生还给“洪校长”寄过治脚痛的药膏。

母亲洪如萍（前排中间）担任“建国小学”校长时和师生合影

60年了，学生依然记得当年的“洪校长”，这份情谊，殊为难得。而这，正来源于母亲秉持一生的善心和善举。“人还是要多做点好事，保持善心，善待别人，不求回报，别人会一辈子感激你。”母亲的叮咛，一直在洪华生的耳边萦绕。

虽然生活在菲律宾的日子并不长，但洪华生依然记得许多点点滴滴。她读的是圣公会小学，半天上中文课，半天上英文课，她和大弟弟都是坐马车上学，那个车夫叫木给（闽南语“没牙齿”），对她和弟弟非常好。

记得有一次，她的地理老师说，中国“只剩下一点点了”，言下之意是，国民党败退台湾，中国“只有台湾”了。因为当时国民党在菲律宾的势力很强大，不承认大陆为中国。年少的洪华生和弟弟很不理解，为什么中国变成那么“小”？便回去问母亲，母亲斩钉截铁地告诉他们：“不是这样的！”

回到祖国的怀抱

10岁那年，洪华生随着母亲从马尼拉回到祖国，从此，她开启了自己在祖国的人生历程。

那是1954年，父母从国民党的监狱被保释出来后，母亲刚生下最小的弟弟，就先交给父亲照顾，因为来不及办理刚出生小弟弟的手续，担心当局变卦，母亲带着洪华生和三个弟弟，一获得批准就赶紧离开，转道香港回到厦门。

虽然回来的路途也是一路坎坷，但离祖国越近，怀揣着回来报效祖国信念的洪如萍就越是心潮澎湃。洪华生记得很清楚，当时在深圳罗湖的关口，有一段很窄的木桥，这边挂的是港英当局的旗子，而桥的那边，就是中华人民共和国国旗，只要走过那么一小段路，就可以回到祖国的怀抱了！走过桥的那一瞬间，母亲非常激动，热泪盈眶，

1954年，回国前洪华生（后排右一）和母亲及弟弟们一起

心里呼喊着："祖国母亲，我们终于回来了！"

回国的那天正赶上新年，要马上回到厦门肯定是不可能的。而且已经12月底了，习惯了菲律宾天气的母子几人，都只穿了短袖，冷得直打哆嗦。还好。当时菲共组织很多人也回国了，有的还当了参谋长，所以，那些"叔叔"给了他们全家人一人一件解放军大棉袄，又大又长，都拖到地上了，但那也是年纪尚幼的洪华生，第一次感受到来自祖国亲人的温暖，让她终生难忘。

母亲的很多菲律宾同事都留在广州工作，但是考虑到祖母在鼓浪屿，他们还是决定回厦门。当时的交通很不方便，他们费尽周折，才终于在广州过完新年回到厦门。父亲和最小的弟弟，则等到第二年的年中才回来，一家人终于在厦门再次相聚。

虽然母亲1949年就在菲律宾加入菲共组织，但1954年被捕的时候，组织关系被斩断。回国以后，经过9年的努力，她才于1963年9月重新入党。但也因为这段经历，“文革”期间，母亲在单位里的政治审查一直通不过，和小弟弟被下放到连城，另外两位读中学的弟弟和父亲被下放到永定，已大学毕业的大弟被分配到山东兰考县，洪华生则到了北大荒部队农场劳动。在那个特殊的年代，一家人就这样被分隔到好几个地方。

但这样的分隔，并没有隔断一家人的感情，反而磨炼了这个家庭更加坚韧、坚强的特质。

1972年年底，父母亲被通知回到市区，母亲又被调到鼓浪屿区担任妇联主任。不过，因为历史的原因，从菲律宾回来的菲共成员，当时都被误认为“美蒋特务集团”的成员，每次政治审查都通不过。一直到1978年，政府为“美蒋特务集团”假案彻底平反，才还了父母亲的清白。他们以坚定的信念走过这一段艰难的岁月，始终忠于祖国、忠于党的事业，从未有过动摇。

洪华生早年鼓浪屿的家

时光荏苒。1982年1月，母亲开始办理离休手续，但党交给她的新任务也到来了。当时，厦门没有致公党组织，致公党中央有人建议，因洪如萍在菲律宾时，曾经和洪门组织有过联系，所以可请她出面协助厦门成立致公党。洪如萍作为共产党员，根据工作需要，也以党员的身份加入致公党组织。

1981年年底，作为召集人，洪如萍开始组建致公党厦门市工委会；1984年，当选为致公党厦门市工委会副主任委员，直到1988年才改当顾问。此外，1983年鼓浪屿召开归侨侨眷代表大会，洪如萍被选为区侨联主席，直到1989年才退居为顾问。

虽然年事已高，但洪如萍继续发挥余热，无私奉献。2005年，厦门市老干部局相关负责人特意来到家中，为她带来了中共中央、国务院、中央军委颁发的“纪念中国人民抗日战争胜利60周年”纪念章，这是对洪如萍多年来参加革命工作的肯定和表彰，让她感到无限的光荣和欣慰。

父母亲潜移默化的影响对洪华生而言，既是一种家国的情怀，更是一种人生的指引。而早年的经历，就像当年回国时的“军大衣”一样，许多感人的点点滴滴，也为她的人生道路带来了诸多感悟和心绪。

在众所周知的“困难时期”，有一次，家里收到了从日本寄来的一个包裹，打开一看，呀，满满的都是方便面！原来，洪克刚早年在日本早稻田大学留学时，在理工学部电气工学科有个同学叫武藤。毕业以后，人事变迁，两个人已有几十年没有联系了。然而，在最困难的时候，这位武藤先生还念着旧友，千方百计地打听他们的消息，寄来了这一箱在当时十分珍贵的方便面。

20世纪90年代初，洪华生第一次出访日本，也特意去拜访武藤先生。然而，武藤先生已经过世，武藤太太还健在，是一位著名的眼科医生，她热情地接待了洪华生，聊起数十年前洪克刚曾经寄宿在武藤家的往事，仍历历在目。这种跨越时代、跨越国界的真诚友谊，让人

父亲洪克刚（右）日本留学时和同窗好友武藤先生（左）合影

永生难忘。

带着被时代塑造的独特“气质”，少年回到祖国的洪华生，也走进了自己充满未知，更充满希望的青春年华。

第二节　海上花园的纯真年华

鼓浪屿，一座风光旖旎的小岛，近代以来，却成为西风东渐的一个特殊前沿，拥有独一无二的中西合璧的人文环境。洪华生回国之后的求学生涯能够在鼓浪屿展开，对她来说，或许也是一种缘分、一种幸运。

1956年，厦门市鼓山小学第一届全体毕业生留影（第六排右一为洪华生）

小学时代的洪华生

虽然在菲律宾已经读完小学，但是为了和国内的教育“接轨”，她还是先在鼓山小学重读六年级，中学就读于鼓浪屿二中，直到1962年中学毕业。

百年名校的中学时光

鼓浪屿上华侨多，而且家境都还不错，所以当时孩子们多被称为“鼓浪屿小姐”或“鼓浪屿少爷”。鼓浪屿上一直都不通行机动车，孩子们不会骑自行车，甚至也没有“过马路”的概念。据说岛上的孩子往往一到厦门，看到车来车往，一下子就懵了，都不知道该怎么过马路了。

那时候的鼓浪屿非常干净，所以，洪华生总喜欢打着赤脚走路，

中学时代的洪华生

母亲曾经嗔笑着说她，都上中学的大姑娘了，还学人家男孩子打赤脚。二中的同学们关系很亲密，即使毕业多年了，也经常聚会。聚会时，大家也会笑着说起往事，他们都记得，刚上学时，同学们看洪华生都像看“怪物”——因为全班只有她一个人，戴着一个大大的黑框眼镜！可能是遗传的关系，洪华生8岁时就开始戴眼镜，而在那个年代，小孩子却很少近视戴眼镜。

厦门二中是一所历史悠久的百年老校，它的前身包括1898年成立的英华书院（男校）、1870年成立的毓德女学、1877年成立的怀仁女中，以及1949年卢嘉锡先生成立的私立厦大校友中学、1959年成立的侨办中学等。这些学校，几经组合，相继并入厦门二中。其中，以英华书院和毓德女学历史最悠久，作为外国教会最早在鼓浪屿兴办的真正意义上的近代新式学校，对中国教育现代化有着深远的影响。鼓浪屿由于具有独特的地理和历史优势，因此有机会较早地接触西方科学文化，使得厦门二中在100多年的发展历程中，形成了其独特的精神风貌、教育理念和治学之道，这也是鼓浪屿世界文化遗产的重要组成部分。

2018年，哈佛大学的国际天文联合会小行星中心（IAU Minor Planet Center）和“小天体命名委员会”（Committe on Small Body Nomenclature）通过审核并发布“MPC-20180925”号公告，将永久编号为16319号的小行星，正式命名为“Xiamenerzhong”（厦门二中）。这是厦门二中七旬校友陈栋华送给母校的礼物。50多年前，他从这所学校的老师那里认识了星空，半个多世纪后，作为资深业余天文学家，他把一颗星星送给了学校。它的命名理由是：这所学校把足球、英语、音乐融入了学校教育中，自1870年以来培养了众多活跃在国内外各行各业的成功人士。

厦门二中孕育出的知名校友，确实灿若星辰：卢嘉锡、张乾二、王应睐、顾懋祥、卓仁禧、洪伯潜、黄登保、吴宣恭、蔡望怀、洪华生、陈佐湟、殷承宗…… 而其足球、音乐、英语教育特色，也的确与鼓浪屿息息相关。

足球，是厦门二中的“标签”之一。二中的前身英华书院，是我国最早开展现代足球运动的学校之一，1898年便成立了“英华足球队”。这个足球队出过一个著名的球员——陈镇和，他曾代表中国队参加第九、第十届远东运动会，并两次获得冠军；1936年8月，第11届奥运会在德国首都柏林举行，陈镇和作为中国足球队左前锋参赛，这也是中国足球队首次参加奥运比赛。

音乐，是厦门二中的“标签”之二。早在19世纪后期，西洋音乐和西洋美术就传入好比“世外桃源”的鼓浪屿，鼓浪屿也因此被称为“琴岛”“音乐之岛”。中华人民共和国刚成立时，鼓浪屿的钢琴密度居全国第一，音乐的意识也已经深深植入鼓浪屿人的细胞中，每每走在鼓浪屿的小巷里，都可以听到悦耳动人的钢琴声。1990年，厦门市就在厦门二中和人民小学音乐特色的基础上，创办了一所专门培养音乐特长生的学校——厦门市音乐学校。

如今的鼓浪屿，有爱国华侨胡友义捐献创建的中国首个、亚洲最大、世界一流的钢琴博物馆，以及国内唯一、世界最大的鼓浪屿风琴博物馆和管风琴博物馆，成为鼓浪屿非物质文化遗产的重要组成部分。

这种“非遗”气质，也同样体现在二中厚重的人文历史中。洪华生至今还能背诵出英华中学的校训：“勤、诚、智、洁”（即勤以奋进、诚以待人、智以处事、洁以自善）。回想在鼓浪屿度过的学习和生活时光，洪华生觉得鼓浪屿人的修养——温文尔雅，礼貌谦让，衣着有品位，言谈友善有礼，气质端正高雅，再加上鼓浪屿宽松和自由的社会环境，对一个人的成长，具有潜移默化的影响和熏陶。

洪华生在家学习弹钢琴

英语，是二中的“标签”之三，这更让洪华生受益终生。

改革开放之后的1978年，厦门二中顺应时代发展，创办了英语试点班。1981年年底，在厦门二中英语试点班的基础上，厦门市政府创办了英语中学，这成为厦门外国语学校的前身。而这些，也都离不开陈碧玉校长敢为人先的大力推动。

而在正式创办英语试点班之前，厦门二中的前身英华中学，作为一所英国长老会创办的学校，英语教育基础已经相当扎实。1958年，基于中苏关系的影响，鼓励有条件的学校将外语教学科目转为英语，厦门二中当然具备这个优越的条件，很多任课老师本身就是当年英华中学毕业的，当时很多老师有华侨关系，有的曾在教会学校教书，擅长教英文，随便请哪位老师教英语都没有问题，洪华生读高中的时候正赶上这个好时机。洪华生印象特别深的还有一位吕良德老师，他的教学方法很灵活，覆盖内容非常广泛，有很多是课本之外的知识，他教导学生，不要死背那些语法，但要懂得把好的句子“整句话吞下去，整句话再吐出来”，活学活用。

洪华生的英文基础扎实，正是得益于二中老师们的教导。这段求学经历给她打下比较扎实的英语基础，所以她虽然后来把英语“丢”了10年，只提前一个星期从武汉回来参加选拔公派出国外语考试，但居然能在几乎没有任何准备的情况下顺利考上，其外语基础可见一斑。

老校长的言传身教

回顾自己在厦门二中多姿多彩的中学时代，洪华生感到非常幸运。她仍然时时感念当年母校为自己和同学们夯实的人生基础，包括道德理念、文化素质、做人原则等，都让人终身受益。当时，二中的师资非常好，老师们以身作则，言传身教，用高尚的情怀育人。这其中，令洪华生印象最深也最感恩的，正是可敬可亲的校长——陈碧玉。

陈碧玉抗战时期毕业于厦门大学数理系，师从厦门大学老校长萨本栋教授。她从1952年起担任二中校长，说她影响了鼓浪屿近半个世纪的教育史，一点都不为过。陈校长德高望重、学识渊博，为教育一生不懈追求和勇于奉献的精神，不仅是洪华生学习的楷模，更成为她的人生标杆。

洪华生记得，在二中读书的时候，陈校长最重视的，就是培养学生高尚的情操、科学的理想以及外语能力。居里夫人是陈校长的偶像，她常常以居里夫人为例子，教导他们用什么样的态度来对待学习、对待工作、对待自己的生活。

她记得，自己因为高考没有考上第一志愿清华大学而只被厦门大学化学系录取时，陈校长语重心长地鼓励她不要失望，又给她讲了一遍居里夫人在科学领域里不懈奋斗的故事。后来，洪华生一直牢记居里夫人的名言——“人生如梦，要把梦想变成现实”。

她也记得，1978年，一声春雷带来了科学的春天，高校又恢复招收研究生，自己被淹没的科学梦想又重新被点燃了。可是，作为已经34岁、两个孩子之母的她，重新捡起丢下10年的书本，报考远离工作单位的母校研究生，是不是白日做梦？在这茫然的关键时刻，陈校长“肯定行”的鼓励和支持，又给了她极大的勇气和毅力，成就了自己人生重要的一个转折点。

她还记得，1984年年底学成回国后，去医院探望在病榻上的导师——陈校长的爱人李法西先生。李先生说话已经有些困难，还是陈校长一字一句地“翻译”着李先生的嘱托，希望她回到母校继续李先生未竟的海洋事业。正是老师的殷切期望，使洪华生下定决心，无论前进的道路多么艰难，都要一如既往地追寻那蓝色海洋梦。

“女性一定要自强自爱，碰到困难要克服，不要随便放弃学习成长。”

陈校长的这句肺腑之言，成为洪华生的座右铭之一。几十年来，每当洪华生取得“一点点进步”向她汇报时，陈校长总为她高兴；每当碰到困难向她倾诉时，陈校长总会给予及时的指点和鼓励。而陈校长对教育事业的追求与奉献、先进的教育理念和高尚的品格，更是对洪华生后来献身海洋教育事业起到了极大的示范作用。

洪华生和陈碧玉校长同时被授予“厦门十大杰出时代女性”称号

2010年，在“三八”国际劳动妇女节100周年活动上，出现了动人的一幕，二中老校长陈碧玉被授予“厦门十大杰出时代女性”称号，而同获殊荣的，正是她的学生——厦门二中1962届高中毕业生洪华生。

学术成果斐然的洪华生教授，和依然精神矍铄的陈碧玉老校长并排站在领奖台上，两人相视而笑，万语千言，却尽在不言中，似乎又一起回到了那鼓浪涛声中的美好青春年华里。

科学精神的摇篮

除此之外，注重素质教育，提倡勤工俭学，也是厦门二中一个十分显著的特色。1958年左右，厦门二中就是福建省种兔推广站的一个定点单位。洪华生记得，就在二中校园的后山，学生们养了300多只安哥拉长毛兔，每天都要去切青菜喂兔子，还要清理兔子粪便。通过养兔子，洪华生不仅学到了很多知识，也深深认识到劳动的重要意义。她写了一篇文章《我的收获》在报纸上发表，她父亲很高兴她能这么热爱劳动，一直把这张报纸收藏在他的床底下，许多年后报纸都变黄了。

1959年的暑假，洪华生和同学们还曾经到当时的国营厦门罐头厂参加勤工俭学劳动以及到农村参加秋收。这些中学阶段的劳动和社会

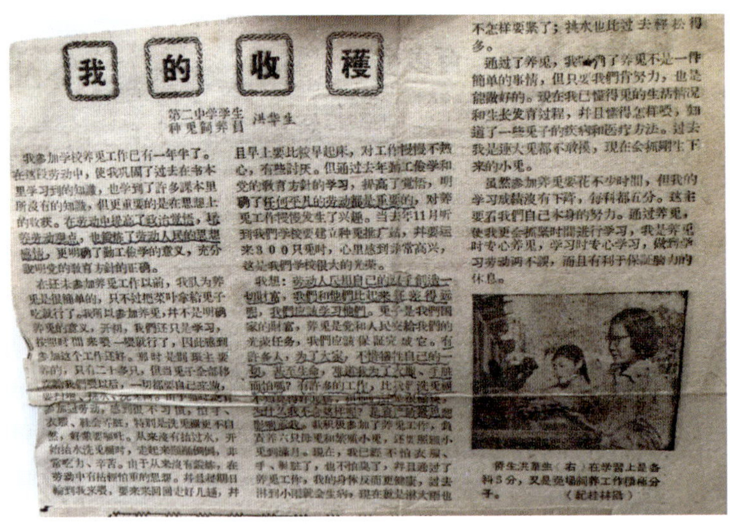

我的收穫

第二中学学生种兎飼养員 洪华生

我参加学校养兎工作已有一年半了。在这段劳动中，使我巩固了过去在书本里学习到的知識，也学到了許多课本里所沒有的知識，但更重要的是在思想上的收获。在劳动中提高了政治觉悟，培养劳动观点，也體验了劳动人民的思想感情，更明确了勤工儉学的意义，充分說明党的教育方針的正确。

在还未参加养兎工作以前，我認为养兎是很簡单的，只不过把菜叶拿給兎子吃就行了。我所以参加养兎，并不是明确养兎的意义，开初，我們还只是学习，按照时間来喂一喂就行了，因此感到参加这个工作还好。那时是[illegible]主要[illegible]的，只有二十多只，但当兎子全部移[illegible]以后，一切都要自己來做，[illegible]参加过劳动，感到很不习惯，怕手、衣服、鞋会弄脏，特别是洗兎棚更不自然，鞋常要湿。从来沒有挑过水，开始挑水洗兎棚时，走起来摇摇摆摆，非常吃力、辛苦。由于从来没有鍛鍊，在劳动中有怕脏怕累的思想。并且碰到星期日輪到我来喂，要来来回回走好几趟，并且早上要比較早起床，对工作慢慢不热心，有些討厌。但通过去年勤工儉学和党的教育方針的学习，提高了觉悟，明确了任何平凡的劳动都是重要的，对养兎工作慢慢发生了兴趣。当去年11月听到我們学校要建立种兎推广站，并要运来300只兎时，心里感到非常高兴，这是我們学校很大的光荣。

我想：劳动人民用自己的双手創造一切財富，我們和他們比起来差得很远，我們应该学习他們。兎子是我們国家的財富，养兎是党和人民交給我們的光荣任务，我們应該保証完成它。有許多人，为了大家，不惜牺牲自己的一切，甚至生命，难道我为了衣服、手脏而怕嗎？有許多的工作，比洗兎棚[illegible]，为什么我不会这样呢？是资产阶級思想影响着我。我积极参加了养兎工作，負責养六只母兎和繁殖小兎，还要照顾小兎到滿月。现在，我已經不怕衣服、手、鞋脏了，也不怕臭了，并且通过了养兎工作，我的身体反而更健康，过去[illegible]生病，现在[illegible]也不怎样要紧了；挑水也比过去轻松得多。

通过了养兎，我[illegible]了养兎不是一件簡单的事情，但只要我們肯努力，也是能做好的。现在我已懂得兎的生活情况和生长发育过程，并且懂得怎样喂，知道了一些兎子的疾病和医疗方法。过去我是连大兎都不敢摸，现在会抓刚生下来的小兎。

虽然参加养兎要花不少时間，但我的学习成績沒有下降，每科都五分。这主要看我們自己本身的努力。通过养兎，使我更会抓紧时間进行学习，我是养兎时专心养兎，学习时专心学习，做到学习劳动两不误，而且有利于保証脑力的休息。

学生洪华生（右）在学習上是各科5分，又是兎場飼养工作積極分子。（紀桂林攝）

洪华生关于养兔子体会的文章在报纸上刊登

实践，不但培养了学生的劳动观念，磨炼了他们的坚强意志，而且通过理论联系实际，实打实地提高了大家的动手能力。

中学时代的生活是丰富多彩的，也是洪华生一生难以忘怀的青春年华。

1956年，因为两岸的特殊“对立”，厦门还处在“战火年代”，对岸的飞机还经常来骚扰。每次空袭警报一响，洪华生和同学们都要跑到防空壕里头躲避；而空袭一过，就接着去参加街道的扫除文盲、消灭“四害”（麻雀、老鼠、苍蝇、蟑螂）工作。

对当时年少的学生们来说，“灭四害”是那个年代的“专属”回忆。比如，灭老鼠的“成绩”是交老鼠尾巴，而灭麻雀的场景，更是有“画面感”——在规定的时间内，大家拿脸盆、锅等，通宵敲打，使麻雀到处乱飞，直到累死、摔死。然而，麻雀死了，但凤凰树却遭殃了，麻雀被灭得最多的那一年，凤凰树发生了非常严重的虫害，到处吊满了毛毛虫。他们这才知道，麻雀虽然有吃庄稼的“害处”，但它们主要吃害虫，最终，他们为麻雀“平了反”。而这件事情，也让年少的洪华生认识到，从不同的角度辩证地看待事物，才是真正的科学精神。

这种科学精神的培养，来自少年求学时的一点一滴。

1959年8月23号，厦门遭遇了一次12级的台风，随着天文大潮而来，正面袭击鼓浪屿。当时，母亲在厦门岛工作，因轮渡停航回不来，洪华生身边只有外婆和年幼的弟弟们，一整个晚上，就听到窗户“噼噼啪啪”响得很厉害。第二天早晨一看，满目疮痍，百年的古榕树被连根拔起，很多屋顶的瓦片都被吹没了，连鼓浪屿用于渡船靠岸的大浮台也被吹走了，菽庄花园旁的沙滩上漂来了受灾的渔船，倒盖在沙滩上，把船翻过来，甚至能看到一家人在一起的尸体。

那个时候，学校动员男生去帮忙抬尸体，女生则帮忙清理现场。

1959年，厦门二中初三丁班毕业班师生合影（第二排右三为洪华生）

那是第一个令她印象非常深刻的大台风。自然灾害造成生命与财产的严重损失，真真切切地激发了洪华生后来学术生涯中对台风灾害预报和防治工作的重视，她也因此主持并推动了许多相关的科研项目。

海上花园的求学之路，不仅让洪华生打下扎实的知识基础，更塑造了她少年时代的优秀品质，成为她未来人生追求的新起点。她永远感念自己的恩师与同窗好友。

2012年，厦门二中62届老同学毕业五十周年重聚

第三节 南强学府的嘉庚精神

从鼓浪屿走向“南强学府”厦门大学，洪华生的求学生涯翻开了新的一页。

大学时代的洪华生

“自强不息，止于至善”

那个时代的大学，在如今的人们看来，多少透露出一些特别的“年代感”。1962年以前，上大学主要看成分，社会上流行的论调是“先红后专”“红易专难”等，而那一年，时任副总理的陈毅写了一篇文章，提出了一个新的观点：又红又专。

“什么叫‘红’？‘红’的核心内容就是拥护共产党的领导，走社会主义道路。但它不是挂在嘴上的空洞口号，是要体现在每个人的具体工作中。如果你的工作能力强，成绩显著，又有益于国家和人民，那么就做到了‘又红又专’。”

“就像我们的空军战斗英雄一样，个个都是‘又红又专’的优秀典范。在这里，再打个比方：一个开飞机的人，光强调技术好，会飞高难度动作，但政治思想不灵，脑子里花花世界的东西很多，飞着飞着就有可能飞到敌人那边去了；反过来说，如果政治思想是好的，但驾驶飞机的专业不专，技术不过关，飞着飞着也有可能连人带机掉了下来。所以‘红’与‘专’是不能割裂的。也不是可以分什么先后、易难的，它必须是统一的，一致的，而且是终身的。”

陈毅的这篇文章，在当时引起很大的轰动。

“1962年，我们都是靠分数入学的。”时隔快60年，洪华生回忆起刚上大学那会儿，仍然记忆犹新。她本来的第一志愿是清华大学，遗憾的是物理没考好，成绩差了一些，所以没有考上清华，转而被厦大化学系录取。

“鹭江深且长，致吾知于无央；鹭江深且长，充吾爱于无疆。”厦门大学校歌里唱出了这所“南方最美大学”的求知和博爱，而厦大校训“自强不息，止于至善”中的“自强不息”，正是来自校主、著名的爱国侨领陈嘉庚先生。陈嘉庚先生情牵桑梓，报国情深，被誉为“华侨君子”“民族光辉”，他所倡导的“爱国、奉献”精神，也一直是洪华生多年来对嘉庚精神最深的领悟。

厦门大学创办于1921年，是中国近代教育史上第一所由华侨创办的大学，学校的创办者是爱国华侨领袖陈嘉庚先生。最早颁发的《厦门大学组织大纲》明确写道，办学的三大任务是：研究高深学术，养成专门人才，闻扬世界文化。建校之后，厦大很快形成了文、理、教育、商、工、法六大学科19个院系。1937年，私立厦门大学正式被南京国民政府接管，改名为国立厦门大学，清华大学教授萨本栋博士被教育部任命为“国立厦门大学”校长。1940年8月至1941年，在国民政府教育部举行的首届和第二届全国大学生学业竞试中，厦门大学均蝉联冠军。为此，国民政府教育部向全国通令嘉奖，亦称厦大为“南方之强”。因此，厦门大学成了莘莘学子向往的学校。

化学系，当时是厦门大学最强的院系之一，所以洪华生当时是以高分被录取。那时候，高考政策已经基本推翻了只看身份录取的弊端，推崇依据考试成绩录取，不论身份。1962年，由于印尼“排华”，很多侨生回国读书，所以那一届有很多归侨学生，还有一些所谓“出身不好”（如有些家庭跟国民党和台湾有关系的）的同学，也凭借着合格的分数考进来了。正是在这样的“气候”中，洪华生刚入大学的时候，就牢记了“又红又专”这4个字。

洪华生分到化学系2班就读，当时班级的学习风气非常好，同学们团结友爱，互相帮助。洪华生学习成绩优秀，每天晚上都要和几位学习有些困难的同学一起去教室里晚自习，她总是很热情耐心地帮助同学们学习功课，一直到现在，不少同学仍念念不忘当年洪华生对他们的帮助。许美丽同学回忆说：“初识洪华生，是我返校插班到她所在的班上，至今仍记着她那时朴素的着装，带着副眼镜，总是面带微笑。外表柔和的她学习起来却有一股坚韧执着的劲头，始终保持着门门功课最优、年段第一的名次。那时候实行分小组学习，她是我们的组长，在她的带领和帮助下，我的成绩进步明显，期末考试，最难的物理化学得了4分，有机化学满分5分，我当时特别高兴。从那时候起，我便

1962级厦大化学系2班学生建南大礼堂前合影（左边着格子衣服者为洪华生）

与华生结下了深厚的友谊，毕业之后也经常保持联系。”

“那时候男女同学也特别团结友爱，同学之间的感情也特别单纯，当时是不许谈恋爱的，但是我们也是属于‘晚熟’的，大家夏天一起去海边游泳，冬天一起去爬南普陀后面的山，还常一起打篮球。”洪华生笑着回忆说，虽然她的眼镜因为打篮球坏了几副，但还是很开心，学习生活非常愉快，也很充实。

学校还有很强的文艺队，文化生活非常丰富，1962年洪华生上大一时，学校还提倡跳交际舞，要男女同学一起跳舞，不过刚上一年级的时候，一听到要跳舞，洪华生和其他女同学们还是都害羞地跑开了。到了1963年开始提倡学雷锋时，就没有再跳交际舞了，所以到现在，她还不会跳交际舞。

洪华生和同学们刚上大学时，正赶上国家困难时期，当时大学生粮食定量为一个月二三十斤，副食供应全凭票限量供应。当年任团支部的陈振华同学回忆说："我们宿舍有一位大个子男生，饭量大，30斤的定量常吃不饱。洪华生得知此事，经常悄悄把自己节省下的几斤饭票送给这位男生，还不让宣扬。这样亲切友爱的关怀令该男生十分感动，以至于心中暗恋华生许久。后来国家经济形势好转，给大学生提高伙食标准，一个月伙食标准不低于12元，天天有鱼有肉。"

那时候，厦大各系基本上都有自己的食堂，学生就餐的食堂是固定的，不能随意选择，饭菜票各不相同，互不通用。化学系的食堂在芙蓉一宿舍楼后面的简易大平房。厦门大学一直有着爱生如子的传统，学校党委和行政领导对学生的生活和膳食一向非常重视，即使在困难时期也不例外，"三保"，即保饭菜质量、数量和清洁卫生是当时学校膳食工作秉持的重要精神。

据陈振华回忆："我们当年上大学无须学费，书本杂费自付，大部分人是贫困家庭出身和普通城镇人家。国家给予助学金，分甲、乙、丙三等级，分别为12元、9元、6元，主要用于伙食费和书本、日用费用。伙食吃得还是不错的，后来从1964年五六月间开始实行集体用膳，大概有一年的时间，8人一桌、4菜一汤，菜品挺丰富，除了必需的青菜，如炒高

1966年厦门大学食堂开水票
（图由陈亚元提供）

丽菜、炒白菜，汤有海蛎紫菜汤、海米冬瓜汤，另外三菜是二荤一素，芋头红烧肉、糖醋排骨、糖醋黄花鱼、红烧白带鱼、清蒸大鲈鱼、咖喱土豆焖羊肉，还有金针木耳烩腐竹、红烧麻婆豆腐等素菜。8人一桌的就餐制，有时候8人不易到齐，我当时和华生同在固定的8人里，我每次看她都会预先将饭菜预留给还没上桌的同学，关心他人胜过自己，仁爱之心彰显无余。除了学业上门门优秀，名列班级前茅之外，在平常很多活动中，洪华生也都积极向上，起模范带头的作用。她在班上享有很高评价，受到同学的普遍喜欢和尊重。”

名师指导，奋发求学

当然，学习仍然是大学的主旋律。

化学系确实是厦大的“强项”之一，有许多名师、教授，亲自给洪华生他们上基础课，如顾学民教授的无机化学、田昭武先生的物理化学等，都是名师名课。此外，做实验也非常严格，特别是分析化学，每个学生都要单独做试验，而且要求很高，在当时的条件下，凭借小小的试管加上“一点点的努力”，就要求他们学会分析处理数种离子。

值得一提的是，化学系的几位女老师，对一心向学的洪华生来说，也都是身边的优秀榜样。郑南荪院士的母亲顾学民教授是系主任，刘正坤老师任化学系党总支书记，办公室主任是沈敬繁老师，这三位都是独立自强、敬业又随和的都市新女性。洪华生从小受母亲影响，中学受益于陈碧玉校长，大学时期又蒙受各位女老师熏陶，这对其求学之路的指引甚为关键，也深深影响了她后来的人生观。

总党支书记刘正坤曾送给洪华生一句话：“有志者，事竟成。”这句看起来很平常的话，却深深烙印在了洪华生的心中。1978年，也正是

洪华生和大学时代化学系党委书记刘正坤合影

有这样的激励，让洪华生在阔别书本10年后，重拾信心，凭着扎实的知识功底考入了厦门大学海洋系硕士研究生。

在洪华生的记忆当中，当年能够得到化学系许多名师的亲自指点，实在是一种不可多得的机缘。

在洪华生和同学们的印象里，田昭武老师是一个非常严肃的人，说话精炼干脆，一点都不拖泥带水。等后来洪华生自己也当老师了，碰见田昭武老师（田昭武曾于1982年至1989年担任厦门大学校长），还开玩笑地说：“田校长，当时大家都很怕你呢！”

田老师听了，不禁哈哈大笑。

不过，怕归怕，当时田老师上的物理化学课还是让大家印象很深刻。作为化学学科的一门主课，物理化学也是一门很难的课程，涉及数学、物理等概念性的知识很多，不过田昭武老师就是有一种“魔力”，可以把抽象甚至有点枯燥的课程讲得通俗易懂、形象生动。

田老师独创的“图解、设计思考题和实验”相结合的教学方法，让学生们受益匪浅。他上课的逻辑性很强，把物理化学原理的前后条件与结论条理清楚、层次分明地解释给学生，再结合生动的图解，提高了大家的学习兴趣和形象思维感。听他的课，真的是一种享受。而田老师出的思考题虽然比较难，但是能够启发学生掌握解决问题的思路和方法，引导学生去继续思索和探究，激发学生的创新意识。过了半个多世纪之后，洪华生回忆起当年田昭武老师的教学场景，依然历历在目。

而分析化学的苏循荣老师，对实验课抓得最严格，只给学生一点点样品，就需要测出4个阳离子、4个阴离子，而且做出来的数据误差，必须在许可的范围之内，甚至更小；如果不合格，就要找出原因重新再做，不合格就不能来找老师交差。

洪华生当时上实验课非常认真，实验也做得很仔细，每次的数据都控制在很小的许可误差范围内，成为很多同学学习的榜样。多年后，洪华生到美国留学，一下子就能把原子吸收仪器用于测定微量的铁元素，获得了导师好评，这也正是得益于大学本科时严格的实验课上锻炼出的良好动手能力。

在洪华生的记忆里，那时候很多老师都对学生精心施教，且因材施教，有自己独特有效的教学体系和教学风格。当年，洪华生上课非常认真听讲，每门功课的笔记也都记得很详细，教材中每一个章节的重点、要点和难点，每一个公式推演的详细过程，都会一一记下来，并详细标注，这样在考试前再温习下，复习和应考都变得很轻松了。洪华生在化学系几年的学习笔记，足有厚厚的几大本，在此后的十几年里，她一直当成宝贝带在身边，没曾想，十几年后在武钢准备考研时候，就真的派上用场了。

除了认真学习之外，洪华生在政治上也积极要求进步，很早就递交了入党申请书。那时，她还是系团委的组织委员，这些工作对她锻炼很大。到了暑假，他们还下连队当兵，部队的地点就在厦大对面。

在部队，他们又习得了许多新的“技能”，如游泳。洪华生和她的同学们还记得，刚到连队的时候，看到部队新兵来了，连长就把他们像赶鸭子一样赶到水里，逼他们学游泳，虽然同学们感到有点好玩也有点可笑，但是就这么“赶鸭子下海”，居然让这些“新兵”们很快就学会了游泳。

学习打靶也是一个必备项目，洪华生虽然近视，但是仍然很努力、认真地练习，还打出了个“优秀”。除了下连当兵，学生们也要站岗放哨，那时候有一个警卫班，住在大礼堂，都是“出身”非常好的人，但是其他班的学生也要荷枪实弹轮流站岗，就站在厦大的海边。当时听说很多“水鬼特务”会从白城海域上岸，也有人从这儿偷渡到金门，所以站岗时，不但注意力要高度集中，而且心里多少还是会有些发麻，只能咬咬牙挺过来了。

海边的范围当然是挺大的，天黑下来的时候，一个人站在木麻黄树旁边，听着“沙沙”的声音，确实有点瘆人，有时候查岗的冷不丁过来，也会把人吓一跳。不过，这样的经历无形中也锻炼了年轻大学生们的胆量。

回想起来，洪华生对这片海真的是太熟悉了。除了站岗之外，因为化学馆当时就设在厦大海边的五栋楼之一，所以经常每天一大早，她就会到建南大礼堂前面对着大海念外语。或许，这也冥冥之中注定了她未来的学术生涯和大海有着密不可分的关系。

1952年，陈嘉庚开始亲自参与设计并督建厦大校园内的一大批新建筑，其中就包括面向大海的标志性建筑——建南大礼堂，而它也凝聚着陈嘉庚“要让外国的轮船，来往厦门港的时候能从海上一眼就看到一所壮观的学府”之夙愿。无论是人文历史承前启后的高度，还是面朝大海放眼世界的襟怀，建南大礼堂都是厦门大学的嘉庚建筑中最具代表性的，2017年，它还代表厦门“登”上了《金砖国家领导人厦门会晤》纪念邮票。

中国是兼具大陆和海洋特征的国家，拥有18000多千米绵长的海岸线和5000多个大小岛屿，沿海港口林立，可直通世界各大洲，为航海事业发展创造了有利条件。同时，中国也是一个有着几千年悠久航海史的文明古国，是世界上主要的航海技术发祥地。明朝永乐年间，伟大的航海家郑和率领庞大的船队，七下西洋，历访30多个国家和地区，更是世界航海史上的壮举。

但是，嘉靖年间，明王朝以“倭寇之患”为由，实行严厉的“海禁”政策，清代也继续执行禁海闭关的政策，严重阻碍了航海事业的发展。

在海外几十年，陈嘉庚对西方资本主义世界的物质文明有较深的了解，对航海与经济的关系也有一定的认识，他自己又有过一段经营海运方面的经历。视野的开阔与个人的实践，使陈嘉庚认识到航海事业对各国经济建设的重要性。他曾指出：“海洋事业为世重视，各国无不皆然，其技术之重要，前途之远大，生活之安定，为各业冠。”

然而，在20世纪初，我国近海、内河和远洋航运，仍被外国列强所垄断，“船舶川行如织，但航权均操洋人掌握”“世界数十国航业注册，我国竟无资格参加，其耻辱为何如？”面对旧中国“门户洞开，强邻环伺”，水产、航海事业又十分落后的可悲状况，陈嘉庚发出了“力挽海权，培育专才”的誓言。他疾呼：“今后我国欲振兴航业，巩固海权，一洗久积之国耻，沿海诸省应负奋起直追之责。”

秉承“欲振兴航业，必须培育多数之航业人才”的理念，陈嘉庚于1920年2月在家乡集美开办水产和航海教育学院，把“开拓海洋，挽回海权”“造就渔业航业中坚人才，以内利民生，外振国权”作为办学目标。后来，集美航海学院扬名国内外，培养了许多船长和大副，在东南亚具有很大的影响力。

“南方之强”的厦门大学因海而生，伴海而长，也是中国距离大海最近的一所大学。早在陈嘉庚先生创校之初，就对厦大海洋学科寄予了热切希望。1946年，学校成立了中国第一个海洋学系，成为我国海洋学科的发祥地。为中国海洋科学的发展与人才培育做出了杰出贡献。到了21世纪，中国如同从睡梦中苏醒的雄狮，其和平崛起之势不可阻挡，对海洋的利用和探索更是应有之义。

当然，在本科学习时，洪华生还没有机会感受到自己未来与海洋的不解之缘。而时势的急剧变化，也让自己和同学们的求学生涯发生了难以预料的转变。

特殊年代，特殊锤炼

当时是五年制本科，但是才学习了三年，毕业论文还没写，社会主义教育运动就开始了，整个班到上杭的农村接受劳动教育，和农民同吃同住同劳动整整一年。这一年也使得洪华生对农村的落后和农民的贫穷有所认识，深深感受到农民勤劳的品质和朴素的感情。记得村里有一位寡妇，只身一人，和大家很少接触，洪华生有时候到她家里去，帮她挑挑水，一起聊聊天。有一天，她叫洪华生到家里去，很神秘地端出了一锅兔子肉要洪华生吃。原来，她看到学生们到农村来很是艰苦，吃得很不好，便特意把自己养的小兔子杀了，煮给洪华生吃，令人十分感动。

1966年，“文革”开始，大家又被叫回学校。回到学校，他们发现到处都贴满了大字报，到处在宣扬“知识无用论”，教学楼和实验室里不再灯火通明，许多老师都被关到牛棚里，被说成是“反动学术权威”。造反派到处贴大字报，攻击刘正坤书记是“资产阶级当权派”，当时洪华生和另外一个同学沙木兰也被说成是刘书记培养的“修正主义苗子”。

大学时期长征队徒步到达瑞金、井冈山（第二排右一为洪华生）

面对这场突如其来、来势凶猛的政治运动，当时的学生们很困惑，也很不理解。后来，大家响应毛主席号召，重走长征路，宣传毛主席语录，从闽西一直走到瑞金和井冈山。学生们走过很多革命老区，锻炼了自己，也了解到革命老区对革命的巨大贡献，革命成果来之不易，也成了他们的另一种社会课堂教育。

在这样的特殊年代里，洪华生的大学生涯，在某种程度上说是“草草毕业”。大家连毕业照都没有拍，毕业分配更是受到“读书无用论”

的影响，当时知识分子被称为“臭老九”，大学毕业生的分配要么到农场，要么去工厂，接受工农兵“再教育”。洪华生当时被分配到冶金部，而冶金部要求大学生们先到部队农场去锻炼。直到入学50年后，大家才再次在母校重聚。

2012年，纪念大学入学50周年纪念聚会集体照（第一排左五为洪华生）

一段“未知”的人生历程即将拉开帷幕，但对当时年轻的洪华生来说，也许，一切都是最好的遇见吧！

第二章 追梦

检验员
1

第一节　北大荒战天斗地

如果按照本来的“轨迹”，洪华生应该在1967年7月从厦门大学化学系毕业并报考研究生。“文革”的爆发，使她直到1968年夏天才“毕业”，才和“68届”的学生一起正式分配。单位虽然是冶金部，但对这些大学生们来说，走出了校门，却一脚踏入了部队农场接受如火如荼的“再教育”。

她又赶上了一个特殊的年代。

部队农场“再教育”

那一年的毕业分配与以往不同，为了贯彻毛主席关于“知识分子接受工农兵再教育”的指示，很多毕业生在到工作单位之前，都要先到解放军农场报到。在洪华生的记忆中，同学们去“锻炼”的农场各有不同，包括安徽城西湖解放军农场、丹阳湖解放军农场、沈阳军区3280部队农场等，而锻炼时间具体有多长，谁也不清楚，反正，就是一切服从分配。

洪华生和南方一些学校的大学生一起被分配到了冶金部，先是被安排在沈阳军区3280部队农场锻炼，地点在大连夏家河子。

1968年9月，她和“战友们”正式来到大连夏家河农场报到。连队指导员和连长都是从部队上派过来的，指导员叫谭敏，连长叫于传略，他们都是解放军的团级干部。而排长由解放军的营级干部担任，副排长和班长则由学生担任。

在夏家河部队农场，他们的主要任务就是种植和培育苹果树、梨树和葡萄，一开始的劳动强度并不是很大。大连是一个美丽的城市，而夏家河子就在海边，只是那个时候部队的要求实在严格，大家虽然呆了挺长时间，但从来没有到大连海边去好好玩一玩。洪华生有时只能自己默默地想象，这里的海跟厦门到底有什么不一样。

别看他们平时在农场，但是“三大纪律，八项注意”执行得非常坚决。水果收成的季节，有很多苹果会像砸在牛顿头上的那一个一样，随时从树上掉下来，满地都是，但没有一个人敢捡来自己吃，必须由农场统一去捡。只有那些质量“不合格”的，才可以卖给学生吃，当然价格一定比市面上便宜，才两三分钱一斤，大家经常把网线袋和脸盆都装得满满的，休息的时候吃起来美滋滋的。

在那样一个年代，在部队农场算是一种“福利”，还能够吃到水果，洪华生现在想来，都觉得有点“奢侈”。而且，她记得新鲜国光苹果的味道很好，在当时远离家乡日子里，也算是用来慰藉自己的一种难得的美味吧。

而这种美味，当然也源于他们的辛勤劳动，在这里，每年九月底就开始下雪，她所在的连队都是南方学校的学生，有不少人，包括洪华生在内，是生平第一次看到真正的雪，看着雪花飘飘，大家非常兴奋。不过，雪照下，劳动照做。他们在苹果园挖树坑，用猪血来施肥，在苹果成熟后还要摘苹果……后来，在很长的一段时间里，她在别的地方吃到的苹果，再怎么都没有那么好吃了。

不过，毕竟是南方人，在北方仍然有诸多不习惯。比如吃饭这件事儿，经常吃的是高粱和苞谷，有时也吃面粉做的馒头，大米饭很少，一个星期最多两次。说起来，东北的大米做饭又特别好吃，所以一碰上“放饭”的时候，这些年轻的“战士们”一顿都能吃上一斤多，不只是男生，她和其他女同学当时的饭量也一样“惊人”。

这样的轻松日子却没有持续太长时间。第二年的4月，开春后不久，部队接到命令，要到北大荒去开辟一个新的农场。上级认为学生连在夏家河农场太舒服了，要到更艰苦的地方去锻炼。就这样，学生连离开了夏家河农场，一起坐着闷罐火车，被拉到了离边境仅几十千米的北疆——北安龙镇。

北大荒的艰辛考验

1969年4月2日，洪华生和战友们到达了北大荒。以前，他们只是在报纸上、广播里听到的这个“词汇”，突然就这样出现在他们的眼前，一下子还觉得有点不真实。这片广大荒芜的地区，人烟稀少，一眼望过去，是一片无边无际的黑土地。

但没等他们真正反应过来，更辛苦的劳动锻炼很快就开始了。

说起来，那时的北大荒，天气还很寒冷，零下10 ℃以下，农场还真是“空空如也”。住宿连房子都没有，只能先搭帐篷，清一色的绿色帐篷看起来很漂亮，住进去才知道是怎么一回事——帐篷下面铺上木板和稻草，盖军用被睡觉，早上起来，整个背上都是一层冰，想洗个脸，一看，哗，连毛巾也结冰了！不过，他们顾不上烦恼，按照部队规定，一大早就要穿上笨重大头鞋、厚重的军大衣去跑步，经常半夜还要紧急集合，打好背包急行军。

后来，通过大家共同的努力，建起了营房。营房的设计还比较科学，走廊里建了很多炉子，两个房间之间的隔墙就是烟道，大家也把这种隔墙戏称为“火墙”。为了隔热保温，他们专门到五大连池去运火山灰，填在墙中。每次运火山灰，男同学两人配一辆汽车，任务非常明确，两个人就得装满满的一汽车火山灰回来。都说东北的五大连池很好玩，火山很好看，但那个时候，大家只顾着赶紧完成任务，哪里有时间去欣赏这些美景。直到现在，洪华生也只隐隐约约记得一路上火山的轮廓，如今想来，不免有些“奇幻”。

但最困扰他们的，是喝水的问题。平常的生活用水，要到很远很远的地方去运来，有时遇到下雨，而北大荒的土地几乎没有石头和沙子，所以汽车的轮子经常会原地打滑，需要三辆解放牌货车一起来拖一辆水罐车，才勉强可以“老牛拉破车”式地把水拉回来。

其实在夏家河部队农场时，他们就曾经碰上喝水的难题，因为地表水虽然很多，但都说不能饮用，喝多了，会得大骨节病和克山病。而刚刚到北大荒农场时更加困难，每人每天只有一茶缸水，用于洗脸、刷牙和其他洗漱。同学们抱怨说：又要洗脚，甚至还要洗屁股，这点水哪里够呢！

这个问题对女生来说尤其郁闷，不过洪华生还是带头努力克服了这个缺水的问题，给其他的女同学做了表率作用。女生不闹，男同学们也就不好说什么了。

后来，部队请打井工人帮助，钻了两口140多米深的深井，才解决了用水的问题。尽管打了井，仍需要轮流去挑水，大冬天的，穿上大头鞋去挑水，一路挑来一路摔。可是比起每天只有“一杯水”的日子，已经感觉犹如“神仙”一般了。

另外一个问题是厕所。当时的厕所是完全按照大连带来的图纸建造的，但到了冬天可是一个大麻烦，大小便一落地便变成了冰，只好一个班一个班轮流用镐头去刨。刨的时候倒没有什么，但大家都要戴着有披肩的帽子，防止粪便的冰块进入衣领，这可是有讲究的——虽然当时结成冰块的粪便闻不到臭味，但一回到营房，说不定藏在衣服角落里的哪一小块粪便解冻了，那时的滋味会是怎样，就“可想而知”了。

北大荒的冬天到底有多冷？听当地的人说，气温可以达到零下46℃。具有“科学精神”的大学生们，决定自己在那里用水银温度计来测定一下，果然如此！而且，这一点上他们还算是挺专业的，因为酒精温度计一到这个温度就会出问题，中间会出现间断，怎么都测不准。

零下40℃以下的低温，对他们这些南方人来说，如果不是置身其中，会觉得完全不可思议。以前只是听说，在北方会冻掉鼻子耳朵，到了北大荒，才知道这是事实，也学了好多防冻的知识。在那里的劳动是非常辛苦的，主要的工作就是收割大豆和麦子。有一次他们要到地里去扒土豆，室外零下40℃的寒冷，一位女同学的指头突然变白了，她赶快跑回宿舍，想放到火炉上烤，被连长看到立马把她拉出来，叫她把指头伸到雪里，说是要先把冰拔出来才能够在火上烤，否则手指会烂掉的。同样也是这个道理，苹果冻冰了，要先放在冷水里头，把冰拔出来以后苹果才能吃。后来连长告诉洪华生他们，冰天雪地里大家要互相看对方的脸，如果看到有白点，赶紧拿一把雪使劲给他搓。

不过，在这样的寒冷天气里，也有苦中取乐的地方。他们常常可以在大豆地里抓到老鼠，把老鼠抓住，只吐上一点唾液，把它放在拖拉机的履带上，数“一二三四五”，保证能把它冻住。

到了真正的大冬天，大风卷着大雪，一刮就是三四天，冰天雪地实在没法干活儿，大家就在室内学习毛主席语录，上政治课。除此之外，还要下乡，和农民同吃同住。农民的平房都很小，因为太大的话便无法取暖。北方农村都是一个大土炕，全家人晚上光膀子睡在一个炕上。

淳朴的农民们对待这些学生兵们都很好，去到他们家里，他们都把最热的炕头让给学生兵睡。到东北农村睡炕，对他们这些南方人来说也是第一次。说起来好笑，冷是个麻烦，没想到“热”的时候也会出问题。学生兵们真正有机会体会到什么叫作“热锅上的蚂蚁”，同队的男同学们第一次睡炕，就闹出了一件糗事。

当时，班里的4个男同学分配在一个组，村里安排他们在一个空房子里，里面除了一个炕，什么也没有。村子里的负责人很客气，弄来了很多柴草，还对他们说冬天冷，多烧一些。因为是第一次烧炕，大家觉得很新鲜也很兴奋，把被子铺好就开始烧炕。过了一会儿，发现大家的被子都有点湿，原因是这个炕估计很长时间没有使用了，这么一烧，炕里的潮气被大量蒸发出来，炕上的被子自然湿了。同学们想，那就继续烧吧，慢慢地被子就不湿了呗，而且感觉炕的温度也越来越舒服，大家挤在一起睡，别提有多美了。

没有想到，睡到后半夜，感到炕开始发烫了，而且温度还在上升。有一位同学睡在中部，突然发现被子已经有很大部分被烧焦了，而且这里炕的温度高得不得了，大家不敢再睡下去，就起来用凉水泼，想给炕降降温。

这一下可闯祸了，炕是用石板和泥土砌筑的，因为骤热骤冷，石板便断裂了，整个炕垮塌了，大家只能稀里糊涂地坚持到天亮，第二天早上马上报告，连长对这4名男同学进行了严厉的批评，说刚进村，就违反了群众纪律。通过这一番折腾，同学们自己偷偷感叹说，别看热容量、热胀冷缩这些概念大家都学得很清楚，但只有真的在“实践”中，才知道科学要联系实际呀。

而作为“女兵”，洪华生虽然来自美丽又舒适的鼓浪屿，但是她的适应性却一点不比别人差。那个时候，她只是经常告诉自己，人要去适应环境，而不是环境来适应人。由于表现良好，她还担任了女生排的副排长，所以，她必须处处以身作则，严格要求自己。一样的大头鞋、厚棉衣，一样的一大早起来喊口令跑步、半夜急行军……在北大荒的那段日子，她带着女兵们，和男兵们一起，经历了人生中最宝贵的“操练”。

熬过了寒冷的冬天，天气渐渐变暖了，夏天播种前要开垦新的土地，洪华生他们还当了回“放火员和灭火员”，“当时要把草和灌木烧掉，灰留在地里做肥料。我们摆成一字形一点上火，车子迅速把我们载到对面很远处，然后我们拿起锄头，一字形挖出一个隔离带，火势很猛，很快就到达，我们拿着锄头和铲子扑火，既放火又灭火，真有点像救火员一样的。一番‘战斗’下来，大家满头满脸满身都是灰，互相看得哈哈大笑，也感到挺好玩的。”洪华生依然记得当时的场景。

到了夏天农忙时节，新一轮考验又来了。

这里的牛虻等蚊虫，不仅多，而且大，牛虻是人畜皆害的血吸虫，因为北大荒没有牛可叮，就来叮人了，非常可怕，一到夏天，蚊虻成群结队，最“壮观”的时候，几乎可以把整片天空完全遮住。所以，收割麦子的时候，为了防止被蚊虻叮咬，要头戴草帽，再加上纱布做的罩子，手上戴上手套还不够，里面再衬上一张纸，把整个人包得严严实实的。放工回来，一大群蚊子和牛虻在后面追着，像轰炸机一样在耳边轰轰回旋，大家赶紧跑到宿舍前面，尽快用一堆草生起火，才把它们赶走。

与那些在宣传画、宣传片里出现的劳动场面大相径庭，北大荒的“农忙”情景，若没有亲身经历过，简直很难让人相信。

洪华生记得，有一次，他们要搬运大米装上火车皮。200斤一袋！现在看来简直不可想象，但有个同学硬是这样一个人扛上去了，虽然革命豪情战天斗地，但还是一脚踩空，跌倒在地，腰部受伤严重。

在那样的时代背景下，这里的一切，对大学生们来说，处处都是严峻的考验。

本来，割麦子应该用联合收割机，但因为那一年连续下雨，联合收割机无法工作，轮子老是在地里打滑，越陷越深，而且当时和苏联又发生了边境珍宝岛的战斗，所以那时候提出了响亮的口号，坚决要把麦子从苏修那里夺回来！既然联合收割机不能用，就只好用人海战术了。

在北大荒一望无际的麦田里，割麦子和南方完全不一样。只听得，“一二三，开始！”大家便用力割麦子。只是没过一会儿，大家的体力和能力差距就显现出来了，想偷点懒都不行。当时，有两个复旦大学的女同学，割着割着，突然体力不支昏倒在地，而其他同学也都“淹没”在麦田里劳动，居然没有发现她们。如果不是部队卫生员及时发现，这两个女同学可能就牺牲在那里了。

“那时候艰苦的劳动锻炼，确实荒废了我们的学业。但客观地说，我们也取得了收获，使我们学会了如何与工农兵相结合，使我们在实际工作中不娇气、不怕苦，也培养了我们的毅力和与困难斗争的勇气能力。”多年以后，洪华生还常常向她的学生说起这段往事，或许，在她看来，这便是人生难得的更真实的历练吧。

但是，就在这样艰苦的环境里，仍然有同学没有忘记学习。一位从安徽合肥工业大学毕业的同学，叫作汪明礼，每天晚上躲在被窝里，拿着手电看大学的教科书！可是，不知是哪个同学将此事告发给连里的领导，第二天，竟然在地里现场开会，批判汪明礼有“读书做官论”的思想。如今想起来，确实是愚昧到可笑！

不过，在洪华生心里，北大荒的历程是“全身心”的，它能够真真切切地激发一个人，对时代、对具体事务的细微认知。哪怕是小到吃饭的问题，都包含着在原来城市里所无法感知的生活哲理。

在北大荒农场，他们吃的主要是玉米窝窝头和苞米碴子等粗粮，到了冬天，则几乎顿顿都是白菜和土豆，一个月才能吃上一两次米饭，也是白米加高粱做成的“二米饭”。即便是蔬菜，品种也非常单一，最多的便是白菜。秋天，把大白菜放在地下菜窖里保存好，而且要经常去翻窖子，把烂掉的白菜拿出来丢掉，冬天的时候就吃这些窖藏的大白菜，也已经算不错了，过节偶尔可以吃上一点肉，印象中好像还吃过马肉。

洪华生记得，当时还有一种最主要的蔬菜，被称为“不留客”，又像菜又像瓜。有人问还记不记得它的味道？洪华生笑笑说：“它的味道嘛，哈，顾名思义，就不必介绍了吧！”

1970年2月，结束了部队农场的“接受再教育”，全体师生在冰天雪地的营房前留下了他们的毕业照。对于这一年多的军旅生活，大家都是刻骨铭心的。有了那段经历，此后无论到何处，在洪华生的心里，总觉得周围的环境一切都很好，都值得好好珍惜，而且要更加争分夺秒地努力工作、好好生活。

中国人民解放军三二八〇部队农场学生一连全体合影（前排左八为洪华生）

洪华生骑马照片
（部队当时的战马让男生来驯马，“女兵”们只是借机照张相）

“小女子”的惊人勇气

在部队的“生涯”中，有一位洪华生一直忘不了的人，就是连指导员谭敏。

在北大荒，洪华生并没有因为从小家庭条件好而对恶劣的环境产生惧意，她的女生排副排长职务也是做得有声有色。有一次，谭敏听说她是鼓浪屿出来的，不禁大吃一惊，从此也对这位南方女子刮目相看。

洪华生在大学的时候就已经是预备党员，从1966年开始“预备”，却一直没转正。到了1969年年底，可以转正了，但需要看家庭成分。后来，连长专门带人到厦大调研，听说她是华侨、“资本家”家庭，回来又找她谈话。洪华生解释说：“我的父母还是很进步的，我还是希望加入共产党的。”

在一旁默默听着的指导员谭敏跟她说：“你就让你家长写一份材料说明一下家庭情况吧。”多年后，洪华生才知道，原来谭指导员因为怕影响她入党，只是让她履行了一下“手续”，但悄悄地帮她把这些材料收藏起来，没有放进档案里。那个年代档案是非常重要的，不管到哪里都要看个人档案。

到了20世纪90年代后期，洪华生已经回到厦大工作。有一天，她接到一个电话，电话那头说：“我是谭敏！”

听到这个熟悉又陌生的名字，洪华生一开始愣住了，好一阵子才反应过来，呀，是谭指导员！谭敏说，他来到厦门，一个小时后就要离开，他离休了，儿子在做生意，跟着儿子来到厦门，抽空给洪华生打个电话。

原来，在北大荒时，洪华生家里给连队寄材料的信封用的是厦门市妇联的。后来，谭敏就循着这个地址，辗转找到厦门市妇联，才找到洪华生的联系方式。放下电话，洪华生急忙赶到酒店见他，才知道，指导员帮她把几十年前父亲亲笔写的材料都保留了下来。谭敏说：“当年没把它放进档案里，觉得这是对你很重要的东西，心想，总有一天要还给你的。”那一瞬间，洪华生的眼泪几乎要夺眶而出，父亲去世前从来没有亲笔写过那么厚的材料给她，这是多么宝贵的遗物呀！

在交谈中，谭指导员告诉洪华生，虽然他的家乡在大连，但儿子在日本做生意，所以跟着儿子长期住在日本。2005年，洪华生去日本横滨开会，又想起了谭指导员。谭敏正好住在东京，知道洪华生来日本开会，他很高兴，特意中午坐火车来看她，并一起吃了午饭，还买了一盒“和果子”点心给洪华生。

过了几年，洪华生有一次去大连开会，想着再跟谭指导员联系一下。

也巧，谭敏说，他正好回到大连，于是，便又邀请洪华生去他家里坐坐。洪华生的两位在大连海洋环境监测中心工作的博士生王卫平和穆景利，陪着她一块去拜访谭敏。40多年的时间，洪华生和谭敏指导员算得上“忘年交”了，那种特殊年代里宝贵又深厚的友谊，弥足珍贵。

2005年，洪华生与当年的指导员谭敏在日本横滨的合影

事实上，在部队、在农场、在北大荒的时间，尽管并不算太长，但当时作为学生的他们，实际上还是被“再教育”的对象。然而，在那段时间里，所有的劳动、所有的辛苦、所有的与生活的直面交锋，以及人与人之间的真情，无形中锻造着洪华生坚忍、坚强的品质。

就在他们一个个离开部队之后，新的“锻造”又要开始了。

第二节　武钢炉前热火朝天

当历史的车轮驶入20世纪70年代，告别了北大荒的洪华生，也走进了自己工作生涯的另一个阶段。按照冶金部的安排，她回到南方，在著名的武汉钢铁公司工作。

酷热车间里的“洪师傅”

武汉，是中国著名的三大“火炉”之一。刚刚经历了北大荒的严寒，乍一来到江汉平原，洪华生又要开始和酷暑做斗争了。这里的夏天确实很热，在那个年代，不要说空调了，一开始连电风扇都没有，比起可以在炕上取暖、穿着厚厚棉衣御寒的北大荒生活，酷暑有时更让人难以忍受。

洪华生刚到武汉时住在平房里，晚上下班回来，看着人们纷纷拿着水泼在门前的地上，然后把木床板搬出来占位置，晚上就在外面露天睡觉，感觉真是一大景观。洪华生他们这些从南边过去的毕业生实在不太习惯露天睡觉的做法，每天晚上都要在外面坐到半夜12点以后才敢进屋，否则桌子、椅子和床铺都是烫的，没法入睡。

洪华生先是被分配到修建部当工人，这里的工作主要是体力活：筛沙子，铲石灰，搅拌混凝土，还要当油漆工，给高炉除锈上油漆。那时候，她也不过是一位二十五六岁的女生，每天都穿着宽大朴素的工作服，坐着很长时间的班车去上班，每天干完体力活，常会弄得衣服上都是油漆、混凝土的各种污渍。但支撑她坚持下去的，依然是父亲当年的教诲——“要做环境的主人，不做环境的奴隶。”

车间的环境，是想象得到的闷热，而且通风条件也差，给检修的高炉上油漆的确是一件辛苦活。熄火后的炉子仍然带着余温，洪华生和其他工友一起，要先把上面的锈先铲掉，用砂纸细心擦拭锈迹后，再刷上好几遍的油漆，有时候，他们还要爬到比较高的地方去刷油漆。

爬到这么高的炉子干活，洪华生是有点害怕的，但看到工人师傅们那么忘我地劳动，她打心里觉得应该向他们学习。车间有位闵师傅对洪华生很照顾，需要爬高的地方，他就会安排其他男同事去做：“你一个姑娘家，还是不要爬那么高了！”

不仅是闵师傅，车间很多工人师傅，对洪华生这样一个厦门来的女大学生，从一开始的“观察”，到发现她尊重工人同事，不摆知识分子臭架子，能和大家一起吃苦耐劳，慢慢地开始敬佩她，洪华生能跟他们打成一片了，所以大家都会尽量安排一些不用攀爬、稍微轻松的活给她去做。由于当时的油漆味道很重，是有毒的，又没有什么防护设施，因此在1971年洪华生怀孕之后，厂里安排她去武钢五中子弟学校（当时的职业技校）授课。

当然，作为“知识分子”，洪华生不可能一直只“刷油漆”，她仍然要把自己的知识运用到工厂的工作中去。

武汉钢铁公司是中华人民共和国成立后兴建的第一个特大型钢铁联合企业，1955年开始建设，1958年9月建成投产，是中央和国务院国有资产监督管理委员会直管的国有重要骨干企业，厂区坐落在武汉市东郊、长江南岸，占地面积超过21平方千米。1958年9月13日，2万多人隆重集会，热烈庆祝武钢1号高炉建成投产，毛泽东主席亲临现场，兴致勃勃地观看了第一炉铁水出炉，留下了“高炉炼铁又炼人”的殷切期望。2019年10月14日，武钢1号高炉圆满完成历史使命，光荣退役，

武钢1号高炉将作为国家工业遗产整体保留（图片来源：《长江日报》）

1号高炉将作为国家工业遗产整体保留。

2019年10月24日，洪华生重返武汉钢铁有限公司，在曾经参加修建过的1号高炉前留影，心潮澎湃。

1974年，武钢一米七轧机工程是毛主席、周总理在当时为了加快我国“四个现代化”建设批准引进的。它的连铸和冷轧两套设备引自西德，热轧和硅钢两套设备引自日本。由于热连轧机和冷连轧机的辊身长度同为1.7米，所以统称为“一米七轧机工程”。该项目开创了我国系统引进国外钢铁技术的先河，设计能力为年产热轧钢板300万吨、冷轧薄钢板100万吨、冷轧硅钢片7万吨，全部采用国外20世纪70年代最新技术，具有大型化、自动化、高速化、连续化的特点。武钢因此跃升为当时全国最先进的钢铁企业。

从西德引进的冷连轧机轧就是压成做易拉罐的那种罐头薄板，再在表面镀锡和镀锌。引进之后，洪华生被调到冷轧薄板厂，让她负责检验车间，做物理和化学检验，有很干净的车间，还有一些检测设备，

2019年，洪华生到武汉故地重游，在武汉钢铁有限公司1号高炉前留念

而且专业知识还能用上一点。那时候的机器配有大量的资料和说明书，需要专人负责仪器设备的使用，洪华生也被指派参与其中。虽然有说明书，却是用德文写的，洪华生看不懂，厂里找专人把它翻译成了中文。洪华生当时想，如果自己也懂得德文，能直接看懂说明书，那效率和准确率应该能提高很多。

而从日本热轧厂引进的设备材料则都是日语版本，洪华生的大弟弟洪岷生在“文革”前是清华大学最后一届电机系毕业的大学生，后来又“回炉”到清华大学学电子计算机专业。所以，他的计算机专业知识非常过硬，“软硬件”都行。洪华生就想办法说服弟弟也调到武钢热轧厂来，一起为祖国的钢铁事业做贡献。

洪岷生的日语相当不错，调到热轧厂以后，果然很快就派上了用场，当时厂里有很多日语的资料，都是他翻译的。

而洪华生自己也真正发挥了自己的专业特长。在武钢冷轧厂检验车间工作时，洪华生发现，要化验钢板镀锌的含量，还要从物理上检验它的硬度，这些跟原来在学校里读的知识还是有密切关系的。而她以前在学校里的化学分析实验一直做得非常好，实验基础很扎实，所以在检验车间上，她可以说是得心应手，开始带徒弟进行分析，进行理论、实践辅导，后来还评上了工程师。

知识技术对现代化生产的重要性是如此之大，在工厂的“熔炉”，洪华生无比真切地感受到这一点。在工厂里，大家已经习惯热情地称她为“洪师傅”，很多人拜她为师，没事时就喜欢和“洪师傅”聊聊天，听她讲讲物理，讲讲化学，讲讲那些有趣又让人受益颇多的故事和知识，她的徒弟很多，大家也很喜欢她。当时她在武钢安家落户还是非常安心工作的。

但他们不知道，那时，“洪师傅”并没有因此沾沾自喜，她自己心里想的却是，如果有再进一步学习的机会，那该多好啊！

虽然当时还是“文化大革命”时期，但国家建设仍然需要大量的钢材，武钢响应“抓革命促生产”的口号，把生产搞得红红火火。工人们尽管在炉前工作满脸通红、汗流浃背，但是依然干劲十足。在那样一个“火红的年代”，洪华生再次感受到工人阶级那种大公无私、勤劳勇敢的精神——他们不但艰苦奋斗、勇于奉献、胸怀大局、纪律严明、开拓创新、自强不息，而且在工厂里“一条龙”的生产线上，大家都是团队作战，从一个工序到下一个工序，都要衔接好。在武钢所亲身经历的这种工人阶级团结奋战的“团队”精神，也给了洪华生另一种新的教育和鼓舞。

平凡生活，暖意无限

当时大学毕业生的工资是46.5元，后来随着两个孩子的出生，她和一起在武钢工作的丈夫翁成受基本上每个月都成了“月光族”。好在，那时厂里分配了一居室的房子，房子不大，但是厨房、洗手间都是独立的，邻居们相处得都很好。

有一位从鞍钢转来的李师傅一家，住在洪华生的对门。洪华生现在回忆起来仍然记忆犹新。李师傅一家是东北人，都很豪爽热情，李师傅的老婆心灵手巧，经常包饺子，每次都会送些给他们品尝，还帮洪华生的小儿子翁浪天做棉袄，她的针线活非常好，做出的棉袄在冬天的武汉很“经冻”。

洪华生在武汉一待就是8年。

尽管比起沿海城市的家乡——厦门，武汉冬天冷，夏天又很酷热，但好在这里是鱼米之乡，虽然食品定量凭票供应，但东西还算是蛮丰富的。

时隔快50年了，洪华生回想起当年在武汉怀大儿子的情形，依然历历在目。

那时候，她的丈夫翁成受还在湖南工作，她一个人挺着大肚子，每天上下班、吃食堂，一直到孩子出生前十来天，才又坐了三天两夜的火车回厦门娘家生孩子。孩子出生后，她休了一个月产假，又马上带着还在襁褓中的孩子回武汉上班了。所幸当时厂里有托儿所，孩子

1970年，洪华生与爱人翁成受结婚照

白天就寄放在那。为了能够照顾家庭，丈夫也终于调到武钢来上班了。在酷热的武汉街头，翁成受骑着自行车，后座坐着怀抱儿子的洪华生，成了家庭记忆中最“常见”的风景，尽管条件还是很艰苦，但每每想起那段岁月，洪华生心里总是暖暖的。

那会儿，一周要上6天班，只有到周日，夫妻俩才有空去排队买肉。每个月肉票的量就那么一丁点，还要尽量省下来给年幼的孩子补充营养。周日市场人很多，大家很早就会去排长队买肉，洪华生夫妻也常常一大早排在那长队里，等着买点排骨回来炖汤给小孩吃。

她还在车间做油漆的时候，有时厂里会照顾特殊工种，发点“保健票”，可以在厂区食堂买肉吃，她都舍不得吃，而是晚上带回来煮给小孩吃。1975年，她的小儿子浪天出生了，为了让洪华生夫妻能专心投入工作，洪华生的母亲主动提出，让她的大儿子海东到鼓浪屿和外婆一起生活，于是海东5岁就回到鼓浪屿上幼儿园了。

在武汉工作和生活的这8年里，洪华生的生活过得忙碌而安宁，平凡而充实。她建立了家庭，生了两个儿子，工作也很繁忙，上班很远，每天花在路上的时间就很长，一周也才休息一天，更别提有什么时间看书了，那段时间，可以说是一本书也没摸过。有那么一段时间，几乎是日复一日地工作和生活，甚至到了现在，回想起武汉的那些年，脑海里印记着的，还有当年用过的“长江牌”开水瓶、印有长江大桥的搪瓷盘，那是抹不去的年代记忆。

而这8年，和工人们的朝夕相处，那些高贵的品质，那些更实实在在的人生观、科学观和乐观主义、无私奉献的精神，对她后来从事科学研究、教书育人的人生历程，产生的影响力和推动力，是在未来的日子，她才越来越清晰地感知到的精神财富。

只不过，在心底里对科学的追求，终于还是在时代的春雷响起时，再次震撼了洪华生的内心，让她又做出了一个大胆的人生抉择。

第三节　蓝色梦想再次点燃

自从1967年大学毕业后，洪华生虽然经历了10年的“锻造”——零下40多摄氏度的北大荒部队农场，零上40多摄氏度高温的武汉钢铁厂，千锤百炼，但心中的梦想却从未在锤炼中磨灭过。

洪华生的偶像是居里夫人，能够成为科学家，是她一生的梦想。为了实现这个梦想，她一直在等待着一个契机。

科学春天的来临

1978年3月，中共中央、国务院在北京隆重召开了全国科学大会。这次大会是在粉碎“四人帮”之后，国家百废待兴的形势下召开的一次重要会议，也是中国科技发展史上一次具有里程碑意义的盛会。邓小平在这次大会的讲话中，明确指出“现代化的关键是科学技术现代化”，重申了“科学技术是第一生产力”这一基本观点。 科学的春天来了，中断12年的全国研究生招考工作也恢复了。

1979年，党的十五大报告进一步指出:“知识分子是工人阶级的一部分，在现代化建设中起着重要作用。”时代的新洪流，呼唤着对知识的尊重和人才的重视。

一开始，洪华生并不知道研究生招考恢复的消息，还是一位经常到她家做客、比她低一届的化学系的许平同学，特地跑来告诉她这个消息。没过几天，许平又拿着报纸兴冲冲地跑到洪华生家里，对她说：“你快看看，研究生招生年龄扩大到35岁了，中央把招考年龄一再放宽，说明迫切需要人才，也是很希望我们这些老三届的人去报考。华生，你原来学习非常好的，你去试试吧，如果你考上了，我们就跟着你去考！”

毕竟已离开校园10年了，尽管动了心，但洪华生自己当时不免觉得，这事情像是在开玩笑似的。没想到，听者有心，在一旁听的丈夫翁成受，却把它当成了一件值得认真对待的事。

许平走后，翁成受拉着她的手说：“华生啊，有这个好机会，你快去考吧。你从小一直就很喜欢学习，有当科学家的梦想。所以，我会全力支持你去考。”

丈夫的支持让洪华生既意外，也更加心动。不过，她仍然在顾虑，自己已经34岁了，又有两个孩子，一个7岁，一个3岁半。如果她考上了，家里的重担就要全部压到丈夫身上，他也有自己的事业啊，这样对他多不公平！

丈夫仿佛看出了她的顾虑和担忧，又接着说：“你放心去考吧，现在国家正缺人才，你专业基础好，你去报考吧，国家需要你，家里的一切你放心好了，我全包下来。”

丈夫诚挚的鼓励彻底打消了洪华生的后顾之忧，年轻时的梦想又被点燃了。她想起自己特别喜欢的一句格言：“人生如梦，要把梦想变成事实。”远处似乎传来隐隐的海潮声，她清楚地知道，自己那曾经的关于大海的“蓝色梦想”又复活了。

她分别写信给母亲和原化学系刘正坤书记，讲述想报考的想法。母亲开始感到很突然，并不相信，但是女儿的执着求学精神，最终还是打动了母亲——或许，她从自己女儿的身上，再次看到了年轻时候的自己吧。

而刘正坤书记也给她回信了：“作为有两个孩子的妈妈，你能有这样的志气，十分可贵，有志者事竟成!”

好一个“有志者事竟成”！

不可思议的备考

老师、爱人、父母和同事的鼓励和支持，给了洪华生莫大的鼓舞和加倍的信心。她下决心报考研究生，挑战一下自己。彼时彼刻，她的想法就是——“考不考得上，结果不重要，最重要的是，可以帮助自己把之前搁置的学业和专业知识捡起来。”经历过曾经鼓吹“知识无用论”的荒谬年代，在时代新的洪流下，洪华生对这个尊重知识和人才的年代倍感珍惜。所以，就搏一把吧！

决心已下，丈夫翁成受马上张罗着亲自陪她去报名研究生考试。按常理，洪华生应报考化学专业的研究生，但由于还要考之前从没学过的“物质结构”这门课，只好放弃。洪华生经过再三考虑后选择报考的专业，是李法西先生执教的厦大海洋系的海洋化学专业，考试科目有物理化学、分析化学、英语、政治和高数等。因此，后来还有不少人问过她为什么从化学系“游”到海洋系呢。

其实，这看起来像是一个关乎“勇气”的任务，在很多人看来，这简直就是一个不可能完成的任务。报名接近截止时间，而距离考试只有一个半月时间了。哪怕是刚刚毕业，对很多专业知识还很熟悉的工农兵学员，都不见得有把握，更何况是经历过北大荒摸爬滚打、武汉钢铁厂“锤炼”了这么长时间的洪华生。10年以来，她一本专业书都没机会摸过。

再说，她当时还在武汉钢铁公司冷轧厂检验车间，工作任务也很繁忙，领导能给她的最大的“福利”，就是放两周“考前假”让她复习。

于是，每天晚上，哄着小儿子入睡后，洪华生就开始啃那些“丢失”了10年的书本和读书时的笔记，那时候天气还很热，洪华生在书桌前一坐就是深夜，陪伴她的只有电风扇和蚊子的嗡嗡声。

当时单位里也有其他准备研究生考试的人，其中有一位从半年前就知道恢复考试消息的工农兵学员小白，早早地就开始复习了，还经常旷工、怠工，偷偷准备考试。而洪华生，在考试前一个月，还是天天早出晚归地上下班，连她手下的那些徒弟们都替她着急，他们想方设法多照顾她，说：“洪师傅，具体事情我们做，你就坐在那边看看书吧。”

虽然留给她准备考试的时间真是少得可怜，但是在有限的时间里，洪华生还是保持了自己有条不紊的好习惯，周密地安排着自己的复习计划。对于要考的5门功课，洪华生采取的策略是：先易后难，每门功课逐个击破。

政治，正好请学政治经济学专业的丈夫帮忙整理一下材料，划重点背；英语则全靠老底了，倒不太担心；分析化学和物理化学，则必须凭借当年记下的笔记，好在当年上课的笔记她本来就记得非常详细认真，重点、要点和难点都标注得非常清楚，温习一下，整个知识脉络就清晰起来了；高等数学的书没有了，就向在清华大学读书的大弟弟借来抓紧学习。而丈夫也说到做到，除了充当她的复习助手外，每天晚上都会煮鸡蛋给她补充营养，家里的家务也尽量多帮她承担。

6月份报名，7月份就考试，时间过得飞快。直到从考场出来，洪华生都有点没反应过来。她觉得自己考得一塌糊涂，一生中从来没有考过那么差的！心想，肯定没什么希望了，所以考完后第二天，她就照常上班了。

令人意外的是，没过多久，洪华生忽然接到通知，初试已经过了，要求她回厦大复试。

接到通知的那一刻，洪华生真的不敢相信自己的耳朵。不过她也知道，复试这一关并不容易过。但令人高兴的是，可以借机再回厦门看望爸爸妈妈了，毕竟每年只有一次探亲假。于是，她匆匆忙忙地动身前往厦门，但是，洪华生回厦门的行程也蛮“折腾”——先从武汉到株洲，接着转车到鹰潭，再从鹰潭到厦门，要坐三天两夜的火车，所以留给她准备复试的时间只有一天多了。

果然，回到了学校，主持考试的刘光老师告诉她，参加海洋化学专业初试的有15位，但只要招4位。刘老师说:“从笔试卷子上可以看出，你们当年打下的基础还是比较扎实，掌握的或者记得住的知识，100%都对，但是遗忘了的就不会做；相比之下，那些工农兵学员答案都是含含糊糊，还是跟你们有差距的。”虽然刘老师的话让洪华生又多了几分底气，但看起来，又是一个“不可能完成的任务”！

匆忙之中，她还是找到大学期间教授她高等数学的连瑞兴老师，请他花半天的时间帮自己“开小灶”，又找到洪家珍老师帮忙加强下物理化学。这些“考前辅导”就是想让自己心里底气更足一些。

复试结束后，洪华生又坐了三天两夜的火车回武汉。在火车上，她回忆起整个考试的过程，觉得如梦如幻:“唉，通过复试希望不大吧！”不过，反正已经达到了多回趟家的目的了，就这样也挺开心的。

于是，回到武汉后，她继续安心认真地上班，就当没有考试这回事。直到8月中旬，洪华生突然间又接到一个电报，电报里说，她已经被录取为厦大研究生，但请她一周后务必赶回学校，还要再考英语。

看到这个电报，洪华生又一下子没有反应过来——就凭着当年扎实的知识功底，竟然就这样考上了！只是，她感到有点纳闷，既然考取了，为什么还要再考一次英语？

她的这份录取电报，也让厂里的同事和领导沸腾了。原来，“洪师傅”真的很厉害呀！她记得单位的李华书记还半开玩笑半带惋惜地说：“我们原来根本不相信你会考上，你是我们的技术骨干，早知道能考上研究生，就不让你去报考了！”

就这样，洪华生再次匆匆地赶回厦门。到了学校后她才知道，学校要推荐她参加国家首批选拔的公派出国研究生的外语考试，通知来得很仓促，根本没有什么时间准备。不过，直到这时候洪华生才知道，这次能获得参加公派出国研究生考试的机会，要特别感谢一个人，那就是她的导师李法西先生。

洪华生报考研究生的时候，李法西教授正在参加海洋局组织的赴美考察团，并不知情，回国后才知道洪华生一路“过关斩将”，考取了他的海洋化学专业研究生，很是高兴。李先生基于之前对洪华生优秀英语基础的了解，便极力推荐她参加出国考试。

机遇接踵而至，但挑战也让人几乎喘不过气来。时间依然是那么紧迫，来不及让她多做准备。但到了这个份上，她在心里暗暗告诉自己，出国学习是多么难得的机会，就去搏一搏吧！

这一次，丈夫翁成受毫不犹豫地再次给了富有进取心的妻子无私的支持。而靠着过去在鼓浪屿二中打下的扎实英语基础，洪华生又顺利考上了为数不多的公派出国研究生，而且成绩在考生中名列前茅。

重新求学的“奇迹”

人生有很多机遇，是否能抓得住，不仅在于自身的积累，更在于面对挑战的勇气。只有不断积累，不怕挑战，机会来的时候，才能抓得住。在家人的支持下，洪华生勇敢地迎接了人生的挑战，用现在的话说，就像是游戏中“打怪升级”的过程，但扎实的基础和心中不懈的追求，还是让洪华生赢得了这次改变命运的机会。

虽然考试通过了，但就如毛主席说的，只是“万里长征走完了第一步”而已，真正的新的求学之路，才刚刚开启。

重新回到厦大怀抱的洪华生，如饥似渴地吮吸着知识的甘霖。由于刚刚恢复研究生考试，因此研究生的学习很多要靠自己自律自学。洪华生除了认真上好李法西先生的海洋化学主课外，其他很多时间都泡在图书馆里查资料，给自己补充各种专业课的“营养”和“血液”，同时，还参加了学校办的出国英语补习班。她发誓，要用比青年时代更加倍的努力，去开拓新的领域。

那时候，海洋系的教室和自习室在映雪楼，洪华生经常是图书馆、食堂和映雪楼“三点一线”，只有周末才会抽空去鼓浪屿看看父母和两个孩子。

对于两个孩子，洪华生至今仍然会因为当年没有太多时间陪伴他们而感到很内疚。特别是小儿子浪天，在他五六岁的时候就把他送到全托的幼儿园。洪华生的母亲曾经和她说过，有时候她偷偷去看浪天，别人都有家长来接了，而他没人来接，一个人站在那里掉眼泪，怪可怜的。洪华生听了很是心酸。

所以，周末她会尽可能抽空去看孩子，有时也会带他们去爬厦大后面的山。记得有一次，孩子爬上了山顶的一个碉堡，上去了，却下不来，因为有很多沙子，下坡太滑了。正心急呢，正好有一对年轻人也上去了，请他们帮忙把孩子抱下来，当时真是吓出一身冷汗。

想想每周只有这么一丁点时间跟他们在一起，不由觉得自己真是狠心的妈妈！每一次陪完孩子，洪华生都觉得自己亏欠孩子和家人实在太多了，但是只要一投身到书本和各种学习研究中，她仿佛又忘记了这一切。

恩师的重托嘱咐

洪华生的导师李法西教授，是中国海洋化学的开拓者和学术带头人。李法西教授1943年毕业于中央大学化学系，后来曾在美国俄勒冈大学化学系、加州理工学院分别攻读硕士和博士。1950年秋博士初试时，正值朝鲜战争爆发，他毅然响应周恩来总理关于海外留学生归国的号召，中断学业回国支持国家建设，在厦门大学化学系执教，此后一直致力于培养海洋化学人才，建立化学海洋学研究基地。

李法西教授

“文革”期间，李法西教授受到了不公平的待遇。1970年4月，厦大复办海洋化学系并设置海洋化学专业，当时李教授虽尚未平反，仍然利用一切可能的机会推动海洋化学教学与科研活动，组织同事翻译美国Horne著的*Marine Chemistry*（《海洋化学》，科学出版社，1977年）一书，为追赶国际同行的进展做准备。1978年李法西教授得以平反后，他马不停蹄地参加了首个中国海洋科学代表团赴美访问，随后出任厦门大学海洋学系副主任和重建的厦门大学亚热带海洋研究所所长。

李法西教授非常重视对中国海洋化学人才的培养，1978年全国恢复高考和恢复研究生招生制度之后，李法西和他的研究小组先后承担了洪华生、张家忠、郭劳动、罗尚德等几批海洋化学专业研究生的培养任务，并为厦门大学与其他海洋单位数十名留学研究生和年轻教师研究人员牵线搭桥，为他们推荐世界一流的学习院校和导师。

正是在李法西教授的推荐下，洪华生得以于1980年到美国罗德岛（Rhode Island）大学攻读博士，师从著名海洋物理化学家Dana Kester教授，从事微量元素的化学海洋学研究。李法西先生当时随国家海洋局去美国考察的时候，到了美国罗德岛大学，认识了Kester教授，他也是研究化学海洋学的，后来李先生写信向他推荐了洪华生，当时他们学校刚开始接收中国大陆留学生，也没有托福和美国研究生入学考试（graduate record examination, GRE）的要求；中国每月为公派留学生提供400美元的生活费，但是需要对方接收学校免除学费和其他的一切费用。而Kester教授非常信任李先生的推荐，很高兴接受了，并帮忙办理了学校的入学手续。

有着海外留学经历的李法西教授，随和、睿智又不失严谨，讲课虽慢条斯理却深入浅出，风趣幽默，再枯燥严肃的课题和知识，到了他那里都能变得轻松、易懂和有趣，所以很多同学喜欢上李老师的课。即使后来洪华生他们到了国外，李先生还是经常通过写信等方式，关心他们的学习和科研。

不仅如此，李法西教授还身体力行，积极倡导海洋化学工作者“下海”，积极与其他海洋学分支相互渗透，互相配合，解决重大海洋科学问题。他全力促进化学海洋学领域的国际合作与国际化人才培养，推动了改革开放时期我国海洋化学，特别是化学海洋学的迅速发展，并且率先开展了九龙江口硅的系列研究。作为我国海洋化学学科的奠基人，李法西教授不仅是洪华生的恩师，更是她的楷模和榜样。

洪华生清楚地记得，1982年暑假，她第一次回国时，李先生正好在北京，在厦门碰不上面，回美国前，李先生约她在北京会面，还特地请她在北京有名的“老莫”（莫斯科餐厅）吃饭，他语重心长地对洪华生说：“你们要好好学习，学好扎实的本领，将来回来报效祖国。”

洪华生怎么都没有想到，这竟然是自己和恩师的最后一次面谈。由于旧疾加重，李先生在1984年做了手术，出院后又突发脑出血，等到1984年11月洪华生再从美国归来时，李先生已经没法开口讲话了。而在此之前，他仍然一直通过家人写信敦促洪华生尽快回国，投入厦大海洋化学学科的建设，传承他为之奋斗了大半身的事业。他殷切地希望，也坚信他的这位优秀的学生，一定可以传承他的信念和意志，为厦大、为中国的海洋化学科研教学做出突出的贡献。

1984年6月6日做手术之前，李先生写下了人生中最后一段文字——“一愿全国海洋化学界的伙伴为建立我国化学海洋学这门新兴的交叉学科的研究队伍而努力，使它能在我国开发海洋、建设四化中发挥作用。二愿厦门大学海洋系同志，特别是海洋化学研究室的同志们，能够珍惜已有的一点成绩和已经形成的力量，更好地团结协作，一切以共同事业为重，不辜负上级领导的重视、支持和期望……外国有一格言：Life is to give，not to take（生命在于奉献，而不是索取）。”

在以后数十年的漫长岁月中，洪华生为厦门大学、福建省乃至全国的海洋科学教学和科研工作以及国际化合作，兢兢业业、不辞辛劳、无怨无悔地奔波和奉献着，因为，恩师的教导、教诲和勉励，一直萦绕在她的耳边，也一直在她的心中。

同窗好友的情谊

和洪华生一起成为李先生招收的“文革”后第一届海洋化学方向硕士研究生的，还有三位同学：陈水土、张家忠和陈文豪。

1978年，第一届海洋化学方向硕士研究生合影
（由左至右洪华生、陈文豪、张家忠、陈水土）

2015年，三位老同学在厦门重逢
（由左至右陈水土、张家忠、洪华生、陈文豪）

陈水土是1966年化学系毕业的，毕业后又回来考研究生，研究生毕业后在福建海洋研究所工作，是化学室负责人。洪华生非常感谢他，因为她从美国回来做研究时，特别是在台湾海峡、厦门湾营养盐的测定中，他都帮忙指点戴民汉等学生。另外，在她有关“上升流”课题的书里，他也特意写了文章，支持老同学的工作。

1988年，陈水土在延平号上指导戴民汉测定营养盐

张家忠在国家重点实验室传授大洋低营养盐测定的经验

张家忠是工农兵学员，人非常勤奋，也很聪明，他毕业后先是留在学校里，后来李先生把他送到英国利物浦大学去进修，师从分析化学的著名海洋分析化学家Relay教授。进修回国后不久，他又去了美国，在迈阿密的美国海洋与大气管理局（National Oceanic and Atmospheric Administration, NOAA）工作。有一次，洪华生带着福建省海洋与渔业局的代表团一起去访问NOAA的时候，得到了张家忠热情的接待。后来，他也多次回国，专程参加洪华生组建的厦门大学近海海洋环境科学国家重点实验室的会议，传授大洋低营养盐测定的经验。

陈文豪毕业后，则被分配到福建海洋研究所。洪华生回国以后见到他，陈文豪跟她提出，自己很想出去学习进修，请洪华生帮忙推荐。于是，洪华生推荐他到美国特拉华（Delaware）大学，那里的海洋化学也比较强，师资力量很足。陈文豪毕业后在美国百慕大一直从事二氧化碳的相关研究，做得有声有色。后来，戴民汉课题组进行二氧化碳系统的研究时，陈文豪也投桃报李，给予了很多的帮助。

有一次，洪华生到了加拿大的哈利法克斯（Halifax），正好陈文豪也在。知道老同学来了，他主动请缨，要带洪华生到海边看加拿大鲸鱼观测——Whale Watch的“节目”。然而，他们赶去的时候已经很晚了，大约是下午五点，只剩最后一班橡皮艇（rubber boat），人站在橡皮艇的旁边，手拉着一个绳子，就出去了。

陈文豪提议说，去冒险一下吧！于是，他们穿上了雨衣，大概十几个人一起出发，感觉那船就是“蹦蹦蹦”地开出去，但天已经暗下来，

洪华生与老同学陈文豪在加拿大 Halifax 坐橡皮艇到外海看鲸鱼

风浪比较大，而且抓着橡皮艇旁边的绳子确实有点让人害怕。船开出去一会儿，有人惊喜地喊："看，鲸鱼！"

定睛一看，果然，鲸鱼把头抬起来，喷出大大的水泡，又一头"栽"进水里，尾巴翻起来非常好看。亲眼看到这一幕，大家一下子都忘记了"惊险"，洪华生觉得陈文豪的冒险安排，还真的让她"不虚此行"了。

如今，这几位1978年一起考上李先生研究生的同学，一路走来数十载了，大家在各个方面都有所成就，虽然距离有些遥远，但是始终互相关心、互相帮助，还持续关心支持着厦大海洋学科的发展。正是当年李先生们的辛勤教学和教导，成就了他们纯真而诚挚的同学情。

备航赴大洋彼岸

时间回到1979年7月，洪华生到上海参加出国前的外语培训，为期4个月。她被分到了"上海外国语学院出国留学生预备部英语B班"，当时A班和B班是美国老师任教，其他班则是中国老师执教，一个班有十几人。洪华生被老师指派为B班的班长，负责组织各种班级活动，那时候大家每天都在认真地提高口语和听力，进行各种英语学习训练。

本来应该在1979年就去美国学习，但是因为这是国家第一次选派研究生到国外，当时通信不发达，联系也不方便，所以出国时间一再推迟。李法西先生积极推荐洪华生到罗德岛大学去学习，他到美国去访问时认识了Kester教授，觉得专业上跟他很一致，而Kester教授又是化学海洋领域很有名望的教授。

Kester教授很高兴地接受了李先生的建议，洪华生开始办理签证，又陆续花了一年多时间才把签证手续办完整，所以一直拖到1980年8月底才正式出国，而美国其他同学8月初就开学了。

第四节 海外留学的“修女”生涯

洪华生作为国家首次选拔的公派出国留学研究生、赴美攻读海洋学博士，刚到美国时，还没来得及品味出国深造的兴奋感，异乡的孤独感和失落感便常常让她在梦中惊醒，就连孩子们哭喊着要找妈妈的景象也总是浮现在眼前，对家庭的思念，对父母的惦记，让她无比怀念在国内的日子。但是，正是那份不灭的理想追求，让洪华生在忍受思乡之情的同时，坚定地走过了在异乡的四年求学路程，直至学有所成。

求学伊始困难重重

1980年的夏天，洪华生和其他公派出国的留学人员坐飞机前往美国，当时厦门还没有机场，他们要到北京坐飞机，而且那时候中国也没有直飞美国的航线，所以要先飞到巴黎，再从巴黎换乘美国的飞机飞到华盛顿。要穿过欧亚大陆板块和大西洋，全程一共飞了30多个小时，其中包括在巴黎机场休息的几个小时。当时，他们每个人身上只有一块美元的零花钱。

在大西洋的上空，洪华生望着窗外，一幕幕回想着自己这些年的经历，曾经“梦幻”一般的过程，此刻在她的脑海中，却变得无比清晰和真实。想着愈来愈遥远的家和亲人，想着此次远渡重洋，仍是为了那个从小就很强烈的蓝色梦想，她的心里虽有一丝淡淡的惆怅，更多的却是期待和憧憬。

留学人员到了华盛顿就被接到了大使馆，经过短短几天的休整和

1980年，洪华生在美国华盛顿中国大使馆门前留影

教育，就通知各个接收学校关于留学生即将到校的消息。

“记得那天我一人坐了一架小飞机，到了罗德岛，罗德岛是美国的最小州（The Biggest Little State of the US），靠近波士顿。”到罗德岛第一天的场景，洪华生至今依然记忆犹新。

“我一下飞机就看到有一位高高的美国人，那就是我的导师Kester，旁边站了一位较矮的黄皮肤的人，后来我才知道，他是台湾人，名叫梁幼铮。我走过去向导师问好，他把我带到了他的车上，嘱咐我把安全带系上，哈哈，第一次坐上小车，真的都不知道为什么教授要把我‘绑’上。后来，车停到了一个很小很小的中国餐馆，教授给我点了一碗馄饨，问我好不好吃，说是这里最好的一家中国餐馆——我实在不敢说，其实这真是我吃过最难吃的馄饨了！吃完之后，他带我到了海边海洋研究生院的 Watkin 大楼三楼角落里的一个办公桌，这个桌子原来是梁幼铮的，现在，它是我的了。”

海洋研究生院的 Watkin 大楼，洪华生的实验室在三楼

Kester 教授在 Watkin 大楼的办公室

梁幼铮跟着Kester已经快10年了，但是他的博士论文还没有通过，他已经到外面先参加了工作，等以后再回来答辩。梁幼铮偷偷地告诉洪华生，Kester是一位非常严肃和严厉的老师，自己非常怕他。前一天晚上，他都已经睡了，忽然接到Kester的一个电话——“我明天要去接

大陆来的一个学生，你跟我去，如果我跟她沟通不了你才说话，否则，你不要讲话！”

洪华生正想，这个教授好“怪异”。梁幼铮又说：“你在这边读完硕士就赶快走啦，不然的话，你会被Kester整死的！”哇，一到美国就听到这么“恐怖”的事，她心里不禁咯噔了一下。

Kester雷厉风行，马上带着洪华生去见研究生院的院长John Knauss，他是美国非常著名的物理海洋学家，后来当过美国NOAA的负责人。洪华生坐在那里，听到Kester跟他的对话有点似懂非懂，心里也有点七上八下，学校8月初就开学，自己却是8月底才到校，已经迟到快一个月了。第一学年要上4门主修课程，其中包括Knauss院长的“物理海洋学”。

这4门主修课程一定要成绩B上，才符合读博士的条件。Knauss院长告诉Kester教授，就让她先来上课吧，如果她这一次考不好，那么这个成绩就不算，来年重新再修吧。这算是对洪华生非常网开一面了，她心里的一块石头终于落了地。

还没等洪华生按照东西半球的时差校准手表，导师就拿出五篇深奥的海洋学术论文：“准备一下，一个星期后讨论!”

洪华生的出现，确实在罗德岛大学海洋研究生院引起了一阵小小的骚动——“36岁！”“两个孩子的母亲！”“迟到了三个星期！”“什么？上课还带录音机？”当时，她的英语听力不是太好，更何况一下子要理解那么多的专业术语。不过，这也难不倒洪华生。上课的时候，她带着一个很大的录音机到班上去，录回来慢慢听。Knauss院长对此印象非常深，多年以后见到洪华生时还说：“我记得很清楚，你那时候带着录音机来听我的课！”

由于是所有海洋专业学生都要上的大课，人很多，洪华生一进到

2006年，洪华生拜访老院长 John Knauss

教室，看到同学基本都是一头金色头发，很难分清谁是谁。好不容易，看到了一位黑头发的中国人，一问，原来是台湾来的魏国彦同学。洪华生坐到他的旁边，客气地跟他打招呼，说:“我迟到了，你能不能把上个月的笔记让我看一看？”

没想到，他居然不屑一顾地看了她一眼，说自己没有记笔记，并表示，自己是台湾大学地质系毕业的硕士生，而洪华生只是大陆的本科生，也没有考托福和GRE，言下之意是，她的水平一定不行。看起来，这位同胞相当的不友好。没有办法，洪华生咬咬牙，只好自己去“啃书本”了，不过好在她的数学和物理的基础比较好，看看书本自学也并不是那么难。

洪华生带着录音机去上课，她把老师讲的内容录下来，下课时就躲到没有人的地方认真复习。一遍听不懂，就听两遍；两遍听不懂，就听3遍，直到自己能够完全理解为止。这个“笨”办法，一开始总要面对金发碧眼的同学们或明或暗的嘲讽，但洪华生从不理会，她暗暗对自己说："一定不能泄气，要坚持，笑到最后才是最灿烂的。"

回想起自己在美国的学习生活，洪华生戏言，自己犹如"修女"。每天晚上，她都泡在图书馆苦读，在实验室里过夜也是家常便饭。在别人放松娱乐的时候，洪华生经常与书本和录音机为伴。美国求学的四年里，她只回国一个月。正是这样的坚持，洪华生逐渐获得了同学的尊敬与老师的认可。

因为比同学晚入学一个月，刚上了一个月的课，就要参加物理海洋学的期中考试。Knauss出了4道题，标注任选3题。由于不理解需要选题的要求，洪华生把4道题都答了，其中有3道题满分，一道零分。这下真为难了老师，不知该给她多少分好：给30分满分，好像也不太合适，但是给20分好像又太亏待了她，权衡来权衡去，给了一个"折衷"的25分。

Knauss在班上没有指名地说起这个事，拿回考卷后，洪华生才知道，原来说的就是自己，也因为这样，她给了老师很深的印象。到了期末考试的时候，洪华生居然考了全班第一名，Knauss高兴地过来和她握手祝贺，其他的老师和同学也开始对她刮目相看。

那位让她碰了"钉子"的魏国彦同学，对她的态度也转变了，后来他们还成了好朋友。魏国彦后来回台湾大学当教授，还当过台湾"行政院"考试院院长和"环保署"的署长。

洪华生和魏国彦同学在台湾合影

主讲化学海洋学的是Jim Queen 教授，他也非常严肃，总是板着脸孔，对学生要求很严格，实验室也尤其整洁。有意思的是，他是学有机化学的，所以并不喜欢教“无机”的海洋化学，偏偏洪华生又很爱问问题，有一次问到二氧化碳系统，“打破砂锅问到底”，惹得教授很不高兴。

然而，当时的助教Hanson告诉Queen教授，说洪华生这门课一定会学得好，Queen教授当然不太相信。结果，洪华生就真的考了一个A，令他大为吃惊。而这位Hanson先生也没看错人，有一次实验课，他把营养盐的浓度配错了，洪华生发现后，就直接告诉他要改正，而没有告诉 Queen教授。Hanson非常感谢，后来，他对洪华生帮助也很大。

说起来，Kester教授其实只比洪华生大一岁，但是他在美国成名很早，主攻的微量元素领域成就颇高。Kester个子很高，确实是个不苟言笑的人，但做事很严谨，干技术活的能力也很强，他小时候就自己做过帆船呢。 他对学生要求很严格，不仅要有理论知识，还要能够动手自己组装仪器。很多学生都很怕他，但是洪华生并不怵，每每都会主动去向他请教问题，教授也都非常耐心地给予指导。有同学好奇地问她：“洪，为什么Kester愿意经常跟你交谈呢？”

洪华生轻描淡写地说：“其实，我觉得第一条就是要尊重老师，然后，该问什么就大胆地问呗。”她当时那股好学好问的劲头，还真把不少老师“震”到了。

汗水铸就优秀成绩

在美国的第一学期过去了，新的学期接踵而至。第二学期的两门主修课对洪华生来说比较困难些，其中一门是海洋地质，而且有个“特殊要求”：要先学本科生的普通地质学，才能够修海洋地质研究生课程。

那怎么办呢？

学院的老师认为洪华生原来缺乏普通地质学知识，建议她还是老老实实先学一年普通地质学，第二年再学海洋地质。可洪华生心里着急啊，对她来说，一年的光阴是多么宝贵，一天都恨不得掰成两天用，能节省一定要节省！她向Kester教授提出要同时学两门课程，每周两个晚上赶到主校园去学普通地质学，白天则在研究生院上海洋地质。基于对这位学生第一学期优秀成绩和勤奋学习态度的考察，Kester教授爽快地答应帮她去向学院申请，由他做担保，终于获得了学院同意。就这样，日夜兼程地学习了一个学期，洪华生把海洋地质这门课也顺利“啃”下来了，而且成绩又是A！

另一门课则是海洋生物，是难度最大的课程。这门课，洪华生从来没有学过，也没接触过，海洋生物涉及的种类非常多，从细菌到鱼类，单是记住所有的拉丁名字就是个大难题。导师很担心，如果洪华生考了个“C”，那就无权报考博士生了。

“只拿个硕士生怎么行呢？祖国送我出来深造，我必须回报她最优秀的成绩！”洪华生暗暗鼓励自己。当时有一位生物老师，每天上班都要经过洪华生的办公室，他做了很多卡片，要求洪华生每天要背——这个过程实在是痛苦，不过洪华生毕竟是洪华生，最后，这门课她也得到了一个“A–”的不错成绩。

海洋学科研究涉及的知识面很宽，物理、地质、化学、生物等知识都必须具备。这一年下来，洪华生从海洋物理、海洋化学、海洋生物、海洋地质这些学科中，获得了大量的丰富又扎实的知识，也为她以后回国在海洋生物地球化学学科领域的开创打下了非常坚实的基础。有一天，Kester教授兴奋地告诉洪华生：“你根本就不要读硕士，就直接攻读博士吧！”其实，当时洪华生从厦大出去时也并没读完硕士课程，应该说是从本科生直接攻博了，在欣喜的同时，她也陡然觉得身上的担子更重了。

在美国的4年里，洪华生完成了别人从硕士到博士至少5年才能完成的学业。在必修的13门功课中，取得了12门的“A”，一门“A–”，在31位同学中，她的总平均成绩最高。连Kester都不禁感叹，能用这么短的时间从本科学历到获得博士学位的学生，在他的教学生涯中是史无前例的。最开始对洪华生另眼相看的那些美国同学、台湾地区同学，也都被她优异的成绩和惊人的毅力与精神深深折服，透过洪华生的努力和成绩，他们也对中国大陆学生有了崭新的认识。

1986年《生活•创造》杂志第7期，张红的报告文学“她追寻着海蓝色的梦”，生动地描述了洪华生在美国留学生涯伊始，在学习和生活上难以想象的种种困难，以及艰难又充满危险的海洋科考。

所有的这些“奇迹”的背后，都是辛勤的汗水。这位“修女”，每天晚上都泡在图书馆苦读，经常偷偷地睡在实验室里，心里想的都是如何把丢失的10年捡回来。

夜深人静，洪华生才依依不舍地离开实验室，有时候甚至已经是凌晨两三点了，那时候晚上在实验室过夜是违法的。有一次被巡岗的学校警卫发现了，他竟然开玩笑说:“洪，这么晚我用警车把你送回去，你不在意吧？如果邻居看到用警车送回来，会不会以为你是犯法的？哈哈哈。”洪华生也笑笑说，没关系的。

还有一个冬夜，天气骤变下起大雪，洪华生在实验室里忙得都没有注意到天气的变化。深夜，她刚刚忙完一个实验准备收拾下桌子，灯突然灭了，一片漆黑，同学们都回去了，她呼喊了半天，实验室里却只有自己的声音在回荡着。她好不容易摸索到大门，用力推开，才发现门外大雪纷飞，下楼的台阶也被雪封住了，成了陡峭的雪坡，举步维艰，实在没办法。穿着单薄风雪衣的洪华生，未及多想，就翻滚了下去，结果连巡夜的校警都被她吓到了——站在他面前的这位女士，头上身上都是雪花，俨然一个“雪人”。她向校警借了手电筒，又蹒跚着回实验室收拾好东西，关好门窗后，才在校警的护送下回自己的公寓。

渐渐地，罗德岛大学图书馆的工作人员、“威严”的校警都认识了这位经常学习到深夜的娇小又勤奋的中国女子，并为她的这种刻苦精神所深深感动，大家自发地给她提供帮忙和方便。有时候太晚天气又不好，校警就会自告奋勇地提出送她回到离学校比较远的公寓。而房东太太Diane也非常友好，对她经常很晚从学校回来很是理解，甚至特地把家里的狗关起来，以免影响到华生休息。过节的时候，Diane也经常邀请她一起共进晚餐，让她感受家庭的温暖。

4年的学习，在生性乐观的洪华生看来欢乐很多，哪怕其中的各种困难和忧愁也不胜枚举——比如实验室里从初试牛刀到游刃有余，比如充满了冒险和艰辛的海洋科考，比如难上加难的博士论文答辩。

Kester教授是研究微量元素的，海水中微量元素mg/L和μg/L级是相当难做的，到目前也是难题。他有学生做铜研究，但没有人要做铁，铁非常难做，到处都是铁污染，当时他有一台原子吸收仪（atomic absorption, AA），在40多年前那是非常先进的。

美国学生不敢做铁研究，但Kester教授很想做，因为当时铁的问题已经引起了国际上研究的关注。20世纪80年代初，J. H. Martin等人提出在世界高营养低叶绿素的海区是铁限制着浮游植物生长的假说，即著名的“铁限制”假说，铁的研究已经成为海洋生物地球化学研究的热点，但海水中溶解态铁的含量极低，测定相当困难，其形态研究更是当时国际上未决之难题。

Kester教授找到洪华生，问她：“你用过原子吸收仪吗？”

“我没有用过，但我本科学习过溶液的处理。”洪华生照实回答。因为铁非常稀，所以一定要富集，Kester就给了洪华生一瓶水，让她用AA去测，又请技术人员Peter来教华生原子吸收仪的使用规范。

当时洪华生根本就不知道教授在考她，只是按照程序非常认真地做下去，用C18富集后用AA测，最后给他一个结果，很低的一个范围4 mg/L。技术人员告诉教授，洪华生完成得非常好。这让Kester很是高兴：“华生，你很厉害，第一次接触，海水铁很微量，并且有不同的形态，特别是现场的铁，确实很难做，能够做到这个范围已经很不简单了！”通过这次考验，Kester教授感觉到洪华生不但学习很不错，实验也很有潜力，这估计也是他后来选择铁这个方向作为洪华生博士论文主题的原因。

洪华生一开始并不了解这些，Kester教授的一位美国博士还笑话她：“谁也不做铁，就你做铁。”洪华生自信地回了他一句话：“没什么了不起的，做就做啊。”

后来，洪华生通过查询文献更多地知道了铁的重要性，考虑到我国的海洋化学研究起步晚，在“文革”期间又遭到了破坏，而当时世界上不少国家的海洋化学科研非常重视与地质、生物、环境、物理等多学科的交叉和融合，她很希望回国后能推动海洋化学与其他学科的交叉，尽快弥补我国海洋化学的薄弱环节。念及此，她更坚定地认同教授的指导，选择铁研究作为博士论文的方向，她的博士论文题目就叫“铁和颗粒物质在海洋环境中的化学”。

海水溶解铁平均含量只有1～2 nmol/kg，根据热力学平衡理论，pH=8的海水，溶解态铁主要以三价铁存在，在动力学平衡原理状态下，可能存在更具有生物可利用性的二价铁。但测定痕量二价铁的难度很大，不仅浓度低，容易氧化成三价铁，而且现场测定需要在超净条件下严格操作才不会带来污染，其测定成为当时未决的难题。

铁在不同环境下有不同形态，做铁研究的确非常麻烦，装水样的瓶子要洗得非常干净，先泡酸，然后用蒸馏水洗3次，什么东西都不能沾污，所以她当时觉得自己好像一天到晚都在洗瓶子。直到现在，洪华生在家里洗碗都还很高效，洗得又快又干净，她总是想，这估计和当年做铁的实验有关系吧，无意中多了一项“技能”，挺有趣。

一段时间后，Kester又进一步问她，你的博士论文是想把铁在某个基础研究上做得很深，还是想做比较多环境的研究呢？

考虑到将来要回国，洪华生希望做不同环境中的铁，所以这也就是后来她可以做好多环境研究的原因，这在某种程度上，真的要归功于美国学习期间的正确选择。

从实验室“迈”向大海

那么，首先从河流开始吧。有一篇涉及康涅狄格河口（Connecticut River Estuary）的论文，就是在那个化学助教Hanson家的游艇上做的实验。在当时拍下的工作场景里，洪华生和Hanson正在船尾取样。他们便从河口上游，一直做到下游。这次实验过程很愉快，

1981年，洪华生等在康涅狄格河口做实验

也让洪华生对河口的工作产生了亲切感，实验结束后洪华生还第一次开了游艇，和大家一起抓鱼。

洪华生驾驶做实验的游艇

实验的第二步工作就是迈向大海。美国西北大西洋马尾藻海航次是洪华生第一次出大海，当时乘坐的船是R/V ENDEAVOR，这艘船直到现在还在。美国有一个科考船共享管理系统（University National Oceanographic Laboratory System, UNOLS），统一管理，科考船挂靠在各个高校和科研院所，但开放共享，要用船可以申请船期。这条船看起来不是很大，只有1000吨，但是马力很足，可以从大西洋一直开到太平洋。那时我国的科考船不到3000吨级是不敢出大洋的，但美国在40年前，1000吨级左右的船就可以出大洋了。

那次航次计划是10天，当时没有走航监测，所以都是用人工取样的，没想到，一出去就碰到大西洋的飓风，也被称为“风暴王”。

这一天，“风暴王”正袭击调查船R/V ENDERVER。只见它狂啸怒号，卷着败絮般的残云扑向大海。海被激怒了，震荡着，咆哮着，汹涌的巨浪带着轰然巨响，砸向银色的甲板。

“怎么办？”望着座舱里前撞后跌、呕吐狼藉的专家和学生，Kester教授不无焦虑地想。

“教授！”突然，在风暴的喧嚣声中，清楚地传来一个坚定的声音。

Kester教授应声扭过头去，只见一位“中国女士”踉踉跄跄地扶着舱壁走来，咦，这不是中国留学生洪华生吗？

“教授，什么时候开始取样？”洪华生那闪动在玻璃镜片后的眼睛，充满热情，充满信心。

“取样？”天哪，死神正威胁着生命，可她还记挂着她的海水试验，Kester教授暗暗感叹，多么不可思议！

还好，这条船性能很好，所以没有选择回港避风，而是顺着台风轨迹航行。行程中，整个船一直在晃，有一位技术员一时兴起，邀请洪华生去船顶上面看看浪，她就跟着上去了，结果一个大浪打过来，整个甲板都被淹了。

大家当时吓坏了，紧紧抱着栏杆，后来他们下船，导师把他们两个一顿痛骂，说你们不要命了！台风给了洪华生下马威，船跑了三天三夜之后，她头晕眼花，跑去问导师，什么时候开始做实验，导师苦笑着说，你还想做实验呢？等台风过去吧。

一共10天的航次，备航和台风耽误了5天，就只有5天的时间拿来做10天的任务，非常紧，洪华生几乎每天都通宵做实验，终于还是坚持把任务完成了。这些经历，也都为她回国之后的工作提供了良好的经验。返航后回到公寓，房东太太听了这段故事，由衷地赞叹道:“华生，你会成为真正的海洋学家的！”

1984年年初，博士期间最后一个研究地点，是秘鲁上升流的研究。船的航次是非常忙的，从大西洋的东北角开过去，不同航段有不同的任务，要先从出发港装上集装箱和一些大仪器，研究人员再坐飞机到秘鲁上船。

秘鲁的贫富差距特别大，这边是富人的西班牙式的小洋楼，另外一侧就是穷人没有屋顶的房子。开始感到很奇怪，后来才知道这里很少下雨，否则这些穷人在没有屋顶的房子里怎么生活呀？在秘鲁，洪华生和同学们还有一个有趣的生活“小插曲”。

那时候，他们刚到达，先要忙备航。第二天晚上，教授犒劳大家一起吃大餐，一共有十几个人，大家提议一起去找一个中餐厅。那个中餐厅虽然规模很大，外面有小桥流水也有庭院，但是进去以后，发现所有的招待服务员全都是“老外”，不会讲英语，只会讲西班牙语，给的菜谱也都是写着西班牙语，根本就搞不清楚是什么菜。

洪华生灵机一动，既然是中国餐馆，总可以找到一个中国人吧？于是她自告奋勇，比比划划问说厨房在哪里，后来到了厨房门口果然看到了中国厨师，洪华生很激动地用中国话跟他们对话。在遥远的异国他乡遇到中国人，他们也非常高兴，后来，中国厨师就贴心地给大家做了一顿非常丰盛好吃的晚餐。这个小“桥段”，也让大家对她的热心和机智印象深刻，每次回忆起来，都还很开心呢。

这是洪华生第一次到太平洋，没有经历过的人一定不知道，在海上做科学实验其实还是很有风险的。比如，当时劳动量非常大，要把取样用的10升瓶子搬上搬下，而且要用酸来清洗，洪华生他们每次一出去到第一个站位要取水样，都已经到深更半夜了。

第一站是深夜，他们去取水样，突然听得“啪”的一声，缆绳断了，整个采水器就掉下去了。本来是托运一捆比较粗的缆绳，但开船前没到，只好用船上的，没想到船上的钢丝绳太细了，再加上有风浪。当时导师脸都发青了，因为那个采水器价值50万美元，没有大的采水器，大家只能用5升的采水器，这样无形中就增加了更多的工作量，每一个站位都需要多采好几次。所以，在海上操作的风险，不仅是人的安全，还有仪器的安全问题。有了这样的经历，回国后每次出海做实验，洪华生总是不厌其烦地叮嘱学生和同事们，要特别注意个人和仪器的安全问题，而且每次她也总是亲自仔细又仔细地进行各种航前检查。

在导师和同学的支持下，洪华生启动了“揭示海水表层二价铁昼夜变化规律及其控制机制”的课题，其间也克服了不少的困难，实践中，除了运用之前的经验，也充分开动脑筋，多一些新的创意、创造。课题做得很成功，还研发了一些小仪器。

因为她要做痕量铁的不同形态，所以不能靠近大船取水样，会有铁污染，要坐小艇，就是那种橡皮艇，圆圆的，用桨划动。每到一个站位，就把小艇放下去，划到离开船远一点。因为当初是先做表层，所以就用干净的塑料瓶去舀水，再用手把取样器放下去。当时只有两个人一起下船，还好风平浪静，不然还真让人担忧，离船那么远能够回得来吗？

洪华生在小艇上取样时拍摄的 R/V ENDERVER 调查船（船尾白色的集装箱为超净实验室）

洪华生在船上过滤水样

在船上做实验，每一个步骤都要非常非常的细心。洪华生也形成了自己一套独到的实验方法：先自制浓缩的色谱柱（用8-羟基喹啉附着在硅胶上）富集，将海水的pH调到6，延缓溶解态二价铁氧化成三价铁的速率，再立即用船载的AA测定。AA实验室是当时位于船尾的一个集装箱，整个集装箱是空气过滤，所有的操作和测定都要在100级的超净集装箱里进行。现场取样后，在船上就要马上处理和测量，真是没日没夜地工作。

秘鲁的天气很好，在秘鲁测到了非常难测的二价铁，而且效果很好。说实话，一开始很多人不相信洪华生能测出二价铁，因为测定痕量二价铁的难度很大，而且现场测定需要在超净条件下严格操作才不会带来污染，当时国际上尚未解决现场测定不同价态痕量溶解铁的有效办法。洪华生在导师的指导下，通过自己不辞辛劳的攻关和尝试，成功地突破了现场测定不同价态痕量铁的方法难关，并首次揭示了海水表层二价铁昼夜变化规律，同时提出有生物参与的光化学反应的作用机制的新观点，为海洋初级生产力铁限制假说的立论提供了有力的证据。

“自己要有一个目标，并脚踏实地不怕困难努力去实现它，这样才可以获得成功。”面对每一次或大或小的挑战，洪华生总是这样鼓励和鞭策自己。

这次秘鲁上升流的课题，让洪华生受益良多。她明白了，做实验要有效地融入自己的想法和创意，要有耐心和不畏惧失败、敢于尝试的勇气和精神。此外，她更衷心地感谢Kester的大力支持，正是他放手指导她做不同环境铁的测试，积累了众多丰富的宝贵经验，为她回国之后的工作奠定了难得的良好基础。

辛勤耕耘成就殊荣

终于，4年的学习接近尾声，洪华生迎来了博士论文答辩。厚厚的博士论文，仅用4年的时间就完成了从本科生到博士的课程，洪华生

“破”了罗德岛大学研究生院的记录。

答辩委员会的成员有Macintyre教授、Michael Pilson教授、Bob Duce教授、Jim Fashing教授（化学系主任）等。当时答辩委员会一定要求有外系的教授，所以洪华生的博士答辩才会有化学系的导师参加，

1984年8月，洪华生终于完成了厚厚的一本论文

洪华生和5位答辩委员会成员合影（由左至右分别为 Macintyre 教授、Kester 教授、洪华生、Pilson 教授、Duce 教授、Fashing 教授）

也充分证明了当时答辩程序的严格性。厚厚的一本博士论文，要求在15分钟内讲完，而且以答辩为主，因此要高度精练地总结，要把复杂的问题讲得精炼透彻、突出重点，这是对学生综合水平的考验。

不负众望，洪华生在博士答辩中的精彩表现让答辩委员会的教授们再次刮目相看，她以丰富的学识、睿智的表达能力和特有的东方气度征服了在场的师生。答辩前 Macintyre 教授还半开玩笑和她说："华生，我不想让你通过答辩，要不然你就要离开我们了。"经过一个半小时的论文答辩，最终洪华生获得了全票通过和全场经久不息的掌声，Macintyre 教授耸了耸肩，对华生做了个诙谐的鬼脸说："我本来要坚持我原来的观点，可是看起来，谁都不同意。"

答辩过后，大家还专门为这位已经进入不惑之年的"中国奇女子"举办了庆功会。等到洪华生要离开罗德岛大学时，全校100来个师生都

写有洪华生姓氏的博士专座

来参加她的欢送会，因为洪华生是第一个中国大陆学生，很替中国人争脸。

洪华生顺利通过博士答辩，成为中华人民共和国首位海洋学女博士！回首自己1460多个日子里坚持不懈的寒窗苦读和辛勤付出，回首初来乍到被人嘲笑没有考GRE、托福，提着录音机上课被人当成“异类”的日子，再到后来提前以优秀成绩完成学业，洪华生终于忍不住流泪了！

其实，Knauss 院长是有先见之明的。在她刚入学不久，中国国家海洋局组团来罗德岛大学海洋研究生院访问，院长就指着她对代表团说——“这是我们这里最好的学生，这样的学生有多少我们都欢迎！”后来有不少中国学生到了海洋研究生院，洪华生为他们打下了很好的基础。

洪华生在Kester教授指导下完成的研究，在国际上率先突破了海水不同价态现场痕量铁测定的难关，提出了有生物参与的光化学反应的控制机制新观点。对康涅狄格河口、大西洋马尾藻海、秘鲁近岸上升流等进行了系统的不同铁形态的现场研究，根据氧化还原动力学原理，推断可能存在与热力学平衡不一致、具有生物可利用性的二价铁，并揭示了海水表层二价铁昼夜变化规律。

洪华生最早提出的有关溶解态铁形态的测定方法及动力学观点得到广泛接受，她关于铁研究的代表作“Redox state of iron in the offshore waters of Peru”（1986）成为海洋铁研究的经典文献。因提“铁限制”假说而驰名的国际专家Martin在1988年引用该文章时特别指出，“以前因分析方法问题不能了解海洋中的铁，但现在，我们正开始认识铁在海水中的分布”；国际海洋化学权威P. G. Brewer 在1987年的 *Review of Geophysics* 的综述文章中也引用了该文章。

从这点上看，洪华生是国际上最早测定海水铁的学者之一，她在美国求学期间的学习和研究，为其回国之后成为我国海洋生物地球化学这一新兴学科领域的带头人奠定了坚实的基础。美国NOAA大西洋海洋与气象研究所工作的张家忠博士，说“他在Frank Millero教授实验室遇到博士后 Dan Osullivan。当时他刚从Kester教授手下毕业。说起洪华生的能干，他说Kester 教授实验室的人都称她为 Iron Lady（铁娘子）”。“铁娘子”的称誉在很大程度上是对洪华生从事海水铁研究取得的不易成果和坚毅精神的肯定与欣赏。

在30多年科研生涯中，洪华生教授在不同领域取得了令人瞩目的科研成果，培养了众多新一代中国海洋人才，她不愧是中国海洋界的“铁娘子”。

但洪华生始终觉得，这其实也没什么特别的秘诀，除了各方面要打好基础，就是要肯吃苦，不畏惧困难，善于把不可能变成可能。当然，还要有明确的目标，并且朝着这个目标有条不紊地用实际行动努力推进。她更加感念的是，自己在很多地方得到了不少人的帮助，而善于学习他人的长处，更有助于自身的提升和完善。

说到“与人为善”，洪华生记得曾经一位叫 Jane Elrod的同学对她态度的变化。

Elrod跟导师读了十多年，五年才拿到硕士，博士不止五年，一直读到四十多岁才毕业。Elrod曾经对她很不友善。因为Kester的课题多，有钱供她做研究用，所以她也就不着急毕业。Elrod和洪华生在同一个办公室，然而Elrod在洪华生刚到的一个学期都不怎么跟她说话，甚至在洪华生写第一篇学期论文得到了Knauss课程A的时候，Elrod居然说，肯定是老师弄错了！

有一位来自泰国的女学生叫Welaiwan（目前在泰国Chulalongkorn

大学当教授），当年，她比洪华生晚两年入学，刚来时没有地方住，导师还在帮她找房间，洪华生想都没想就说，让她先住在我那边吧！听到这件事，Elrod表示很吃惊，在美国相对注重私人利益和私密性的大氛围下，很少有人会这样主动关心和帮助人，她忍不住问："你不了解她，为什么让她住在你那边？"

洪华生笑笑说："没关系啊，都是同一师门，等她找到地方再搬出去就好了。"这件"小事"开始让Elrod触动很大。后来，她才告诉洪华生，说自己原来都是以自我为中心，不去顾忌他人的感受，而洪华生的这种行为，让她改变了很多。大家都说，自从她跟洪华生走得近了，整个人完全变了，从独来独往，也变成了"与人为善"的人。

两人成了很好的朋友，经常一起去购物和跑步。在洪华生回国的时候，Elrod居然送了她一台洗衣机，还特地叮嘱说，找工作要记得看好住房、工资等条件，满意了才行。

在美国，许多认识洪华生的学者都对她刮目相看，美国Old Dominion 大学海洋地球和大气科学系荣誉教授黄天福回忆说："我第一次碰到华生是1981年夏天在加州圣地巴巴拉举行的哥顿化学海洋学的会议上，在那个年头，从事化学海洋学的女科学家本来就不多，亚裔的更是凤毛麟角，这位少数中的少数引起了我的好奇心。我才知道她从中国来，正在罗德岛大学攻读化学海洋学的博士学位。我为中国终于愿意把人才送到西方国家来接受培训感到高兴，也敬佩华生愿意暂时放下家庭离乡背井到美国来念书的决心与毅力。"

学有所成毅然回国

博士的毕业仪式刚刚结束，洪华生就获得推荐前往美国伍兹霍尔研究所（Woods Hole Oceanographic Institution, WHOI）演讲。这在当时是非常罕见的，因为能去WHOI演讲的都是大师级的人物，而洪华生不过是初出茅庐的博士生。她感到，能在大师们面前做报告是很自豪的任务，也做了认真的准备。她的“铁在海洋不同环境中的化学”的专题报告，得到了全场的掌声，会后有著名的海洋学者希望她能留在美国工作。然而，洪华生还是婉拒了大家的好意——“不好意思，我的事业在中国，我的祖国需要我回去。”

洪华生已经不止一次拒绝美国专家提出的挽留了，不断有人劝说她，留下来吧，你看，美国有优越的物质生活，世界一流的实验室、世界前沿的导师和科研，前程这么耀眼，而且你已经待了4年都很适应了，朋友也多，把先生和小孩一起接来多好！

也有人建议她，按照规定博士毕业后可以留在当地工作一年半，你可以先在美国工作一段，在经验和物质方面多积累一些再回去也不迟啊。

大家的这些劝说声，在洪华生心湖上泛起很短暂的微澜，旋即被另外一种声音淹没了。法国科学家巴斯德曾说过，“科学无国界，因为她是属于全人类的财富，是照亮世界的火把。但学者是属于祖国的”。是啊，科学无国界，但学者有祖国。童年时候父母亲历尽千辛万苦回国的情景，母校导师李法西先生“你们要好好学习，将来回来报效祖国，振兴中国海洋化学事业”的叮嘱，交替在眼前浮现。洪华生的心里更加坚定了，她告诉自己，无论如何必须回国，尽快回国。当时青黄不接的海洋科技界需要海归人才，故乡厦门特区需要人才，母校厦门大学海洋系因为导师李法西先生病倒，急需接班人。或许，自己的个人利益会受损失，但是一想到可以给祖国和母校的海洋科学研究带去新的理念和经验，可以报答祖国和恩师，洪华生又觉得无比兴奋和期待。

1984年年底，洪华生在美国伍兹霍尔研究所做学术报告

她婉言拒绝了导师、同学和朋友们的挽留，决定要回到祖国，回到厦门大学，为祖国的海洋科学研究、为母校的海洋学科建设和人才培养尽自己的力量。

1984年11月，在美国做了3个月博士后的洪华生，依依惜别了罗德岛的师友们，告别了犹如亲人般的房东Fasching一家，搭乘飞机踏上了回国的旅程。她终于回到祖国的怀抱，回到了日夜思念的母校，成为中华人民共和国成立后第一位公派留学后归国服务的海洋学女博士。

涛声依旧，梦想却比以往更宏大，更有底气。毕竟，她开始了真正实现自己碧海蓝色梦想的征途，就要在这座海上花园扬帆起航了。

第三章 圆梦

第一节 学科建设：成就斐然

是的，自从做出回国的决定，洪华生也就拥有了一个至今广为人知的头衔——中华人民共和国成立后第一位公派留学后归国服务的海洋学女博士。但人们未必知道，回国那一年，她已经40岁了，而且是两个男孩的母亲——在36岁“高龄”出国，用了4年时间完成了5年的学业，必修的13门功课中有12门是“A”，在31位同学中，总平均成绩最高……

或许对于某些人来说，这样的故事已经足够精彩；但对于洪华生来说，更精彩的还在后面。尽管在国外前程一片大好，她仍然谢绝一切挽留，她想回到祖国，回到她真正魂牵梦萦的东方海岸线。

现在的博士，一般读完都是“三十而立”，而洪华生的博士算是“四十而立”，在美国，她只做了3个月博士后，1984年11月底就回国了。2010年，当记者访谈时问她当初为什么要回国？洪华生很坚决地回答：“当时看到人家富，更觉得我们中国要富强，这是我们每个人的责任。国家培养了我，我更应该回来报效祖国。”怀一颗爱国之心，用一生铸就一份蓝色的梦想，这便是洪华生。

当时还是有不少留学生选择留在国外发展。在得知洪华生决定回国之后，北京的留学工作部在表示“惊喜”之余，也特别告诉她，想去哪里工作可以自由选择，甚至还动员她去深圳——那时候，深圳大学刚刚成立，很缺师资，开出的各种条件相当优厚。其实，在国外的时候，导师和同学就提醒过洪华生，回国后工作薪资多少、待遇怎样都要重视，不要“吃亏”。

然而，那个时候，洪华生心里考虑的全都是如何更好地发挥她在国外所学到的知识和具有的能力，恩师李法西先生的嘱托不断在她的耳边响起，母校熟悉的场景也一直在她的脑海里“过电影”般地萦绕。

她微微一笑，告诉北京留学工作部：谢谢，我决定了，回厦门。

“白手起家”的艰苦创业

不过，洪华生刚回到厦大的时候，遇到的情况，却一点也不轻松。1984年，厦门大学的海洋化学博士点刚刚成立，李法西先生当时是厦大海洋化学唯一的博士生导师，但这一年的年底，李先生病重住院，第二年便溘然长逝。

悲痛之余，洪华生更要面对许多“骨感”的现实。

李法西先生去世后，因为没有其他博士生导师，厦大海洋化学的博士点面临被取消的局面，而刚刚回国的洪华生，显然也不能马上当博士生导师。还好，当时的校长田昭武想到了一个点子——请洪华生的导师Kester来做兼职教授挂名博导。

接到自己优秀门生的邀约，Kester欣然同意。这下子，这个海洋化学博士点终于保住了，也让洪华生有了机会可以开始带学生。Kester虽然只是“挂名”，但他依然非常关心洪华生和她在厦大所从事的学科建设，来过厦门好几次，每一次，都给洪华生提供了很多帮助。

只可惜，这位敬爱的导师，也在60岁时离开了人世。对于一个科学家来说，这个年龄其实仍然是“当打之年”。每每回忆起Kester，洪华生在感激之余，也有深深的遗憾，如果导师不是走得那么早，对于厦大整个海洋学科发展的帮助还会更大。

然而历史的大潮终究要往前推进，洪华生头也不回地开始了这全新的航程。

说起来好笑，她刚到厦大报到时，还有一件趣事。因为当时根本没有海外回来的博士，甚至国内的博士也寥寥无几，洪华生到人事处报到的时候，工作人员居然在她入职表的职位上填了个“助教”，还说所有研究生毕业都要先当上助教呢。洪华生一下子愣住了，因为李法西先生已把自己的硕士研究生翁家宝交给她来带，可是，一个“助教”怎么能带研究生呢？

她便去找到了当时分管人事的刘正坤书记，刘书记一听哭笑不得，把人事处的人找来数落了一顿：“你不知道她是国外回来的博士吗，助教？至少应该是讲师吧！”

但洪华生在意的并不是“名分”，能顺利开展工作才最重要。于是，这位留学归来的博士后，就从普普通通的讲师做起，当了两年讲师、五年副教授，经过七年的时间，才评了教授。而回国时，包括住房、待遇等问题，洪华生一个字都没和学校提过，学校安排怎样就怎样。甚至一开始教学条件不具备、实验室“一片空白”，分给她的课程和研究生，她也“照单全收”，没有一句怨言。接了就开始认真上好课、带好学生，既教专业课，又教英语，还带研究生，每天都忙得团团转。

有人说，换成现在的某些“海归”博士，回到国内高校入职，要么是副教授，要么就是教授了，不给这个职称，不给高薪待遇，还不想回国呢。然而，对于心有大梦想的人来说，哪里还顾得上去计较这些呀。这两种境界真是截然不同呀！

翁家宝是洪华生的第一个学生，他原来是李法西老师的学生，有点傲，有点“刺头”，有些老师觉得指导他是件麻烦事。所以，洪华生一回来，就把这个“烫手山芋”分配给她。虽然洪华生一开始不了解这些情况，但收下这个学生后，她慢慢发现，其实他很有自己的想法，动手能力很强，字还写得很漂亮！所以，只要指导方法得当，学生还是很能发挥才能的。

玉不琢不成器，而“琢”的方法也有讲究。在找到自己的感觉后，翁家宝在实验室的初建上出了不少力，他跟着洪华生从买一个个烧杯开始，认真做实验，参与了实验室早期的辛苦建设过程，一直到最后完成得不错的毕业论文。后来他在福建师大化学系从事有机化学教学和研究，颇有成就。

不过说起实验室的建设，在当时仍然可称得上“百废待兴”，一切都要白手起家、从零开始。当时化学系搬出了“凌峰楼”，洪华生就赶紧在一楼找了一个很破旧的小实验室先用。实验室里当然是空荡荡的，设备什么的一概欠奉，科研经费也是一点都没有，她自己跑去向校长借了5000元，买了各种“瓶瓶罐罐”，又搜罗一些别人丢弃的破桌子和实验台，就这样，一个简陋的实验室建立起来了。

当时在罗德岛大学海洋研究生院还有一个广为流传的“笑话”。为了进行沉积物的加酸高温消化，需要用特氟龙（Teflon）消化罐，外形酷像个小“炸弹”，戏称为“acid bomb”。于是洪华生匆匆去信给原来在美国的同事Hanson，请他帮忙邮寄10枚消化罐（匆忙中笔误写成atomic bomb）过来。Hanson收到洪华生的来信，读罢忍俊不禁，并与周围的同事分享:“华生让我寄10枚‘原子弹’给她，还好信件没被查获，否则我要被抓坐牢的！”众人听了无不哈哈大笑。时隔30年，2019年戴民汉率代表团一行到美国Scripps 海洋研究所进行访问，该所所长美国著名的古海洋学与古气候学领域的Margaret Leinen教授座谈时还对洪华生记忆犹新，并提及此笑话。当年洪华生就读美国罗德岛大学海洋研究院时，Leinen教授就在那里任职，也曾给过洪华生不少帮助。

1999年，洪华生重返母校和 Leinen（中间）在同事家相聚

开拓创新发展新学科

即使理想和现实的差距巨大，但在这样简陋得不能再简陋的实验条件下，洪华生依然铭记她回国的初衷：推动海洋科学新兴学科的建设。

20世纪80年代初，碳循环问题、营养盐循环等问题已经被提出来了，美国一些学者提出了生物地球化学的研究专题，开始了全球海洋通量联合研究（Joint Global Ocean Flux Study, JGOFS）这样的大计划。从这些实际问题出发，很多科学家迫切地感觉到非常需要学科交叉，也期盼各学科之间的相互渗透，成为当代海洋科学发展的巨大动力。

因而，海洋生物地球化学作为一门新兴的交叉学科应运而生，进而发展为全球变化研究国际地圈生物圈计划（International Geosphere-Biosphere Programme, IGBP），大型海洋计划JGOFS、海岸带海洋陆地交互作用（Land-Ocean Interactions in the Coastal Zone, LOICZ）、上层海洋-低层大气研究（Surface Ocean-Lower Atmosphere Study，SOLAS）、海洋生物地球化学与生态系统整合研究（Integrated Marine Biosphere Research, IMBER）等研究的核心内容。1984年在美国，洪华生就开始适时介入，成为国际上较早涉足该领域的中国学者，回国后更是马不停蹄地率先开拓了我国这一前沿新兴交叉学科。

当时，国内还是比较注重海洋化学、海洋物理、海洋生物等传统学科，因而当洪华生在业界率先提出要发展海洋生物地球化学时，一开始却遭到了许多的不理解，甚至是质疑和反对。有的人干脆很直接地说："就是地球化学，还加什么生物？！"

事实上，海洋生物地球化学这门交叉学科，涉及许多新理论、新概念，有很多新的技术手段，洪华生在美国时就曾接触过一些，比如海水二氧化碳系统的测定方法、海洋碳的生物泵、现场监测和遥感技术应用等。所以，她坚信这个学科的重要性，她认为，海气界面、海水界面、海底界面、陆地河流和海洋界面的科研，必将成为今后海洋科学研究的热点。

也正因为这样，洪华生坚信自己发展这个学科的方向没有错。自1985年开始，洪华生开拓了我国海洋生物地球化学新学科领域，成为我国海洋生物地球化学研究的领头人。三十多年来，她以超前的战略思维，国际化的视野，坚持研究我国近海的海洋生物地球化学过程及其与生态系统的相互作用，培养了不少这个学科的人才，使新学科不断传承和发扬光大。

当时在美国学习时，洪华生就在波士顿麻省理工学院认识了如今中国科学院海洋研究所的胡敦欣院士，他是国内最早介入国际JGOFS大型计划的中国学者，是该计划的科学指导委员会成员。洪华生回国后，他非常支持洪华生发展海洋生物地球化学新学科，后来也是他推荐洪华生成为IGBP/JGOFS国际科学指导委员会委员（1998—2003），使洪华生能够了解到国际上海洋生物地球化学研究的最新动态，也认识了许多国际上有名的同行，对她后来在国内发展这个新学科起了很大的作用。胡院士多次提到洪华生科研的特色就是海洋生物地球化学，后来在申报海洋国家重点实验室的时候，也是胡院士强调应该以海洋生物地球化学为国家重点实验室的主攻方向。作为重点实验室学术委员会主任，他多年来倾力指导和帮助实验室的发展，为实验室在我国海

2005年，胡敦欣院士在论证会上发言

洋生物地球化学的国际地位奠定了基础。洪华生一直非常珍惜和感谢曾经帮助过她的人，她认为胡院士是她人生的“贵人”，扮演相当于伯乐的角色，给了她机会和舞台，让她能够发挥自己的天赋与才能，成就自我，实现自己的人生价值。

说起来，洪华生就一直想回国后开展台湾海峡的研究，当时Kester教授指导她做论文的时候，她自己就主动要求研究涉及面要宽一点，正是因为考虑到回国之后国内基础比较薄弱，肯定要从零开始

打基础。

而为什么会对台湾海峡研究这么感兴趣？台湾海峡位于福建省与台湾地区之间，不仅是东海与南海海水和物质交换的重要通道，而且是国际航运和鱼类徊游的重要水道，海底地形复杂多变，季风狭管效应作用明显，多种来源的水系交汇于此，其生态系统具有独特的结构，而且是当时我国海洋研究的空白区域。况且就在“家门口”，有区位就近的优势。早在美国读博士时，她和魏国彦等台湾的朋友就有过深度交流，20世纪80年代初两岸关系已经有所缓和，台湾海峡的研究是大势所趋。所以洪华生跟Kester提过回国之后想做台湾海峡方面研究，老师对她的勇气和决心深表赞同，但是强调一定要有一个出海考察的途径才能把台湾海峡研究做起来。

所以回国后，洪华生马不停蹄地了解厦大海洋系的实际情况。最直接的问题就是，没有船，准确地说，只有一条小破船“海洋1号”，比渔船还小。海洋系的师生都是到海里去取水样到实验室做实验，也怪不得人家都开玩笑说，厦大是“实验室里的海洋学”。

洪华生转而到国家海洋局第三海洋研究所（简称“海洋三所”）去拜访，他们也很欢迎洪华生，但也没有调查船。与此同时，当时还有刚成立不久的福建海洋研究所（简称“省所”），由青岛海洋研究所郑执中老先生来组建并担任所长，阮伍崎等几位学长也在省所就职。郑执中老先生也是福建南安人，1943年毕业于厦门大学生物系，1953年获菲律宾大学动物学博士学位回国，长期从事海洋生物学研究，是中国微型有孔虫研究的先驱和奠基者。1979年受到福建省科委的委托，62岁的他从中国科学院海洋研究所到厦门创办福建海洋研究所。没想到，洪华生和这位有名的海洋生物学家郑老先生见面如故，感到特别亲切。郑老先生非常希望她到福建海洋研究所工作，以增强他们队伍的力量。

而这里最有“吸引力”的，就是有船。省所的这艘科考船叫“延平1号”，1982年他们就开始做台湾海峡中北部调查，看起来真的很符合洪华生一直想做台湾海峡的愿望。事实上，20世纪50年代，全国已经做了海洋大调查，而台湾海峡则是空白。所以在80年代初两岸形势缓和之后，必然成为研究的热点。厦大当时不但没有出海手段，而且研究必须从零开始，于是有朋友开始好心地劝洪华生到省所工作，毕竟，这里离她实现科研梦想更近一些。

面对多方劝说，洪华生也不免有了些犹豫，但是，她的眼前仍然浮现出刚回来见到李法西先生的场景。当时，李先生已经不能言语，见到得意门生归来，只是流着眼泪，他的妻子陈碧玉老师帮他转达心愿，说很高兴洪华生能够回国，希望她一定要回到厦大海洋系来继承他的事业。李先生眼中流露的那种期待，洪华生永远不会忘记，她不想让李先生失望。因而，她几番考虑后到北京留学部报到时，表示愿意回到厦大工作，但是特地申请允许到福建海洋研究所兼职——洪华生就是这样一个人，面对海洋科研的梦想，她总能想到“解决方案”，破解难题。

台湾海峡里乘风破浪

既然科研要在现场进行，就必须想办法实现。当时，她跟省所的阮五崎等专家，有过几次一起出海同舟共济的经历。阮五崎虽然是首席，但是常把他在船上的“总统府”（他们对船上层的房间的“昵称”）让给洪华生，对他的好意洪华生不好推却，其实船的上层晃得厉害，更会晕船呢。出海时，有苦也有乐，有时晕船吐得很厉害，胆汁都吐出来了；但有时能看到可爱的白海豚在船旁边翻跟头，欢快地追逐玩耍。夜晚，船员在船边灯光下捞鱿鱼，然后就煮着分给大家吃，味道可真是鲜美啊。

“因为这些一起出海的经历，我和省所的感情很深。兄弟单位之间的合作很重要。”洪华生对这个阶段的回忆，充满了惜缘和感恩的心态。在她看来，一个人如果不懂得感恩，再有才也没有用，所以她一直教导学生要懂得感恩。

能够“出现场”，洪华生的夙愿一步步在实现。30年的风风雨雨，艰辛的拼搏不仅没有将洪华生压垮，而是在台湾海峡研究中取得了一系列国内外有目共睹的成就。

20世纪80年代中期，人们已认识到上升流生态系统在维持海洋生产力方面具有重要地位，但对其中起关键控制作用的生源要素生物地球化学过程认识甚少。上升流一般从近岸海底涌向上层，带有丰富的营养盐，供浮游植物进行光合作用、制造有机物之用。有上升流的海区海水肥沃、初级生产力为世界海域之冠，从而增加了次级生产力（主要是浮游植物食性的浮游甲壳动物）和终级生产力（主要是浮游生物食性的中上层鱼类），同时也增加了渔获量，与世界沿岸区的总渔获量基本相等。因此，上升流海区往往是著名渔场的所在地（如秘鲁上升流渔场）。

上升流区是高生产力区，不仅在维持全球海洋生产力方面占据重要地位，而且对大气CO_2的源汇起重要作用。上升流的研究具有特殊的理论和实践意义，至今仍是国际全球变化研究的热点区域，但人们对其生态系统中生源要素的海洋生物地球化学循环认识尚少。洪华生颇有前瞻性地选择了东亚季风作用下的亚热带近海—台湾海峡为实验海区，亲自带队出海，组织了多学科交叉研究队伍。1987年开始，在国内率先开展了上升流生态系统碳及相关生源要素生物地球化学过程—机制—效应的长时间序列研究。30多年来，她主持开展多项重点课题的研究，带领团队发展了综合现场观测、生物与化学示踪、遥感和数值模拟等手段融合的研究平台，系统地研究了台湾海峡上升流生态系统的生物地球化学过程及其对全球变化的响应机制，取得了丰硕的科学成果。

在台湾海峡的生物地球化学的长期研究过程中，洪华生认为，“闽南-台湾浅滩渔场上升流生态系统”研究是为后续研究奠定坚实基础的一个非常关键的大项目，这个项目可以说是天时、地利、人和共同的成果。1987年，正值我国改革开放初期，以前的课题经费都只有三五万，当时正好赶上教育部批准给重点学校申请一个30万的大课题。当时，学校科技处的处长方俊军也比较重视海洋学科，除了让化学方向申请一个项目，也让海洋方向申请一个项目。当时，海洋方向由丘书院教授负责，他申报了一个闽南台湾浅滩渔场的项目。

“后来，两个项目一起报送到国家教委科技司，科技司认为海洋更有特色，所以他们想支持海洋，但认为丘书院教授年纪大一些，想找一个年纪轻的来主持项目，就这样找到了我。”那些过程，洪华生想起来历历在目，“我们要到北京去答辩，还是用的老式幻灯片。课题申报答辩结束之后，当时得到科技司袁成琛处长的大力支持，说这个项目很好，很可惜只能给30万经费，你们先做起来吧”。洪华生非常感谢她。洪华生后来创建厦门大学海洋环境科学教育部重点实验室的过程中，袁处长也给予了很大的支持。

这个项目对洪华生和她的学生们来说都是一次很好的锻炼机会。虽然时隔30多年，洪华生回忆起“闽南-台湾浅滩渔场上升流生态系统”这个项目的起始阶段，依然激情澎湃、如数家珍，足见当年个人浓烈的学术兴趣“遇见”这个项目的那种强烈的共鸣。

因为还要多次出海，又牵涉到上升流生态系统研究需要多学科合作，30万的经费是远远不够的。于是，洪华生找到省水产所和省海洋所一起合作，到福建省里又争取了30万，一共60万来做这个项目，洪华生、丘书院、阮五崎和洪港船一起来主持。这个项目由厦门大学海洋学系、亚热带海洋研究所，福建海洋研究所和福建省水产研究所的专家、教授及中青年科学工作者共同承担，在3年内通过9个航次的现场调查及实验室分析的艰巨劳动和大量工作，旨在探讨闽南-台湾浅滩海区上升流的形成、时空变化及其与渔场的关系，并从生物与非生物的相互关系和变动规律中分析上升流生态系的结构与功能特征，探讨该上升流海区的生物生产力（初级、次级、终级）和物质生物地球化学循环的特点，及其与渔获量的关系，为合理开发和管理闽南-台湾浅滩渔场资源提供科学依据。

这是多单位合作、多学科交叉的大型综合研究项目，其广度和深度在当时国内同类研究中是空前的，项目获取了大量第一手的数据和宝贵资料，具有重大学术意义。后来还出版了一本103万字的我国首部上升流研究专著《闽南-台湾浅滩渔场上升流区生态系研究》，内容十分丰富，包括海洋水文、化学、生物、地质及渔业5个学科。已故的在国际上有名望的海洋生物学家郑重老先生在这本书的序里称，“该研究不论在广度或深度上都大大超过了过去有关这方面的调查研究，可以说是我国海洋学史上的一个里程碑”。他还特别提到，“这项工作的顺利完成，一是和上述三个单位的领导重视、支持及课题负责人（洪华生、丘书院、阮五崎、洪港船）的带领、组织、管理分不开的；二是和全体科研人员排除干扰，团结协作，艰苦奋斗的精神分不开的”。洪华生认为“这本书回过头来看很不容易，书里很多观点和论点放到现在回头看依然不过时，而当时的科研手段远没有现在的先进”。该项目除了荣获国家科学技术进步三等奖，还培养了学生和一支年青科技骨干队伍。

全球海洋通量联合研究（JGOFS）科学指导委员会副主席、国际著名海洋生物地球化学家刘康克也高度评价了该论文集:“这是一本极有学术价值的论文集。对于台湾浅滩的海洋地质、水文、化学、生物、渔业都有广泛的探讨，是一个典型的跨学门的研究成果，对于了解这海域的生态系统有深远的贡献。”刘康克教授在其1992年发表的论文中也引用了该论文集的相关成果。

厦门大学海洋与地球学院退休老教授李少菁也对这个项目的过程记忆犹新。他记得，“项目自1987年开始实施，1990年验收，速度和效率都很快。早在1987之前的各种立项和相关申报准备工作中，洪华生教授就做了很大努力和相关工作。拿到项目后，洪老师即刻组织力量，开展多单位、多学科交叉合作，丘书院老师担任项目负责人之一，郑重老师为论文集写序，群策群力。洪老师也非常尊重这些老前辈，尊重原有的科研基础力量和成果，积极发挥老前辈和团队成员的作用”。

李少菁认为，这个项目的特色除了成果的研究意义大、对后续几十年的持续影响，还体现在周期短、效率高，直接把上升流和渔业生产联系起来，1987—1988年6次现场综合调查、3次现场专业调查，1990年成果验收鉴定，1991年得到福建省科技进步一等奖，1992年获得国家科技进步三等奖，从立项到实践到获奖，一气呵成。

此外，这个项目在调查开展方面思路设置也很新颖，李少菁也曾派骨干教师和研究生参加，毕竟，这是属于首次海区应用的基础调查，是中国海洋综合调查的前沿。项目的科研调查则包含物理、化学、生物、渔业4个学科合作调查，还设置了微生物、漂浮生物、有机碳、海洋地质地貌的调查子项目，这在当时是极具开创性的。同时，还运用了新技术，如同位素示踪、遥感，3个航次调查也曾借助采用了水产所渔业研究的成果。

回忆起30多年前和洪华生一起做的这个项目，福建省水产研究所的退休老科学家、已经进入耄耋之年的洪港船高级工程师，脑海里有一部“电影”。

“我对她的印象最主要的一点，是她作为海归女博士，对于国际的海洋科技动态有比较好的洞察能力，视野开阔，很擅长将国内外前沿的研究和我们福建、厦门的科技实际情况很好地结合起来，去开拓科学研究的新领域。另外，她有很好的实干精神，从事科研刻苦认真又一丝不苟。我曾听闻她在武汉钢铁厂认真吃苦的故事，后来在项目实施过程中的交集，比如出海考察、课题加班等，更是让我加深了对她的这一点印象。她对前辈也很尊重和重视，对合作伙伴都很友好，可以说用德才兼备来形容她绝不为过。”

“项目出海调查实施过程中，水文、气象方面的调查，征用了省海洋所‘延平1号’的调查船，水文、气象科研成果主要来自省海洋所，我们省水产所主要负责浮游生物、底栖生物的调查和科研，当时的科研人员也有很大一部分是厦大校友。”

“项目实施涉及多学科交叉，人员来自3个单位、4个机构，也分不同的专业、不同的年龄层。比如说我，当时已经是项目开始的第二年就要退休的人员了，而有的还是刚入职的职员和还没有毕业的研究生，人员分布不同，所以合作精神和合理分工非常重要。洪老师做了非常多的协调和统一部署安排工作，从提纲提出到具体实施方案落实，工作班子搭建到最后成果完成等阶段，一丝不苟。在项目实施过程中，很多时候我们需要在省海洋所集中办公，相关项目实施单位的骨干力量都集中在一起工作，大家住在海洋所的招待所，吃饭在水产所的食堂，没日没夜地忙。”

“我记得，洪华生老师当时已经是两个孩子的母亲，厦大这边的教学工作已经任务很重了，也还是一样和我们大家根据项目需要，吃住在海洋所，而且她作为项目的负责人，更是以身作则，带头加班都是家常便饭。记得在最后汇总工作成果阶段，我们连续工作了三周，确实付出了很多，但是看到这个项目取得的成果和后续的意义，我们都觉得很值得，也很充实。”

“1990年秋天，课题成果要付诸出版之时，我和洪老师、阮五崎作为核心工作成员去广州核对书稿，书稿文字一共有100多万字，阮五崎老师当时是全国人大代表，所以在广州时间不能太长，我和洪老师为主待在广州统稿。当时就我们两位和南海研究所科学出版社分部的两三位校对人员，我们花了一周的时间来审稿，时间很赶，秉承着为读者负责、为科研负责的精神，我们集中精力克服各种困难完成这个工作，每天都忙到眼睛和脖子非常酸痛。洪老师外文很好，主要负责一些外文摘要、外文文献资料等资料的审核，我主要负责中文文献资料方面，我们配合很好，我们当时开玩笑说‘双洪，红红火火，这项目一定不一般’。回来的时候，为了节省经费，我们坐晚班机回来，洪老师作为有一定声望、有社会职务的教授，为了工作无私奉献，我很感动，我觉得我也不能服输，要更加热情投入工作中。我本来退休后就要受聘赴东南亚开展相关课题工作，因为被洪老师这种工作精神感动，也推迟了自己的计划，一直到该项目结束才奔赴印尼。”

在这个项目3年的实施过程中，洪华生多次亲自带领团队，出海科考，前前后后多次的出海，洪华生当了不少次的首席。一年中有7个航次，她基本参加了所有的大型综合科考航次。要做上升流涉及不少关于物理海洋学的知识。她在美国学习时，Kester教授当时就强调物理的水文动力很重要，流场和化学很有关系，洪华生记在心里，也认真学了不少物理海洋学知识，没想到这里就派上用场了。在台湾浅滩上升流研究中，因前人对上升流水系来源及影响区域的研究尚未清晰，洪华生当时请教了一位物理海洋学专家，没想到被泼了盆冷水："研究上升流水系，那是物理海洋学研究的问题啊！"但后来的研究证明，还是用化学不同参数的比值，比较能清楚地分析同样是高温高盐的南海水和黑潮水的影响区域与路径，这也同时证明了不同学科交叉研究的重要性。

说起来，当时要把学生带出去出海也不是一件容易的事。要出海，省所的"延平1号"太小，最多只能坐30个人，后来了解到教育部的"东方红"科考船（2000～3000吨），可容纳100人，当时是国家教育委员会委托山东海洋学院（后于1988年更名为青岛海洋大学）来管理的。每年有拨付运行费，哪个学校有需要，可以补贴运行费的。1988年，洪华生亲自拜访青岛海洋大学校长，得到他们支持后再去北京向国家教育委员会申请使用"东方红"科考船。后来国家教育委员会同意他们使用"东方红"出海调研，1988年冬天和1989年夏天进行了两个航次。

让人没想到的是，这次在"东方红"科考船上，老船长刘文斗对着这位登上船的女首席科学家皱起了眉头。这是1988年冬天，洪华生要带着团队和学生，坐上科考船到台湾海峡南部出海调查，一上船她明显感觉到船长开始并不太友好，和他沟通都心不在焉的。原来，在之前的一个航次，海洋系另外一位老师做台湾海峡北部的调研，当时风浪太大，海况很不好，抛双锚都抛不住，给船长和船员印象都很不好，所以这次他们不太乐意干了。况且，这位军人出身有性格的船长觉得和女性同行出海不方便，民间也有不太“吉利”的说法，心里肯定是颇有些抵触的。

船长的这种态度，让洪华生心里很不是滋味，也倍感肩上担子的重大，更何况当时她带了七十几位学生和研究人员上船，压力本来就很大了。海上作业的辛苦程度自不必说，海况常常很恶劣，工作量也很大，基本上一个多小时就到达一个取样站，作为带队人，洪华生每一站都会准时到场，组织大家一起取样。那时的海洋观测条件和设备与现在的先进条件是没法比的，只有Mark-III型温盐深仪（conductivity-temperature-depth system, CTD），营养盐也没有流动注射分析仪，需要取水样靠分光光度计手工完成，所以完成同样的作业，那时的现场工作量远远比现在要大得多。一天24小时，洪华生几乎都没怎么睡觉，这样的工作一持续就是两三天，即使是在海上晕船，她也是偷偷吐了后又继续指挥和帮助采样。

没想到，有一天半夜，老船长突然拿着一盒压缩饼干走到她面前，亲手递给她。旁边的人都惊呆了，从来没见到船长对人这么好过——这位“女老师”的敬业精神，最终让久经风浪的船长都为之感动。后来，在深水取样的时候，因为采水器要下1000米，生物网要下600米，本来是不能同时下的，怕下面缆绳会搅在一起，但不这么做会耽误很长时间，又怕船会漂移，老船长还破例下到甲板上亲自指挥，来保证安全，使取样过程非常顺利。

洪华生团队的敬业精神不仅感动了船长，也感动了“上天”，12月份他们到了陆波和陆架的交界1000多米深，天气特别好，风平浪静，看到镜子般的蔚蓝大海，大家的心情一下子舒畅不已。

这个航次结束后，大家在甲板上举行了一个小型联欢会，刘船长半开玩笑地说："这次亏得洪华生带领了30多位的女生和老师，把海镇住了，所以我们的这次航次非常顺利、非常成功！"

1989年12月，洪华生研究团队在"东方红"号上合影
（第三排左三为刘文斗船长）

通过这些现场过程，洪华生也不断告诫她的学生：你要了解海洋，就一定要到大风大浪中去接受考验。在多年的科学研究生涯中，每次出海调研，她常常还都是第一个踏上甲板的人。

在"闽南-台湾浅滩渔场上升流区生态系研究"项目结束之后，洪华生带领团队，依然持续不断地开展台湾海峡上升流生态系统生物地球化学的相关研究。

1994—1996年，主持国家教委重点项目"台湾海峡及其邻近海域生物生产力及其调控机制研究"，揭示该海域不同时间尺度上的海洋环境变动尤其是上升流对碳和营养盐生物地球化学循环的调控作用。

1997—2000年，主持国家自然科学基金委（National Natural Science

Foundation of China, NSFC）重点项目“台湾海峡生源要素生物地球化学过程研究”，揭示台湾海峡微型食物网结构及其在碳循环中的重要作用。

2004—2007年，主持国家自然科学基金委重点项目“台湾海峡上升流浮游植物对海洋环境年际变化的响应”，系统、全面地研究了台湾海峡及其邻近海域微型浮游生物各个主要功能类群的生态学特征。

2013—2017年，主持国家自然科学基金委海峡联合基金“极端天气下台湾海峡动力环境演变与生态响应”，为全球变化在中国海区域的响应提供了一个典型研究实例。

三十多年来，洪华生带领团队在台湾海峡及其邻近海域的水文、化学和生物过程耦合方面进行了深入的持续研究，积淀深厚，成果丰硕。台湾海峡相关研究成果于1991年出版了我国第一部近海渔场上升流生态系研究专著《闽南-台湾浅滩渔场上升流区生态系研究》，并获1995年国家科技进步三等奖；1997年出版了《中国海洋学文集（第7集）：台湾海峡初级生产力及其调控机制研究》，并获2003年度国家海洋局海洋创新成果二等奖。此外，还有“台湾海峡微型浮游生物生态研究”获2006年度教育部自然科学二等奖。2011年集成多年台湾海峡研究成果，在 *Continental Shelf Research* 出版专刊 *Upwelling Ecosystem in the Southern Taiwan Strait*（《台湾海峡南部上升流生态系》），在业界引起很大反响。

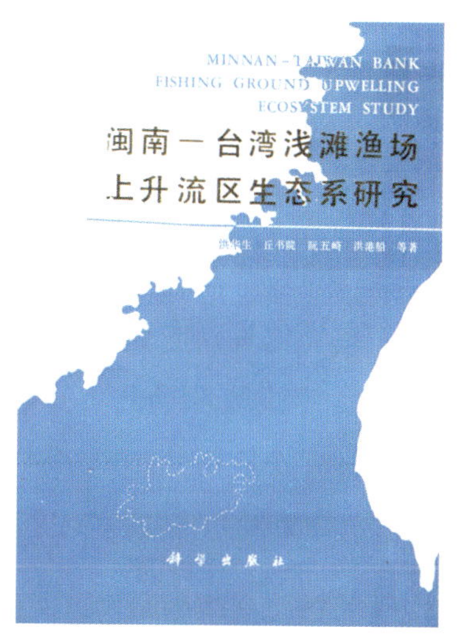

1991 年出版《闽南 - 台湾浅滩渔场上升流区生态系研究》论文专集

海洋研究，犹如打开一个个色彩

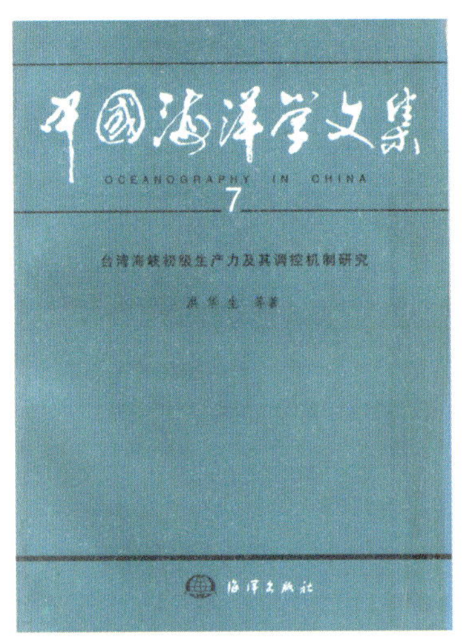

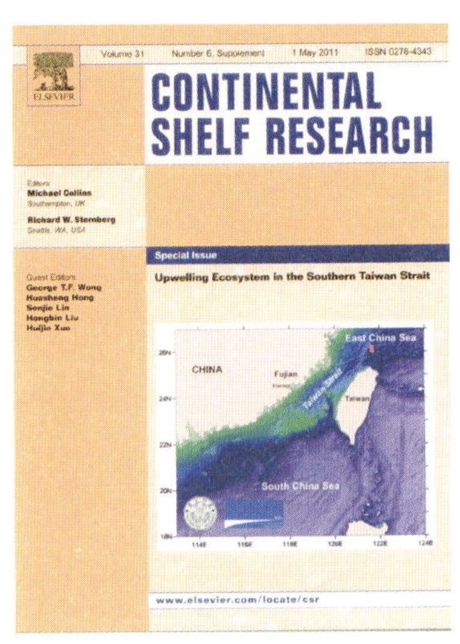

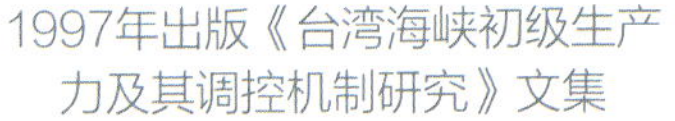

1997年出版《台湾海峡初级生产力及其调控机制研究》文集

2011年出版《台湾海峡南部上升流生态系》英文专集

斑斓的全新宝藏，而“寻宝”之路，总有最光彩夺目的收获。

洪华生多年来在台湾海峡生源要素生物地球化学研究方面取得不少亮点和突破点：揭示了台湾海峡存在近岸季风驱动和浅滩地形诱导两类不同上升流系统，发现台湾浅滩南部终年存在上升流，对该海域上升流的形成机制及变动有了新的认识；在此基础上从生态系统的结构和功能入手，揭示了该典型亚热带上升流生态系统具有生产力高、食物链短、营养盐和碳循环快、能量转换效率高的生态特征，并首次确定闽南-台湾浅滩渔场为上升流渔场；发现台湾海峡南部具有高氮低磷特征，上升流是磷的主要补充来源，与世界大部分沿岸上升流主要贡献氮的特征不同。

在研究方法和技术上，则是充分运用现场观测、生物与化学示踪、遥感和数值模拟等综合研究手段和平台，以新方法、新技术（光合色素、胞外酶、荧光标记）为突破点，在国内率先系统地研究了台湾海峡微型浮游生物各主要功能类群的生态学特征及其在碳循环中的重要功能，揭示我国亚热带海域以微型和微微型浮游植物为主体的生态结构特征及其在微食物环碳流中的作用机制，发现它们对海区生物量（叶绿素a）和初级生产力的贡献分别高达60%和80%，微食物环对碳流贡献可达30%；在过去的传统研究中（网采浮游生物），这部分生物碳量往往会被忽略。

在国际上率先开展区域多水色传感器的接续验证。通过国内外多单位合作，检验两个水色传感器SeaWiFS和MODIS在中国南部海区对叶绿素反演的一致性，为构建长期叶绿素时间序列打下坚实基础。首次捕捉到1997—1998年强厄尔尼诺事件对台湾海峡冬季生态系统影响的强信号。发现1997—1998年强厄尔尼诺事件期间，台湾海峡冬季平均海表温度较气候平均值高1.4 ℃，营养盐及叶绿素降低；夏季沿岸强上升流事件是在强厄尔尼诺事件3至6个月之后发生，此与全球范围的生产力上升响应位相不一致的区域现象，提示了全球尺度的气候模态可能通过影响季风、海流，进而调节营养盐的循环，导致该区域生态系统变异的机制，从物理—化学—生物过程耦合的视角提供了全球变化在中国海区域响应的一个典型研究实例。

有关管理部门曾根据洪华生所提出“台湾浅滩南部终年存在上升流、中心渔场与上升流区基本吻合”及基于该海域初级生产力和生态效率对渔业资源量估算的研究成果，指导渔场的开发和管理，取得的经济效益十分可观。

更值得一提的是，以上台湾海峡研究成果的积累为后来的863重大专项“台湾海峡及毗邻海域海洋动力环境实时立体监测系统福建示范区项目”的设计、实施和示范打下了坚实的科学基础（洪华生担任该示范区项目首席科学家）。

作为JGOFS/LOICZ陆架边缘研究工作委员会成员，洪华生参与完成了JGOFS关于陆架边缘海的研究报告（JGOFS Report No.15, 1994），并多次应邀在IGBP相关会议做大会报告，引起国际学界的关注。

2000年，洪华生参加 JGOFS 科学会议

而在和“闽南-台湾浅滩渔场上升流区生态系研究”项目差不多同时期里，洪华生还积极参与了“福建罗源湾鱼贝虾综合开发基础调查”项目，主要着重于水域化学方面的测定，每两个月就有一个航次。在罗源湾项目的外出调查中，当时条件非常差，做实验还要自带小发电机，调查期间只能借住在当地的渔民家中，连睡觉的被子也还是从厦门带过去的。洪华生和助理洪丽玉同睡一间房，席地而卧，其中的辛苦不言而喻。尽管如此，她依然甘之如饴。洪华生对海洋科学研究的极度热情和充沛的精力、坚韧勤勉的科研精神，从中可窥见一斑。

厦大亚热带海岸研究所所长许振祖教授是罗源湾项目的主要负责人，对于这个项目的过程、意义和价值，如数家珍。在他看来，罗源湾项目，正是洪华生与科研团队一起，创新的又一个具有前瞻性、实用性的重要项目。

1986年，洪华生在罗源湾测定样品

福建有众多港湾，罗源湾就是其中的一个。为了挖掘水产、渔业资源潜力，提高产量，在福建省科委领导下，1985年由厦门大学海洋学系和亚热带海洋研究所牵头，与连江县和罗源县浅海滩涂技术开发委员会合作承担了国家科委农村开发中心下达的“罗源湾濂沃，大官坂的鱼、虾、贝综合开发”项目。

许振祖说，经过3年的共同努力，通过海上调查及室内资料分析，厦门大学获得了有关海洋水文、海洋沉积、海洋化学和海洋生物等方面的研究成果，并编写了《福建省罗源湾海城合调查研究报告》，及时地提供研究成果应用于生产；1989年，该研究成果以《厦门大学的学报（自然科学版）》增刊出版，其中有5篇洪华生老师参与撰写的论文。

虽然1996年就退休了，但如今86岁高龄的许振祖老师对当时和洪华生的一些合作依然记忆深刻。“洪老师对科研的认真严谨态度和工作热情，对前辈的尊重和各种科研上的相关支持，都让许多合作者很感动。”

近海持久性有机污染物的率先研究

地球系统科学强调研究自然变化过程与人为干扰活动相结合。人类活动产生的污染物质通过直接排放、河流携带和大气沉降等陆源输送方式，已严重影响了海洋生态环境质量。由于环境中持久性有机污染物（persistent organic pollutants, POPs）具有长期残留性、生物蓄积性和高毒性，对生态环境和人体健康的不良影响具有长期性、隐蔽性、滞后性等特点，已受到各国政府的重视。2001年联合国环境署通过了《关于持久性有机污染物的斯德哥尔摩公约》，2004年5月17日正式实施执行，我国政府也签署了这项重要国际环境公约，并积极履约。当然，协定的实施需要科学的支持，因此环境中POPs的研究已成为国际的前沿研究热点。

我国近海POPs的危害也日益加剧，威胁海洋食品安全，但其来源广泛、成分和结构复杂、残留水平低、测定难度大，在海洋环境中的过程与机制尤为复杂，是近海海洋生物地球化学研究新的难点，在国内尚属薄弱环节。

20世纪90年代初起，洪华生就瞄准这一科学前沿，运用化学和生物多种标志物相结合的手段，注重宏观生物地球化学过程与微观机理和效应的融合，开始研究流域—河口—近海痕量有机污染物尤其是持久性有毒有机污染物的生物地球化学。率先在国内按国际规范建立和优化了与国际同类研究接轨的多介质体系（土壤—水—沉积物—植物—鱼贝类等）样品中痕量有机污染物（包括石油烃、有机氯和有机磷农药、多氯联苯等）不同组分的分析方法；深入我国东南沿海诸多河口港湾以及台湾海峡、南海近海区域（香港维多利亚港、珠江口、大亚湾、厦门湾、九龙江流域、九龙江河口、厦门湾、厦门—金门海域、湄州湾、闽江口—马祖海域等）研究多种痕量有机污染物（包括多环芳烃、有机氯和有机磷农药、多氯联苯等）在多介质体系中的生物地球化学行为；建立了海洋生物标志物应用研究新方向，利用脂肪酸和甾醇示踪近海有机物的来源；探索性地应用多种生物标志法（抗氧化防御系统、贻贝生长指数、DNA损伤和微核率、鱼胆汁代谢产物）从分子、细胞、组织器官、个体、群落、种群、生态系统不同层面上研究有机污染物的海洋生态环境效应，为建立我国养殖水域有机污染的早期预警指标及防治做出了重要探索。

1992年的时候，洪华生已经回国快七年了，正想再回到美国母校用一年半载的时间重新充电，更新知识。有一天，香港刚成立的科技大学研究中心的陈介中主任，还有化学系的尤乃亭教授等突然来到洪华生的实验室拜访，当时实验室已搬到化学系的四楼，比刚回国的时候好多了，他们参观了实验室后，又跟她组里的同事和学生们一起座谈。洪华生开始不知道他们的用意，后来才清楚，他们想做维多利亚海港污染沉积物的研究课题，但是当时没有海洋环境方面的人才，所以想寻找一位学者到他们那里承担相关研究，他们这次以拜访的形式前来，实际上是来考察。临走的时候，陈介中教授对洪华生说“你不是要到美国一年吗？不要去了，就来香港待一年吧，这样可以帮助我们做维多利亚海港的研究”。也因不久之前，学校林祖庚校长曾找洪华生谈过，要她组建环境科学研究中心。当时洪华生其实很犹豫的，一方面很想再回到美国去“充电”，另一方面，又想着环境科学研究中心如果顺利成立，到香港可能常来回，或者是用电话联系，都比较方便。另一方面，香港科技大学是香港刚刚成立的一所新的综合性大学，而且也从美国邀请了著名的校长和教授，洪华生心想，去看看也不错，于是她就答应了，因此1992年洪华生到香港科技大学做为期一年的访问学者，从事“香港维多利亚港与厦门西港污染沉积物变化过程的对比研究”。她到香港之后，实验室也是白手起家，虽然化学系有仪器，但还要出海取样，只好联系香港环保署取得支持，只身一人坐他们的船一起去取样。洪华生刚到香港不会听讲粤语，而当时普通话在香港还不普及，大家之间沟通用英语也不太顺畅，困难重重，幸好，在学校里用英语沟通还是可行的。

通过大量的样品分析，洪华生以高空间分辨的翔实科学数据和分

1992年，洪华生在香港维多利亚海港取样

布规律，结合生物标志物和水动力，最先证实并首次提出香港维多利亚港的有机污染物主要来自香港本地而非珠江口，凭借充足翔实的科学证据解决了当时广受争议的维多利亚港POPs的来源问题，香港科技大学的校报上曾刊登过她的相关科研报道，成果也由厦门大学出版社出版了专辑——《香港与厦门港湾污染沉积物研究》。该项目获得教育部1998年科技进步三等奖。

1997年出版《香港与厦门港湾污染沉积物研究》专著

洪华生的代表作“Environmental fate and chemistry of organic pollutants in the sediment of Xiamen and Victoria Harbours”（1995）是国内最早在SCI刊物上报道有关近海痕量有机污染物生物地球化学研究的论文，是一项兼具理论价值和实际意义，具有创新、开拓性的国际先

进水平的重要成果，至今已被SCI期刊论文引用376次（截至2019年11月），也是当时亚洲热带—亚热带区域发表的少量研究成果之一。随后有27篇相关论文相继在SCI刊物发表，并应邀在首届“海洋污染与生态毒理国际大会”上做相关主题报告。2013年，洪华生荣获“消除持久性有机污染物杰出贡献奖”。

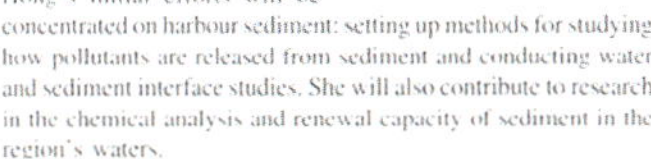

VISITING EXPERT TO INITIATE HARBOUR STUDIES

Co-operative research efforts between Hong Kong and the People's Republic of China are enhanced by the presence of Dr Huasheng HONG, Research Associate at HKUST. Dr Hong joined the Research Centre 8 February for a one-year visit from Xiamen University (Fujian).

Cleaning up Victoria Harbour is an environmental priority for the Hong Kong Government. Dr Hong's initial efforts will be concentrated on harbour sediment: setting up methods for studying how pollutants are released from sediment and conducting water and sediment interface studies. She will also contribute to research in the chemical analysis and renewal capacity of sediment in the region's waters.

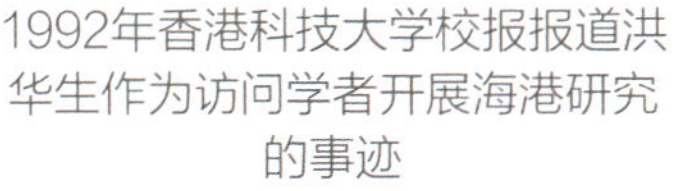

One of the leading oceanographers in the PRC, Dr Hong has the distinction of being the first woman in that country to earn a PhD in Oceanography. She will help develop a research programme at HKUST utilising oceanography. By communicating with academics from other Hong Kong institutions and with officials at the Government's Environmental Protection Division, she hopes to find out how resources can best be utilised, and where institutions can collaborate on research.

1992年香港科技大学校报报道洪华生作为访问学者开展海港研究的事迹

2013年“消除持久性有机污染物杰出贡献奖”奖牌

1995年2月，洪华生应香港特别行政区筹委会之邀赴北京参加“维多利亚港填海问题座谈会”，并做了“从香港维多利亚港环境特点看填海可能造成的影响”的报告，参加座谈会的成员很大部分都是中英联络小组的成员。洪华生分析了维多利亚港海洋环境的基本状况，指出填海造地工程会引起水动力的改变，潮流量减少、航道淤积、局部污染加剧，对航运业会造成影响；填海工程可能对海洋环境造成不良影响，要将保持良好的水动力条件和海洋生态环境放在重要的地位，建议成立海洋工程研究专家小组，对即将进行的大型填海工程组织科学研究和论证。在会上，成员们也做了深入的讨论并肯定了这一研究成果的重要性，为中英联络小组有关香港生态环境问题的谈判提供了有力的决策依据。很有意思的是，在北京开完会的时候，当时香港科大的吴家伟校长就问洪华生，你现在是不是科大的老师了？还有当时金利来的老板曾宪梓先生，就走到洪华生身旁说，“你这个工作再继续下去，我可以提供经费支持你”。其实当洪华生在科大工作快结束时，当时科大的副校长也曾找她聊过，而且他们还出了一个招聘启事，基本是针对洪华生完全可以申请的条件，当时她完全有资格可以留下来，而且工资也挺高的，一个月15000港币，当时内地的工资才1000多块钱。但洪华生考虑的是，对个人当然是好的，但是要发展一项事业，要建一个大团队在香港是很难的。她认为她的根还是在内地，所以一年后依然回到厦大建设环科中心，再次放弃了第二次留在境外工作的机会。

流域—河口—近海系统的耦合研究

流域—河口—近海是陆地和海洋的空间交界，又是人口密集及经济高速发展的区域，对全球变化（自然过程和人类活动）引起的环境胁迫作用响应敏感。而富营养化已成为近海环境的主要问题，但从流域到河口到近海定量研究营养盐的来源和通量尚为薄弱。该领域是国际研究的热点与难点，也是IGBP 全球陆海相互作用研究焦点之一。

在对台湾海峡及海峡西岸河口长时间序列研究过程中，洪华生敏锐地发现了流域氮磷输入对河口及近海的重要影响。自20世纪90年代末起，洪华生就开始指导研究团队依托现场连续观测，结合模型模拟、同位素示踪、“3S”等多技术集成的研究手段，探明九龙江流域氮磷的产生、迁移、转化和流失等生物地球化学过程，发现由地表水文控制的氮磷流失量可观，约占其总输入量的14%～20%，其对河口和近海

洪华生和张珞平等考察九龙江流域

的营养盐输入和生物地球化学的影响不可忽视；定量评估流域系统各界面氮的来源和输出贡献，发现流域化肥与畜禽养殖饲料氮输入占总输入的80%以上，从而揭示了农业活动对氮生物地球化学的作用；发现氨挥发和河流输送的氮“汇”占总输出的80%以上，氨挥发已成为氮向大气输出的重要途径之一。该研究定量揭示流域农业活动对该系统氮磷的生物地球化学贡献，已成为一个重要的区域案例。2008年，该研究成果在科学出版社出版《九龙江流域农业非点源污染机理与控制研究》专著，被 *Ecological Indicators* 期刊以及《美国农业与生物工程会刊》等多次引用，并获得福建省科技进步二等奖。

2008年出版《九龙江流域农业非点源污染机理与控制研究》专著

洪华生及其团队进而开发的“九龙江信息系统”等研究成果，为九龙江流域污染整治、相关规划与管理决策提供了科学依据和技术支撑。2010年，洪华生应苏纪兰院士邀请，参加了中国环境与发展国际合作委员会“中国海洋可持续发展的生态环境问题与政策研究”课题，通过分析总结我国陆源污染与管理现状以及面临的问题和挑战，借鉴国际陆源污染和其他污染源管理经验，向国家提出了基于生态系统的从流域—海洋的区域海洋综合管理的政策建议。

洪华生还牵头组织了“福建省重点流域水环境综合管理科技支撑”重大专项，该项目跨学科、跨部门、跨行政区域，需要创新思路，创新机制，难度之大可想而知。然而洪华生不畏艰难，坚持不懈，历时一年，终于促成该重大专项于2010年有序地开展。推动建立跨部门、跨地区的流域-海洋水环境信息共享平台，推进综合管理体制的建立，为流域-海洋交界断面的污染通量控制、污染溯源及整治、水环境突发事件预警及处置等提供管理和决策支持。而跟随她在这些重大项目里“摸爬滚打”成长起来的学生，对于这些宝贵的科研过程，也都感怀于心。

“考取厦门大学环境科学研究中心环境管理专业硕士研究生，师从张珞平教授。很幸运，我这一入学，就参加了洪老师主持的福建省重大科技项目——九龙江流域农业非点源污染控制研究，主要开展小流域营养盐循环的观测研究。两年后，我顺利申请到硕博连读，师从洪华生教授，并延续我的营养盐（氮）循环研究。”

2003级博士生，现为厦门大学环境与生态学院教授、环境科学系主任、福建省海陆界面生态环境重点实验室副主任的陈能汪，对于自己能够跟随洪华生老师进行调研和科研活动的经历，总觉得，是不一样的财富。

“我印象很深刻，在项目实施期间，洪老师就亲自带队，赴九龙江流域开展调研，并到五川小流域，也就是我研究论文的定点观测站去考察，指导我们采样。她跟我讲到海洋环境问题，追根溯源，主要来自流域农业非点源污染，也指导我确立了博士学位论文题目——九龙江流域氮的源汇过程与机理。”

“2000年，洪老师牵头申请福建省重大科技项目，从此建立从流域到近海的研究体系。在与洪老师的接触中，时刻能够感受到她对科研

和学生深入田间地头取样

到当地水文站寻求合作

的敏锐、前瞻和宽广的视野。也正是从那时候起，奠定了我的主攻方向：流域—近海环境生物地球化学，也形成了厦门大学的海陆界面生态环境研究特色。洪老师一直在推动流域-近海系统研究，并促使我和团队成员致力于科学研究成果的转化应用。”

全球变化引起的热带风暴、洪涝和干旱等异常气候事件发生的概率和强度增加，对流域—河口—近海耦合系统的水循环产生直接影响，使得泥沙及碳、氮、磷、硅等生源要素的输送和入海通量产生显著的时空变动特征。2009—2012年，洪华生与台湾中山大学陈镇东教授合作，主持国家自然科学基金委（NSFC）国际与地区合作交流项目“九龙江流域—河口—近海生态系统耦合变动及其环境效应”。

该项目选择九龙江—厦门湾—台湾海峡近海作为研究区域，通过收集和整理30余年该区域水文、水质、气象、社会经济、遥感等历史数据，与台湾中山大学合作方开展了多个季节及极端事件现场综合航次，并应用模型和遥感等手段，系统地分析了在全球变化背景下气候异常事件（如厄尔尼诺、台风、暴雨等）以及人类活动变化（土地利用、城市化等）对九龙江—河口—台湾海峡近海水、沙及物质（营养盐）输运变动的影响特征、变化趋势、调控机制及其生态效应，同时对流域—河口—近海耦合系统的水动力特征，营养盐、碳酸盐系统、有色溶解有机物以及悬浮颗粒物的分布特征、输运过程和通量变化，以及不同生态系统浮游植物的生态特征取得了更为深入的认识；通过构建及验证SWAT、ROMS模型技术构建流域—河口—近海耦合模型，可模拟预测研究区域重点断面水和物质（N）在耦合系统的时空分布、输运过程和通量，并初步揭示该海域海洋环境变动信号与邻近海域以及全球大尺度信号之间的关联。研究结果对于深入认识全球变化背景下流域—河口—近海系统的变迁规律、趋势以及调控机制提供了重要的科学基

2009年5月，洪华生与陈镇东教授深入讨论中

础，为流域—河口水环境管理提供科技支撑，并为海峡两岸在该领域的长期实质性合作打下坚实的基础。

海岸带综合管理理论的发展与实践

海岸带是陆海交互作用的地带，由于缺乏一体化的综合管理，加剧了沿海的环境污染和生态破坏，制约了海岸带可持续发展战略的实施。1992年，联合国环境发展大会制定的《21世纪议程》提出，为了保证海洋的可持续利用和海洋事业的协调发展，沿海国家应建立海洋综合管理制度。

在海洋生物地球化学这一新兴交叉学科的科学基石之上，洪华生不断地探索海岸带综合管理的理论和实践，颇有见地提出海岸带综合管理是海岸带实施可持续发展战略的重要途径，同时还积极推动海岸带综合管理理论成果的实践运用，且在厦门市建立海岸带综合管理示范区过程中，为厦门发展成为国内外海洋环境保护和海岸带综合管理的典范做出了突出贡献。

洪华生的科研态度，不仅认真、执着，更重要的是眼界开阔，方法灵活，这一点更充分体现在“发展并实践海岸带综合管理的理论”方面。

例如，采用了生态效应评价、区域环境风险评价和社会经济评价相结合的方法，在国内率先建立了经济发展与海岸带生态环境相互影响的综合环境影响评价（integrated environmental impact assessment, IEIA）模式，揭示了厦门海域环境累积性效应和区域农药非点源风险影响。IEIA有时也叫策略环境影响评价（Strategic EIA），即从一个系统的观点来评价所有可能的影响，不仅要考虑生态影响、社会影响、经济影响、文化影响等，还要考虑科学（生物、物理化学、生态毒理等）、工程、人文学科、经济学等。

洪华生指导的“厦门海域资源价值的量化评估体系及其在收费标准制定上的应用研究”等成果，也被厦门市政府应用于海洋综合管理、地方性法规及海洋经济发展规划的制定中，为厦门海洋经济的可持续发展提供了强有力的科技支撑。

另外，洪华生还指导团队进行了“厦门西海域整治方案效益的定量评估和同安湾污染的风险评价”，为海域环境保护和管理提供了科学依据，并作为执行《厦门海域使用管理规定》这一地方性法规及制定厦门海洋经济发展规划的依据。特别是海域功能区划地理信息系统，在全国实属首例，并且在实施10年之后在全国依然是领先的。

海岸带综合管理的实施还需打破“自上而下”的管理体制，提供尽可能多的公众参与管理的机会，充分发挥当地公众参与管理的积极性，并不断提高他们的管理能力。1998—2003年，通过加拿大国际发展署（Canadian International Development Agency, CIDA）资助的“公众基础的环境保护管理（Community-Based Conservation Management, CBCM）”项目，洪华生带领团队在厦门率先引入以公众为基础的环境管理新理念，开创多学科交叉研究。

在厦门CBCM项目进行过程中，曾邀请了十几名包括环境工程、环境经济、可持续发展、环境规划与评价、生物多样性保护与生态健康、公众参与、妇女分析、环境社会学、环境统计等专业的外国专家来厦门大学讲学，并亲临现场指导。与此同时，在洪华生的主持下，厦门大学也先后派出十余名环境科学、经济学和管理学等专业的教师去加拿大进修学习。这些教师均学成归来，并将自己所学充分应用到教学实践中，增开新课，调整、更新教学内容，对原有教学方法进行改革，教学水平有显著提高。在此基础上，开设了“环境规划与评价”“GIS在环境管理中的应用”“环境工程”“海岸带综合管理”“环境经济学”“环境会计”“环境社会学”等研究生课程，为后来创建文理学科交叉的海洋与海岸带发展研究院打下了基础。

与此同时，通过CBCM项目，组织学生协会、妇女协会和村民参加

2000年，洪华生与黄厝村公众座谈

2001年大中学生环保夏令营

一系列活动、举办中学生“人与自然”夏令营、开展海滩侵蚀监测等，在很大程度上提高了大中学生及公众的参与意识和能力，并向厦门市政府提交了关于发展厦门岛东部沿海地区的问题和建议，如环岛路二期工程防护林带的重新规划、环岛路三期工程路线、推进厦门岛东部海岸绿化工程的改善及沙滩整治工程的实施等。

时至今日，海洋生物地球化学在全球变化科学中的重要地位日益彰显。三十多年来，洪华生一直瞄准国际前沿，融合多学科交叉学术思想，建立长期观测研究平台，持续研究我国近海碳、营养盐和痕量有机物的生物地球化学及其与生态系统的相互作用，揭示全球气候变化和人为活动在九龙江流域—河口—台湾海峡这一系统的区域响应途径和关键机制；前瞻性地发展并有效地实践了海岸带综合管理的理论，为厦门成为东亚发展中国家海岸带综合管理示范区起了关键作用。

自1984年年底从恩师李法西先生手上接过海洋化学学科接力棒，到开拓了海洋生物地球化学新交叉学科领域，建立环境海洋学博士点到多学科交叉的国际海洋事务硕、博士点的成功申报，发展并有效地实践了海岸带综合管理的理论，洪华生亲手推动、创办和促成的学科建设工作不胜枚举。对于每一个新学科的成长，她都精心抚育，并召唤更多的合作伙伴一起合力推动更上一层楼，使其成为国内外重要的海洋环境科学研究基地。不少校内外业界的人士都评价说，“洪华生在学科建设中的作用是无可替代的”。

作为我国知名的海洋环境学科带头人，洪华生为培养科技人才、为海洋科学事业做出了长足的贡献。她从事海洋研究的30多年时间里，先后在国内外学术刊物上发表SCI论文191余篇，被SCI期刊论文引述5883次，出版专著4部，编著3部（截至2019年11月），成为海洋领域名副其实的权威专家学者。洪华生2002—2011年被推选为中国海洋研究委员会主席，2006—2010年代表中国成功竞选为国际海洋研究委员会（Scientific Committee on Ocean Research, SCOR）副主席，也为我国海洋事业走向国际做出了突出贡献。

她领衔组建的我国第一个近海海洋环境科学国家重点实验室，聚集和培养了一批优秀的海洋青年人才，已成为我国具有国际影响的海洋与环境科学研究和教育的重要基地。

在洪华生的推动和组织下，2015年在国际刊物 *Estuarine Coastal and Shelf* 上出版 *River-Estuary-Coast:Continuum:Biogeochemistry and Ecological Response to Increasing Human and Climatic Changes*（《河流—河口—海岸：连续体：生物地球化学和生态对人类和气候变化的响应》的特刊中，特邀编辑之一美国纽约大学著名Cindy Lee教授提议：这本书应该用来致

敬对中国海洋环境研究事业做出杰出贡献的洪华生教授。洪华生的学生王海黎教授在序言末尾写道：“洪华生老师对工作的奉献精神，坚持不懈和巨大激情堪称楷模。我们要祝贺洪华生老师30年来对厦门大学的研究和教学做出的贡献。此特刊是献给她的，因为她长期致力于卓越的研究并取得了诸多丰硕成果，她在整个海洋环境科学研究中的领导作用，以及通过跨学科的努力对海岸带和海洋综合管理领域产生的深远影响。”

《河流—河口—海岸：连续体：生物地球化学和生态对人类和气候变化的响应》特刊

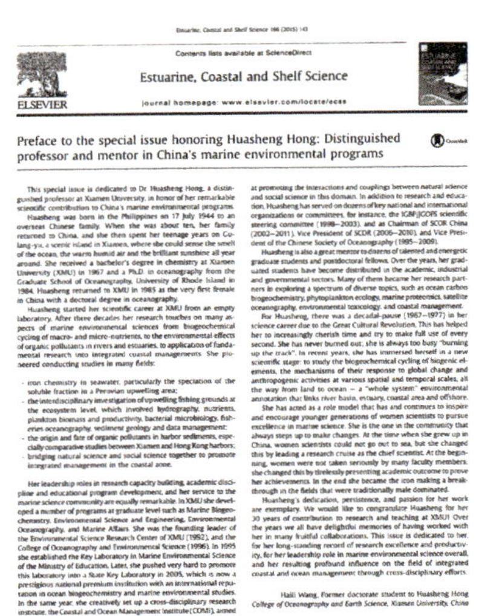

Estuarine, Coastal and Shelf Science 166 (2015) 143

Contents lists available at ScienceDirect

ELSEVIER

Estuarine, Coastal and Shelf Science

journal homepage: www.elsevier.com/locate/ecss

Preface to the special issue honoring Huasheng Hong: Distinguished professor and mentor in China's marine environmental programs

This special issue is dedicated to Dr. Huasheng Hong, a distinguished professor at Xiamen University, in honor of her remarkable scientific contribution to China's marine environmental programs.

Huasheng was born in the Philippines on 17 July 1944 to an overseas Chinese family. When she was about ten, her family returned to China, and she then spent her teenage years on Gulang-yu, a scenic island in Xiamen, where she could sense the smell of the ocean, the warm humid air and the brilliant sunshine all year around. She received a bachelor's degree in chemistry at Xiamen University (XMU) in 1967 and a Ph.D. in oceanography from the Graduate School of Oceanography, University of Rhode Island in 1984. Huasheng returned to XMU in 1985 as the very first female in China with a doctoral degree in oceanography.

Huasheng started her scientific career at XMU from an empty laboratory. After three decades her research touches on many aspects of marine environmental sciences from biogeochemical cycling of macro- and micro-nutrients, to the environmental effects of organic pollutants in rivers and estuaries, to application of fundamental research into integrated coastal managements. She pioneered conducting studies in many fields:

- iron chemistry in seawater, particularly the speciation of the soluble fraction in a Peruvian upwelling area;
- the interdisciplinary investigation of upwelling fishing grounds at the ecosystem level, which involved hydrography, nutrients, plankton biomass and productivity, bacterial microbiology, fisheries oceanography, sediment geology and data management;
- the origin and fate of organic pollutants in harbor sediments, especially comparative studies between Xiamen and Hong Kong harbors;
- bridging natural science and social science together to promote integrated management in the coastal zone.

Her leadership roles in research capacity building, academic discipline and educational program development, and her service to the marine science community are equally remarkable. In XMU she developed a number of programs at graduate level such as Marine Biogeochemistry, Environmental Science and Engineering, Environmental Oceanography, and Marine Affairs. She was the founding leader of the Environmental Science Research Center of XMU (1992), and the College of Oceanography and Environmental Science (1996). In 1995 she established the Key Laboratory in Marine Environmental Science of the Ministry of Education. Later, she pushed very hard to promote this laboratory into a State Key Laboratory in 2005, which is now a prestigious national premium institution with an international reputation in ocean biogeochemistry and marine environmental studies. In the same year, she creatively set up a cross-disciplinary research institute, the Coastal and Ocean Management Institute (COMI), aimed at promoting the interactions and couplings between natural science and social science in this domain. In addition to research and education, Huasheng has served on dozens of key national and international organizations or committees, for instance, the IGBP/JGOFS scientific steering committee (1998–2003), and as Chairman of SCOR China (2002–2011), Vice President of SCOR (2006–2010), and Vice President of the Chinese Society of Oceanography (1995–2009).

Huasheng is also a great mentor to dozens of talented and energetic graduate students and postdoctoral fellows. Over the years, her graduated students have become distributed in the academic, industrial and governmental sectors. Many of them became her research partners in exploring a spectrum of diverse topics, such as ocean carbon biogeochemistry, phytoplankton ecology, marine proteomics, satellite oceanography, environmental toxicology, and coastal management.

For Huasheng, there was a decadal-pause (1967–1977) in her science career due to the Great Cultural Revolution. This has helped her to increasingly cherish time and try to make full use of every second. She has never burned out; she is always too busy "burning up the track". In recent years, she has immersed herself in a new scientific stage: to study the biogeochemical cycling of biogenic elements, the mechanisms of their response to global change and anthropogenic activities at various spatial and temporal scales, all the way from land to ocean – a "whole system" environmental annotation that links river basin, estuary, coastal area and offshore.

She has acted as a role model that has and continues to inspire and encourage younger generations of women scientists to pursue excellence in marine science. She is the one in the community that always steps up to make changes. At the time when she grew up in China, women scientists could not go out to sea, but she changed this by leading a research cruise as the chief scientist. At the beginning, women were not taken seriously by many faculty members. she changed this by tirelessly presenting academic outcome to prove her achievements. In the end she became the icon making a breakthrough in the fields that were traditionally male dominated.

Huasheng's dedication, persistence, and passion for her work are exemplary. We would like to congratulate Huasheng for her 30 years of contribution to research and teaching at XMU! Over the years we all have delightful memories of having worked with her in many fruitful collaborations. This issue is dedicated to her, for her long-standing record of research excellence and productivity, for her leadership role in marine environmental science overall, and her resulting profound influence on the field of integrated coastal and ocean management through cross-disciplinary efforts.

Haili Wang, Former doctorate student to Huasheng Hong
College of Oceanography and Earth Science, Xiamen University, China

http://dx.doi.org/10.1016/j.ecss.2015.10.035
0272-7714/© 2015 Published by Elsevier Ltd.

王海黎教授为特刊写的序言

第二节 师者之心 薪火相传

洪华生牢记教书育人的神圣职责，乐育英才，甘当学生成长的人梯和铺路石；她以身作则，瞄准国际，不断开拓，在实践中锻造人才和团队；她以人格魅力、学识魅力和工作魅力赢得学生的尊重和爱戴；她培养了一批英才，使学科得到传承和发扬。学生们千言万语的感谢汇成发自肺腑的一句话，这是对她所有付出的最好肯定："与先生一起学习、生活，感知先生的敏锐、开朗、执着、敬业，感知先生的关爱、搀扶……三十年的时光，空气氤氲，杏花春雨，在为师的道路上一路走来，身后飘落一路桃李芬芳。"

甘当人梯，培育英才

洪华生1984年年底回国后，1986年正式招收硕士研究生。因为美国的导师Kester同意挂名做兼职教授，保住了厦门大学海洋化学博士点，1989年洪华生开始招收博士生。她的博士生戴民汉，如今已是中国科学院院士、"长江学者"特聘教授、杰出青年基金获得者、近海海洋环境科学国家重点实验室（厦门大学）主任；博士生黄邦钦、博士后王大志，也都是国家杰出青年基金获得者。还有11位学生分别担任不同学院的副院长，国重、省部重实验室主任、副主任。薪火相传，撑起厦门大学海洋与环境学科的一片天。

在洪华生的学生中，也不乏金发碧眼的"老外"，比如1995届来自摩洛哥的硕士生穆罕穆德，2000届来自摩洛哥的博士生哈里德等。哈里德原来是化学专业，因为对海洋学科的兴趣，加上对洪华生老师的“崇拜”，选择了这个学科。其异国求学的坚韧，可以说是当年洪华生的“翻版”，在博士答辩时全场用中文答辩，更让人刮目相看，他也成为厦门大学较早招收的洋博士之一。

博士生哈里德答辩后合影（由左至右为詹新丽、洪华生、哈里德、郑天凌）

洪华生与硕士生穆罕穆德等在海边烧烤

中国能否在21世纪立足于世界民族之林，人才培养是关键。洪华生认为，对学科的建设而言，一代代人才的传承至关重要，而且必须青出于蓝而胜于蓝。在她看来，老师最重要的职责就是培养人才，尤其是"文革"导致教育中断了10年，加上作为首批出国攻读博士的经历，使得洪华生倍感身上担负的重要责任，即在这个时代里要起到承上启下的作用。要培养学生成为什么样的人才？当然是兼具高尚的人格和过硬本领的人才。洪华生秉承一切从学生的成长、成才角度出发的原则，努力构造一个真正能够孕育出优秀人才的好环境。

在洪华生的回忆中，戴民汉从本科起，就是海洋化学专业非常优秀的一位学生干部，学习非常好。当时恰逢洪华生回国，他来到洪华生的实验室做本科论文，后来又硕博连读，算是"大弟子"。那个时候刚刚组建实验室，条件很有限，也只能从营养盐研究开始。他的悟性比较高，而且动手能力也比较强，洪华生就交给他"研究海水中不同形态的磷"的任务，从方法的建立，到九龙江河口，一直到台湾海峡的现场研究，他都做得很出色。

1989年，国家鼓励和国外名师合作培养博士生，洪华生就把戴民汉送到法国高师马丁教授那里，从此开启了戴民汉成才的成功之路。戴民汉的赴法学习，其实还有另一个契机，更蕴藏了洪华生对学生成长的用心。

1987年，海洋二所承担中法长江口生物地球化学的合作研究项目，法方负责人是马丁教授。当时海洋二所的余国辉所长邀请洪华生去参加项目总结会，她刚好有事走不开，便派了戴民汉和商少凌两位学生去参会，也是给他们一个学习锻炼的机会，而且让他们会后邀请马丁教授来厦大访问。马丁教授欣然接受了邀请，来厦大的时候，还在映雪楼做了学术报告。本来是请别人给他翻译的，但马丁先生的英语毕竟不是很“标准”，讲的又都是一些专业词汇，现场的翻译没办法即时翻译得精准到位，洪华生只好站起来“顶替”翻译，她翻译的效果让马丁先生非常满意。

那天中午，洪华生请马丁教授到厦大一条街有名的“蜗牛餐厅”用餐并一起交谈。他走之前很认真地告诉洪华生：“以后如果学生不喜欢你，或者你在这里待不下去，你到我那里去，我可以聘请你。”然而，洪华生没有去法国，却把机会给了学生戴民汉，她同马丁教授联系，说：“有位好学生送到你那儿去！”马丁教授立马答应了。

1995年，戴民汉从法国巴黎第六大学毕业，获得地球科学博士学位，随后经过马丁教授和洪华生的推荐，取得了世界最一流的海洋研究院伍兹霍尔海洋研究所博士后奖金，一直从事碳和营养盐方面的生物地球化学研究，为他后面的整个科研道路的发展奠定了基础。戴民汉在美国发展得很好，但是洪华生觉得，既然培养他了，还是应该让他回来，传承厦大的海洋事业，所以在他博士后结束时，就再次

1993年，洪华生在法国和马丁先生合影

动员他回来。当然，优秀人才要用在刀刃上，洪华生考虑要戴民汉回来，就要给他创造一个高的起点。

当时恰逢国家自然科学基金委有设杰出青年基金项目，洪华生立即通知戴民汉申请。可能因为他长期在国外，对国内的要求不甚了解，加上长途奔袭劳累，戴民汉到北京基金委答辩面试时，现场表现并不太“理想”。洪华生非常着急，她当场列举了戴民汉的优秀成绩和表现，并解释说：“他可能是累了，时差没倒过来，所以讲得不够好。”基于戴民汉之前的成绩和成果，同时本着吸引海外学有所长的优秀人才回国效力，地学部马福成、林海主任等表示理解，最后通过了戴民汉的申请。洪华生松了一口气，她后来想，如果当时那个杰出青年基金没有通过的话，戴民汉还不一定能那么快回来，那将是多大的损失啊！

洪华生向来爱才、惜才。戴民汉回来之前，洪华生就用自己的经费帮他改造好一个办公室。他回来以后，洪华生又开始琢磨如何“用才”，方能尽其才、尽其能。除了个人获科研基金项目，他在学院里头也应当有个“头衔”，才好开展工作。于是在环科中心班子换届时，洪华生提出由戴民汉担任环科中心主任一职，从中心主任开始锻炼。不久，作为海洋与环境学院院长的洪华生，看到了戴民汉展现的领导才华，她向学校提出她退下来，由时任副院长的袁东星当院长，并力荐戴民汉为副院长之一，这样给了戴民汉一个更大施展才华的舞台。2005年洪华生领衔申报国家重点实验室成功后，就主动隐退，把实验室主任的重担交给戴民汉。戴民汉2006年入选国家百千万人才工程，2007年被聘为教育部“长江学者奖励计划”特聘教授。她非常欣喜地看到，年轻一代的优秀人才不断传承开拓，为厦门大学乃至中国的海洋生物地球化学学科做出了更大的贡献。

对于洪华生为学生一路来的铺路让贤，著名学者陈镇东教授有这样的感慨："洪教授令人佩服的，除了她总是笑脸迎人，更是她的胸襟及识人之明。她将亲手创办的厦门大学近海海洋环境科学国家重点实验室，在秧苗成长时交到大家手上，孕育、茁壮、开花、结果。她为大家创造了追寻梦想的舞台，而他们也在舞台上筑梦、圆梦。这应该就是所谓的'君子成人之美'的最好注解吧。"

洪华生甘当人梯，乐育英才还有不少的故事。

2003届博士生、全国人大代表、如今任福建环境研究院院长的张玉珍，在洪华生的众多博士生中算是有点"特殊"的。2000年，已步入而立之年的张玉珍，从遥远的西部边陲报考厦门大学环境科学研究中心攻读洪华生的博士，专业成绩考得不错，但英语不及格。当时英语这条录取线卡得很严格，考虑到张玉珍的专业背景和求学心切，洪华生就到学校去游说，为其尽力争取对西部学生的倾斜政策，学校后来同意录取她。入学后，洪老师了解到她的生活比较困难，生活上给予了她无微不至的关怀，经常通过生活补贴等方式，解除其后顾之忧。张玉珍连续三年没有回过新疆老家，每年春节洪华生都邀请她去家里一同过年，像家人一样体贴关心，让她感受家的温暖，安心投入学习研究中。

那时候洪华生的研究领域正从海洋拓展到流域，基于张玉珍水利专业的本科和硕士背景，洪华生引导其选定农业面源污染防治为研究领域，那时候国内这方面的研究才刚刚起步，非常具有前瞻性。洪华生促发了张玉珍对这个领域的研究兴趣，为其博士研究工作奠定了基础，也成为她至今都在持续努力研究的方向。张玉珍回忆说："当时老师为了让我尽快进入农业面源污染研究领域，给我搭建了很多平台，给予我很多的机会，让我在这个领域不断去探索，不断成长。比如，2001年我参加由清华大学主办的'流域面源污染控制和管理'高级研讨班、越南河内大学中—加—越三国关于流域管理的学术研讨。2003年，老师又送我到加拿大Nova Scotia省农业大学环境工程系访学，学习国际先进的农业面源污染防治技术。在洪老师学术上传、帮、带的指导和培养下，我在农业面源污染研究领域取得了一系列成果。博士毕业后，我到福建省生态环保系统工作，继续从事水污染防治领域研究，老师还是一如既往地在环境科研工作上帮扶我。”

2014级的博士生黄子鉴算是洪华生的“关门弟子”，他从化学本科生到海洋事务的研究生，从来自北方吉林的“孩子”成为海洋事务优秀的博士，作为选调生如今扎根广西北部湾，专业跨度之大，地域跨度之大，学习和事业的大转折点，也和恩师洪华生密切相关。

对此，黄子鉴印象颇深:“初识恩师，一次会面改变一生。第一次见洪老师是在2011年10月，当时还是厦门大学化学系本科生的我，犹豫着是否要攻读海洋事务研究生，抱着试试看的态度给洪老师发了邮件，没想到不仅得到回复，还约我到办公室面谈。现在回想起来，敲门前的忐忑还记忆犹新，但是见到洪老师后，一切的忐忑都烟消云散，她是如此亲切真诚、平易近人，非但没有觉得我想在海洋领域深造是异想天开，而且鼓励我，海洋污染领域很需要具有化学基础知识的人，可以充分发挥我的专长，为海洋保护做贡献。”

“从此我全身心地投入海洋事业，做出了最关键也是最正确的选择，洪华生老师是我驶向星途大海的领路人。”黄子鉴经常提到，他很幸运能成为洪老师的关门弟子，当年洪老师不仅破例继续招收博士生，还针对海洋事务专业的学科交叉的特点，为他组建了“豪华导师组”——伍兹霍尔海洋研究所（WHOI）的金隄教授，厦门大学法学院的何丽新教授、海洋与地球学院的王海黎教授，分别从不同领域对他进行指导。另外，洪老师还指导他确立了以溢油污染的科学和管理作为研究方向，送他到国内顶级溢油管理机构国家海洋局北海分局学习，大力支持他赴美国伍兹霍尔海洋研究所攻读联合培养博士。

特别令黄子鉴感激的是，洪华生不仅从论文选题、理论探索、实地调研等方面给予全力支持和指导，在博士论文撰写过程中更是呕心沥血，从框架到每个章节，她都是逐字逐句加以修改，治学之严谨，求真之精神，负责之态度令黄子鉴终身受益。

2019年，洪华生和黄子鉴在广西北部湾办前合影

严格要求，因材施教

洪华生善于针对不同学科背景、不同性格的学生因材施教，针对他们的不同特点运用不同的启发和指导方法，充分调动学生的主观能动性，有的时候也适当放手让学生“大胆假设，小心严谨求证”，鼓励他们在缜密思考的同时，要拓展思路、敢于创新、敢想敢闯，让他们充分发挥自己的创造性和研究特点。对于不同专业背景、不同层次水平的学生，洪华生都精心培育，充分了解他们的长处与短处，再加以引导和点拨。

彭兴跃是1996届博士生，如今已是教授，在厦门大学生命科学学院任职。他有着分析化学的背景，数学基础好，会弹一手好吉他，但比较浪漫，不愿受约束。回想起自己求学期间，洪华生老师指导学生的一些趣事轶事，他如数家珍：“我第一次出海时，洪老师亲自为我示范每一个操作，反复确认是否学会。我当时的想法是，咦，这些我一看就会呀，多年后才明白，这才是真正的教学！”

实验室的工作，看上去都是双手进行的常规操作，但科学突破恰恰就是通过这些不起眼的常规操作实现的。正是洪华生的言传身教，让彭兴跃明白了，无论是原始人制造石器，还是科学家在实验室工作，都是非常复杂的实践活动，都需要大脑高频率的判断及反馈。这就是不同的学生做同样的研究，水平和结果却天差地别的原因。“正如用小提琴演奏一首高难度的曲目，对不会演奏小提琴的人来说，可能只不过是手指按一按并拉动琴弓而已。”

但彭兴跃对洪老师当年对自己另一种培养方式——“放羊式”的教育，感触更深。当时他有段时间，没有在老师面前“出现”，而越少露面，就越不敢去见老师，只好调用自己的数学编程、分析实验数据等各种能力写了一篇论文，然后忐忑不安地去见老师。结果，洪老师看完，只是说了一句话:“还是有水平的哈！去投《环境科学学报》吧！”

这句话给了彭兴跃莫大的鼓励。如今，已有二十几年教龄的他，深感导师当年这种看似放手教育、实则四两拨千斤的引导和点拨之妙处。对于有责任心和有自主研究能力的学生，适当“放羊式”教育、提供良好的思路和平台，的确是可行的。

“正如世界顶级音乐学院的教育方法，最与众不同的就是提供学生在顶级音乐厅演奏的机会。”除了厦门大学生物系教授，有着厦门大学学生交响乐团艺术总监、团长及常任指挥这另外一个身份的彭兴跃，把学习、科研实验和音乐演奏表演无缝对接地放在了一起，总觉得洪老师当年的方法，真是妙不可言。

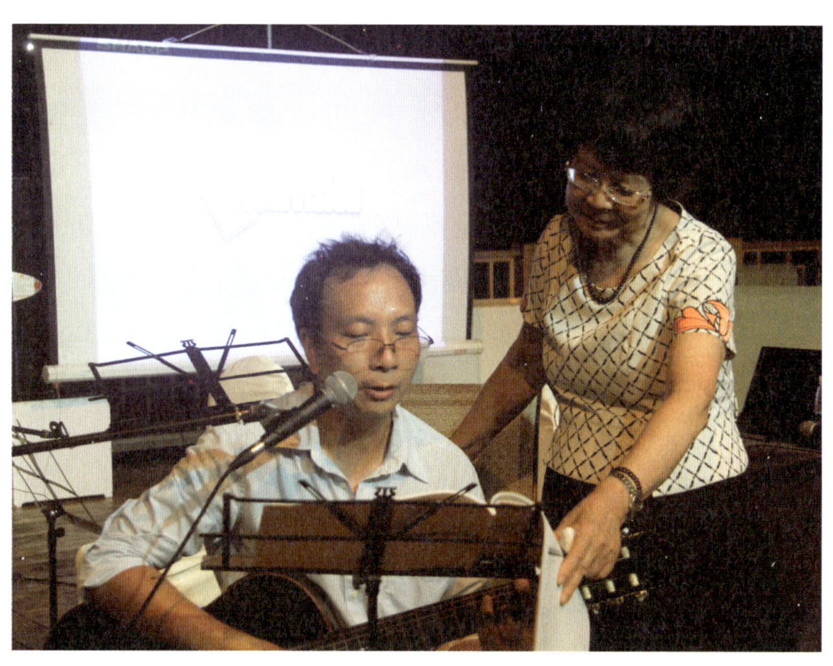

洪华生与彭兴跃交流音乐

2003年，洪华生开始讲授“可持续发展理论与实践”课程

洪华生亲自用中英文教授了“海洋生物地球化学”、“可持续发展理论与实践”（博士生学位课程）、“海洋事务导论”/“Introduction to Marine Affairs”（英文授课）、“海洋科学与海洋利用”/“Marine Science and Ocean Uses”（英文授课）、“可持续发展概论”（硕博士生学位课

2008年，洪华生为厦大嘉庚学院本科生举办学科入门讲座

程）、“探索海洋”（本科生入门指导课程）等课程。她授课生动有趣，旁征博引，既思维缜密，逻辑性强，又细致周密，不管是国际还是国内的学生，都深感洪老师的课好听，又能获取很多实用、前沿的科学知识和方法。

不管多忙，洪华生每周都安排和学生开展学术讨论。至今，学生们常常回忆说：“洪老师总要找我们当面讨论。每当这时总是心情忐忑，既为有机会汇报研究进展而激动，又生怕自己表现不好让老师失望。但每一次会面，所有的紧张情绪很快又随着老师关切、热情的谈话而消散，感觉如沐春风，研究中遇到的难题总是在得到洪老师点拨后茅塞顿开，谈话结束时经常因为明确了研究方向而斗志昂扬。”的确，洪华生非常重视培养学生独立思考、不因循守旧、勇于探索的科学精神。

2004级博士生王玉珏回忆，记得有天，洪老师对我说：“我最近与学生交流时间太少，你安排一下，每周一到周五，只要我不出差，中午就请一名学生一起吃饭，了解一下近况。”洪老师还说：“我是一个导

洪华生在实验室指导学生科研工作

洪华生和学生们在小阅览室里交流

师，学生的事情对我是最重要的，别的事情再忙，也要排到后面。”从那时起我就深深感受到洪老师始终把学生的事情放在最前面，“学生第一”是她一贯的工作原则。

洪华生对学生的严格，确实也是出了名的。她的第一个女学生商少凌曾经回忆说，“老师是美丽的，老师更是严厉的。当年的我，凡事被动，念了研究生，脱离了简单的上课考试，没有题目做，要自己找题做，我顿时抓瞎。可以想象，拜在老师门下的日子，一开始堪称煎熬。每周例行的师生个别谈话，我都恨不能自己生病去住院，那样就可以逃避见老师，不必承受老师连珠炮似的、令我冷汗涔涔的逼问。”

“从本科毕业论文开始，长达7年的时间里，我看着我的老师，就像一位披荆斩棘的勇士，开疆拓土，奋斗不息，我跟在她身后，含着眼泪，跌跌撞撞，挨了很多很多的骂，终于一点点地成熟成长。”严师出高徒，如今的商少凌早已是厦门大学海洋与地球学院一位资深的女

1995年，商少凌博士论文答辩

教授了，在其研究领域也取得了丰硕的成果，回想起当洪老师学生的那些年，她依旧特别感恩于当时老师的严格要求和悉心教导。

长期以来和洪华生并肩奋斗的卢昌义教授也回忆说："洪华生多位学生的博士论文答辩，曾请我为博士毕业的答辩决议起草。从参加答辩的过程和洪老师修改答辩决议的过程，我深切地感受到，洪老师在学术上的严谨和指导学生的倾力，以及让学生脱颖而出的仁爱之心。"

风里浪里，锻造团队

洪华生特别注重言传身教地培养学生，率先垂范，以高尚的人格感染人。她并没有花很多时间给学生讲如何去做一名研究者，做一个怎样的研究者，但她时时刻刻用实际行动在教育着他们，而这样的教育方式毫无疑问比任何的语言都更有力量，更深入人心。学生们经常能在办公室看到洪老师专注地阅读学术专著和各类学术期刊，她总是用自己的行动为她的学生们树立勤奋好学的榜样。她还经常告诉学生，研究必须走到现场，获得第一手的资料。她认为，要在大风大浪中搏斗，培养坚毅和包容的海洋精神。

洪华生多次亲自带领学生，在大风大浪中锻炼成长。学生黄邦钦多次同洪华生一起出海，印象特别深刻："三十多年前海洋调查船的观测和生活条件比现在的要差很多。尤其是冬天，恶劣的天气使大家有强烈的晕船反应，其实洪老师也晕船，我们也看到她呕吐。但作为航次首席科学家的洪老师，她每到站一定会出现在甲板的采样现场，在时间序列连续站作业的下半夜也是如此，她不仅帮忙采样，还要协调方方面面以确保航次的顺利完成。我们年轻力壮的小伙子有时都觉得快扛不住，可以想象洪老师的工作量和付出。"

学生商少凌也回忆说："老师的原则是，学生们无论做什么题目，必须都给我出海去，在大风大浪的实践中学习和锻炼成长。 老师自己带头上船，于是我们成了欢乐与痛苦参半的'渔民'，连续几年，几乎年年都登上隶属于福建海洋研究所的'延平号'海洋调查船，去往无风三尺浪的台湾海峡。那时海洋调查设备还很落后，站位之间几乎无法休息，刚过滤完毕，冲进狭小的船舱里一咕咚躺下，又到站了！ 但作为航次首席科学家，洪老师每到站必定会出现在甲板的采样现场，她冲锋在前的精神激励着大家齐心协力，完成多次艰巨的航次任务。"

曾经是同窗的福建海洋研究所陈水土也回忆道："在台湾海峡进行海洋调查，对于800吨的'延平2号'调查船来说，从来就不是一件轻松事，遭遇了几次大风浪，不少同仁同学在'延平2号'调查船经历了难得的考验。有时在风浪中船左右摇晃二三十度，冰箱都快倒下，须

师生在台湾海峡“延平2号”上同舟共济
（由左至右为商少凌、洪华生、王海黎、彭兴跃、黄邦钦）

几个人顶着。洪华生展现了一位海洋学女博士的风采。她以巨大的毅力克服了船上工作、生活带来的种种困难和不便，除了遇到的晕船困难，她还要克服在调查船上下楼梯陡、下蹲采样工作等带来的膝关节疼痛等。她拒绝了对她提供的特殊照顾，自始至终和大家一起工作生活，获得了包括研究人员和船员在内的所有人的赞赏。”

洪华生教会学生科学知识和方法的同时，更重视对学生的学术道德和人品的培养教育，她总是教导一届又一届的学生——“你们一定要懂得感恩，要感谢这个时代，感谢国家，也要感谢曾经帮助过你们的人，你们要和谐共处，互相帮助，很好的团队合作精神是成功和进步的关键。”

“慈母”情怀，传承弘扬

洪华生绝对称得上是严师，但洪老师同时也是平易近人，随和的慈师。对于学生的教导和帮助，洪华生没有任何保留，一直诲人不倦，竭诚奖掖后人，她除了指导他们的学习，还关心他们的生活，从各方面帮助他们。学生潘用树家父早逝、家境困难、亲人帮助且众望所归，一直是他刻苦求学的动力，也是当年那个自尊而敏感的年轻人轻易不为外人知道的压力。洪华生作为他的导师，对此了解多少，说实话，当时的学生并不清楚。但很“巧合”的情况是，只要课题组有出海的机会，这个机会总能刚好给到他，而能够出海，就意味着能领到出海补贴……这是对一名普通寒门学子的朴实关爱。

有时候朋友都打趣洪华生：“好像对你的儿子们都没这么用心过，学生看起来更像是你的孩子啊！”“没有了后顾之忧，年轻人就能全身心地投入学习和科研中啊。”洪华生笑笑说。

厦门大学教授、杰出青年基金获得者王大志，曾是洪华生老师的博士后。1997年，他博士刚毕业，联系了国外几所研究机构去做博士后研究工作，但一直未能得到明确的答复，面对第一次事业抉择的路口，有点迷茫，有点低沉。后来他去找了洪华生老师，请她指点迷津。

“当时的情景历历在目，洪老师认真地听了我的介绍后，鼓励我不要气馁，到国外去学习固然非常重要，但在国内也有很多机会，并建议我一边工作一边联系。那一年她的研究方向已没有公费博士后名额了，她答应从她有限的科研经费中出钱资助我继续从事博士后研究。这一决定改变了我的人生走向，不然，当时我已有放弃继续从事科学研究的念头了。”

就读博士后期间，洪老师让王大志兼职担任国家教育委员会海洋生态环境开放研究实验室的秘书，有机会接触到国内外不同领域的许多大学者，扩大学习的视野并提高对外的合作交流能力。此外，还为他创造了去香港城市大学和美国伍兹霍尔海洋研究所的访学机会。2004年年底，他回到国内开始了海洋环境蛋白质组学研究的崭新方向，但缺乏开展研究的仪器设备，研究一度陷入困境。他提出购置一台用于海洋环境蛋白质组学研究的生物质谱仪，由于申请的购置经费额度较大，达到450万元，再加上没有熟悉该仪器的技术人员，因而引起大家的争议和质疑。但洪华生从学科发展和人才培养的角度力排众议，全力支持该仪器的购买，使王大志开始了我国海洋环境蛋白质组学研究的学术生涯。王大志认为，博士后三年的学习，洪老师的言传身教和潜移默化，使他在做人、做事、立德等各方面都得到了显著的提升，受益终生。

海洋成就了洪华生的“蓝色梦想”，而她也回报海洋以丰硕的成果。退休之后，她依然舍不得那份听惊涛拍岸的激动、那深蓝大海蕴含的无穷能量，也把更多的梦想“赋能”给了她的学生和团队。1984年至今，洪华生已经培养毕业博士生48名、博士后10名，由她作为主要学科带头人建立

2012年，洪华生与王大志在实验室讨论

的厦门大学海洋环境科学博士点已经成为国家重要的海洋环境学科高级人才培养基地。如今，洪华生的学生中许多都已经成为国内海洋行业的中坚力量——她曾经开玩笑说，自己已经成了这个领域学生的“曾奶奶辈”了。

每当人们对她提起她的学生们，她总是抑制不住内心的喜悦和自豪。这些学生们有的已成院士，大都成为教授、研究员或高级工程师，成为各自工作单位的带头人和骨干力量，独当一面主持大课题，有的出国留学在国外从事科研教学。

有的学生，则像她一样，学成回来为祖国海洋科学服务。戴民汉、王海黎都记得，他们在国外深造时，洪华生老师孜孜不倦地把他们“喊”回厦大。的确，对于很多出国留学深造的学生，洪华生总是尽力劝导他们，学成要回来为发展我国的海洋科学事业贡献力量。她从来没忘记，当年她在美国罗德岛大学取得博士学位前夕，也是这样被恩师李法西喊回来的，“一代传一代，这是厦大人的传统”。

王海黎是山东汉子，性格很直爽开朗，曾在班上当过班长，组织能力特别强。1992年，环境科学研究中心刚刚成立，还在白手起家的创建时期，搬旧桌椅子、刷墙这些活儿都要自力更生。一开始研究生也只有五位，王海黎在其中起了很好的带头组织作用。基于王海黎的海洋化学背景，洪华生让他建立跟生产力有关系的色素测定方法。当时的仪器条件很差，研究难免会碰到许多困难，洪华生常鼓励他说，“有困难才有进步呀”，就这样，王海黎坚持了下来，不断摸索和实践，终于成功地做出成果了。洪华生不仅鼓励他从微观上做实验，还让他从宏观遥感技术相结合上进行探索，也创造各种条件让他学习遥感方面的知识，结合从海上获取的大量现场数据进行分析，后来王海黎的博士毕业论文还被评上了优秀论文。毕业后王海黎去北京大学当博士后，之后到青岛海洋大学遥感实验室工作，再后来到美国国际一流的斯克里普斯海洋研究所（Scripps Institution of Oceanography, SIO）海洋研究所从事研究，参与了许多海上作业，积累了丰富的海上经验。

洪华生与学生时代的王海黎合照

可以看出，王海黎成长过程中获得的知识面比较宽阔，又有一股坚持到底的拼劲，有做大事的潜质。洪华生认为，他回国会更有英雄用武之地，所以就积极动员他回来。虽然在这过程中王海黎也有过犹豫，但是最后还是下决心回来了。”

王海黎回忆说：“自己有机会在洪老师的带领下出海，是在1994—1995年间的两个航次，当时的洪老师和省所的阮五崎所长，搭档航次首席。他们均已是‘知天命’之年，可他们凡事冲在前，身先士卒，为我们这帮20来岁的海洋新兵做表率。可能他们的‘气场’实在强大，压得住风浪，愣是让这800吨级的船，在95年2月实现了冬季在台湾海峡北部断面作业的壮举。

“两位如此重量级的海洋学家联袂首席，当属空前绝后，再也不会有这样的奇迹和奇遇了。因此，我是幸运的，庆幸自己第一次出远海就能得大佬带队，还获‘洪氏妈祖’庇佑，免于晕船呕吐的折磨与恐惧，从此爱上了出海。属于我们厦大自己的先进科考船‘嘉庚’号，自然也镌刻着深深的‘洪氏’烙印。”回想起来二十几年前第一次出海的经历，王海黎依然感慨万千。

王海黎一回国，就承担起建造“嘉庚”号海洋科学考察船的重任。经过他的不懈努力，加上各方面的支持，厦大几代海洋人的梦想圆满实现了。厦门大学“嘉庚”号海洋科学考察船作为一艘3000吨级国际一流的海洋科学综合考察船，是“海上厦大”的重要载体，满足深海海洋科学多学科交叉研究需求，可在全球无冰洋区开展海洋学研究，不仅美丽、干净，还安静。所以，洪华生经常跟海黎开玩笑说“这是你的小女儿，好好呵护吧”。

2019年，洪华生与戴民汉（左一）、王海黎（右一）在《嘉庚号》纪录片首映式上合影

敢为人先，携手圆梦

洪华生敢为人先、突破体制机制束缚、爱才、育才的故事不少。

国家杰青获得者、闽江学者特聘教授黄邦钦记得，1988年7月，他刚从生物系硕士研究生毕业，应洪华生老师邀请到她的实验室工作，参与海洋生物地球化学交叉学科研究，但是在申请海洋系助教教职时，校方告知说没有留校指标了。正当黄邦钦有点沮丧之时，洪华生老师冲破重重阻力，多方奔走争取，最后学校同意黄邦钦留校，但是前两年的工资必须从洪老师课题经费支付。这在当时科研经费缺乏的年代是没有先例的，可能是厦大第一例自聘研究助理。后来黄邦钦也成了洪华生的博士生，经洪华生推荐，他曾到香港科技大学研究中心当访问学者、到加拿大圣玛丽大学当博士后。黄邦钦陆续担任过厦门大学环科中心主任、环境与生态学院副院长、福建省海陆界面生态环境重点实验室（厦门大学）主任。

回望三十几年来自己在厦大的海洋环境学科工作、学习，毕业后又继续为学科贡献服务的经历，黄邦钦非常感谢恩师洪华生，这些年来一直在她带领的大团队中学习、工作，自己在科学研究和教书育人道路上的进步和成绩，在很大程度上得益于恩师的指点、帮助和鼓励。

洪华生在海岸带综合管理学科建设和人才培养方面的前瞻性作用和贡献，也令很多学生非常感佩。

“洪华生老师以其超前的战略性眼光和无私的家国情怀，在厦门大学创立国内首个海洋可持续发展研究方向和团队。20世纪90年代，海洋和海岸带综合管理理念刚刚引入国内，如何将国际经验与我国管理实践结合，并有效促进海洋可持续发展，相关理论方法还存在诸多空白。洪老师顶着巨大压力，全身心投入海洋综合管理教学和科研工作中，从重大科研项目到大型公益活动都亲力亲为。海洋和海岸带管理研究与学科建设从零起步，发展到今天蜚声海内外的海岸带可持续发展国际培训中心和海洋事务管理专业，无不浸透着洪老师的心血，她是当之无愧的我国海岸带综合管理学科建设的开拓者。”2001届博士生、如今担任自然资源部海洋战略规划与经济司副司长的刘岩这样评价自己的恩师。

刘岩当时算是洪老师学生中入学年龄较大的学生，此前一直在东北从事地质学教学与科研工作，转行学习新专业，对年龄不小的她来说确实有些压力。幸运的是，三年学习期间，洪华生老师给了她很多的鼓励，而且从宏观到微观、从理论到实践给予了全方位的指导与培养。

“洪老师跟我提出了‘Practice Makes Perfect’的理念——实践造就完美。在其后多年的研究和管理工作中，我始终牢记洪老师的这要求，将其作为指导我学习工作的重要方法和努力方向。”

在言传身教培养学生的同时，洪华生特别重视青年人才的培养，爱护人才、尽心尽力推荐人才，让合适的人才在海洋环境科学事业中发挥作用。厦门大学退休教授张珞平，1982年就到了厦大环科所，从头到尾见证了环境科学发展的历史阶段。他认为洪华生老师最大的功绩，是“救活”了两个学科：环境学科和海洋学科。其中，很重要的一环，就是在人才引进和培养方面。

在培养人才方面，洪华生不仅对自己的学生因材施教，也特别重视海洋环境学科青年人才的爱护和培养，挖掘发现每个人才的价值，推荐重用人才，无私地给予他们各种帮助，让合适的人才在海洋环境科学的研究事业中发挥作用。

现海洋与地球学院的江毓武教授就是其中一个比较典型的例子。他硕士毕业后到厦大环科中心工作，后来申请到香港理工大学攻读博士学位，由于当时给的奖学金较为优厚，这对于刚工作就成家生子的他，无疑是一个兼顾继续深造和解决经济困难的好机会。但当时学校的政策并不鼓励青年人出境交流，江毓武如要去香港，就需要离职。洪华生知道后，到学校反映了情况，特别强调了培养年轻人并欢迎其学成归来的重要性。

经过洪老师的斡旋和协调，江毓武终于在1999年顺利到香港开始博士阶段的学习，并保留其厦大教职。在香港学习和科研期间，江毓武继续参加环境科学中心模型开发的科研工作，并在2000年开发了全国第一套海域管理信息系统。而这套系统，也是洪华生在20世纪90年代初就开始前瞻性地引进地理信息系统技术并运用于海域综合管理的一个成功案例。

2001年起，洪华生就提议将“台湾海峡海洋资源与环境的动态监测综合管理信息系统”列为国家重大科技项目，并获得时任福建省省长习近平的支持，纳入“十五”863高技术计划。2003年，获得博士学位的江毓武学成回国，立即参与了这项工作，并负责海洋三维模型及人员搜救子系统的开发。该项目是中国第一个区域性的海洋立体监测和信息综合系统，涵盖浮标、潜漂、岸基、海床基、船基等各类海上观测平台的建设，以及信息传输收集展示、对外服务等专题，参加人员涉及十几家科研及业务单位。洪华生作为首席科学家负责该项目，当时年近六旬的她，仍亲自参与项目规划、设计、部署和专题讨论等细节。

“一个人无论从事科研或业务工作，一定要有国际视野，不仅要着眼当前，更要面向未来的发展和前沿，这句话一直对我从事海洋业务工作有着深远的影响。”2014届环境科学专业硕士研究生、如今已挑起福建省海洋预报台副台长重担的曾银东，回想起洪华生老师当年的教诲，依然记忆犹新。

曾银东的导师，是洪华生的学生。但即使是“隔代”，洪老师依然惦记着后辈们的学习和成长。2000年年初，学生出国学习培训的机会并不多，洪老师从863计划福建示范区长远发展考虑，坚定支持年轻人出国学习培训，为后续业务化工作打基础。在洪老师的安排下，曾银东赴美国南佛罗里达（South Florida）大学学习培训，以海洋水色遥感技术与应用为主攻方向。“这是一次难得的出国深造机会，让我受益匪浅，对水色卫星遥感科研国际前沿及其在赤潮预警中的应用有更深刻的了解，为我工作后从事遥感技术研发和业务化应用奠定坚实的基础。”曾银东说。

学生心中的洪华生老师，是科学启蒙的引路人，是海洋环境学科的倡导者和积极推动者，她对海洋环境学科教学和科研不懈执着的追求和开放创新的态度、无私奉献的精神，感召着一代又一代的学生和后辈。不少学生回忆说，当年正是有了洪老师这位精神和学术导师的鼓励和指导，才有了自己现在的成就；也正是老师当年的信任和榜样力量，自己才有了那么大的动力和毅力。学生商少凌回忆说：“拜师至今，许多年过去了，每每有人提及我的老师，我总是很骄傲，因为我深深知道，我的老师，她是一位坚毅卓越的勇士，具备广泛的影响力，同时也是一位优雅迷人的女性，为家人、师生所爱。前些年出国开会时，曾遇年轻人咨询回国工作事宜，他犹豫纠结，我劝他下决心，他很直率地回答，‘如果我的老师是洪华生，我才不会犹豫，我马上就回去’。那是我第一次震惊于我的老师的赫赫声名。拥有良师与楷模如此，世间难得！我又是何其幸运呢！”

“先生”之风，不仅山高水长，更因为有了与大海的共鸣，更有一番宏大胸怀。退休之后，只要是教学和科研有需要，“先生”依然会出现在第一线，学生们也依旧能够见识到她的风采。学生们都知道，洪老师的课经常一讲就是3个小时，精彩纷呈，而除了中场15分钟的课间休息，她都是全程站着授课。另外，为了让中国的海洋学与世界接轨，无论是通过暑期学校还是海洋事务硕博士项目，洪华生一直坚持给来自世界各地的学生讲述海洋科学课程，这些学生来自美洲、非洲和欧洲，在洪华生看来，海洋科学的“共享”无远弗届。

除了工作学习，洪老师对学生们有着慈母般的情怀。课余她会和学生们一起去游山玩水，享受生活，交流思想，比如去踏青，游览学校附近的植物园、南普陀，欣赏厦大芙蓉湖的美景，或者邀请学生来家里包饺子，或者在厦大一条街的餐馆里聚聚餐，再或者干脆来个春游野餐，大家在山上享用各自准备的轻食，烤烤地瓜和小鱼、肉串，其乐融融，借此敞开心扉，聊聊生活，聊聊未来，放松一下为学习为科研紧绷的神经。加拿大圣玛丽大学的校园、贵阳黄果树瀑布、香港科技大学的林荫大道、德化石牛山上，都留下过洪华生和学生们的欢声笑语。有的学生家乡比较远春节没回去，洪老师会邀请他们到家里一同过年，让他们感受家的温暖。

三十余载，洪华生培养了很多优秀的学生，也带领着多学科合作的团队在海洋生物地球化学研究的科研路上不断前行。曾经有好心的院士劝告洪华生说：“你应该多花一点时间和精力，多写文章在国际上发表，而你花费那么多心血去培养年轻人，对你申报院士没有帮助的。”可洪华生却想，当院士是她个人的荣誉，但是培养年轻人和团队，使科学事业后继有人，才是她作为老师最根本的任务，当不上院士没关系，她无悔无怨。

如今，经过两代人的努力，厦门大学海洋与地球学院和环境与生态学院（原为“海洋与环境学院”）已在全国高等院校和科研机构中占有重要的地位，厦门大学已然成为我国海洋、环境与生态多学科教学的科研重地，在国际上有着重要的影响。当年由洪华生领衔组织申报

洪华生与第一批学生同游厦门南普陀
（前排左起：姚文生、洪华生、商少凌；后排左起：徐立、潘用树、戴民汉、郭劳动）

洪华生和同事、学生在厦大芙蓉湖畔留影（由左至右：徐立、姚文生、戴民汉、郭劳动、黄邦钦、洪华生、商少凌、洪丽玉、陈敬虔）

师生等同游贵阳黄果树瀑布

洪华生和学生、同事在加拿大 Halifax

不同代的“猴子”合影

洪华生与学生们一起在厦门万石植物园踏青
（前排左起：李永玉、曾悦、王佩儿、彭本荣；后排左起：翟惟东、徐方成、丁原红、洪华生、张玉珍、刘日先、崔胜辉、黄金良）

建立的“近海海洋环境科学国家重点实验室（厦门大学）”，坚持走国际化发展路线，不断发展壮大，2010年、2015年连续两次获评“优秀国家重点实验室”，在国际上占有一席之地。

担任台湾大学海洋研究所所长的魏庆琳教授赞扬说：“洪老师开朗又认真的人格特质使她成为一个好老师，浸淫杏坛三十多年可谓桃李满天下，放眼活跃在海洋生地化领域的学者几乎都曾亲炙洪老师的提携和鼓励。2015年6月初暑，学生们特别为洪老师办了一场从教三十周年的感恩活动，门生后辈齐聚一堂，以海洋环境学科回顾与展望为题的研讨会，表达对洪老师的敬爱，由学术研讨到温馨的音乐飨宴，让我深深感受到学生们对洪老师的敬爱，为人师者夫复何求？让我好生羡慕。”的确，洪华生正是以其止于至善的人格魅力、学识魅力和工作魅力赢得了学生们的爱戴和尊重。

2015年，厦门大学海洋环境学科回顾与展望研讨会合影

恩师风范，人格魅力

先生不仅带我进入了海洋科学这个让我终生孜孜以求的领域，她的科学视野与情怀也影响了我终生的事业追求。

——戴民汉

洪老师对科学事业无私奉献的精神，时时刻刻令人感动。

——徐　立

洪老师对海洋事业的不懈追求和无私奉献的精神，感召着一批又一批海洋学子为之奋斗。

——黄邦钦

我是洪华生老师的第一个女学生，这是我一直引以为豪的，我由衷感佩老师对科学事业的执着追求的精神。

——商少凌

是洪老师将我真正带入了科学研究的大门，逐渐地教会我咀嚼、呼吸和思考海洋生物地球化学，耳提面命五载，终身受益不尽。

——王海黎

我永远是洪老师的学生，她像母亲一样，而且她给每个学生都是公平的机会，提供给他们一个施展的空间。

——王大志

洪老师给我最深的印象，就是她在对中国海洋事业贡献方面不计个人得失、勇于奉献的精神。

——薛雄志

洪老师永远是我的老师，她传授给我的不仅仅是科学知识，还赋予我们每个弟子探索未知世界的兴趣和能力。

——曹文志

作为海洋管理学科的倡导者和创建者，洪老师对中国海洋管理事业贡献非凡。非常有幸走进厦大，跟随洪老师学习。先生开放创新的理念、对事业执着和诲人不倦的精神，将是我一生的榜样和宝贵财富。

——刘岩

前人栽树，后人乘凉，洪老师在环境学、海洋学、管理学乃至生态学方面的拓展性工作，将惠及其弟子万代。

——张祖麟

洪老师对我们的学习和科研工作是严格要求的，绝对称得上是严师。但洪老师同时也是平易近人，随和的慈师。

——姚文生

每次与老师交流，老师对涉及的问题总能做到画龙点睛，精准到位，循循善诱。那些富于启发的教育方法，让我心智开启，思路开阔。

——曾悦

有幸在恩师身边受其言传身教十五载，其海纳百川的胸襟、强大的事业心以及关爱扶持学生的师者形象早已深深地烙印在我心里。

——黄金良

研究中遇到的难题总是在得到洪老师点拨后茅塞顿开，谈话结束时经常因为明确了研究方向而斗志昂扬。

——方秦华

“年轻人要多担些责任，要有使命感”“要踏踏实实做事，快快乐乐生活”“要认准目标，坚持不懈的努力，才能在人生道路上有所作为，使梦想变成现实”……我的耳边不时响起洪老师的教诲。

——张彩云

洪老师成功励志的人生中那些艰苦奋斗的经历，充分诠释了她的科学精神、爱国精神、拼搏精神和奉献精神，也更增添了她的人格魅力。

——王卫平

“学生第一”是洪老师一贯的工作原则，洪老师尽力给每一位同学提供更好的学习和交流环境。桃李不言，下自成蹊，洪老师的一点一滴的付出学生们都看在眼里，记在心里。

——王玉珏

洪老师既待人宽厚，开放开明，又在科研品质方面严格要求，一方面使我作为博士生受益匪浅，另一方面我想这也是洪老师能引领厦大海洋学科中兴的重要原因。

——翟惟东

敬爱的洪老师总是以严格的标准要求学生，以渊博的学识引导学生、以高尚的人格感染学生、以博大的胸怀关爱学生，她永远是我心中仰慕的一座高山！恩师谆谆教诲永记心头，恩师是海洋女神，春风化雨育桃李，一片丹心献海洋！

——刘琼玉

第三节　构筑平台　筑巢引凤

在冯小刚的一部电影里，借葛优之口说出了一句“金句”——“21世纪什么最贵？人才！”这句话成了当年的流行语。

而洪华生从一开始，就知道人才之珍贵，也不断地思考着人才结构的优化之道。

学科的建设需要优秀的人才，除了自己培养人才，吸收外来优秀人才、引入新鲜学术血液，也是非常重要的。在洪华生看来，要吸引更多创新人才，还需要通过搭建有效的人才集聚平台，筑巢引凤，吸引国内外海洋生物地球化学领域的高级人才，有效促进海洋生物地球化学学科的发展。

有了这样的前瞻性眼光，洪华生带领团队创下过很多个“第一”——创立环境科学研究中心、创立厦门大学海洋与环境学院、创建厦门大学海洋与海岸带发展研究院、率先组建近海海洋环境科学国家重点实验室……现在，她的学生们已经从她手中接过接力棒，继续带领厦大海洋人追逐海洋强国的蓝色梦想，在海洋科学与环境科学的基础研究和应用研究领域成就卓越。

创建环境科学研究中心

环境科学研究中心（以下简称“环科中心”）是海洋环境学科发展的新起点，为海洋与环境学院、国家重点实验室的建设奠定了坚实基础。环科中心自成立伊始，就以海洋环境为特色，传承几代人海洋学科发展的积淀，发挥海洋与环境等多学科交叉优势，秉承团队真诚合作、艰苦奋斗、不断开拓的“环科精神”。从1992年成立到1995年，从环境影响评价甲级评价证书，到环境海洋学博士点，再到国家教委开放实验室，仅仅用了3年，每年都有新的飞跃，也创造了惊人的“环科速度”。

20世纪80年代，区域性与全球性的环境污染和生态破坏问题增多，已严重威胁人类社会经济的发展和人民生活的安全，环境问题得到了国际社会和我国的高度重视。1982年，厦门大学抓住国家重视和发展环境科学的机遇，成立了厦门大学环境科学研究所（简称“环科所”），由来自海洋系的吴瑜端、化学系的杨孙楷和生物系的林鹏3位教授任副所长，是当时全国为数不多的（包括北大在内）几家环境科学专门研究机构之一。

不过，环科所一开始总共只有10个人员编制，除了3位教授，就只剩下7个人的名额，也算得上“举步维艰”了。此外，当时学校还成立了一个仪器分析测试中心，争取到了世界银行贷款，购买了一些贵重仪器设备，但是一段时间后，仪器老化了，加上当时的机制问题，整个测试中心的管理并不完善。

1992年，在全球环境持续恶化、发展问题更趋严重的情况下，联合国环境与发展大会隆重召开，通过了关于环境与发展的《里约宣言》，呼吁建立新的“全球伙伴关系”，共同保护人类生存环境。因此，在这样的大背景下，国家十分重视环境与发展问题，厦大也开始重视环境学科的发展。时任校长林祖庚亲自找到洪华生，要她领衔进一步组建环境科学研究机构。而此时的洪华生，自1985年回国后一直在海洋系从事繁重的教学和科研任务，还担任了海洋系亚热带海洋研究所的副所长。当时对洪华生来说，真的是一个新的挑战，但是洪华生也清晰地意识到发展海洋环境交叉学科的重要性，所以当时二话不说，就勇敢地挑起了这个担子。

1992年，受学校委派，在洪华生的主持和推动下，通过整合厦门大学海洋学系、化学系和分析测试中心等单位的相关研究力量，在原来环境科学研究所的基础上，正式组建了环境科学研究中心。但是洪华生深知，这的确不是轻松的任务，虽然编制有了28个人，但来自三路人马，确实是一个“杂牌军摊子”。

洪华生认识到领导核心的重要性，所以第一步就着手班子的建设。她从海洋系请了郑微云、郑天凌，又从化学系请了袁东星，加上她本人，“四驾马车”，开始启动环科中心的崭新发展征程。请袁东星和郑天凌两位“海归”博士来当中心的副主任，洪华生的设想是要借鉴国外比较开放、自由、民主的气氛，来建设环科中心。

1992年9月，袁东星比原计划推迟了几个月前往德国进修，在德国期间她与洪老师互通了好几封信，两位女人，从不谈霓裳香粉，尽是谈工作。1993年4月22日洪华生写给袁东星的一封信中有这样一段文字：“一直到今，环科中心编制、硕士点的设立及实验室的搬迁毫无进展，实在无可奈何！！我们只好一方面再向各有关部门‘叫喊’，另一方面自己采取一些措施把中心工作运转起来。首先，利用中心成立一周年机会，做些舆论宣传：印刷中心简介，在厦大校刊出版一版介绍中心一年来的成绩；自己出了墙报；引进课题、抓中心人员素质的提升、坚持打破大锅饭的原则、提倡集体主义及奉献精神……”从中可以看出环科中心刚成立举步维艰，而洪华生带领大家披荆斩棘、砥砺前行的坚定信念和决心。

卢昌义教授还记得洪华生经常告诉大家眼光要放开一点，视野要开阔，要向外争取经费。记得她曾举了一个生动的例子：笼子里面的几只鸡，为了一小碗饲料，争斗得头破血流，其中一只鸡，突破鸡笼，跑到外面自己去找食物，晚上回笼，吃得饱饱的，“胃囊”看起来都撑满了，笼内的几只鸡，不仅吃不饱，为了争吃，毛都斗掉了不少。这种往外开拓的思路对大家影响很深，很有启发。

厦门大学环境科学研究中心一成立，就提出了“面向海洋、内联外合、培养人才、服务社会”的宗旨，并确立了走国际化道路的思路。抓住学科建设的主线，以科学研究、人才培养、社会服务“三个轮子”一起转动。

谈到当年环科中心的组建，时任环科中心直属党支部书记、如今已80多岁高龄的郑微云教授回忆说：“和洪老师共事了将近二十年，我在洪老师的帮助和推动下，一起参与组建环科中心，从海洋系海洋生物专业的普通教师到成为中层干部，对学科建设也做出了自己的贡献。可以说，没有洪老师就没有我后面的发展。”的确，环科中心的发展轨迹，凝聚了洪华生和整个科研团队的拼搏和创造：

1992年，环科中心正式成立。

1994年，环科中心设立环境科学硕士点。同年，环科中心以优秀的成绩通过国家环保总局的严格测试考核，厦门大学的环境影响评价证书由乙级升格为甲级。同样在这一年，在原国家教委和厦门大学的共同支持下，成立了“厦门大学海洋生态环境国家教委开放研究实验室”。

1995年，洪华生作为主要学科带头人成功申报环境海洋学博士点。

1997年，国务院学位委员会和国家教委把环境科学与工程定为一级学科，环境海洋学博士点改为环境科学博士点。

1999年，开放研究实验室经考核，更名为“海洋环境科学教育部重点实验室”。实验室瞄准国际前沿研究和国家的战略需求，确定海洋生物地球化学过程、机制及其生态环境效应为主攻方向，并很快形成了以中青年科学家为主体、充满活力的科研队伍，在实现梦想的征途

洪华生做申请“教育部、福建省海洋环境科学联合重点实验室”的论证报告

上继续“创业”。

2000年，成立“教育部、福建省海洋环境科学联合重点实验室”，开创了国内省—部共建重点实验室的先河。

在环科的建设过程中，干部队伍的分工合作和团结显得至关重要。“创业”初期，人数不多，就算把测试中心的人并进来，人数才20余人，实验室条件和基础设施也相对简陋。洪华生身先士卒，带领老师和学生们一起全身心地投入实验室的建设中。93级

2000年“教育部、福建省海洋环境科学联合重点实验室”揭牌
（左三为徐洵院士，左四为蔡启瑞院士）

的硕士生刘琼玉回忆说:“记得那年厦门大学国家教委海洋生态环境开放研究实验室迎接国家教委评估，洪老师亲自带领环科中心全体师生一起打扫卫生，她与大家一起动手擦地板和桌椅窗户，把每一个角落打扫得干干净净;那年的‘世界环境日’，洪老师亲自带领环科中心师生在厦大校园里开展环保知识宣传活动，她以满腔热情传递环保的火种、推动公众环保意识的提高。”可以说，当时的科研是在“一穷二白”的条件下开展起来的，但是洪老师的激情感染着大家，在洪老师的引领下，大家铆足干劲，发挥集体的工作积极性，白手起家。

世界环境日，洪华生带领环科中心人员在厦大校园开展环保宣传

这段在凌峰楼的艰苦创业日子，至今回忆起来仍然鲜活。

“洪华生作为女同志，在一线做很多实事，尤其让我们佩服和感动。她总是很积极地去向学校要政策支持，和我们这些干部一起，帮教职员工要房子、要职称，关心青年教师的生活，让他们可以后顾无忧、全身心地投入工作科研中。当时，洪老师作为一名40岁出头的女性，一线出海采样这些工作都亲力亲为，为人很爽直，风风火火，实在令人佩服。”说到当年实验室的建设和出海采样等工作，郑微云和李少菁两位老教授都不约而同地有这样的回忆和感慨。

环科中心成立的时候落户在厦大凌峰楼，环境算是相当不错，旁边有南普陀寺，经常能听到寺庙敲响的钟声，还有和尚朗朗的诵经声，是个“福地”。凌峰楼门前还有一棵榕树，但是一边长歪了，有人开玩笑说主要是洪华生和袁东星当家，环科中心是“阴盛阳衰”，所以树是往一边长。后来，中心有了“男领导”，这树又慢慢长正了。虽是玩笑，但也是他们繁忙工作中的有趣插曲。

“歪树下”的环科人合影

惊人的“环科速度”

由于环科中心是厦大第一个全部由海归博士来担任领导的一级单

位，学校各级领导和部处都非常支持，因此洪华生的合理请求一般也都会“开绿灯”。开始的时候只有她一位教授，她特别重视抓骨干核心的建设，尽量创造条件，向学校争取资源，在两三年内袁东星、郑天凌、郑微云、卢昌义都陆续成为教授，这也为后来的环境海洋学博士点的申报奠定了基础。

与此同时，洪华生也力争把已经通过评审的环境评价报告作为提升职称的成果，使长期从事环评工作的拼命三郎张珞平顺利成为教授。这给了许多从事应用科研的老师更大的信心。洪华生的心中只有一个理念，就是要善于发现每个人自身的特点和长处，把合适的人放到合适的岗位，人尽其用，齐心协力，一定可以成就一个优秀的团队。

善于担任“拓荒者”的角色，洪华生已经不是一次两次了。

“洪老师最早支持环境影响评价建设、环境管理建设，正是在她的极力推动和排除万难的努力下，1993年环评中心才得以顺利成立。”原厦门大学环科中心张珞平教授清楚地记得，1992年，他还在香港从事相关项目研究时，洪华生和袁东星多次说服他来负责环评室的工作，正是在洪华生坚持不懈的努力和推动下，厦大的环评工作才得以发展起来。

当时环科所只有乙级环评证书，洪华生心想，厦门大学连个甲级评价证书都没有，实在是“没有面子”。后来她跟张珞平到北京拜访了国家环保局的负责人，并提出，他们想申报甲级评价证书，得到了支持。然而，要从乙级转成甲级评价证书，仍然要经过非常严格的考核，洪华生团队就决定：先来第一个目标——一年内争取考核过关，拿到甲级证书。

他们把考核的项目分解，根据每个人的特长分配任务，内部先进行考核，从仪器、容器的校对，到先标样后盲样的考核，老师们经常要重复实验到大半夜，忙得不亦乐乎。但大家毫无怨言，形成了积极向上、不甘落后的氛围。1994年，环科中心经过一年多的努力，通过了国家环保局的严格测试考核，以优秀的成绩获得国家环保局批准，厦门大学乙级《环境影响评价证书》正式升格为甲级评价证书，既鼓舞了大家的士气，也提高了对外服务的能力。

环境管理专业的建设也是如此。张珞平亲身经历了环境管理专业从无到有的发展，目睹了在洪老师主导的国际项目——联合国开发计划署（The United Nations Development Programme, UNDP）和CBCM项目的推动下，环境管理师资队伍从雏形走向成熟，UNDP项目也为海岸带培训中心的成立奠定了基础，和美国旧金山大学（University of San Francisco, USF）联合的中美联合培养环境管理硕士项目则带领环境管理师生走进美国的环管现场，收获颇丰。现在，不少环境管理的学生也都开始成为全国、福建省的海洋环境管理的中坚力量。而当环境管理专业发展起来步入正轨之后，洪华生又开始着手推动环境工程专业的发展。她总是这样，不计个人得失全力推动学科的多维度和广度发展。

环科中心最开始招收的是原来海洋生物地球化学、环境化学和环境毒理学等方向的硕士和博士研究生。其实，当时洪华生就一直设想，应该创建一个海洋环境交叉的新学科博士点。那年，国家教委分管学位建设的领导来厦大，林祖赓校长要向他汇报经济学院工商管理学院申报博士点的事宜，时任研究生院副院长吴辉煌教授，对环科中心也非常关心，他特别通知洪华生，“待会儿你也来讲讲你们博士点建设的一些设想吧”。

没想到，洪华生的表述很快打动了这位领导，他说，那就一起申报吧。

当年每个学科只批一个点，中国科学院海洋研究所已经申报两年了，而且他们在这方面的发展比厦大早一些，各方面条件也挺强的。洪华生心想，不试一试怎么知道行不行？那就由学校统一申报，先去排排队吧。没想到，这一排队，竟然一次性获得成功。真可谓是，自助者，天助也，人亦助之。

回顾那段经历，洪华生认为，能够“幸运”地被选上也是有原因的。“首先是我们海洋、环境和生态交叉的明显特色；第二呢，我们队伍年轻，有活力。”就这样，1995年，洪华生作为主要学科带头人之一成功申报环境海洋学博士点；1997年，国务院学位委员会和国家教委把环境科学与工程定为一级学科，博士点又改为环境科学博士点。2003年，洪华生作为主要学科带头人之一，成功申报环境科学与工程学科博士点和博士后流动站。2004年，洪华生作为“海洋生物地球化学”创新团队核心，成功组织申报海洋环境科学教育部创新团队。一连串的飞跃式发展，看似“幸运”，实则是各种辛勤努力和奋斗的结果。

2004年，海洋生物地球化学创新群体部分成员合影

2004年，环科中心在笑口常开的弥勒佛旁照的“全家福”

创建海洋环境科学教育部重点实验室

有了社会服务的抓手，有了人才培养的学科建设，对于科学研究来说，搭建平台便是应有之义。

早在厦门大学环科中心成立后，洪华生就开始有了建设重点实验室的梦想。当时学校科研处的处长告诉她，“你首先要在学校挂牌，运行一两年后再去申请教育部的开放实验室”。洪华生心想，按这样的话，不知道还要再过多少年呢？

然而机会总是留给有梦想和有准备的人。1995年，刚好国家教委科技司在厦门大学开会，洪华生应邀参会，见到了左铁镛司长和袁成琛副司长，他们在20世纪80年代末就已经支持她做闽南台湾浅滩上升流生态系统研究项目。袁副司长了解到台湾海峡上升流这个项目做得非常好，十分高兴，洪华生就趁热打铁，当即向她提出想申请国家教委开放实验室的想法。

袁副司长很赞同这个想法，让洪华生尽快写一个申请报告递上来。可是当时洪华生连申请书“长”什么样都不知道。袁副司长很贴心，说没关系，正好厦大的另一位教授也在申请分析化学开放实验室，让洪华生拿出纸张，根据申请书几个栏目要求，先简单写一个大纲出来，第二天他们带回北京。

这让洪华生喜出望外。她马上带着学生商少凌连夜“奋战”，赶在第二天一早将申请报告递交给袁副司长，没想到左司长临走时就告诉林校长，化学和海洋的实验室一起申报吧！

后来，到北京洪华生见到了科技司的陈清龙副司长。陈副司长也是福建人，他好心地告诉洪华生：“你们申请实验室很好，但是没有经费支持的，而且要经常检查你们，搞不好给你们亮黄牌，这样很难下台的，你们敢不敢、愿不愿意做？”可是，在洪华生的词典里，从来没有退缩和畏惧，她咬咬牙，顶着可能受“黄牌警告”的压力，还是坚持抓住申报的这个难得的机遇，努力试一把，也逼自己一下。

功夫不负有心人，令很多人没想到的，1995年10月，“海洋生态环境国家教委开放研究实验室”和化学系黄小如的“分析化学国家教委开放实验室”一起获批了。

由于条件简陋，当时还是“光杆秘书”的卢昌义教授对1995年12月23日开放室的揭牌仪式还记忆犹新。“记得当时用自行车把做好的铜牌从制匾小作坊运到凌峰楼，怕路上摔坏，特地用家里的毯子包裹，一路扶着走，虽是深秋，但仍然汗流浃背，印象很深刻。我们把讲台桌拉到大厅，找几块砖头给牌匾垫背，红色的桌巾一蒙，揭牌仪式就这样开始了。”一晃到了1998年，洪华生和团队成员信心满满地奔赴北京教育部（国家教委于1998年3月更名为“教育部”）汇报开放实验室的进展，得到了好评。鉴于“教育部海洋生态环境开放研究实验室”取得的不错进展，1999年正式更名为“海洋环境科学教育部重点实验室”。

尽管如此，教育部重点实验室的建设，同样始于简陋和艰难。正如陈清龙副司长所提示的，刚开始，一分钱经费也没有，洪华生便用自己的经费贴钱来建设，到了更名以后，每年才有了10万元的拨款，大家仍然不敢松懈，都是一分钱一分钱地“掰”着来用。当时管财务的陈伟琪老师，依然记得当年拼命“节省”的一点一滴，大家都心中有数，重点实验室的每分钱都要用在刀刃上。

“尽管经费有限，我们还是聘请了多位德高望重的院士和专家，每年都会召开实验室学术委员会的会议，汇报工作进展和成绩，请专家给我们做指导，而且我们始终坚持‘近海生物地球化学过程及其生态

1995年，国家教委海洋生态环境开放研究实验室揭牌仪式
（第一排左六为苏纪兰院士，出任学术委员会主任）

教育部海洋生态环境开放研究实验室第一届学术委员会第四次年会合影
（右起：王辉、李永祺、万国江、冯士筰、苏纪兰、李少菁、邹景忠、洪华生、阮五崎）

环境效应’的主攻方向，所以应该说，从1995年到2005年，整个实验室还是发展得比较快的，这也为2005年申报国家重点实验室奠定了很好的基础。”说起当年教育部重点实验室10年的磨砺和发展，洪华生十分感慨。对许多老前辈的指导和帮助，她一直心存感激，尤其是对当了多年教育部重点实验室学术委员会主任的苏纪兰院士，他领衔的学术委员会对实验室的发展起了引领的作用。她认为前辈们对科学的无私奉献和提携晚辈的精神非常值得学习与发扬。

只有“当事人”才知道，建设和发展新学科，是一项十分艰苦的工作，需要付出极大的努力。环科中心以科学研究、人才培养、社会服务“三个轮子”一起转动，办出了特色，虽有天时、地利，但更仰仗于“人和”。直到现在，洪华生还是常常叮嘱新一辈的年轻人，要记得环科中心全体同仁曾经的共同努力奋斗，不要忘记那老一代人的辛勤耕耘，要传承和开拓！

海洋与环境学院首任院长

开拓一定有回报。正是环科中心的奋进，为海洋与环境学院、国家重点实验室的建设奠定了坚实基础。

1996年，以环科中心和海洋学系为支撑单位，厦门大学与福建省政府共建了“海洋与环境学院”，洪华生教授为首任院长。海洋与环境学院包括环科中心、部属重点实验室、海洋系、亚热带海洋研究所四个部分。很多教授和老师，可能还不知道海洋与环境学院曾有过“共建”的这么一则故事吧。

1996年，恰逢国家“211工程”建设契机，国家要省里一起来共建“211”，省里也要拿出一些经费来支持。有一天，时任福建省省长陈明义和副省长王良浯来厦大商讨共建事宜，开完会本来主要安排到经济系和化学系考察，但洪华生抓住机会，邀请省长到环科中心去看一看，哪怕10分钟都好。结果，陈明义很痛快地答应了，他们临时决定，抽出大概15分钟的时间，到环科中心所在的凌峰楼参观。

洪华生简明扼要地介绍了厦大海洋发展的历史，特别提到，厦门大学是海洋的摇篮，在海洋生物资源开发、海洋声学军民应用、极地考察同位素应用、海洋环境保护方面都很有特色，可以为海洋强省做出贡献。陈省长临走时，洪华生又大胆地说了一句：“省长，我们来共建海洋学院好吗？”

陈省长笑笑地说，“这个我不能说了算。”

然而，让人没想到的是，这短短的一个参观过程，其实已经打动了省长。第二天，在学校的校报上，人们看到这么一则消息——陈明义省长昨晚吃饭时告诉校长，省里要与厦大共建海洋学院。知道这个消息后，洪华生无比兴奋，这真是给海洋学科带来了新的生机！随后，在第一期的“211工程”项目中，省里明确，其中一个项目就是与厦大共建海洋学院。

可是这又带来了新的“问题”。

当时的林祖庚校长要求把环科中心也纳入海洋学院，一开始洪华生不太同意，她觉得当时环境科学也是一级学科，厦大刚刚在环境科学领域有一点声音，如果再一篮子装到海洋科学一级学科里，会束缚自身的发展。但学校认为，省里共建指名要洪华生担当院长，环科中心不并进去，洪华生就不能当院长了，这样省里也不会答应。

后来，经过综合考虑，决定以环科中心和海洋学系为支撑单位成立新学院。洪华生又前瞻性地提出，学院应命名为“海洋与环境学院”。有两个一级学科，这样发展的领域就更加宽阔，而且发展到一定程度，海洋和环境学科以后还是要分开的。

“海洋与环境学院”成立时，省里给的经费大约有2800万。洪华生算了一笔“账”，在分配上，先倾斜给海洋系，只分配200多万给环科中心教育部重点实验室，其他则是支持海洋生物技术的开展、海洋化学同位素实验室与遥感实验室的建设等，还购买了海上测试的仪器设备，特别是水文方面的设备，为后面海洋学科的发展注入新鲜血液，增添了活力。

当时海洋系是在学校多处“打游击”，洪华生接着提出从经费中拨出1000万来建一座海洋大楼。省里领导，觉得不妥当，“211工程”经费是不给建楼的啊。洪华生就打报告并亲自游说，详细说明那么多仪器设备，那么大体量的科研，需要一个大的固定场所，这才是学科建设长远发展急需的。这再一次印证了洪华生的长远眼光，有了这样的安排，也才有了如今伫立在海边美丽的曾呈奎楼（海洋楼）。应该说，通过“211工程”，给厦大海洋学科的发展助了一大把力，所以当时林校长都笑着对洪华生说：“你是曲线救了海洋。”洪华生马上回答：“这本来就是我们的共同事业！”

2001年邀请了中科院院士曾呈奎先生为海洋楼揭牌（2008年厦大87周年校庆，根据校友提议，海洋楼冠名为“曾呈奎楼”）。曾呈奎先生是世界著名的海洋生物学家，是我国海洋科学和中国海藻学研究的奠基人之一。他是厦门人，厦门大学植物系毕业，后来又在美国Michigan大学研究生院获理学博士学位。抗战胜利后，他克服重重困难毅然回到了祖国，为中国海洋科学事业领航。洪华生记得回国后第一次见到曾老，感到非常亲切，他鼓励洪华生说：“我也是厦大校友，是第一位回国的海洋学男博士，而你是第一位回国的海洋学女博士，可要好好干啊！”洪华生没有辜负曾老的鼓励和嘱咐，一直为我国的海洋事业尽心尽力，2012年荣获曾呈奎海洋科技奖“突出成就奖”。

2001年，曾呈奎先生（第一排左四）等为海洋楼揭牌

倾力组建国家重点实验室

面对21世纪海洋时代的挑战，2004年7月，国家科技部提出拟建设

"海洋"领域的国家重点实验室。真是天赐良机！当时国家自然基金委地学部海洋学科王辉主任很快就把这信息告知洪华生。由于有了之前教育部重点实验室十年耕耘的铺垫，洪华生和她的团队底气十足，"狠狠"地抓住了机遇。但组建国家重点实验室也并没有显得一帆风顺，可洪华生似乎"生来"就是为了破解难题的。

最首要的问题，就是原先的教育部重点实验室体量太小，又没有院士，换句话说，必须要有海纳百川的博大胸怀，吸引别的学院的专家来加盟，一起来申报这个国家重点实验室。

当时，洪华生首先考虑的是生物系的林鹏院士。因为林鹏院士建立了红树林湿地教育部重点实验室，他这方面在国内还是很有权威的，而且湿地的生态系统本来也是洪华生团队近海研究的一个典型的生态系统。其次是考虑到分析化学，因为海水的分析化学研究其实早年也是从厦大化学系陈国珍先生起家的，洪华生找到黄本立院士、江云宝教授，请他们加盟支持。另外，还有两位海洋系德高望重的李少菁老师、黄奕普老师，洪华生一位位登门拜访，邀请他们参加和支持国家重点实验室的建设。因为有了洪华生的牵头，老教授们很放心，而他们当年的无条件信任和鼎力相助，对于重点实验室的建设意义重大，一提起这些老前辈们的支持，洪华生总是感恩倍至。

第二个问题，就是主攻方向的确定，这还真是个难题。申报海洋环境科学国家重点实验室，原计划命名中是不加"近海"的，但是国家基金委的说法是："你们不能把海洋环境科学通通都包下来，而且这10年来你们的工作重点在台湾海峡和南海，当然也不影响你们往更深的地方去做研究。"

那么，近海海洋环境科学国家重点实验室的主攻方向，到底是什么呢？团队里有来自不同学院、不同方向的人马，大家都有自己原先主要的研究方向，而国家重点实验室又要求主攻方向必须集中且很明确，鱼和熊掌能够兼得吗？

争议四起，但经过多次集中讨论和辩论，洪华生最终说服了团队的多数成员，还是延续原先教育部重点实验室的研究方向，主攻方向确定为“海洋生物地球化学过程及其与海洋生态系统相互作用”。如今，经过15年的飞速发展，近海海洋环境科学国家重点实验室（厦门大学）在国内外海洋生物地球化学领域取得的卓越成果，充分证明了一开始主攻方向确立的正确性和前瞻性，连当年不同意这个研究方向的人，现在也高举海洋生物地球化学的“大旗”了。就这样，在“近海海洋环境科学国家重点实验室”（厦门大学）的申报和论证过程中，洪华生担任总指挥，亲力亲为地参与申请报告和论证材料的编写、审核，她带领团队还特地到北京邀请了教育部、基金委、中科院院士来进一步把关，彻夜未眠准备汇报材料，眼睛都熬红了。

2005年元月，科技部组织专家进行的建设计划论证会上，洪华生亲自汇报和答辩。由北京大学的唐孝炎院士、中国科学院海洋研究所的胡敦欣院士等 9 名专家组成的专家组，在听取实验室建设负责人洪华生教授所做的建设计划汇报和实地考察各功能实验室之后，一致认为:“实验室在海洋生物地球化学过程及其生态与环境效应研究方面具有长期的学科积累和良好的研究基础，所提出的科研平台建设计划、运行机制建设计划可行，建议科技部批准实施。”功夫不负有心人，经过10年的艰辛努力，2005年终于实现了成为海洋环境国家重点实验室的梦想。

无论是自己的科研生涯还是重点实验室的建设，洪华生对于国家自然科学基金委有着特别的感激。国家自然科学基金委确立的“依靠专家、发扬民主、择优支持、公正合理”的评审原则，得到科学界的

2005年，洪华生在建设计划论证会上代表实验室做相关汇报和答辩

普遍赞赏，尤其令年轻学者受到鼓舞，直接受益。二十多年来，洪华生和弟子们长期得到各类国家自然科学基金项目的支持，终于实现了厦门大学近海海洋环境科学国家重点实验室的梦想。

2005年1月，近海海洋环境科学国家重点实验室第一届学术委员会第一次会议召开。胡敦欣院士（右四）出任学术委员会的主任，洪华生为副主任

国家重点实验室获批后，洪华生作为领头申报人，在很多人看来，毋庸置疑，国家重点实验室主任一职理所当然非她莫属。当时厦门大学的党委书记王豪杰也一再动员她出任国家重点实验室主任，但是洪华生摇摇头说："现在，应该是把担子交给年轻人的时候了。"

她向学校提出，先由戴民汉、焦念志、江云宝三位年轻学者，还有李炎教授担任副主任。所以，国家重点实验室曾经有一年没有正主任，一年后，戴民汉挑起了国家重点实验室主任的重担。

2007年，近海海洋环境科学国家重点实验室顺利通过科技部验收，2010年、2015年连续两次获评"优秀国家重点实验室"。如今的国家重点实验室，已成为具有重要国际影响力的海洋环境科学研究和创新性人才聚集的重要基地，在国际海洋生物地球化学界享有嘉誉，是特色鲜明的海洋生物地球化学研究中心，为提升中国海洋科学的国际地位做出了显著贡献，并为冲击国际一流奠定了基础。

洪华生很欣喜自己当年决策的明智，学生后辈"青出于蓝而胜于蓝"，是老师和前辈最开心的事。对于自己的急流勇退和甘当人梯，她一直都甘之若饴。而她"慧眼识英才，诚心让贤才"的胸襟，更让人们感佩和折服。

2015年国重室第二轮评估现场

筑巢引凤海纳百川聚人才

如今，许多和洪华生一起共事过的老教授，都认为洪华生从担任“海洋环境科学教育部实验室主任”，到“教育部、福建省海洋环境科学教育部实验室主任”，再到“近海海洋环境科学国家重点实验室名誉主任”的过程，实际上就是构筑人才高地，筑巢引凤的过程。焦念志和王克坚等人的引进，就是在洪华生担任厦大海洋与环境学院院长、“海洋环境科学教育部重点实验室”主任期间引进优秀人才的典型例子。

1998年，洪华生除了把在法国深造的学生戴民汉“喊回来”，还考虑到“我们要做生物地球化学，微型浮游生物这个方向非常重要，所以她想，我们还得吸引这方面的带头人”。作为有眼光和前瞻性的资深海洋学者和优秀教育家，洪华生总是时刻记得引进优秀人才的使命，她的“有胆识骏马，无畏护良才”的事例比比皆是。

2001年，她到青岛海洋所出差，听说有位研究海洋微型生物的焦念志博士，获得过国家自然科学杰出青年基金。正好当时有长江学者的申请计划，洪华生就鼓励焦念志申请长江学者到厦大来。一开始对于引进焦念志，单位内外有不同的意见和声音，但洪华生很欣赏焦念志专注于搞科研的精神，她觉得对于科研工作者来说，这一点是重要的方面，同时也看重他的学术开拓性和潜力，力排众议，以长江学者的名义引进焦念志，并向学校申请了五六百万的经费，给他购买了最先进的流式细胞仪。2005年，经洪华生推荐，焦念志担任近海海洋环境科学国家重点实验室（厦门大学）副主任。此后，焦念志在微型生物海洋学研究、在海洋微型生物碳循环过程与机制方面取得了原创性系统成果，先后当选为中国科学院院士和发展中国家科学院院士。

教育部重点实验室十年建设的经验充分证明，正是因为有在海洋生物地球化学这个主攻方向上多年来研究成果的积累以及人才储备，洪华生及其团队才有可能组建了我国第一个海洋环境领域的国家重点实验室。而当有了更广阔的平台，更要海纳百川，不拘一格地吸引人才。对此，洪华生还有她的继任者戴民汉等人深谙此道。

担任国家重点实验室名誉主任后，洪华生依然是一有机会就继续思量着为重点实验室引进人才而穿针引线。国家重点实验室成立后，又陆续有不少人加盟。高坤山原来在汕头大学就职，洪华生去过汕头大学参观考察后，就动员他来厦大，另外又从国家海洋局第二海洋研究所吸引了李炎过来，后来又有了王克坚的加盟。

王克坚到厦大，有着一段因缘。1999年，洪华生创办全国第一届环境科学暑期学校，邀请王克坚的导师殷震院士来做报告，殷震院士对厦大海洋和环境学科印象非常好，他去世前，便鼓励王克坚到厦大来工作。王克坚最早的研究方向是动物病毒单克隆抗体研制、细菌病免疫基因克隆表达、基因工程疫苗研制以及疫苗免疫预防等方面，在毒理方面有着非常扎实的基础，所以洪华生建议他来厦大之后可以做海洋环境毒理方面的研究。然而，毕竟在专业方向上是大转弯，一开始王克坚碰到很多困难。洪华生多次鼓励他、帮助他，亲自带他去原国家海洋局第三海洋研究所，向徐询院士请教学习，又利用应邀参加国家基金委环境化学学科举办专家研讨会之际，带王克坚去参会，以便其有机会熟识相关专家和了解学科前沿研究动态。

“海洋与环境学院当时的分子生物学基础薄弱，尤其是环境科学与工程系，没有仪器设备，我来后的第二年，学校支持一笔经费，用于凌峰楼改造及改善科研条件。当时公用经费很缺，洪老师提议把海洋环境分子生物学的发展列为优先发展方向，力主在有限的经费中拿出近百万元，用于购买分子生物学仪器，这一次真是‘雪中送炭’，为后来我的课题组及学院分子生物学技术的快速发展奠定了基础。”如今身为厦大海洋地球学院院长的王克坚，很感谢洪华生老师当年的知遇之恩和热情无私的帮助。

“我们在引进人才的同时，也要为人才充分创造他发挥作用的条件，这样才留得住人，而且反过来，他们也将会为整个平台的建设做出努力和贡献。只有队伍里各种专业特长的人才‘成龙配套’，各自发挥所长又全力协同作战，科研事业才能做大做强。厦门大学是我国海洋科学的发祥地，是我们的骄傲；建立国家重点实验室，再现厦大海洋辉煌是我们的梦想。梦想是目标的追求、动力的源泉，但只有通过不懈的努力，梦想才能成为现实。”对于栽好树引来金凤凰，建设好平台引进优秀人才，同赢共生，洪华生的见解独到，掷地有声。

的确，从1995年创立“海洋生态环境国家教委开放研究实验室”，到2000年推动成立教育部-福建省海洋环境科学联合重点实验室，成为我国第一个由国家和地方联合共建的联合重点实验室，2004年作为团队核心成员组织申报海洋环境科学教育部创新团队，2005年领衔成功申报近海海洋环境科学国家重点实验室，再到2007年起担任近海海洋环境科学国家重点实验室名誉主任，二十多年来，洪华生一路走来，善于发掘人才，育才爱才，无私地为平台建设和人才建设做出了很多贡献，更聚集和培养了一批优秀的青年人才，为建设具有国际影响力的海洋环境科学教育和研究的重要基地添砖加瓦。

唯其如此，科学家和科学，才会如海洋一样，既大气磅礴又动能无限。

推动文理多学科的交叉

随着国内外知识大爆炸和学科交叉时代的到来，洪华生更加认识到学科大协作、交叉融合的重要性，只有跨学科互相渗透、互相促进，取长补短，培养“一专多能”的人才，才能适应新时代和新形势下海洋环境学科人才的需要。2005年，在领衔成功申报近海海洋环境科学国家重点实验室的同时，洪华生又创建了厦门大学文理工多学科交叉的海洋与海岸带发展研究院（Coastal and Ocean Management Institute，COMI；简称“海发院”）。

海发院是在洪华生和时任校长朱崇实倡导推动下、在相关国际组织和厦门市政府的支持下成立的，参与海发院平台建设的厦门大学相关学院有海洋与环境学院（后来改为海洋与地球学院和环境与生态学院）、法学院、经济学院、管理学院、公共事务学院等。

海发院的成立，旨在充分发扬厦门大学面向海洋的特色，在建设“大海洋”的框架下创新机制，充分发挥厦门大学在海洋、人文、历史、经济、管理、法学、信息等学科的综合优势，构筑国际化、开放式的文理工交叉学科平台，建立跨学科海洋复合型人才培养基地。

2007年，为支持厦门大学国际化办学的发展，立足海洋科学学科及相关学科的教学资源，以海发院为依托，洪华生成功组织申报了我国首个海洋事务（Master of Marine Affairs, MMA）国际硕士项目，这是

2005年，厦门大学海洋与海岸带发展研究院揭牌仪式
（左二为时任厦门市副市长潘世建，左三为时任厦门大学校长朱崇实，左六为蔡程瑛博士）

教育部正式批准的国内第一个中外联合培养“海洋事务”专业方向的国际硕士生项目。该项目与美国罗德岛大学、华盛顿大学、特拉华大学等高校密切合作开设，以文理交叉为特色，涵盖了海洋学、环境科学、管理科学、经济学、政治学、法学等领域。海洋事务国际硕士项目是厦门大学第一批国际硕士项目之一，同时面向国内外招生，采取全英文授课，具体由海发院运行和管理，旨在培养海洋政策与法律、海洋经济和海洋与海岸带综合管理等方面的高层次人才。

2012年，海洋事务专业顺利通过二级交叉学科自主设置申报，成为厦大首批设立的三大交叉学科之一，获教育部批准成为依托海洋科学、环境科学与工程、法学、应用经济学和公共管理五个一级学科的自主设置交叉二级学科。在MMA国际硕士项目成功运作的基础上，2014年，洪华生又作为主要学科带头人之一成功申报MMA博士点，海洋事务国际博士招生于当年正式启动。

海洋事务专业自2007年设立以来，截至2019年11月，共招收学生219人（硕士生190人，博士生29人），其中包含国际生79人，占36%，硕士72人，博士7人，他们分别来自英国、印尼、孟加拉国、巴基斯坦、韩国、柬埔寨、斯里兰卡、印度、泰国、伊朗、缅甸、越南、乌克兰、捷克、卢旺达、喀麦隆、尼日利亚、乌干达、摩洛哥等28个不同的国家。

众所周知，学科交叉在国内外的高校里都是比较难真正有效实施的，但是，洪华生经过努力，不仅做到，而且是成功地实现了国内国际跨学科、跨学校的学科交叉。说起来，早在20世纪90年代，洪华生在每周的繁忙工作之余，就会组织环科中心老师们进行海岸带综合管理等相关专题的“HAPPY HOUR”座谈，有时候也会邀请海洋系那边或者学校其他院系的老师来一起座谈，进行头脑风暴，很早就具备“交叉思维”，实践“学术交叉”。

十五年，弹指一挥间，海发院作为厦门大学第一个在海洋与海岸带可持续发展领域建立的综合性文理交叉平台，在教学科研、人才培养和国际合作与交流等领域不断凝聚力量、开拓进取，取得了可喜的成果，不断朝着拥有国际化视野、国际化研究和人才培养的平台上大步迈进。

伍兹霍尔海洋研究所（WHOI）海洋政策中心资深研究员金隄认为，在他接触过的海洋科学家里，洪华生是真正了解发展交叉学科研究与教学重要意义的一位。洪华生眼界开阔，作为博士生导师，她擅长指导学生制定前沿的研究课题，理念上力求不断优化以人类社会与生态环境为整体的大系统，居安思危，着眼于未来。从洪华生学生彭本荣2005年的论文“海岸带生态系统服务价值评估及其在海岸带管理中的应用”到黄子鉴2018年的论文“海上钻井平台溢油治理模式研究”，都是基于多学科的知识，对科学决策和优化管理具有很高参考价值的成果。

作为一个跨文理学科的研究机构，海发院则延续着在陆海统筹、海洋与海岸带可持续发展、从流域到海洋综合管理等领域交叉研究的优势和业绩。自海发院成立始，洪华生便十分注重对外的交流与合作，通过院际联合、主承协办各类大型学术会议、开展访问交流、举办映雪论坛等多层次多方位的形式，与国际同行建立了密切的学术合作关系，聘请了具有国际威望的国内外专家成立国际学术委员会，辐射海发院在国内外的影响力。

当时能请到伍兹霍尔海洋研究所（WHOI）海洋政策中心资深研究员金隄、国际组织“东亚海环境管理伙伴关系”（Partnership in Environmental Management for the Seas of East Asia, PEMSEA）理事会主席蔡程瑛博士，韩国仁荷（Inha）大学的Seoung-Yong Hong（洪成勇）校长，美国华盛顿大学的Marc Hershman教授、罗德岛大学的Richard Burroughs教授和 Thomas Grigalunas教授、特拉华大学的Biliana Cicin-Sain教授，荷兰瓦赫宁根（Wageningen）大学的Ekko van Ierland教授等

2006年，海发院第一届学术委员会合照
（左三为时任韩国仁荷大学校长的洪成勇、左四为 PEMSEA 蔡程瑛博士、左五为时任国家海洋局局长王曙光、右一为伍兹霍尔海洋研究所的金隄博士）

一批国际顶级学者来厦大献计献策，指导海发院的发展，洪华生一直心存感激。

在学术交流与合作方面，迄今为止，海发院已经和多所国际知名院校建立了长期的合作关系。2003—2008年，海发院与美国旧金山大学联合培养“环境管理硕士项目”；与美国罗德岛大学、美国华盛顿大学、美国特拉华大学、韩国仁荷大学合作培养学生，进行师资交流，通过“请进来、走出去”的国际化交流，大大提升了海发院的教学水平。海发院的核心团队成员彭本荣博士和方秦华博士先后在美国罗德岛大学和特拉华大学进行博士后的科学研究，黄金良博士、陈能汪博士等人也先后在美国克拉克（Clark）大学、特拉华大学和马里兰大学担任访问学者，并进一步推动了这几所大学与海发院、厦门大学之间的相关合作交流。

事实证明，洪华生呕心沥血构筑的各类平台，在促进交叉学科发展、前沿科学研究、创新型人才团队建设中发挥了巨大的作用，并且由后来者继承和开拓，意义深远。

第四节　科学应用　前瞻视野

“科学研究必须具有前瞻性。”这是洪华生经常说的一句话。而随后的第二句话，是更加务实的前瞻性——“科学研究最终落脚点是为民众谋福利。”

是的，“民生”两个字，是洪华生科研生涯中最为关切的字眼。

海洋环境科学是一门应用性很强的综合学科，许许多多的科技研发与实践，都是为了服务于海洋经济、海洋开发以及海洋环境保护事业发展。而为了让自己的研究成果更好地“为人民服务”，洪华生殚精竭虑，在海洋减灾防灾、海岸带综合管理、饮用水安全保障、海洋监测和信息服务若干方面，卓有成效地开展了前瞻性的应用科学和技术开发研究，为海洋经济发展、海洋生态文明以及民生福祉等方面提供强有力的科技支撑，取得显著成效。

“十五”国家863计划重大专项

随着全球气候变化，海洋灾害如海浪、海啸、台风及其引发的风暴潮等频繁发生，给沿海城市带来巨大的人员伤亡及物质损失。

我国是世界上海洋灾害发生最为严重的国家之一。2019年《中国海洋灾害公报》显示，我国海洋灾害以风暴潮、海浪和赤潮等灾害为主，海冰、绿潮等灾害也有不同程度发生。各类海洋灾害共造成直接经济损失117.03亿元，死亡（含失踪）22人。在国内海洋灾害中，最严重的是风暴潮灾害，如“利奇马”台风风暴潮灾害影响范围广，造成损失严重，福建及北至辽宁的8个沿海省（直辖市）均遭受一定影响，直接经济损失合计102.88亿元。除此之外，其他海洋灾害也在威胁着人们的日常生活及工作。如2019年我国海域共发现赤潮38次，累计面积1990平方千米。面对海洋灾害，建立健全海洋预警系统是减灾防灾的重要举措。事实上，我国也一直很重视海洋立体监测技术的发展。《国家中长期科学和技术发展规划纲要（2006—2020年）》前沿技术中的“海洋技术”之一，就是发展海洋环境立体监测技术。

多年的台湾海峡研究，让洪华生意识到由于位处亚热带季风影响区域，加上海峡的狭管效应，台湾海峡的天气、海况非常复杂，除受冬季东北季风和夏季西南季风的作用外，冬季还受到寒潮大风、夏季还受到台风等极端天气的频繁影响，这些极端天气往往引起该海域动力和生态环境发生急剧变化，并造成极大的人民生命财产的损失。台湾海峡及其毗邻海域又是我国海上交通的重要通道，也是重要陆架渔场的所在地，海峡两岸经济发达，对外贸易活跃，但资源开发和城市化速度的加快，也让海洋环境“压力山大”。所以，强化海洋环境监测和信息服务能力，提高防灾减灾能力，提升海洋管理整体水平，已经成为两岸保护海洋生态环境安全、可持续利用海洋资源、发展海洋经济的重要基础。

由此，洪华生瞄准国家和社会的重大需求，认真跟踪了“十五”国家863计划海洋监测重大专项，了解到科技部“海洋动力过程长期实时监测子系统”专题，拟在我国沿海建立省一级海洋动力环境实时立体监测应用示范。洪华生立即积极倡导和大力推动，争取了科技部“十五”863计划重大专项“台湾海峡及毗邻海域海洋动力环境实时立体监测系统”示范区在福建落地，并和福建省海洋与渔业局一起推进此项目实施。

世上无难事，只怕有心人。

中华人民共和国科学技术部

习省长：

您好！关于建议将“近海地区动态监测综合管理信息系统”列为国家重大科技项目的信件已收到。

福建作为海洋大省，开展“近海地区动态监测综合管理信息系统”研究（重点台湾海峡海洋资源与环境动态监测）对于发展福建的海洋经济、减轻海洋灾害以及促进国家安全和完成祖国统一具有重要意义。

国家 863 计划海洋领域海洋监测技术专家组的有关专家曾就此事与福建有关部门进行过探讨，将海洋高技术成果以及未来开发的技术应用于地方经济和社会发展是非常有意义的，也是海洋监测技术主题的方向之一。

由于目前“九五”高技术计划已基本结束，“十五”高技术计划立项工作还没有开始，海洋监测技术主题专家组还没有成立，待高技术项目指南发布后，由福建省有关单位按照要求提出申请，我们将给予重点考虑。

顺祝身体健康！

科技部 徐冠华

二00一年四月十日

2001年科技部徐冠华部长给时任福建省省长
习近平的回信

2001年年初，洪华生利用参加福建省人大的会议期间，专门提交了一份书面报告给时任福建省省长的习近平。在报告中，她提出，福建省可利用“863计划”这个契机，以省政府的名义向科技部提出建议，将近海地区动态监测综合管理信息系统列为国家重大科技项目，并且重点发展台湾海峡海洋资源与环境的动态监测综合管理信息系统，这对发展福建的海洋经济、防治海洋灾害乃至于促进国家安全、祖国统一大业，都具有重要的意义。

当时的习近平省长高度重视此事，2001年3月，他亲自给科技部徐冠华部长去信，4月徐部长回信——“项目指南发布后，由福建省有关单位，按照要求提出申请，给予重点考虑。”

正是由于时任省长习近平同志的大力推动，2002年3月13日，福建省人民政府正式向国家科技部请求在福建省建立“台湾海峡及毗邻海域海洋动力环境实时立体监测系统”项目示范区。

当年5月8日，国家科学技术部的复函（国科函农社字〔2002〕42号）明确，“台湾海峡及毗邻海域海洋动力环境实时立体监测系统列入国家‘十五’863计划资源环境领域重大专项，同意在福建省建立该项目示范区，并纳入‘数字福建’范畴，进行业务化管理。福建示范区的建设单位为福建省海洋与渔业局，厦门大学洪华生教授任首席科学家”。

6月，洪华生又给习近平省长写信，提出三点更加切实的建议：

（1）将福建“数字海洋”作为重大项目立项，来配套863示范区项目。

（2）组建项目领导小组和专家组，领导小组由省政府分管海洋的领导担任组长，由省内著名专家组成专家组。

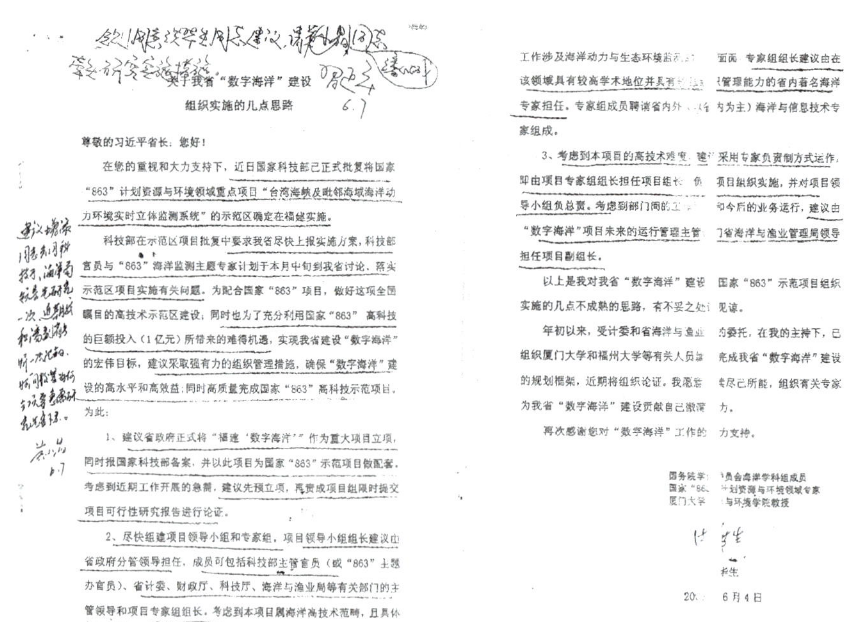
关于我省“数字海洋”建设

组织实施的几点思路

尊敬的习近平省长：您好！

在您的重视和大力支持下，近日国家科技部已正式批复将国家“863”计划资源与环境领域重点项目“台湾海峡及毗邻海域海洋动力环境实时立体监测系统”的示范区确定在福建实施。

科技部在示范区项目批复中要求我省尽快上报实施方案，科技部官员与“863”海洋监测主题专家计划于本月中旬到我省讨论、落实示范区项目实施有关问题。为配合国家“863”项目，做好这项全国瞩目的高技术示范区建设；同时也为了充分利用国家“863”高科技的巨额投入（1亿元）所带来的难得机遇，实现我省建设“数字海洋”的宏伟目标，建议采取强有力的组织管理措施，确保“数字海洋”建设的高水平和高效益；同时高质量完成国家“863”高科技示范项目。为此：

1、建议省政府正式将“福建‘数字海洋’”作为重大项目立项，同时报国家科技部备案，并以此项目为国家“863”示范项目做配套。考虑到近期工作开展的急需，建议先预立项，再责成项目组限时提交项目可行性研究报告进行论证。

2、尽快组建项目领导小组和专家组，项目领导小组组长建议由省政府分管领导担任，成员可包括科技部主管官员（或“863”主题办官员）、省计委、财政厅、科技厅、海洋与渔业局等有关部门的主管领导和项目专家组组长，考虑到本项目属海洋高技术范畴，且具体工作涉及海洋动力与生态环境监[illegible]面面，专家组组长建议由在该领域具有较高学术地位并具有[illegible]管理能力的省内著名海洋专家担任。专家组成员聘请省内外[illegible]为主）海洋与信息技术专家组成。

3、考虑到本项目的高技术难度，建[illegible]采用专家负责制方式运作，即由项目专家组组长担任项目组长[illegible]负[illegible]项目组织实施，并对项目领导小组负总责。考虑到部门间的工[illegible]和今后的业务运行，建议由“数字海洋”项目未来的运行管理主管[illegible]门省海洋与渔业管理局领导担任项目副组长。

以上是我对我省“数字海洋”建设[illegible]国家“863”示范项目组织实施的几点不成熟的思路，有不妥之处[illegible]见谅。

年初以来，受计委和省海洋与渔业[illegible]的委托，在我的主持下，已组织厦门大学和福州大学等有关人员[illegible]完成我省“数字海洋”建设的规划框架，近期将组织论证。我愿尝[illegible]尽己所能，组织有关专家为我省“数字海洋”建设贡献自己微薄[illegible]力。

再次感谢您对“数字海洋”工作的[illegible]力支持。

国务院学[illegible]员会海洋学科组成员
国家“86[illegible]计划资源与环境领域专家
厦门大学[illegible]与环境学院教授

[illegible]华生

20[illegible] 6月4日

2002年6月，时任福建省省长习近平给洪华生信的批示

（3）考虑项目的高技术难度，建议采用专家负责制方式运作，项目专家组长担任项目组长，省海洋与渔业局领导任副组长。建成后，今后交由省海洋与渔业局业务化运行。

很快，习近平的批示就下来了：“原则同意洪华生同志的建议，请其他副省长牵头研究实施的措施。”

2002年12月21日，由主题专家赵进平做的立项申请报告、洪华生做的《福建示范区建设方案》报告一起在北京通过科技部专家评审，项目正式宣告启动。洪华生作为首席科学家，牵头组织力量编写了国家“863计划”资源环境领域“台湾海峡及毗邻海域海洋动力环境实时立体监测系统福建示范区”重大专项的实施方案。

在这个方案里，洪华生及其团队具体提出了实施方案的四点设计思路：

第一，跟踪前沿。福建示范区将首先利用国内外相对成熟的海洋动力环境监测和信息技术，但同时注意跟踪国际海洋立体监测和信息高新技术的发展。

第二，需求导向。国家发展海洋经济，沿海防灾减灾，海岸带规划和综合管理，海洋权益维护及海防安全，提升海洋科学综合研究水准的需求。福建省建设福建“海洋经济强省”的需求，则重

国家高技术研究发展计划（863计划）资源与环境领域重大专项
“台湾海峡及毗邻海域海洋动力环境实时立体监测系统”

福建示范区实施方案

编写负责人：洪华生
编写人员：李　炎 郭小钢 施天河 商少平 杜　琦 余金田等

福建省海洋与渔业局
863福建示范区建设协调领导小组办公室
2003年8月

“福建示范区实施方案”的封面

点在于防灾减灾，保护海洋生态环境，海洋综合业务管理，台湾海峡地区的安全，台湾海峡海洋科学研究的需求。

第三，计划整合。福建示范区将采用计划整合方式，汇集国家863计划重大专项“台湾海峡及毗邻海域海洋动力环境实时立体监测系统”，福建省“数字福建”项目和世界银行资助的福建省海洋防灾减灾立体监测网建设项目等项目的资金、设备和技术支持。

第四，力量综合。福建示范区的建设，是福建省海洋界共同关注的事业。示范区建设所需的人才、信息、物力资源，需要充分注意中央和地方、部门与部门，以及科学与工程的力量综合。福建示范区的成功，有赖于中央和地方两个积极性，有赖于涉海部门机构的协作，更有赖于发展新观测和新模型的科学家与实际操作系统的工程师的长期合作。

近20年前提出的这些设计思路，现在看起来依然很有超前性，是高起点，具有前瞻性和可行性的，指导了福建示范区这个庞大复杂工程的成功建设，并一直延续到现在的业务化成功运行。

在863福建示范区项目中，洪华生作为首席科学家，不仅指挥把握项目的总体大方向，而且帮助项目负责人——时任福建省海洋与渔业局局长刘修德组织建设项目的具体落实和实施。洪华生非常重视听取各位专家的意见，多次召开专家会议进行讨论，还经常亲临现场考察指导、实地调研，比如到东山地波雷达的现场进行勘察、到制造工厂查看大浮标等。

面对一个起点如此高的项目，洪华生对于人才的渴求再一次被激发出来。

为了保障福建示范区建设和业务系统长期的持续发展，急需培养一批懂技术、会管理的高层次青年骨干人才，以提升示范区业务运行

2003年，863福建示范区项目建设专家组会议

2005年，洪华生和刘修德局长（右二）等现场考察东山地波雷达站

2007年，洪华生和项目成员到龙海现场验收大浮标

单位在岗管理人员的科技素质和应用能力。这是一个“持久战”，更是一个“可持续发展”的闭环所在。

因此，根据福建示范区建设方案关于人才培养计划的任务和福建省海洋与渔业局的具体需求，洪华生主持提出了相应的人才培养计划，内容非常详细，包括委托培养研究生、在岗人员培训、高层次人才出国考察学术交流、邀请国内外专家（如美国南佛罗里达大学海洋遥感研究所胡传民教授，美国缅因（Maine）大学海洋动力学柴扉教授，美国蒙特利尔湾海洋科学研究所（Monterey Bay Aquarium Research Institute, MBARI）Francisco P. Charex教授，美国Woods Hole海洋研究所海洋政策中心金隄教授，国家海洋局海洋二所潘德炉院士，国家海洋环境监测中心研究员赵冬至博士等）前来讲学。用这种“走出去”

和“请进来”的方式，快速有效地为福建示范区培养高层次青年骨干人才。

不仅如此，2005—2006年，洪华生带领厦大海发院的“海岸带可持续发展国际培训中心”与项目办合作，先后组织了四次专题培训。参加培训的对象有福建海洋与渔业局项目有关业务骨干，各涉区市海洋与渔业环境监测站技术人员等共计三四百人。培训的内容，每一个都实实在在地“踩”在点上。当年参加过培训的“学员”，对于这些后来对他们研究和工作大有裨益的学习内容，至今都念念不忘——海洋遥感技术与应用、沿海生态环境监测、海洋政策分析、海岸带综合管理、海洋立体监测系统……

课堂学习之外，实践考察同样重要。

为了保证项目建设的高起点和前瞻性，洪华生还带队组织专业技术人员对美国和欧洲的海洋立体监测系统进行了深入的考察。在出国考察培训前，她积极与国外相关领域的单位和专家联系，确保考察行程能够有的放矢。这些考察活动学习了国外先进的海洋环境立体监测系统的建设技术和管理经验，对推动福建示范区建设和业务系统长期的持续发展以及加强对外合作交流具有重大意义。

2004年8月初，洪华生作为示范区首席科学家，与示范区建设协调领导小组办公室主任刘修德副局长一起率团10人，访问了美国缅因州的缅因大学海洋学院、缅因Bigelow海洋科学实验室、马里兰州的美国国家海洋和大气管理局（NOAA）总部、美国海洋观测集成与可持续发展国家办公室（Ocean. US）、位于迈阿密的NOAA大西洋海洋与气象实验室，以及位于加州的加州大学Santa Crus分校海洋学院、美国国家海洋大气局太平洋渔业环境实验室和蒙特利尔湾海洋科学研究所等。

凑巧的是，就在他们的考察行程中，8月13—15日，飓风“查理”

2004年，洪华生率领代表团考察美国国家海洋和大气管理局（NOAA）

袭击美国佛罗里达州，考察团正好在访问位于迈阿密的NOAA大西洋海洋与气象实验室，亲身经历了美国国家海洋大气监测和预报系统以及各级政府应对飓风灾害的活动，给他们留下深刻印象的是信息服务网络支持下的高效飓风监测、预报和信息发布。他们发现，预报会商时调取的背景数据范围相当广泛，海洋气象实时监测系统支持下的风场数值模型的预报精确度明显提高，24小时滚动播放的NOAA气象电视频道，不断地向公众提供气象信息、灾害信息和交通信息，为公众的撤离行程安排提供了及时、有效的指导。

在美国考察的洪华生还敏锐地注意到，三维海流数值模型已经成为美国近海立体监测系统的重要支柱，包括龙虾幼体行为评估、航海安全、大型海港水文导航、沿海溢油灾害应急数据支持系统、赤潮早期预警和趋势预测等。比如，缅因大学海洋学院首席科学家薛惠洁博士主持的GoMOOS三维海流数值模型实现了潮、沿岸流、表层水温的24～72小时预报。实时预报结果提供给当地政府管理部门使用已经成为海流数值模型为地方政府海洋所应用的典型案例。

这次行程跨越美国本土的东北、东南和西南，考察了美国联邦级、区域级和州一级的海洋环境监测系统，访问了国家海洋事业机构、大学研究机构和私立的海洋研究机构，对美国的海洋环境监测系统（Integrated Ocean Observing System, IOOS）的研究、建设、应用和存在问题，有了一个概略的了解，之后李炎教授还写了一个详尽的美国考察报告。洪华生和她带领的团队结合福建省海洋环境立体监测系统建设所面临的问题，进行了深入细致的分析和讨论，提出了如何加强示范区海洋环境立体监测系统建设的诸多方案和措施。

考察回来以后，洪华生立即积极向福建省科技厅申请福建省科技重大专项（专题）包含两个专题。其中，专题一是“海洋灾害预警预报系统的建立”，指定商少平和张文舟等老师组成的团队，针对台湾海峡及毗邻海域特殊地形和复杂的水动力环境，研发出双向嵌套网格风暴潮—天文潮耦合数值预报模式。该模式自2007年投入福建沿海风暴潮数值预报，目前已被福建海洋预报台、国家海洋局厦门海洋预报台和闽东海洋预报台应用于台风暴潮业务化预报，之后研究团队在此模式基础上开发了风暴潮预警辅助决策系统。该系统通过基于台风增水数据库的风暴潮快速预报算法和基于台风路径预报概率圆的风暴潮集合预报模式等关键技术，有效地解决传统单路径预报可能出现的灾害漏报问题，竟然可以做到“在个人计算机上不到2分钟可完成基于台风路径预报概率圆达2700多条路径的风暴潮增水集合预报，实现对福建沿岸37个万亩海堤的漫堤预警”，“模型检验结果显示建立的模型对福建沿海风暴潮的模拟是比较成功的，平均绝对误差（mean absolute deviation, MAE）为21.2厘米，模拟结果与实测结果变化基本一致”。十多年来，它已经成为福建省政府台风期间会商的重要决策依据。

另外一个影响比较大的专题，就是“台湾海峡海流模型及应用系统的研发”。当时洪华生非常支持长期研发三维数值模型的江毓武负责建立海流信息服务模块，经过两年多努力，终于成功运用区域海洋建模系统（Regional Ocean Modeling System, ROMS ）海洋模型大小网格嵌套方式，并引入新的变边界网格处理方法，建立了第一代的台湾海峡及邻近海域海流的三维有限元并行计算数学模型，以及针对海难和溢油等突发性事件处理辅助决策系统。该模型采用了四维变分方法，在国内首次在台湾海峡区域内实现模型对遥感海表温度、地波雷达海表流场、大浮标实测温盐流等多源实测数据的实时同化，有效减少了模拟结果与观测值之间的偏差。2008年提交福建省海洋与渔业监测中心组织业务化试运行，实现每天自动定时运行，可在网上实时发布模拟结果，可应用于台湾海峡及邻近海区的海洋温、盐、流三维现报、预报及海上突发事故应急决策。如今在福建省海洋预报台网上实时发布的，已经是江毓武团队第三代模型的预报成果了。

如果说，对于“非科研人员”来说，这些听起来“不明觉厉”的名词，还有些不太明白，那么，不妨来看看这些科研成果运用成效方面的两个小插曲：

2008年春节期间，福建省海洋与渔业监测中心布设在台湾海峡的一号大浮标被撞脱锚失踪，江毓武随即调用海流模型预报其漂流路径，判断浮标将经过海南岛沿岸漂流到越南沿海。果然，几天后海南省移动通信传来的几个小时或断或续的“握手”信号，两个月后一个福建的施工队传来了在越南南方海滩上发现福建省浮标的照片。事实的说服力相当强大，几年前还怀疑海流模型应用价值的有关主管部门，经过这一次以后，对海流信息服务模块的海难搜救服务功能越来越给予重视。

另外一个例子，则是福建省海洋与渔业监测中心运用海流信息服务系统与福建省海事局联动进行海难搜救工作。2009年10月10日，福鼎运沙船“嘉森6号”五名船员落水，福建省海洋与渔业监测中心于当日22时接报后，立即利用该系统对落水船员的漂移轨迹进行预报，海事局搜救船队根据预报路径于次日凌晨1点40分在预报点发现并解救了两位失踪船员。

海上搜救系统自业务化运行以来，与福建省海事局联动，成功解救了两百多人——2015年10月，在平潭岛召开的海峡两岸海洋减灾论坛上，福建省海洋渔业厅厅长向包括洪华生老师在内的与会代表宣布了这一个令人兴奋的消息。业务化运行十多年间，海流信息服务系统已成为福建示范区的一大亮点。

洪华生组织厦门大学团队研发出的“三维海流数值预报和海上突发事件应急辅助决策系统”“风暴潮预警系统”等系统，有效地提高了海洋灾害预警预报的准确率，已为福建海洋防灾减灾及台湾海峡周边海域的环境安全发挥了重要作用。2010年，该项目被科技部作为科技服务民生的案例，在“十一五”国家重大科技成就展的“基础研究和前沿高技术研究”展区上展出，引起了业内专家和领导的关注。

在国家和省一级专家的指导下，在洪华生和全体人员的不断坚持和不懈努力下，项目取得了一系列先进技术的突破，实现了技术综合集成与整体系统的示范应用。在台湾海峡及其毗邻海域，建成了国内领先、国际先进、国内持续业务化运行时间最长的海洋立体实时观测网。率先在全国建设一个具有高科技含量的、一流的区域性海洋环境实时立体监测和信息服务的业务化运行体系，为国家与地方提供了急需的海洋环境监测数据和信息产品，为福建省海洋经济发展、综合管理和海洋防灾减灾以及社会公众提供了服务。

当时参与了“863项目”整个实施过程的厦门大学李炎教授说：“毫无疑问，在这个福建示范区的建设上，洪华生引领作用功不可没。从主持制订示范区的建设和实施方案，到带队出国考察，到主持项目的科研、实施和运用，洪华生凭借丰富的学识以及人格魅力，吸引了一批海洋学领域的专家学者来到福建贡献力量。在她的带动下，不同海洋单位的工作人员同心协力地推动这个复杂而庞大的系统工程，帮助相关地方在台湾海峡及其周边海域建立了一个实用的、实时的、业务化运行的海洋环境实时立体监测系统，取得了卓著而深远的实际成效。”

海洋环境立体监测示范系统开始为福建沿海防灾预警提供信息服务。组建的区域性海洋环境实时立体监测网已开始业务化运行，研发的风暴潮漫滩预警辅助决策系统、赤潮预警系统及海上突发事件应急辅助决策等信息服务系统，在海洋防灾减灾中发挥了重要作用。

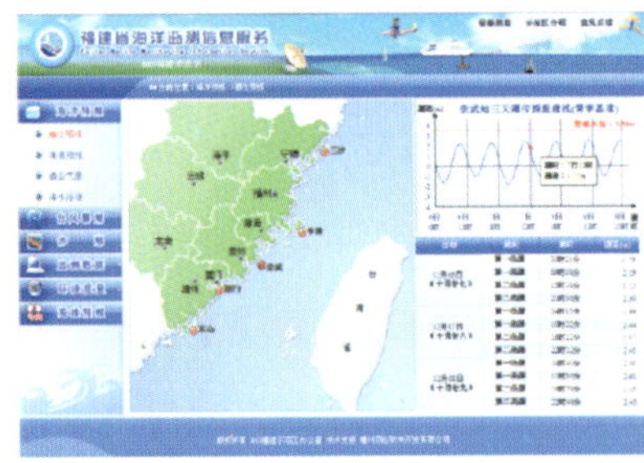

业务化运行的福建示范区网站系统

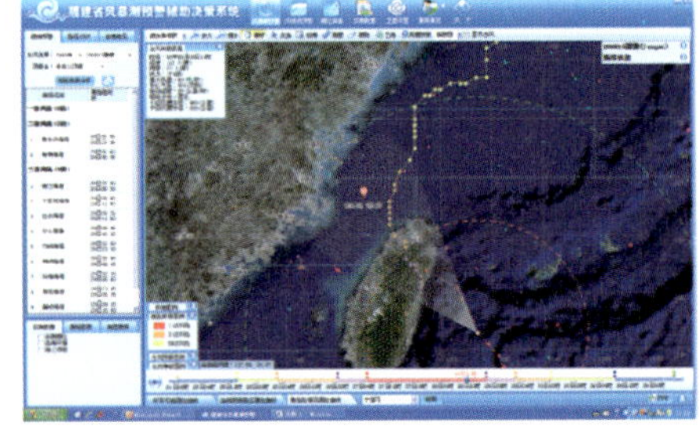

福建省风暴潮漫滩预警辅助决策系统

国家科技部863项目2009年年度报告

时隔多年后，时任福建省海洋与渔业局局长刘修德在回忆里提到自己和洪华生多年来深厚的友谊，也正是来自共同组织开展了这个项目，它不仅为福建省建立起海洋立体观测网、打造海洋防灾减灾工程奠定了坚实的基础，也深深影响了一批海洋人。

刘修德认为，洪华生绝对称得上是福建海洋防灾减灾事业的领路人。“当时除了福建，还有浙江、广东等省也在积极争取这个项目。洪教授以她在海洋界的影响，执着地争取国家科技部、国家海洋局相关专家领导的支持，做了大量的工作，并及时向时任福建省省长的习近平同志做了汇报，分析了我省的区位优势和项目建设意义，积极建言献策，得到了习近平同志的高度认可和支持。习近平同志亲自写信给国家科技部部长徐冠华，对这个项目落地至关重要。”

“几年共事，在我的印象中，洪教授有着大海般的胸襟、深厚的海洋情结和坚韧不拔的精神，尤其在项目进展的关键之时总是亲力亲为。从方案讨论、计划安排、材料审定，乃至实施方案评审，她都严格把关，传授智慧。为了培养起一支优秀的队伍，她组织和带领专家组、项目组到美国的大学、科研机构等进行深入考察学习，还遴选推动后备骨干力量到厦门大学进行委培进修。”刘修德说。

在他看来，洪华生就是这支队伍的主心骨。项目启动后，因为是个全新的领域，很多工作没有成熟的经验可以借鉴，面临许多的困难与挫折，基本都是在实践中探索，在探索中创新。团队的成员有过困惑、有过彷徨、有过气馁，但每每总在洪华生的影响和带领下渡过难关。她以令人钦佩的敬业精神，严谨的科学态度，让整个团队始终拧成一股绳，齐心协力，迎难而上。有她在，大家像是吃了定心丸，有了依靠。

而这个过程，也影响着刘修德在继任福建省海洋与渔业厅厅长之后的“持续推动”。经过努力下，国家“十一五”“十二五”863计划海洋重大专项继续落地福建，开花结果。

近年来，接过洪华生教授手中的接力棒，一批批年轻的海洋人在不懈地努力着。如今，福建构建起了集浮标、潜标、海床基、岸基、地波雷达、卫星遥感等建成的海洋立体观测网，组建了福建省海洋预报台，构建了从海洋观测、数据处理、产品制作、信息发布等一体化业务链，为海洋防灾减灾、海洋综合管理、海洋权益保障等方面发挥了巨大作用，为建设海洋强省提供了有力的支撑，造福了一方百姓。

而回忆起这段难忘的过程，洪华生也仍然常常回味习近平总书记对于“建设海洋强国”的许多重要指示精神，这对于一个海洋人来说，是一种别样的情愫。

党的十八大以来，习近平总书记高度重视我国海洋事业的发展，发表了一系列重要论述，从国家安全、经济建设、国际合作等方面阐明了海洋强国的重要意义，为海洋强国建设指引了方向。

“建设海洋强国是中国特色社会主义事业的重要组成部分。党的十八大作出了建设海洋强国的重大部署。实施这一重大部署，对推动经济持续健康发展，对维护国家主权、安全、发展利益，对实现全面建成小康社会目标、进而实现中华民族伟大复兴都具有重大而深远的意义。要进一步关心海洋、认识海洋、经略海洋，推动我国海洋强国建设不断取得新成就。”

“要提高海洋资源开发能力，着力推动海洋经济向质量效益型转变。要保护海洋生态环境，着力推动海洋开发方式向循环利用型转变。 要发展海洋科学技术，着力推动海洋科技向创新引领型转变。要维护国家海洋权益，着力推动海洋维权向统筹兼顾型转变。”

“发展海洋经济、海洋科研是推动我们强国战略很重要的一个方面，一定要抓好。关键的技术要靠我们自主来研发，海洋经济的发展前途无量。”

“着力推进生态管海。深化海洋生态文明体制机制改革，将生态管海贯穿于海洋工作全过程。海洋主体功能区制度逐步落地，海岸线保护与利用、围填海管控、海域和无居民海岛有偿使用等机制加快建立，海洋空间规划约束和资源集约节约利用不断强化，‘生态+海洋管理’新模式不断完善。湾长制、海洋资源环境承载能力监测预警等改革试点顺利开展，蓝色海湾、生态岛礁等大工程统筹实施，海洋生态环境治理成效显著。”

“海洋在国家经济发展格局和对外开放中的作用更加重要，在维护国家主权、安全、发展利益中的地位更加突出，在国家生态文明建设中的角色更加显著，在国际政治、经济、军事、科技竞争中的战略地位也明显上升。”

“新时代开启我国海洋强国建设新征程。要深刻认识海洋强国建设对于全面建设社会主义现代化强国、实现中华民族伟大复兴中国梦的重大意义，全方位、有侧重地狠抓落实，走好新时代海洋强国建设新征程。”

每一字，每一句，回响在中国海洋人的心中。正是有了更新、更深远的“海洋强国梦”，洪华生和她所培养的海洋团队，把这个梦，当成了自己毕生的事业。

厦门海洋综合管理科技支撑

厦门，天风海涛，风景无限。这个洪华生工作和生活时间最长的地方，也因为她和同仁们的努力，成就了厦门海洋综合管理的“典范之作”。

厦门位于福建省南部、台湾海峡西岸，地处东亚海域交通要道，自古以来就是我国东南沿海对外交通贸易的重要口岸，陆地面积1565平方千米，海域面积340平方千米。改革开放以来，厦门已发展成为中国东南沿海著名的港口风景旅游城市，是中国的五个经济特区之一。海洋是厦门最重要的经济与生态资源，海岸线是厦门的生命线，海洋经济在厦门市国民经济中发挥着重要的作用。只有保护好海洋，才能保证厦门的可持续发展。

从1980年开始，厦门市经济以GDP年均增长率接近20%的速度发展。与此同时，厦门港也逐渐发展成为东南沿海主枢纽港，跻身于中国大陆的十大港口之一，海洋经济在全市GDP中的比重也逐年加大。然而，和世界上大部分沿海城市一样，随着岸线和海域开发力度的加大，厦门海域的生态环境也面临着愈来愈大的压力。20世纪八九十年代，经济的持续快速增长已经给厦门海岸带生态环境带来了巨大的压力，海岸带资源利用与生态环境问题之间的矛盾逐渐成为制约厦门海岸带可持续发展的重要因素之一。

在洪华生的记忆中，厦门海岸带综合管理的重要时间节点可以追溯到1994年。

早在1992年，联合国环境与发展大会通过《21世纪议程》提出，为了保证海洋的可持续利用和海洋事业的协调发展，沿海国家应建立海洋综合管理制度。那时候，海岸带综合管理在我国还是一种很新的理念。当时国际组织准备在东亚海域寻找几个点，实施海洋污染综合防治示范项目。这个项目在中国选择了厦门为其中一个示范点。于是，在国家海洋局的推荐与支持下，1994年，全球环境基金（Global Enviroment Facility, GEF）、联合国开发计划署（UNDP）、国际海事组织（International Maritime Orgnization, IMO）共同支持了“东亚海域海洋污染预防与管理厦门示范计划”项目，这就是促进厦门海岸带综合管理启动的契机。

借此东风，1994年到1998年，厦门开展了第一轮海岸带综合管理的实践和探索，主要以加强海域的污染防治和解决资源利用冲突为目标，着重于引进海岸带综合管理这一崭新理念并结合厦门的实际，推进海岸带综合管理体制在厦门的建立。到1999年左右，厦门的海岸带综合管理模式基本形成，并得到国际的认可，筼筜湖成为国际上公认的厦门实施海岸带综合整治的成功典型案例。

2001年以来，厦门又开展了新一轮海岸带综合管理，从原来的污染防治到着重于海域的综合整治和生态修复，成功进行了西海域、五缘湾、环东海域综合整治以及沙滩和红树林的生态修复。

2004年开始，基于生态系统的流域-海洋综合管理及整治，建立跨行政区域海洋环境管理框架，再到政府与社会资本合作（public-private partnership, PPP）项目融资，促进厦门蓝色经济的发展。不同阶段的海岸带综合管理呈现出一个螺旋式上升的持续发展过程。

也正因为这样，厦门的海岸带综合管理在国际、国内起着引领示范的作用。2004年厦门获得了“联合国人居奖”，厦门市的海洋综合管理经验被国际海事组织等有关国际组织总结为“厦门模式”，在东亚国家和国际上加以推广。2009年，PEMSEA授予厦门市人民政府“海岸带综合管理杰出成就奖”。自1997年起，厦门通过多年的海洋综合管理的实践，探索出一条“立法先行、集中协调、科学支撑、综合执法、公众参与”的海洋综合管理路子。而在这发展过程中，加强管理与科学的结合，建立有效的科技支撑体系始终是厦门海岸带综合管理成功的重要基础。科学家在其中扮演着重要的角色，而洪华生是他们中的主角人物。

“学以致用”，注重利用科研成果为地方经济和社会发展服务，是洪华生对她热爱的海洋事业始终坚持的信条。在生物地球化学这一海洋环境科学的主要科学基石之上，洪华生不断探索海岸带综合管理的理论和实践，有见地地提出，海岸带综合管理是海岸带实施可持续发展战略的重要途径，同时还积极推动海岸带综合管理的理论成果与厦门实际的有效结合，在厦门建立海岸带综合管理示范区过程的实践运用，为厦门特区发展成为国内外海洋环境保护和海岸带综合管理的典范做出了重要贡献。

1995年，在“东亚海域海洋污染预防与管理厦门示范计划”项目的推动下，厦门市政府成立了市海洋管理协调领导小组，由常务副市长任组长，领导小组下设办公室，在此基础上，1996年年底正式成立厦门市人民政府海洋管理办公室（简称“海管办”），为市政府海洋事务综合管理的职能部门。为了科学地实施海岸带综合管理，促进管理与科学有效结合，还成立海洋专家组，洪华生应邀出任首任海洋专家组的组长。二十多年前，正是由她带领的厦门海洋专家小组，为厦门海岸带综合管理提供了强有力的科技支撑。

不过，一开始她并不太同意出任这个职务，因为虽然在她的推动下，当时厦大的海洋环境科学已经很强了，但大家多是“关起门”来做基础研究，很少跟政府沟通，不太懂得管理上的事。“他们来动员我，希望我牵头在海岸带综合管理过程中提供科学的技术支撑，后来我觉得这是对厦门海洋事业有好处的事，最终决定参与进来。”洪华生说。

“专家组成员在精不在多”——洪华生一上任，就贯彻落实这个观点。当时，厦门市政府设立了好多个海洋专家组，洪华生明确提出，“这么多个专家组恐怕对工作的协调不利，我们只需要成立一个有威望的专家组，人不要多，但一定要有权威性。其次，专家组的成员不能只是大学和科研机构里的教授，还要包括政府和实务部门的专家，而且实务部门里的专家需要占到一定比例”。这样的设想果然既前瞻又务实，最终市政府采纳了她的意见，成立的专家组包含了海洋、环保、法律、经济等众多领域方面的10位专家组成，专业与实务结合，合力而且高效。

海洋专家组成立之后，海管办提出了几个课题，由专家组来进行研究。其中碰到的首要问题就是规划，城市规划管不到海上，海域功能区划如何与城市的陆地规划、港口规划、环保规划有效地进行协调，各个部门各有各的说法和道理，所以这块工作，确实要请海洋专家组尽快牵头制定一个海域功能区划。

“我们先把这个问题交给专家论证，再交由厦门市委市政府去决定，就是所谓的科学决策，而专家对决策提供的论证支持，就是我们的科技支撑。”当时参与了海管办创建，后来担任厦门海洋与发展局的党组书记、局长的王春生这样回忆。

海洋环境的空间复合程度高，不可避免地带来不同的利用者、不同的产业部门在同一海域进行不同的资源开发活动的局面，并由此导致利用者之间、部门之间或利用者与部门之间在海域使用上的冲突。这些冲突主要包括港口航运、渔业、旅游业等行业发展的冲突，围海造地和海域生境保护的矛盾等。这些冲突也会引起海洋资源的无序开发和过度开发，由此造成海洋资源的衰竭，海域环境污染的加剧，甚至海洋自然生态系统的破坏。海域功能区划可以避免海洋开发活动的盲目性和无序、无度状态，实现海洋资源开发决策的科学性，促进海洋资源的可持续利用。

所以，海洋功能区划是决策部门借助科学家和公众的智慧，制定有效的制度安排解决海洋资源的优化配置，其主要目的是调控人类对海洋环境的干扰活动，维护海洋生态服务价值的持续发挥，以满足经济发展和人民生活的需要。

洪华生出任厦门海洋专家组首位组长期间，积极推动和主持了厦门海洋功能区划的制定和实施，为厦门海岸带综合管理提供了坚实的科学基础。厦门海洋功能区划的制定，正是基于厦门海域的自然环境、资源状况，从海洋开发利用现状出发，依据厦门市经济社会发展总体规划，划分出具有特定主导功能、适应不同开发方式并能取得最佳效益的区域，旨在根据可持续发展战略，充分发挥厦门海洋优势，科学合理利用资源，确实加强资源管理，保护海洋生态环境，实现海洋经济的持续发展。

当时，以洪华生为组长的专家组就高屋建瓴地提出，厦门海域功能区划制定需要秉承如下三条原则：

一是科学性原则。体现在以自然属性为主，与社会属性相结合，坚持开发利用与治理保护并重，实现资源效益、经济效益、社会效益、生态效益的四统一；突出主导功能与兼容其他功能相结合，局部服从整体，统筹兼顾，发挥海洋整体的最佳效益。

二是超前性原则。随着沿海经济、海洋新兴产业及科技进步的不断发展，功能区划要给未来高新产业留下空间和发展余地，要有利于新的海洋产业群、新的海洋经济生长点的建立。

三是可操作原则。功能区划科学、合理，主导功能明确，分类体系便于掌握应用。功能区划的整体功能与厦门市社会经济发展总体目标一致，合理现状保持不变，尽量保持开发利用的延续性和稳定性，要立足于现在和未来技术可能实现的水平上。

洪华生带领的海洋专家组与各个行政管理部门，就海域功能区划的制定展开了“拉锯战”，一路磨合。厦门海域功能区划经过多轮研讨、论证和修改，并先后开了10次的会议，经过不下5次的市政府联席工作会议来协调。最后一次会议，当时的厦门市市长来听了，听取了专家组的意见后，直接拍板，这个区划政府同意后，就交给人大去通过，成为有权威性的文件，所有部门都要遵循。后来制定了《厦门海域使用管理规定》这一地方性法规，还为国家有关立法提供了借鉴 。“二十几年后的今天，我们再回过头去看当初的考虑，就发现当时我们的考虑是很准确的。”洪华生想起此事，仍然不无自豪。

回想当时厦门是国内最早制定海域功能区划的地区，因此也没有旧例可参照，一切都得自己探索实践。洪华生和海洋专家组的其他专家一起，在市政府的领导和支持下，做了非常多的调研、论证和探索实践。在厦门海域功能规划制定中，专家组创新了功能区划的分类体系及技术处理，首先把厦门海域划分为4个海域，在每个海域划分出主导功能、兼顾功能和治理保护限制功能三大类型，然后再具体分列出各类功能区。首先涉及的是西海域。西海域的传统产业是渔业，那时候码头只有小小的东渡港，连海沧港都没发展起来。国外的朋友来厦门，飞机经过西海域，往下看，就可以看到厦门的西海域海面上都是白白的一点一点的奇观，一开始都不明白是什么。其实，那就是养殖户在海上铺设吊养的泡沫，一片一片密密麻麻。那时候，厦门的港口业正在兴起，作为很重要的产业进行发展，但因为养殖业，整个东渡的航道很受阻，船只进入东渡港时，经常还会搅到海里面的渔网，不仅影响航运，还常常引起纠纷。

所以，西海域功能的定性在当时显得非常重要。洪华生和专家们提出，1992年厦门已经提出要成为国际性港口风景旅游城市，定位已经定好了，基于这个港口风景旅游城市的定位，那么一切都要让位于港口，所有深水海岸线都应该留给港口，这样港口业才能大力发展。

既然如此，西海域的主导功能是港口航道，一切为港口让步，兼顾功能是旅游和生态保护，因为西海域有大屿岛，种植了很多红树林，有白鹭、中华白海豚，是国家级自然保护区，还有“海上花园”鼓浪屿。另外，西海域附近有一个污水处理厂，因此最早制定的功能规划中，西海域还有另一个兼顾功能就是排污，后来这个兼顾功能才慢慢地消失了。

“而在西海域需要坚决限制的，就是水产养殖业。为了移除养殖业，我们也是做了很多工作。当时，厦门与海洋有关的行政管理部门，对西海域发展港口业是没有意见的，但对于是否要移除水产养殖业，意见就不统一了。我们专家组成员就跟这些管理部门的领导说，西海域发展养殖业，一是影响了港口航道的建设与通行，二是自身需要的水质也没办法保证。因为发展港口只要四类水就可以了，但是养殖业一般需要二类水，港口的水质不符合养殖业的标准，最终养殖肯定也做不下去。”洪华生和专家组的坚持，基于科学的论证，得到了市政府的认可，如今厦门成为国际航运中心，当时的这个决策可谓功不可没。

厦门的东部海域外海水影响比较大，沿岸沙滩发育，海滨浴场依次相连，当时东部海域的主导功能就是发展旅游。在制定规划期间，碰上的一个问题，就是有关填海造地的可行性论证。早在环岛路建设之初，专家们就做了一个厦门东部海域的控制红线研究，内容涉及沙滩最终的一条控制线要划在哪里，排污问题如何解决等。

东部海域有一块地，能不能填，当时争议很大，也就是厦门如今著名的会展中心所在地，金砖领导人会晤、金鸡奖颁奖都在这里进行。但是在规划讨论时，环保部门坚决反对填海。为此，洪华生就组织专家组对会展中心所在的那片海域做科学调研和环评工作，发现会展中心这里是块侵蚀地，只要保护好黄厝海域一带的沙源，对其他沙滩的发育影响不大。

在洪华生的理念里，填海的工程都是有利有弊，关键看是利大还是弊大。当时厦门发展会展产业急需用地，填海在经济和环境的对比上，总体是利大于弊。也因为当时填海造地而成的“区区”两平方千米，才衍生出了现在厦门繁盛的会展产业。

不过，千万不要以为在洪华生眼中，“填”是唯一选项。科学家，总是客观看待具体事情的。会展中心所在海域是可以填的，但在另一个地方五缘湾，这里最初也是规划填海造地，而洪华生和其他专家组成员一致认为，这里坚决不能填。

原因仍然是——要有前瞻性！

洪华生认为，国际上定性国际性港口风景城市的一个很重要参考标准，就是看游艇的数量，而厦门要发展海上旅游，游艇业尤其要发展。随着收入的提高，人们的旅游方式不再是开车，开游艇也并不是梦想而已。要知道，当时提出这个观点是在1997年，而如今再回过头去看，当时的建议真的是很有眼光，为厦门现在的海上帆船、游艇业的发展创造了条件。虽然现在五缘湾那片海域也小了许多，但是经过整治后，如今已成为厦门的“新客厅”“城市绿肺”。

“另外，在建造五缘大桥的时候，我们专家组也提出了建议。特别是桥的造型，我们建议桥身要拱起来，因为不那么做，将来游艇都开不进去。厦门在当时还没有游艇，很多人对于这个高度根本没概念，所以不理解这个桥的设计。”做任何大大小小的决策时，洪华生始终坚持应该有前瞻性，也才能有可持续发展的可能。

在制定各个岸线功能规划时，洪华生和专家们始终认为，客观地说，厦门的岸线已经很少了，这些还存留的宝贵自然岸线，必须留下来。

比如海沧港口岸线，专家组基本都认为整个西海域比较窄，厦门的东渡港未来没有出路。洪华生和专家们则进一步提出，作为国际性港口，将来海沧包括漳州这一块都是发展重点，海沧这个岸线应该留给港口。现在同样回过头看，如果没有当时的岸线保护，又哪来的海沧港口业的发展，又怎么会有厦门东南国际航运中心这样的格局？

洪华生主张岸线保留的另外一个例子就是五通码头岸线。“当时有人提议五通要开发做房地产，我们专家组不同意，提议五通的岸线也要保留，这里将来肯定会和金门通航。二十年前，我们跟金门还没有建立联系，有些人觉得，不可能那么快。但是，我说这种事很难说，未来可能说通就通了。所以，五通码头的岸线也是我们专家组建议留下来的，现在已成为重要的三通码头了”。

厦门海域功能区划经历了从无到有，到各种新突破、新创举，其中还有很重要的一个突破就是洪华生带领的专家组主持制定的厦门市第一个海域功能区划是1:5000大比例尺，突破了过去1:10000、1:20000的小比例尺，完成了从小比例尺到大比例尺的突破，成为后来执行《厦门海域使用管理规定》地方性法规的依据。

继主持制定了大比例尺《厦门市海域功能区划》之后，洪华生又和其团队核心成员江毓武等人，主持开发了基于地理信息技术、全球卫星定位技术和卫星遥感技术（3S技术）的《厦门市海域功能区划地理信息系统》。该系统融GIS与办公自动化系统为一体，体现了国际设计思想的前沿，实现了海岸线资料、海底地形资料等海洋基础数据的电子化管理和应用，以及海洋功能区划和海域使用申请审批流程的自动化应用，也作为海域有偿使用收费的依据。它的运用在全国都是首例，成为我国海域管理信息化的典范，具有很强的实用性，多年来成果一直为厦门市政府海洋管理部门所应用。

从海域功能区划到信息管理系统，再到海域有偿使用，都是厦门首创，后来国家立法时，也借用了厦门很多经验。可以说，厦门在海域管理上先行先试，甚至后来成为东南亚国家进行海岸带综合管理的一个范本。这些成果的实现，和海洋专家组的积极参与及提供的全方位科学技术支撑是分不开的，作为首任海洋专家组组长的洪华生更是功不可没。

“二十年后再回首当时，洪华生作为海洋专家组领军人物的敢于直言的场景依然历历在目，她的真知灼见和坚持，永不言弃的经济发展与海洋生态保护协调理念，颇具国际化、专业化的前瞻性，又满怀对厦门发展、对海洋的热忱和责任心，让人记忆犹新、印象深刻。当时洪华生带领的海洋专家组提供的科技支撑，是厦门海岸带综合管理的重要保障，无论是厦门海域功能区划、海堤开口还是海洋生态修复，海洋专家组的支撑不只在技术、工程方面，还体现在政策制定层面上，实现了政府部门和专家组的良性有效的互动。”原厦门市副市长、亲历厦门海岸带综合管理工作的潘世建，在回忆起这段过程时，感慨万千。

曾任厦门海洋与渔业局副局长周鲁闽，也对洪华生和专家组当时的许多坚持，深表钦佩：“厦门海岸带综合管理每一个发展阶段的有效实施，与海洋专家组的积极参与及其为整个海岸带综合管理体系的构建、实践所持续提供的科技支撑是密不可分的。洪老师充分发挥她在海洋科学领域的卓越学识、前瞻理念和国际化视野，在第一轮和第二轮海岸带综合管理分别担任专家组组长和名誉组长，为厦门的海洋管理倾注了很多心血，做了不少事情，特别是一些重大项目的论证、规划的建立，比如海域功能区划的制定、修编和用海结构调整项目等。”

厦门第二轮海洋综合管理重心转移到了海洋生态修复上来，他们的愿景则是："把厦门城市最好的生态资源给公众享受。"

在生态修复工作中，有一个很大的工程，就是厦门高集海堤和马銮湾海堤的破开。这两个海堤到底要不要破？如果要破，应该怎么破？这些，都需要进行严格的科学论证。

以高集海堤为例，当时海堤两边堆积了十几米的淤泥，整个海域水流的冲刷能力已经减少了60%。这就好比"冲马桶"，如果是水冲力不够的话，很多自然净化的能力就减弱了。水动力不够，就不能把淤泥冲刷出去。另外，嵩屿和鼓浪屿之间的航道也淤积得很厉害，影响航道。这是因为，当时九龙江的水进到厦门后，把泥沙带进来，但这些泥沙又排不出去，只能淤积在厦门的海域里。专家组经过考察一致认为，破堤是必要的，关键是该怎样破这个堤。这个是很大的工程，不是拍脑袋就能决定的。

经过研究，当时专家组提出来要做模型，洪华生建议由厦大江毓武联合海洋三所的研究人员，一起完成这个模型。然后，通过现场监测和科学论证，提出高集海堤不一定需要全炸开，只要在一边开口800～1000米，效果跟全炸开是一样的，这样保留了海提，意义深远。厦门海堤不仅承载着厦门历史，更是厦门精神的象征。60年前的厦门人民移山填海，建设国内第一条跨海通道——厦门高集海堤；60年后，厦门海堤纪念公园落成，以让后人继承和弘扬移山填海、团结奉献、科学创新、自强不息的海堤精神。

海堤的开口，被看作厦门海岸线生态修护中最典型、最有效的项目。海堤的打开，在很大程度上解决了厦门整个西海域、同安湾海域最大环境容量的问题。因为破堤之后，海域就从本来半封闭的海湾变成开放式通透性的海湾，这样水交换能力、纳污容量都大大地增强了，对整个生态修复起了最关键的作用。

厦门海洋专家组二十周年（1996—2016）历届专家合影

“我的博士生导师洪华生，不仅是我学业上的老师，更是指导我为人处事、为我指引方向的精神导师。她在厦门市海洋专家组担任组长时，表现出的一心扑在我国的海洋事业且勇于担当的情怀，对我而言可谓影响深远。”厦门大学薛雄志教授，1995年任厦门海洋专家组秘书组组长，也有着自己记忆中的一段往事。

“事情得追溯到20世纪90年代末了。当时，她是厦门市第一届海洋专家组的组长，身负为厦门海岸带综合管理提供科技支撑的领头羊的重任。为此，她把很多的时间、精力投入厦门的海岸带研究上，使海洋专家组的科技支撑作用不仅体现在技术、工程方面，更是在政策制定层面上得以有效的发挥。”印象深刻的还有白石炮台的“遗憾”。

“洪老师深知海洋历史遗迹的文化价值，组织了厦门研究历史和海洋的专家，对白石炮台交给开发商建设的规划提出了反对意见。但是，基于当时的大环境及种种原因，海洋专家组的意见没能被采纳，导致白石炮台遗迹遭到严重破坏，令人痛心。虽然这是个遗憾，但是洪老师在此过程中、在各种压力下所表现出来的敢于坚持正确观点的担当，着实让人敬佩。”

通过参与海岸带综合管理这项由地方政府主导、自上而下、跨部门的可谓“艰巨”的事业，洪华生深深感觉到，人的意识非常重要，特别是行政管理的官员。

“所以，我们和国家海洋局、厦门市相关部门和相关国际机构，共建了海岸带综合管理国际培训中心。邀请许多知名专家如我国“环保第一人”曲格平先生等来讲课，很多领导都来听课。通过这些课程，提高他们对海洋综合管理的理念。同时，我们还为东亚国家的海洋综合管理人员能力的提高进行了很多培训。”

2001年，我国“环保第一人”曲格平同志为部门管理官员们授课

2001年，“厦门海岸带可持续发展国际培训中心”揭牌仪式

迄今共计上千名的东亚海洋管理官员通过培训，深刻了解了厦门市海洋综合管理模式的运用经验以及来自PEMSEA示范区的成功经验。在培训中加强了中外的人员交流，反过来也促进了厦门市及国内外的海岸带综合管理能力的进一步增强，有利于厦门市在国内外海洋生态保护方面影响力和知名度的进一步提高。

国际“海岸带综合管理之父”、PEMSEA理事会名誉主席蔡程瑛博士曾评价道:“厦门模式的成功创建，不仅惠泽子孙万代，同时也为其他国家和地区提供了有益的借鉴，这是世界治海史上划时代的一步！”与此同时，他也高度赞扬了洪华生及厦门大学为东亚海地区和国家海岸带综合管理能力建设、宣传推广厦门海岸带综合管理成功经验等方面的突出贡献。

除了专业的学科研究，海洋的环境保护问题最重要的还是依靠广大公众的积极参与。早在回国之初，洪华生就意识到，培养公众环保意识的重要性。于是，她不遗余力地推动公众海洋保护意识的提高，身体力行地推动宣传海洋生态环保的各种活动、宣传推广厦门绿色海岸带的优秀成果：

——推动厦门国际海洋周，打造一个加强国际海洋交流与合作，促进海洋产业可持续发展和提高公众海洋意识的重要平台。

——提倡厦门市民开展海岸红树林植树活动，保护沿岸红树林，保护厦门海湾的生态系统，保护生物多样性，提高滨海环境质量。

——举办各种环保论坛。2001年，协助“中国（厦门）国际城市绿色环保博览会”举办。

2000年9月，洪华生被国家环境保护总局特聘为“环境使者”的光荣称号（福建省唯一一名）。2010年，被评为“中国十大海洋人物”。

2010年，洪华生获“中国十大海洋人物”荣誉称号

“只有认准目标，坚持不懈的拼搏，才能在人生道路上有所作为，使梦想变成现实。”这是洪华生对她所热爱的海洋事业所坚持的信仰。正是这个信仰，三十多年来一直鼓舞她，持续不断地进行各种前瞻性的海洋环境科学研究，并不遗余力地推动科研成果转化应用为海洋经济发展、海洋环境保护、海洋综合管理和民生福祉服务。

新视角关注民生饮用水安全

有人曾经跟洪华生半开玩笑地说，你姓洪，名字中有“水”，看来跟水是真的有缘。洪华生听完一笑，却又若有所思。

或许，这真的是一种缘分吧。

水是生命之源，它既是自然资源，又是经济资源，更是战略资源。饮用水是人类赖以生存的重要物质保障，饮用水安全事关国计民生与社会经济发展，保护水资源尤其是饮用水源已经成为国家和地方的重要战略，也是公众最关心的一个民生问题。所以，一直以来，河流入海口地区的饮用水安全问题，也是对“水”有特别感情的洪华生的重要关注领域。

厦门靠近大海，可用淡水资源十分匮乏，80%的水源都来自九龙江，早在20世纪末就被列入全国重要缺水城市。九龙江是福建省第二大河流，全长1923千米，流域面积1.4万平方千米——由北溪、西溪和南溪汇合，经过漳州在厦门湾注入台湾海峡，是厦门、漳州、龙岩三地市近千万人口的饮用水和工农业用水水源。其中，九龙江流域北溪江东库区是厦门市饮用水的重要水源，对厦门社会经济发展和百姓生活起着至关重要的作用。

近十几年来，九龙江富营养化趋势明显。2009年九龙江北溪发生“1.19”水华事件，从漳平开始并向下游蔓延，江东库区（包括厦门取水口）长达20千米河段爆发了历时近一个月的大规模拟多甲藻水华，严重威胁着水源地安全。在国内同类水华现象中，这是一次发生范围广、水质恶化严重、持续时间较长的重大突发事件，已严重危害厦门的饮用水安全。

九龙江水华事件一发生，洪华生便带领团队马不停蹄地迅速开展了各项工作：

2009年2月2日，洪华生一大早就赶到漳州江东桥、厦门取水口，和厦门市环保局负责人一起坐船考察甲藻爆发情况，并派团队骨干陈能汪等马上到北溪及河口现场取样调查。黄邦钦团队则配合厦门环保局组织对生物样品进行藻种鉴定。

2月4日，为深入了解水华爆发的机制及过程，洪华生召集了团队主要成员召开紧急会议，沟通前两天北溪及河口实地考察，以及对藻种的鉴定情况，并初步确定拟多甲藻为水华优势种。

2月5日，洪华生同张珞平、彭本荣、黄邦钦、陈能汪、黄金良等到漳州江东桥现场，并同省环保局负责人等交换了意见。省环保局强调当务之急是如何尽快消除藻类水华，保证饮用水安全，并提出了五方面需要配合的工作：畜禽养殖容量和水环境容量的估算，提供科学规划养殖业的依据；探明此次甲藻爆发的机理；河流生态系统的修复；完善动态信息管理系统；生态补偿的依据等。

2月6日，潘伟然带队测定现场流场状况，并临时在库区放置一个浮标，监测水流水文情况；郭卫东与厦门市海洋与渔业研究所蔡励勋高工带队开展河口调查航次，密切关注河口区的化学要素和浮游生物的变化。

洪华生带领团队紧锣密鼓的工作从2月一直延续到8月，当时已经年过65岁的洪华生多次亲临江东库区现场实地考察，与同事们一起亲自采取水源样本、进行化学分析，指导团队成员布放浮标、采集数据，并实地深入九龙江流域的浦南和郑店水文站等基层监测单位，与那里的工作人员进行探讨。

洪华生一直希望可以构建一个把科研与管理紧密结合的平台，为确保饮用水安全提供科学依据，这次九龙江水华事件的发生，让她更坚定了自己一贯以来的想法。基于自己多年来在九龙江流域的研究基础，联合厦门市环境监测中心站共同向厦门市科技局申报2009年厦门市重大科技平台项目——“厦门九龙江北溪饮用水源安全保障科技支撑平台”，洪华生作为首席教授和孙飒梅高工联合主持该项目，整合了多单位的科学研究、工程技术、管理政策等领域的科技人员，对厦门市九龙江北溪饮用地——江东库区开展了历时两年半的研究。

围绕着这个平台的顺利推动和实施，自2010年3月起，洪华生和她的团队多次深入现场，并召开多次研讨会，就系统建设需求、功能框架、数据中心共享与构建、信息平台建设和水环境动态监测模型应用等项目专题内容进行交流和讨论，对项目的进展目标和任务进行了有效的部署。

在大家的共同努力下，“厦门九龙江北溪饮用水源安全保障科技支撑平台”项目在理论研究、平台建设及政策建议方面均取得了

2011年，“厦门九龙江北溪饮用水源安全保障科技支撑平台”项目成员合照

创新性成果：①探明九龙江流域气候变化和人为活动背景下水量水质长期变动的规律及水华发生机理，为水质管理和水华突发事件的应急处置提供科学基础；②研发构建江东库区水环境动态预测模型（SWAT+EDCP+WASP），实现对江东库区水源地水质的动态模拟和预测，可对水华、污染事件等突发事件进行预警和跟踪；③优化建设水源地水环境及生态监测体系，建立流域水环境基础信息数据库，提供基于Web-GIS的江东饮用水源地环境监测与信息共享服务平台，实现厦门北溪饮用水源实时动态监控与综合分析展示，发挥综合管理辅助决策功能，推进跨部门、跨地区信息共享和协调管理；④提出流域污染削减优化方案和饮用水源地长效管理机制，初步建立水源地污染防治和生态修复技术示范。整体形成厦门九龙江北溪饮用水源安全保障科技支撑平台，并为推进流域跨界协调管理机制的建立奠定基础。

多年来，厦门九龙江北溪饮用水源安全保障科技支撑平台曾多年运用于厦门市水环境管理多个相关部门的工作，包括水环境监测部门的监测预测和水质监控、水务部门的饮用水源水质分析、政府管理部门的突发环境事件的应急辅助决策和水源地污染防控会商等，集空间信息管理、预测模型应用和可视化辅助决策于一体，为水华控制和污染预警与饮用水安全保障提供有效的科技支撑，同时提出建立饮用水源地长效管理机制，也为全国的饮用水源安全保障领域提供了示范作用。

大数据助力海洋科技与管理

洪华生高屋建瓴，早就关注国际上已有的许多海洋监测与信息技术助力海洋科技与管理的成功经验，比如主要服务于环境安全、经济发展布局和灾害预警防治的美国综合海洋观测系统（IOOS）等监测平台。2003年她主持863“台湾海峡及毗邻海域海洋动力环境实时立体监测系统”项目时，就设立了海洋立体监测集成服务子系统，基于所建立的台湾海峡海洋环境与资源数据库，构成一个集空间信息管理、空间应用模型分析和可视化辅助决策于一体的台湾海峡及毗邻海域海洋立体监测集成服务系统，实现在统一的管理平台环境下，紧密结合海洋环境管理具体业务。系统经过多年的升级，一直在福建省海洋预报台运行。

2005年，洪华生基于台湾海峡多年的科学研究，也开始构建台湾海峡数据中心，实现台湾海峡及其毗邻海域海洋动力生态环境基础信息的集成共享及专题系统的开发和应用。

随着国家提出大数据战略（我国先后提出了数字海洋、智慧海洋、智慧环保等发展战略），各个领域大数据的应用技术成为热点。2005年7月，国务院办公厅印发的《生态环境监测网络建设方案》中提出，到2020年全国生态环境监测网络基本实现，环境质量、重点污染源、生态状况监测全覆盖，各级各类监测数据系统互联共享，监测预报预警，信息化能力和保障水平明显提升，监测与监管协同联动，初步建成陆海统筹、天地一体、上下协同、信息共享的生态环境监测网络，使生态环境监测能力与生态文明建设要求相适应。

以海洋环境监测高新技术为基础的水环境长期实时观测网络是了解和把握海洋生态环境与变化过程的最为有效的方法和手段，以此为基础建立的海洋信息服务平台，可更有效地服务于海洋经济发展、海洋生态文明建设、海岸带综合管理、海洋防灾减灾、海洋科学基础研究等领域，并兼顾公众民生信息服务，是目前最受关注的热点之一。

早已进入花甲之年的洪华生，退休后依然紧抓大数据时代的机遇，迎接挑战。自2013年开始，在她的牵头下，厦门南方海洋研究中心与厦门大学联合共建了“厦门及其毗邻海域海洋经济发展及海洋生态文明建设信息服务平台”，致力于构建以生态环境立体监控网络、大数据遥感技术、海洋动力学和生态环境模型为基础的创新技术示范、信息集成与共享公共服务云平台。

洪华生一开始就强调：平台一要瞄准前沿，借鉴国际上海洋大数据中心的成功经验开展研发，在服务于厦门海洋环境保护和海洋经济发展的基础上提供示范；二要整合资源，整合集成现有的网络信息资源和数据资源，注重不同学科的交叉以及应用系统之间的衔接，最大限度地发挥各类资源的效益；三要创新技术，充分利用云计算、物联网、可视化等高新信息技术，探索并挖掘海洋大数据的潜在价值，加强海洋信息的智能分析，为各类海洋应用提供支持。四要开放共享，信息平台将面向国家和地方需求，为区域海洋经济发展、海岸带综合管理、海洋防灾减灾、科研活动、公众民生等提供多层次、多元化的信息服务。

在洪华生担任首席科学家的跨学科研发团队的共同努力下，经过6年的艰苦创业，平台已发展为“厦门大学海洋监测与信息服务中心”（Marine Monitoring and Information Service Center, MMIS），面向海岸带可持续发展重大需求，通过整合海洋、环境、生态、信息等一流学科资源，基于立体监测、精细化模型、大数据信息化等技术研发，形成了监测—评估—模型—规划—管理—政策，整体解决方案的链条式服务体系。从流域到海洋，从科学到管理，平台致力于推进政产学研用合作，为海洋与海岸带生态环境保护、防灾减灾、陆海统筹管理、海洋经济发展等提供一流的技术服务和科技支撑。

厦门大学海洋监测与信息服务中心骨干成员合影
（第一排左起：方秦华、陈能汪、洪华生、彭本荣、张彩云）

目前平台建设取得可喜的进展：以需求为导向，以创新为驱动，研发的创新技术包括了车载移动监测平台、船载观测、小型浮标、表层漂流跟踪浮子、无人机、海岸带视频监控系统等在内的水环境与生态立体观测技术；水环境突发事件（赤潮、溢油）“3H”应急监测与评估技术；海岸带卫星遥感、无人机、视频监控、全景相机等遥测和信息提取（岸线、湿地、红树林等）及数据批处理技术；河流入海营养盐污染通量智能监控技术；海洋动力学多模型融合应用技术等。初步构建了厦门大学“海洋云”，综合应用物联网5G大数据、云计算、区块链、人工智能等技术，汇聚天基、空基、岸基、海基、船基立体监测多学科数据，实现现场观测、遥感及模型研发产品等多源数据快速整合、在线空间分析、智能制图与共享发布。同时，还初步研发了一系列信息服务系统，包括“水环境信息共享服务系统”“海漂垃圾信息服务系统”“赤潮监控与预警服务系统”“入海污染物通量智能监控系统”“岸线、沙滩及滨海湿地动态变化监测系统”“海上突发事故应急辅助决策系统”“风暴潮预警辅助决策系统”等，为政府部门、科研、企业、公众等提供高质量的信息产品，助力海岸带治理体系和治理能力现代化。

此外，随着我国建设海洋强国战略和“一带一路”的实施，海洋合作的重要性被提到前所未有的高度。2015年，洪华生极力推动和帮助厦门大学承担中国-东盟海上合作基金项目“中国-东盟海洋大数据”信息服务平台的构建，MMIS负责“中国-东盟海洋大数据遥感信息服务系统”的研发，现已可以提供自2000年以来不同时间尺度覆盖中国-东盟周边海域海表温度、叶绿素、盐度、风场、海平面高度等数据，为中国-东盟相关国家的海洋遥感方面的科学研究和应用提供了有力支撑。

大海，潮起潮落，生生不息。洪华生如同大海一样，永不停息地追求着大海的梦想。

“虽有智慧，不如乘势。”2019年，习近平总书记提出“海洋命运共同体”重要理念。在首席科学家洪华生的指导下，厦门大学海洋监测与信息服务中心也将继续砥砺前行，争创一流学科，提供一流服务，为科学推进海洋与海岸带可持续发展和海洋生态文明建设不懈努力。

第五节　对外交流　身体力行

存在于我们这个蓝色星球上的大海，本就是连成一体的。

所以，在海洋科学领域，从来也没有真正意义上的国界和地域之分。国外留学的经历，帮助洪华生打下了归国科研的坚实基础；而作为学术领军人物，洪华生对国际学术交流十分重视，坚持从中获得前沿的信息和启发，及时并更好地运用到相关研究的指导和实际工作中。

改革开放后，我国与世界各国的学术交流逐步走上正轨，相互交流日益扩大，这为洪华生开展国际交流提供了重要的前提。当然，她自身的特点也是“加分项”——年富力强又是海归的良好背景，娴熟的英语口语和广袤精深的学识，为人和蔼谦逊，让她在各种国际学术交流场合如鱼得水。

作为国内外有重要影响的海洋学家，洪华生曾担任全球海洋通量联合研究科学指导委员会委员（Joint Global Ocean Flux Study-Scientific Steering Committee, JGOFS-SSC）（1998—2003）、中国海洋研究委员会主席（2002—2011）、国际海洋研究委员会副主席（2006—2010）、中国海洋学会副理事长（1995—2010）、《海洋学报》中英文版编辑委员会副主编等职务，这让她有充分的条件与国际上海洋科学领域的顶级专家学者保持亲密的学术往来和个人友谊，并在很大程度上推动了中国海洋科学的国际交流、大陆与台湾、内地与香港的区域性合作。

三十多年来，洪华生身体力行，采用“走出去、请进来”的国际学术交流模式，取得了很大的成功。她多次应邀出席国际学术会议，并担任会议的报告人或国际学术会议分会主席，与美、英、法、日、韩、加拿大、澳洲及东南亚等多国的海洋专家建立了广泛的联系，让国际海洋学界对厦门大学、对中国的海洋科学领域有了更深刻的了解和“好评”。此外，通过积极推动厦门大学海洋和环境学科与国外、港台地区的一系列合作项目的实施，推动了海洋科学研究的国际化发展和海洋国际化人才的培养，也打开了与台湾、香港进行区域性海洋和环境科学合作研究的崭新局面。

对于洪华生开阔的国际化视野，许多老教授都忍不住要“点赞”。“洪老师一直坚持走国际化的道路，这对于学科的前沿性发展是很重要的。”厦门大学环境与生态学院已退休的张珞平教授说。洪老师自回国后开展的国际交流和合作，其实最早可以追溯到1993—1995年的欧盟中法合作课题“珠江口有毒金属及有机污染物的归宿”，当时陈伟琪老师、研究生戴民汉等参与，相关论文得到了学界很大的认可和关注。“我认为，坚持走国际化路线，是洪老师学术上的重要的特点，也是她成功的重要因素。”

1993年，洪华生和马丁先生在珠江口欧盟合作基金项目出海小艇上

PEMSEA国际项目崭露头角

洪华生之所以在这样的一个时间点就开启对外交流，也和“大气候”有关。

1992年，联合国环境与发展大会制定了具有划时代里程碑意义的《21世纪议程》，确定了“可持续发展概念”。议程第17章，把“海岸带地区，包括专属经济区的综合管理和可持续发展”作为第一个行动方案，推动着世界各国去深入研究海岸带可持续发展，加强海岸带综合管理。

1993年，全球环境基金（GEF）和联合国开发计划署（UNDP）联合制定了“东亚海域海洋污染预防与管理”项目，旨在通过实施海岸带综合管理，帮助支持东亚海域沿海各国在自我支持的基础上提高预防控制和管理海洋污染的能力。1993年10月，在项目启动会议上，中国、朝鲜、文莱、泰国、菲律宾、马来西亚、印尼、新加坡、越南和柬埔寨10个国家参加了该项目，而后又有韩国和日本相继加入。在启动会议上，特别批准该项目设立中国厦门海岸带综合管理示范计划、菲律宾八打雁（Batangas）海洋污染预防与管理示范计划、马六甲海峡溢油应急计划等。其中，中国国家海洋局和厦门市政府负责执行厦门海岸带综合管理示范计划。

厦门的执行动作很快。

1994年2月，厦门市政府成立了厦门示范区执行委员会及其办公室，成立了专家委员会。在国家海洋局和厦门市政府的直接领导下，通过执行委员会办公室组织和协调，由国家海洋局第三海洋研究所、厦门大学、福建海洋研究所、福建省水产研究所及相关单位的专家，共同承担了厦门示范计划的任务。

“东亚海域海洋污染预防与管理厦门示范计划”，包括建立海岸带综合管理机制、建立地方性海岸带法律框架、建立海岸带环境综合监测网络和建立海岸带综合管理培训机制5个方面的内容，共设立了23个子项目。自1994年至1998年，各子项目陆续完成了外业调查、资料分析、报告编纂、成果推广应用等工作，共编纂了18篇子项目报告，汇总成书，共计150余万字。

有一句话说得好：“运气，就是机会碰巧撞到了你的努力。”这句话用在洪华生和她当时的环境科学研究团队身上是最恰当不过了。该计划落户厦门，与洪华生在厦大的海洋环境科研布局，可以说是“无缝对接”。

1992年，恰逢厦大环境科研所扩建为环境科学研究中心，率先开始了海岸带可持续发展方向的教学和科研；在培养人才进程中，也对海岸带可持续发展理论和实践进行了不断的探索。其中，在海岸带综合管理理论、面向生态系统管理的海岸带开发战略环境影响评价、海岸带综合管理社会经济效益分析、海域有偿使用等方面的研究，更是取得了引人瞩目的成果，先后出版了《厦门海岸带综合管理十年回眸》《海岸带生态系统服务价值评估：理论及应用研究》《福建省海湾数模与环境研究：厦门湾》等有影响力的著作。

在理论探讨的基础上，实践探索的机会也随之到来。

1994—1998年，东亚海域海洋污染预防与管理示范区项目落户厦门，对于洪华生和厦大海洋人、环科人来说，真是天赐良机，他们自然一点都不敢松懈，努力抓住难得的契机，积极参与到厦门海岸带综合管理的构建和实践中。

历时5年的东亚海域海洋污染预防与管理厦门示范计划，是中国国内截至20世纪90年代末规模最大、项目级别最高的海岸带综合管理项目，也是科研与管理紧密结合的典型项目。项目取得了丰富而宝贵的成果，建立了一系列海岸带综合管理的机制，并且及时提交政府及有关管理部门实施，取得了有效的实践经验。同时为厦门海岸带综合管理提供了切实可行的科学技术服务，有效地推动了厦门海岸带综合管理的进程，更为东亚地区的海岸带综合管理提供了真正的“示范模式”，获得了全球环境基金（GEF）、联合国开发计划署（UNDP）、国际海事组织（IMO）等国际组织和东亚各参加国、中国国家海洋局的高度评价。1998年中国政府发表的《中国海洋事业的发展》白皮书中提道：“在厦门市建立海岸带综合管理示范区取得了良好效果，受到国际组织的好评，为中国和其他国家进行海岸带综合管理提供了经验。”联合国环境规划署海洋污染科学研究专家组（Joint Group of Experts on the Scientific Aspects of Marine Pollution, GESAMP）第66号报告指出：“在英国泰晤士河，美国波士顿港口及中国厦门港环境质量的改善，说明综合决策和行动可以产生效益，即使在人口增长和经济发展压力集中的城市化地区。”

厦门示范区的成功实施，特别要感谢PEMSEA理事会名誉主席蔡程瑛博士的积极推动和长期的帮助。蔡程瑛博士从事海洋和海岸带可持续发展工作长达50年，他通过东亚海环境管理伙伴关系计划，成功地组织不同地区、国家和国际组织一起制定区域海洋可持续发展战略。蔡博士与中国有很深的渊源，他积极推动中国沿海地方省市的海岸带综合管理实践，为中国培养了大量海洋管理和技术专业人才。1997年，中国国务院授予他“友谊奖”，2011年，蔡程瑛博士成为厦门市荣誉市民。当年也是他鼓励洪华生要走出来，使科学为管理服务，参与示范区的项目。

蔡程瑛博士回忆说：“1992年，我受联合国开发计划署（UNDP）

委托，带领专家组一行七人到厦门考察。主要是和当地政府商讨在联合国项目下厦门政府执行海岸带综合管理（Integrated Coastal Management, ICM）的理念并发展成为示范区之一的可能性。专家组也到厦门大学考察，这是我和洪华生教授第一次见面。当时，她对国际合作的热忱，对提供环境治理科学支撑的专业见解，给我留下了深刻的印象。更重要的是，她对当地社会的认知、和地方政府有直接的联系等。所以，她明白项目的重要性和对厦门可持续发展的长远影响，大力支持厦门地方政府参与项目的工作。从1993年项目在厦门启动开始，洪教授就成为ICM项目的重要成员，25年来，我几乎每年到厦门访问或审查项目进展时，都能和洪教授交流，并且获益匪浅。”

洪华生和蔡程瑛博士在2019年厦门国际海洋周的合影

通过对该项目的全面参与，厦大海洋人、环科人从理论的探讨上升到有效的实践探索，最关键的是从实践中学会了为管理提供有效的科技支撑。

中加越 CBCM 项目再掀高潮

1998年，由加拿大国际发展署（CIDA）资助，加拿大圣玛丽大学（Saint Mary's University）、纽布伦斯威克大学（University of New Brunswick）、新斯科舍省农业学院（Nova Scotia Agricultural College）、戴尔豪斯大学（Dalhousie University）以及中国的厦门大学、福建农业大学和越南的越南国立大学，“三国七校”共同开展的“公众基础的环境保护管理（CBCM）”国际合作项目正式启动，项目执行期为1998年至2003年年底。

这个项目的实施，旨在加强大学在公众基础保护管理领域的能力建设，提高大学的学科交叉能力，促进中、加、越三方在该领域的进一步交流与合作。项目实施的五年多时间里，在加拿大专家的指导下，厦门大学作为其重要合作伙伴，在能力建设、公众环境意识宣传教育、公众参与机制建设等方面做了大量的工作。

厦门CBCM项目组由厦门大学，厦门市思明区政府，厦门市妇联，厦门市科技中学，厦门岛东海岸黄厝、曾厝垵两村村民委员会等组成。当时，已经五十多岁的洪华生，带着她的环境管理团队，持续不断地奔走于CBCM项目中、加、越三个国家的相关合作单位和学校之间，精神满满。

洪华生作为厦门CBCM项目的项目执行官（programme manager），借此机会，通过海岸带可持续发展培训中心、海洋专家组等途径，加

2003年在越南参加 CBCM 项目总结会
（从左到右：许晓春、木志荣 、薛雄志、洪华生、翁成受、张珞平、黄金良）

强对决策者这一“特殊公众”进行可持续发展与环境保护、重视公众参与等方面的教育，使有关决策者在决策经济发展政策的同时注重保护生态环境，注重倾听公众的意见。CBCM项目的主旨，和洪华生的多学科交叉理念不谋而合，她带领团队以项目为契机，积极开创多学科交叉研究，大力引入以公众为基础的环境管理理念。

厦门岛东海岸区是当时厦门一个新的经济开发区，以发展风景旅游为主。以环岛路为主的风景旅游设施的建设，给该区经济发展带来了新的契机，但同时也引发了一系列社会和环境问题。CBCM项目选定该区作为先行项目工作区，其目的就是通过对该区发展规划进行战略环境评价（Strategic Environmental Assessment, SEA），预测规划实施后所产生的环境影响，为政府决策提供科学依据；协调经济发展与环境保护的关系，实现区内旅游资源的可持续利用。当然，更为重要的目的是，以该区发展规划的战略环境评价过程为依托，探索公众参与方法，实践公众参与机制建设。

推进公众全面参与，是洪华生推动的国际合作项目中，一个很重要的亮点。为了更详细地了解该区发展过程中存在的问题，寻找解决的办法，项目组组织召开了两次有各方村民代表及思明区政府官员参加的公众会议。与会村民代表们提出不少建设性意见，并就他们目前最为关心的就业、住房等与政府官员直接对话、交流。这样，通过在SEA不同阶段公众的参与，加强了科学家与公众之间的联系，使科学家的科学知识与社区公众的经验知识有效结合在一起，改善了评价过程，有助于科学家向政府提供更好的建议。

2000年年初，厦大CBCM 项目组在1999年的调研基础上，向厦门市政府有关部门提交《关于厦门岛东南海岸发展过程中存在的问题及建议》报告，引起有关部门的重视，并对某些建议予以采纳。环岛路二期工程防护林带的重新规划、环岛路三期工程路线及走向修改等政府决策，就是厦门CBCM项目组工作的突出成效。

CBCM项目还没结束，洪华生又开始推动厦门大学环境管理专业与旧金山大学合作，建立国内首个中外联合培养环境管理硕士项目。在项目执行的六年间，在洪华生和张珞平的推动下，共培养了八十多名环境管理硕士。而这个项目的开展，正是基于之前承担国际项目所积累的能力和国际影响。

三十几年来持续进行的国际学术交流，促进了厦门大学海洋和环境学科师资队伍建设水平有很大的提升，也充分证明了洪华生具有宽广的国际化视野和前瞻性眼光。

“厦门国际海洋周”的深厚渊源

海洋是地球上的最后疆界，是人类发展赖以生存的空间和资源宝库。厦门有一个著名的厦门国际海洋周（World Ocean Week, WOW），每年11月份的第一个星期五在厦门开幕，内容涵盖核心论坛、相关学术论坛、海洋科技成果转化洽谈、海洋专业展会、丰富多彩的公众文化活动等，是国内外来宾和厦门人民期待与瞩目的年度盛会。

而说到WOW在厦门的源起和发展，和洪华生有着很深的渊源，也体现了洪华生致力于推动厦门海洋国际化的显著成绩。

2004年10月，在厦门召开了“第二次技术创新与管理抉择国际环境会议”，会议由联合国环境署（The United Nations Environment Programme, UNEP）、国家环境保护局和厦门市人民政府联合主办，中国国家自然科学基金委、荷兰应用科学研究院、中国科学院、福建省环境保护局、欧中技术促进中心、厦门大学等11个单位协办，由厦门海岸带可持续发展国际培训中心（国家海洋局、厦门市政府、厦门大学合作组建）为主承办。参会人员354名，来自23个国家和地区，国内外不同领域的知名专家学者和政府机构专业人士齐聚一堂，从环境科学与健康、环境问题的经济和社会影响、污染物削减对策和环境政策的运用等方面，进行了广泛而深入的探讨和交流，取得了丰硕的成果。

洪华生自然也是这次会议的主要组织者。

这次会议的召开，大大地增进了联合国环境署及相关国家代表、专家学者对中国环保事业的了解，促进今后更广泛的合作，并为中国环保业界人士学习、借鉴国际先进环保经验等提供了很好的机会，为区域间及国际间的环境合作建立了新的网络平台，使环保事业朝着为全世界民众和后代创建更健康美好、更适宜居住环境的目标再上一台阶，同时也为厦门与世界的沟通提供了一个良好的平台。

而在这次国际大会上，有个很重要的议题和海洋有关。当时，厦门的海岸带综合管理已经取得了显著的成效，参会的UNEP《保护海洋环境免受陆上活动污染全球行动纲要》（Global Programme of Action for the Protection of the Marine Environment from Land-based Activities, GPA）协调人Veerle VandeWeerd博士对厦门的印象非常好，她非常认同厦门模式，所以提出了一个建议——可以在国际上推介厦门模式，不只是在东亚国家，在国际上都可以推行。

那时候，瑞典的斯德哥尔摩有一个“国际水周”做得非常好，Veerle VandeWeerd博士建议说，斯德哥尔摩做的是淡水，而作为沿海城市的厦门可以做“国际海洋周”。这个提议是一个很好的创意，很快就得到了厦门市副市长潘世建的支持。

2005年10月，厦门市首次举办“厦门国际海洋城市论坛”，300多名与会代表共同签署了关于全球可持续发展合作的《厦门宣言》，并一

洪华生和 Veerle VandeWeerd 博士（左一）、时任厦门市副市长潘世建（右二）等合影

致提议在厦门定期举办“国际海洋周”活动。这次论坛的举办，也被认为是在世界范围内建立强有力的海洋城市联盟的重要举措。

有了第一次的成功举办，为进一步打造世界各海洋城市交流与合作的机会和平台，共同探讨世界海洋城市的可持续发展途径，中国国家海洋局、UNDP驻华代表处（UNDP China）、厦门市政府和PEMSEA决定于2006年10月在厦门共同主办“2006年厦门国际海洋城市论坛”，主题为“海洋城市水资源的可持续利用”。次年，组委会正式决定，将“厦门国际海洋城市论坛”提升为“厦门国际海洋周”，于每年11月份的第一周在厦门开幕。

一年一度的“厦门国际海洋周”以全球的视角为定位，致力于为世界各海洋城市政府、海洋科技界、国际组织、政府间组织、海洋相关企业及机构提供一个良好的国际合作与交流平台；致力于促进海洋产业的健康发展和海洋资源的可持续利用；致力于打造公众广泛参与的海洋文化节日，提高公众海洋意识。

如今，厦门国际海洋周（WOW）自2005年创办，经过十余载已成为一个具有国际影响力的世界性海洋盛会。作为厦门大学海发院首席科学家的洪华生，就是主要的推动者，为“厦门国际海洋周”这个联系全球海洋政策、科学技术、决策和行动的平台的诞生，起了很大的催生和孵化作用。

自2006年厦门国际海洋城市论坛起，洪华生便带领海发院团队代表厦门大学积极介入，参与了主论坛和科技论坛的策划与组织等多项工作，见证了从“厦门国际海洋城市论坛”到“厦门国际海洋周”的成长。作为厦门国际海洋周的重要协办单位，海发院团队在洪华生的指导和带领下，分别承担了主论坛、科技论坛等核心论坛及多个高水平学术研讨会的承办工作，组织专业技术队伍，提供论坛的记录和总结服务，为其顺利召开提供了强有力的技术支持，为打造我国高水平的国际海洋论坛做出了重要贡献。2011年，厦门大学正式成为厦门国际海洋周的主办单位之一。

十几年来，从2009年的“流域、河口海域综合管理”国际论坛、2010年以“海岸带可持续发展：从流域到近海”为主题的国际海洋论坛、2013厦门国际海洋周的核心论坛“蓝色经济：生态保障与科技促进”科技论坛、2016厦门国际海洋周分论坛“海洋防灾减灾国际论坛”、2017“厦门国际海洋论坛暨蓝色经济伙伴论坛”，到2019年的“海洋事务论坛”等相关论坛，一步一个脚印，洪华生带领她的团队，充分向各国参会来宾展现了厦大海发院的独特风采，得到了组委会及相关国际组织及国内外与会嘉宾的高度评价和一致认可。

也正因为这样，在每一年的厦门国际海洋周，洪华生都是日程满

2010年，洪华生在以“海岸带可持续发展：从流域到近海”为主题的国际海洋论坛总结上发言

2012年，洪华生在以“蓝色经济，绿色增长——科技引领海洋经济”为主题的国际海洋论坛总结上发言

满：一会儿是主论坛主持人，一会儿又“变身”科技论坛的主席；有时候上半场刚刚担任主论坛的联合主持工作，下半场又要开始忙着去完成自己的专题发言了；而第二天，好几个分论坛还等着她去主持，几个专题讨论小组的核心成员又非她莫属；会议结束后，还有来自欧美、东亚、非洲、欧洲各地的海洋学界老朋友们，等着她见面叙旧，当然聊得最多的还是未来可能的双边合作和交流……

如今，厦门的海岸带综合管理在国际上起着引领示范作用，2001年，PEMSEA发起成立了“海岸带综合管理平行示范点地方政府网络”，2002年后改为“东亚海岸带可持续发展地方政府网络”（PEMSEA Network of Local Governments, PNLG），旨在促进东亚海岸带地区政府和相关利益组织在海岸带综合管理实践方面的信息交换和经验分享。PNLG现有50个成员单位和2个协作成员。海发院也成为PNLG的首批协作成员，同时洪华生还努力帮助促成PNLG秘书处及其办事机构永久设于厦门，提高了厦门在东亚地区和国际上的影响力。

“国际 SCOR”和“中国 SCOR”特殊贡献

国际科联（The International Council for Science，ICSU）认识到海洋学研究需要多学科合作和交叉，为此，决定成立其属下的第一个多学科组织。1957年，国际海洋研究委员会（SCOR）成立于美国的伍兹霍尔海洋研究所（世界最知名海洋研究所之一）。如今，SCOR已成为国际海洋界历史最长、规模最大、学术影响也最大的非政府间学术组织，也是联合国教科文组织政府间海洋学委员会（United Nations Educational, Scientific and Cultural Organization-Intergovernmental Oceanographic Commission, UNESCO-IOC）的科学咨询机构。

SCOR成立的宗旨，在于推动和协调国际海洋科学研究，解决海洋研究中的科学方法和创新理念问题，推进国际科学交流与合作。自其成立以来的六十多年来，在国际海洋学领域一直享有盛誉，曾发起和组织了许多大型海洋研究计划，成立了一百多个海洋研究前沿领域的工作组，在推动海洋前沿领域研究等方面起到了重要作用。各成员国科学家则在自愿基础上积极参加海洋研究委员会的各项活动。

SCOR每年召开一次会议，轮流在其成员国召开。1993年，SCOR执委会会议曾在中国青岛举办。而后，在洪华生担任中国海洋研究委员会主席期间，在当时的国家海洋局支持下，和朱明远研究员共同推动于2009年10月在北京成功承办了“国际SCOR 2009执委会会议”，同时也举办“中国参加国际SCOR 二十五周年庆祝会”，邀请中国SCOR的许多“老前辈”全面回顾中国参加SCOR的历史、中国科学家参与国际大型海洋科研计划、工作组的突出贡献等，从而总结和彰显中国在国际海洋科学研究方面的地位和影响力。

就在这次庆祝会结束之后，国际SCOR的主席、副主席和秘书长特地

“中国参加国际 SCOR 二十五周年庆祝会”国内外专家合影
（前排右二为洪华生）

写来热情洋溢的感谢信。

SCOR主席Wolfgang Fennel 教授、执行秘书长Edward R.Urban Jr博士在信里特别感谢了洪华生和朱明远研究员对会议筹划和举办所做出的特别贡献，并对“二十五周年庆祝会”的组织、精心筹划和成功举办，表示高度赞赏和诚挚谢意。主席和执行秘书长还由衷地说：“在过去的几十年里，中国的海洋研究取得了很大的发展和进步，与此同时，中国的海洋社团组织也在不断地发展壮大，对国际SCOR的发展做出了越来越多

PRESIDENT: Professor Wolfgang Fennel
SECRETARY: Professor Jorma Kuparinen
EXECUTIVE DIRECTOR: Dr. Edward R. Urban Jr.

Secretariat: College of Earth, Ocean, and Environment
Robinson Hall
University of Delaware
Newark, DE 19716 USA

27 October 2009

Prof. Huasheng Hong
College of Oceanography and Environmental Science
Xiamen University
Xiamen, Fujian, CHINA

Dr. Mingyuan Zhu
First Institute of Oceanography
State Oceanic Administration
6 Xianxialing Road
High Tech Industrial Park
Qingdao 266061, CHINA

Dear Huasheng and Mingyuan:

Thank you for the kind hospitality and excellent preparations for the 2009 SCOR Executive Committee meeting in Beijing. It was a pleasure to join with the China (Beijing) SCOR Committee to celebrate your 25 years as a member of SCOR. We enjoyed hearing from those individuals who worked together 25 years ago from SCOR and from the Chinese oceanographic community to make this event possible.

The oceanographic research in China has made an impressing progress in the last decade and we are delighted to see the Chinese oceanography community maturing. China will be a major, well-recognized partner in international ocean research activities in the future. Therefore, it is good to see increasing Chinese contributions to SCOR in the past few years.

We know how much work goes into preparing events like the recently completed meetings and we greatly appreciate your help to make the events enjoyable and productive. We also appreciate your arrangements for banquet and our trip to the Great Wall. All this made the meeting in China to unique experience for all participants.

Sincerely,

Wolfgang Fennel

Prof. Dr. Wolfgang Fennel
President

Edward R. Urban

Dr. Edward R. Urban Jr.
Executive Director

Phone: +1-302-831-7011 FAX: +1-302-831-7012 E-mail: secretariat@scor-int.org

SCOR 主席 Wolfgang Fennel 教授、执行秘书长 Edward R. Urban Jr 博士写给洪华生和朱明远研究员的感谢信的贡献。相信未来，中国在国际海洋前沿研究领域里将成为享有很高声誉的重要伙伴。”

SCOR副主席、英国Sir Alister Hardy海洋研究基金组织（Sir Alister Hardy Foundation for Ocean Science）负责人Peter Burkill教授，也同样在感谢信里特别致谢洪华生及其中国团队对本次庆祝会所做的贡献。他强调说，“二十五周年庆祝会”的举办，充分展示了中国在海洋前沿研究领域曾经取得的不凡成绩以及对未来的美好展望。

中国海洋研究委员会（中国SCOR）成立于1984年，是我国参加国际SCOR的全国性代表机构，其宗旨主要是增进我国海洋科学界与国际SCOR之间的相互了解、交流和合作，团结全国海洋科学工作者，繁荣我国海洋科学事业。

所以，中国SCOR承担着许多具体的任务：代表我国参加国际SCOR大会和执行委员会会议，协调和促进我国海洋科学界参加相关活动，向国际SCOR推荐我国参加该组织下属工作组等机构的专家人选，代表我国向国际SCOR提出成立工作组的意见，向我国海洋科学界介绍国际SCOR及其活动情况，主持在我国举办的与国际SCOR有关的活动等。

中国SCOR的成立，是中国海洋学界老前辈曾呈奎老先生、苏纪兰院士最先在国际社会努力和争取的成果，意义非凡。机构成立后，曾呈奎院士、任美锷院士、文圣常院士、秦蕴珊院士、汪品先院士等海洋学界泰斗，都曾担任过中国SCOR的主席，为推动中国海洋研究与国际的学术交流和沟通做出贡献。

2002年，秦蕴珊院士和汪品先院士把中国SCOR主席的位置郑重交给洪华生时，就是坚信她能很好地起到承上启下的传承和接棒作用，把中国的海洋事业更好地走向世界。

洪华生也一直牢记这个使命，担任中国海洋研究委员会主席期间，和时任秘书长朱明远一起，做出了非常多的工作和成绩。除了代表中国SCOR积极参加国际SCOR的年会，还在2004—2009年的五年间，分别在杭州、周庄、海口、苏州、哈尔滨五地成功地组织召开了中国SCOR委员会会议，并曾邀请国际SCOR的秘书长Ed Urban和国际上一些著名科学家前来参会，我国多位年轻的精英也与会，扩大和宣传了中国海洋研究委员会的影响，推动了中国海洋科学研究国际交流的步伐和进展。

洪华生于2002—2011年担任第7、8、9届中国SCOR的主席；2006—2010年，又担任两届国际SCOR副主席，为我国海洋研究走向世界做出了突出的贡献。

一直以来，洪华生在SCOR这个平台上，不辞辛劳地推动更多的中国海洋界同仁融入国际SCOR工作组，这样的例子不胜枚举。

中国 SCOR 2007年年会全体合影（苏州）（前排左五为国际 SCOR 秘书长 Urban 博士）

DEPARTMENT OF OCEANOGRAPHY
College of Geosciences
TEXAS A&M UNIVERSITY
College Station, Texas 77843-3146

Robert A. Duce **Phone:** **979-845-5756**
Distinguished Professor of Oceanography Emeritus **Cell:** **979-229-3821**
FAX: **979-690-6926**
e-mail: **rduce@ocean.tamu.edu**

28 July 2008

Memorandum to: SCOR Executive Committee

From: SCOR Nominating Committee [R. DUCE (USA), Chair; Peter HAUGAN (Norway); Carmen MORALES (Chile); Wajih NAQUI (India)]

The SCOR Nominating Committee has received the following nominations for the vacancies of President and 3 Vice Presidents that arise from normal SCOR officer rotations in 2008:

President (4 year term): 1 nomination
Wolfgang Fennel, male, physical oceanographer (Germany) nominated by Germany

Vice-Presidents (2-year terms): 4 nominations for 3 positions:
Peter Burkill, male, marine biogeochemist (United Kingdom) nominated by the United Kingdom
Huasheng Hong, female, marine chemist, (China) nominated by China
Marie-Alexandrine Sicre, female, marine chemist (France) nominated by France
Missy Feeley, female, marine geologist (USA) nominated by USA

In addition, the Executive Committee in 2008-2010 would consist of:
Past-President (4-year term): Bjorn Sundby, male

In addition, the Executive Committee in 2008-2010 would consist of:
Past-President (4-year term): Bjorn Sundby, male, benthic sediment-water chemist, Canada
Secretary (4 year term): Jorma Kuparinen, male, biological oceanographer, Finland
Ex-officio:
IABO President (Annalies Pierrot-Bults, female, biologist, Netherlands)
IAMAS Past-President (Michael McCracken, male, meteorologist, USA)
IAPSO President (Lawrence Mysak, male, physical oceanographer, Canada)

The Nominating Committee has considered these nominations (with cv's) by e-mail, and after considering especially the disciplinary and geographical balance of the next Executive Committee, recommends the following:

President (4-year term):
Wolfgang Fennel, Germany

Vice Presidents (2-year terms):
Peter Burkill (United Kingdom) (2nd term)
Huasheng Hong (China) (2nd term)
Missy Feeley (USA) (1st term)

All of the candidates above have been contacted by the Nominating Committee and have agreed to serve if elected.

The Nominating Committee has considered the overall geographic balance of the Executive Committee and notes that there are no individuals from the southern hemisphere presently on the Executive Committee. We believe that the Executive Committee may want to add one individual as a co-opted member to address this imbalance. The Nominating Committee suggests that John Compton from South Africa would be an excellent choice.

The Nominating Committee would also like to bring to your attention some issues that you may want to consider concerning the Procedures for the Nomination and Election of SCOR Officers, which is attached. The Nominating Committee was concerned with the criteria that it had to use to make its decision if there were more than one candidate for an open position.
Section 2 of the Procedures says in part: "The role of the Nominating Committee is to provide an Executive

2008年，SCOR 执行委委员备忘录里关于洪华生等新一届提名国际 SCOR 执行委委员领导班子成员的推荐，提名充分考虑了学科、地域和性别的背景和平衡性

2006年，洪华生（右二）在智利参加国际 SCOR 年会

2008年，洪华生在美国 Woods Hole 参加国际 SCOR 五十周年会议

比如，在一次相关讨论会上，洪华生极力推荐，明确表示中国自然科学基金委员会和厦门大学近海海洋国家重点实验室可以资助部分资金，推动焦念志教授为首的团队与美国Azam教授联手申请的海洋微生物碳泵SCOR 135工作组得以获批。另外，积极推举中国科学院海洋研究所所长孙松研究员作为中国SCOR向国际SCOR 推荐的候选成员（nominated member），为推选孙松竞选下一届国际SCOR副主席做好充分准备。2014年度，在德国不莱梅大学举行的SCOR大会上，经过全体代表评选、审议，孙松研究员正式当选为国际SCOR副主席，并在2016年继续连任。

如今，让洪华生特别欣慰的是，她为之努力和推动贡献过的中国SCOR，有孙松、戴民汉、乔方利等新一代年轻科学家的进一步传承和发扬光大。团结活跃在海洋研究一线的众多年轻科学家，使得中国SCOR成为中国海洋科学研究的高端智囊团，成为中国海洋走上世界的强大兵团，洪华生为之感到无比骄傲。

推动与港台区域的务实合作

与香港和台湾的多维度全方位的区域合作，同样是洪华生抱着同胞情怀全力推动的学术交流重点。

1992年，洪华生去香港当访问学者，开展了香港维多利亚海港沉积物的研究，得出维多利亚港持久性有机污染物（POPs）主要来自香港本地的结论，否定了在香港一直以来认为"所有的污染物都是从大陆珠江带来的"这样的一个观点。全国人大香港特别行政区筹委会在北京召开了一个座谈会，洪华生应邀做了"从维多利亚湾海洋环境特点看可能造成的影响"的报告，为1995年中英联络小组有关生态环境问题的谈判提供了有力的决策依据。

全国人民代表大会常务委员会
香港特别行政区筹委会预备工作委员会秘书处

邀请信

（95）预秘函发第003号

厦门大学：

鉴于香港维多利亚港填海问题在香港引起的广泛关注，全国人大常委会香港特别行政区筹委会预委会经济专题小组拟于2月17日上午在北京举办一个题为"维多利亚港填海问题座谈会"，会期半天。特邀请贵大学洪华生教授参加，并请洪教授将打印好的发言稿及有关材料于2月6日前寄到我处。

洪教授的往返机票及在会议期间的食宿费用由我处负责。

香港特别行政区筹委会
预备工作委员会秘书处
一九九五年一月二十日

联系人：郑宇华
电　话：（01）8326317
地　址：北京市百万庄南街12号
邮　编：100037

1995年，全国人大香港特别行政区筹委会请洪华生参加"维多利亚港填海问题座谈会"的邀请信

1997年之后的连续二十多年里，洪华生与香港同行的合作也一直持续进行，比如和合作伙伴实验室香港城市大学海洋污染国家重点实验室等联合举办"海洋污染

与生态毒理国际大会”，应邀在首届“海洋污染与生态毒理国际大会”上做主旨报告，之后还多次做特邀报告、墙报展示等。

1999年，受国家自然科学基金委和教育部委托，厦门大学举办首届“全国环境科学研究生暑期学校”，由环境科学中心承办。考虑到学生来自全国各地方，而且还有年轻的教师，洪华生决定把扩展不同界面的环境科学领域作为课程的一个重点，提倡海洋科学和大气科学以及陆地环境污染学科交叉。由于厦大当时在这些相关领域相对没那么强，洪华生专程到北大拜访唐孝炎院士，请她派几位骨干老师来教授大气的课程，还特别到香港城市大学拜访Rudolf Wu教授，他们当时有个很强的团队做海洋污染以及毒理方面研究，一北一南两位教授二话没说就给予了大力支持，各派了4名骨干老师，来到厦大一起为暑期学校授课。

首届暑期学校获得了圆满成功，达到了“拓宽基础，了解前沿，联系实际，促进交流”的预期目的，参与者来自全国18所高校、2个科研机构、9个环保部门，涵盖了包括环境科学、生命科学、海洋科学、大气科学等领域37个专业的121名学员。其中，博士研究生2名，硕士研究生70名，青年教师29名。被邀请来授课的30名教师，则分别来自美国、英国、香港、北京大学、南京大学、中山大学、厦门大学、国家基金委、国家环境保护局及地方环保部门，他们大多为环境领域研究与教学的著名专家。暑期学校共开设了“海岸带可持续发展”“海洋污染监测与防治”“大气污染”等10门课程。

“洪华生老师的团队对暑期学校高度重视，从讨论课程安排，到学生学习生活的安排，事无巨细。”参与暑期学校授课的北大胡敏教授回忆说，“当时国内大学对暑期学校还没有什么概念，洪老师思路开放，对课程设计和模式都是开创性的，她亲自带领大家认真讨论教学内容安排，在各校原有环境科学教学基础上，增加环境科学最新进展，拓展学生的知识面，也促进教师之间对环境科学教学的交流。洪老师带领的厦门大学团队，将暑期学校的学习和生活安排得丰富多彩，有张有弛。有很多新的尝试，即使是现在的暑期学校也不见得能达到那样的水平。除给学生提供免费住宿、生活补贴外，还提供互联网和使用厦大图书馆服务。”

1999年，暑期学校来自北京、香港和厦门大学的部分老师合照

在办完这个暑期学校以后，洪华生就带领厦大环境科学中心，跟香港城市大学生物及化学系、海岸污染及环保研究中心，北京大学环境科学中心等签订了合作协议。缘于这次暑期学校，洪华生自己和唐孝炎院士、胡敏教授、栾胜基教授、Rudolf教授、Paul Lam教授等专家学者也结下了深厚的友情。

其间有个小故事，在厦门暑期学校授课期间的一个傍晚，突然接到北京大学的授课老师胡敏电话，说栾胜基老师突发高烧，腹部疼痛难忍，可能是急性胃肠炎。洪老师闻讯后，赶到栾老师住处，见症状没有减缓且有加重趋势。栾老师本来坚持回北京治疗，洪华生看到疼痛比较厉害，果断提出要马上去厦门第一医院，连夜联系了外科主任，诊断是急性阑尾炎且已穿孔，这个状态已经很危险了！洪华生当机立断马上请外科主任当晚为栾老师做了阑尾炎切除手术。在手术期间，洪华生一直守在手术室外面等待消息，并将栾老师的入院手续安排妥当。栾老师手术顺利结束回到病房后，她又安排人员陪护、送饭，一直到栾老师康复出院。栾胜基老师至今还念念不忘说洪华生是他的救命恩人。洪华生从教三十周年纪念会，栾老师还特意从北京赶来祝贺。

2015年，洪华生与北京大学栾胜基（右）和胡敏（左）合影

2001年，在香港城市大学又举办环境科学暑期班。唐孝炎院士亲自授课，唐院士是中国大气环境化学领域的学术带头人，毕生为环保事业奋斗，更可贵的是唐老师虽然高龄，但还是坚持站在讲台上为本科生传授知识。唐院士更是洪华生敬佩和学习的前辈，她很感激唐老师慈母般的关怀和帮助。

2001年，洪华生与北京大学唐孝炎院士等在香港城市大学暑期班合影

洪华生先后推荐十多名的青年学者，张珞

2019年，洪华生到北大拜访唐孝炎院士

平、袁东星、徐立、薛雄志、黄邦钦、江毓武等人赴香港城市大学、香港理工大学进行深造学习，并多次到访香港科技大学、香港城市大学，积极推动两地的学术交流。

1994年，袁东星、洪华生、薛雄志和黄邦钦（由左至右）合影于香港维多利亚港

她和团队曾帮助香港城市大学建立海洋污染领域的重点实验室，并推动其与厦大近海海洋国家重点实验室结成伙伴实验室。陈荔教授回忆说："当得知我们要申请建立香港海洋污染国家重点实验室后，洪华生热情主动地把她申报近海海洋环境科学国家重点实验室的申请书及有关文件提供给我们作为参考，也因为在她和厦大重点实验室团队的帮助下，香港海洋污染国家重点实验室（State Key Laboratory in Marine Pollution, SKLMP）在2009年获科技部批准筹建。"

"良好的人缘关系是合作成功的有利条件，我们不仅传承了合作和友谊，而且这种学科的交叉与交流合作一直延续到现在，并且是由年轻一辈的学者团队继承发扬下去。"洪华生很欣慰地说。

洪华生对于宝岛台湾，也有着别样的情愫。

2012年香港海洋污染国家重点实验室学术委员会合影

在她的观点里，台湾海峡是连接东海与南海的重要通道，海洋资源丰富，是许多重要陆架渔场的所在地，也蕴藏着一定的油气资源；海峡西岸是福建沿海的繁荣地带，而海峡东岸是台湾港口、工业的主要集中地，台湾的亚太营运中心就选择在高雄。所以，台湾海峡的资源开发、两岸经济发展和两岸的繁荣，是两岸人民共同利益所在，也是两岸海洋与环境科技工作者的共同心愿。

洪华生早年在美国罗德岛大学海洋研究生院攻读博士学位时，就与在那里进修的台湾同学有过接触和了解，她的优异成绩被视为中国学生的骄傲。当时她和台湾同学就开始探讨两岸交流与合作的有关事宜。回国后，她要求到福建海洋研究所兼职，其中一个主要的考虑，就是希望能借助“延平1号”科考船开展台湾海峡的研究，推动两岸的交流与合作。

1991年，由海洋二所的苏纪兰院士、台湾地区的庄文思教授以及美国的薛亚教授共同发起，在杭州召开了第一届“海峡两岸物理和化学海洋学研讨会”，这是两岸科学家最早开展的民间学术交流研讨会，台湾来了许多海洋界的学者。在这次会上，洪华生做了专题学术报告，在台湾海洋学界引起强烈反响，也因此认识了好多台湾海洋学界的朋友。

当时，她和福建海洋研究所的阮五崎研究员在会上积极争取第二届会议在厦门召开。经过争取和努力，1993年，海峡两岸第二次海洋学术交流会在厦门大学成功举办，会议规模也很大，台湾一下子来了41位专家学者，共同讨论两岸海洋研究合作意向。自此，这场高规格的海峡两岸海洋科学合作和交流的盛会，一直延续保留下来，由两岸不同的单位来举办，到2021 年，就有20周年了。

“请进来”，还要走出去。

1993年，台湾海峡及邻近海域海洋科学讨论会代表合影

早在1993年，洪华生就作为大陆第一位海洋学者正式访台。而她的这次访台还很有戏剧性，应该算是一次“破冰之旅”。

当时，洪华生担任国际JGOFS委员会的成员，1993年年底 JGOFS年会在台北召开，台湾组委会邀请她参会。国际海洋科学委员会（SCOR）认可一个中国，台湾作为一个地区的成员。不过，那时大陆还从没有过海洋学者正式访问台湾，所以国际海洋科学委员会要台湾方面允诺不能阻止大陆的任何科学家来台参会，台方答应了，也紧锣密鼓地帮洪华生办理各种申请手续。

可是，有一天晚上，台湾大学庄文思教授突然很紧张地给洪华生打来长途电话，问：“你是不是担任什么高官哪？”

洪华生一愣，转念一想，没错，自己当时兼任福建省政协的副主席，只是她从没把自己当成一个什么“高官”，只作为一种社会责任。但庄文思教授告知她，她的名字在他们那边海关的“黑名单”里，所以没被批准。洪华生笑笑地说，“我大老远跑去让你们那边做工作，这样还不好吗？”

她干脆暂时不把这件事放在心上。过了几天，洪华生正在青岛开会，又接到庄文思教授的一个长途电话，庄教授很紧张地说：“JGOFS的会马上要召开了，我觉得，你还是要来一趟。”过后，洪华生才知道，国际SCOR知道她没被批准入台，写了一封措辞非常强硬的信给当时台湾“中研院”的吴大猷院长，信中表示，如果这次不让洪华生入台开会，那么以后SCOR的会议就不在台湾召开。

吴大猷感到问题比较大，就把这事交给李崇道副院长（李正道的哥哥）去办，李崇道看了洪华生的资料后，了解到她曾获美国博士学位，在厦门大学任职，主要“角色”还是学者，便亲自到海关担保。

其实，当时洪华生在大陆也没来得及办理相关手续，正好时任国台办主任的王兆国，曾任福建省省长，洪华生马上到北京向他汇报这回事，王兆国主任说：“那你就去啊，但是一定要低调，你是一个学者，你不要理会那些记者们，你就说是来学术交流，其他问题一概不回答。”

虽然特事特办，不过一来二去，等洪华生办好手续去台湾的时候，JGOFS会已经开完了，但是台湾同仁还是给她做了一个专程的安排，到台北台湾大学、基隆的海洋大学、高雄的中山大学进行个别参观访问，安排非常周到，也没有任何“干扰”。

洪华生记得，刚到台北的那天，台湾SCOR主席陈汝勤教授就带着她去见李崇道副院长。李院长是位个子高高、很和蔼的先生，大家交谈得很愉快。他对洪华生说：“这次委屈你了，你虽然有这‘高官’的背景，但是我们还是低调处理啊，我们要避开这些新闻媒介。”洪华生笑笑地告诉他，这样的安排正合她意，可以专心做学术交流。交谈中，她也热情地邀请李院长来厦门访问。

这一次台湾之行，应该说是非常成功，是第一个有“高官”背景的学者访台，后来两岸关系转暖，这样的互访就很正常了。此行也让洪华生更深刻地了解到，当时台湾有一大批早年到美国学习的海洋学者，回到台湾从事海洋科学研究，他们正在做黑潮入侵陆架的一个大项目——“黑潮边缘海水交互作用研究计划”做得非常好。洪华生通过考察学习了很多，也结交了很多的朋友，之后大家都有持续的交往与合作。比如台湾大学的庄文思教授、刘康克教授、白书祯教授、魏庆琳教授，海洋大学的龚国庆教授，中山大学的陈镇东教授、许德惇教授等，后来都多有“交

1992年，洪华生访问台湾大学海洋研究所

1992年，洪华生在基隆参观海研二号

集”，洪华生很感激他们对祖国大陆的海洋科学研究提供了许多支持和帮助。

1993年，洪华生、翁成受与台湾朋友在厦门合影
（后排由左至右：刘康克、陈民本、魏庆琳、庄文思、许德惇）

2009年，洪华生和龚国庆教授在台湾海洋大学合影

早在1987—1989年，洪华生就主持了多单位合作、多学科交叉的“闽南-台湾浅滩渔场上升流区生态系研究”重点课题，不仅在学术上有重大突破，填补了该海区多项研究的空白，也为此后几十年间台海两岸科研有效合作的开展打下了良好的基础。

1992年洪华生去台湾访问时，她就和刘康克教授商讨可以开始一些实质性合作。当时洪华生在做台湾海峡研究，而台湾学者主要研究台湾东北角一直到长江口这块海域，刘教授希望厦大团队将台湾海峡也一起“连起来”做。他们两人是在全球海洋通量联合研究（JGOFS）科学委员会相识的，算是老朋友了，刘教授学识渊博，一向严谨治学，潜心研究，谦逊待人，并曾担任JGOFS科学指导委员会副主席、国际地圈生物圈计划（IGBP）委员，是国际上著名海洋生物地球化学家。他的期望，也正是洪华生的愿望。

和台湾学者合作也有一些“有趣”的小故事。1993年夏天航次，“延

1993年，洪华生参加夏季台湾海峡航次
（远方的白船就是台湾海巡署的船）

平”号到了新竹外海12海里的地方取样。洪华生回忆说：“记得是中午风和日丽的时候，正停下来采样，突然间看到有个圆圆的白点很快飞驰过来，认真一看，原来是台湾海巡署的船，上面站了几个人，荷枪实弹，一开始大声喊话说，你们是干什么的？我们回答是采样做研究的，他们说问问你们船长，看看你们已经靠近新竹有多少海里了？我们装作不清楚，并强调是和台湾学者合作啊。他们又问有公文吗？我说和台湾学者有合作的协议，他们还是坚持一定要有政府的公文，‘你们赶快离开，要不然，我们就叫海军来把你们拉进去’，凶巴巴的样子。当时我的几个学生乐了，说洪老师让他们拉进去吧，这样子我们不是可以第一次实现直航到台湾吗？我说那可不行，船上除了我，还有我们阮所长是全国人大代表，如果我们真被拉进去，国台办一定会提出抗议。这样子不是造成了很大的事端，我们将来还做不做台湾海峡研究呢？后来我们用闽南语和他们喊话，讲明是福建海洋所‘延平号’科考船，取完样就走，他们的态度马上缓和下来，说‘好吧，你们赶快取完样就走吧’。然后噔噔噔地船开远了一点，没想到后来居然噔噔噔又开过来，我心想坏了，是不是又改变主意啦……哦，原来是来拍照的。不过没关系，‘延平号’已经在台湾注册过了。”这也算是大家记忆中的一件趣事吧。

很巧的是，后来2010年洪华生去花莲开会，和商少平教授到新竹拜访海巡署，想了解一下两岸在台湾海峡救难的合作。原先被告知海巡署的林总长只是礼节性地接见一下，没想到见面后却越聊越投机，而且用闽南语对话，感到非常亲切。林总长本计划接待以后立刻要去马祖，结果，他居然改变行程，留下来要和几位科长一起请洪华生他们吃饭喝酒，还带洪华生和商少平到他们海巡署的船上去，沿新竹港绕了一圈，参观他们的避风港等设施。

“他们的船性能确实很好，虽然不大，但是跑得非常快。在台湾，海巡署权力是非常大的，海上什么违法都抓，包括走私，还有防灾救难也是他们的事。那天中午海巡署请我们吃饭时，少平喝醉了，从来没有看过他喝得那么醉过，确实是大家谈合作谈得太开心了！”洪华生回忆说。

2010年9月，洪华生拜访台湾海巡署，登上台湾海巡署的船绕新竹港

1995年，洪华生与台湾大学海洋研究所洪祖璋教授等合作，联合开展厦门-金门海域环境污染物的监测，这是大陆和台湾首次在厦金海域开展的联合监测。由于样品交换正式渠道不通，当年的10月16日，环科中心的张珞平、徐立等就乘坐小船在厦金海域与台湾方面直接交换监测的样品，这是两岸海域环境研究的一个历史突破，被誉为“半个世纪的第一次接触”。CCTV-4曾对这次活动及其重大意义进行了专题报道。

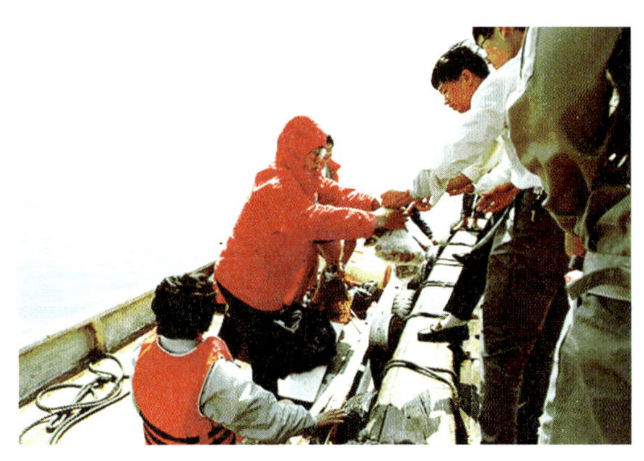
1995年，厦金海域两岸科研人员直接船上交换样品

2009—2012年，洪华生与台湾中山大学陈镇东教授合作，主持国家自然科学基金委（NSFC）国际与地区合作交流项目“九龙江流域—

河口—近海生态系统耦合变动及其环境效应”。说起来，洪华生在美国时就听说过陈镇东教授了，他是国际研究海洋生物地球化学碳循环与全球环境变迁的知名学者，担任过国际地圈生物圈计划（IGBP）副主席，全球海洋通量联合研究（JGOFS）及海岸带海陆交互作用（LOICZ）联合边缘海小组主持人，洪华生当时也参加小组报告的工作。

洪华生与陈镇东的合作项目取得很好成效，突破了两岸在海域上人为划分的界限，进行了3次联合配合调查航次，获得比较完整的数据，并在双方学术合作交流、研究生培养、合作发表文章等方面取得实质性进展，比如举办了4次学术会议研讨，联合培养博士生杨丽阳，合作发表了2篇高水平的SCI论文。研究结果对于深入认识全球变化背景下流域—河口—近海系统的变迁规律、趋势以及调控机制提供重要的科学基础，并为海峡两岸在该领域的长期实质性合作打下坚实的基础。2014年，该项目获得第四届山海论坛“最佳合作研究团队奖”。

2014年获第四届山海论坛“最佳合作研究团队奖”

2013—2017年，洪华生与台湾“中央大学”刘康克教授合作，主持国家自然科学基金委（NSFC）海峡联合基金“极端天气下台湾海峡动力环境演变与生态响应”，研究在极端天气（如台风、寒潮）条件下，台湾海峡海洋动力要素（温、盐、流）的时空变动特征，以及对物质（水量、营养盐、有色溶解有机质等）沿海峡及跨海峡输运的影响范围、量级和生态效应。项目取得的一系列成果，为台湾海峡物理、生态环境在极端天气条件下的适应性对策研究提供了重要的基础数据及理论积累，大大有助于提升海峡两岸在防灾减灾领域的监测和预报能力。

2015年，洪华生与项目合作方刘康克教授（前排左八）共同发起香山论坛第十五讲“极端天气下与人为冲击条件下台湾海峡与沿岸环境之物理及生物过程回应”

1992年以来，洪华生多次赴台交流，增强了海峡两岸的相互了解，成功地搭建了两岸海洋科学交流和合作的桥梁 。1998年，她参加了孙枢院士率领的地学部代表团赴台北参加“第一届海峡两岸地球科学研究推动研讨会”，就此与孙先生结下了不解之缘。孙枢院士于2018年2月因病逝世，洪华生追思说：“一直以来，他对我个人的成长，对我所追求的事业以及厦门大学近海海洋环境国家重点实验室的成长都给予了极大的关心和支持，我深感到他对后辈的真诚厚爱和热心提携。每次见到他，总是那么的亲切，同他随意交谈都能受到启发，得到帮助和鼓舞！他的恩情我终生难忘！”

2009年5月，洪华生又率团到台湾中坜“中央大学”，和刘康克教

1998年，在台北参加第一届海峡两岸地球科学研究推动研讨会合影
（前排中间为孙枢院士）

2002年，厦门大学代表团成员在台北参加第5届台湾邻近海域海洋科学研讨会
（左至右：郑天凌、胡建宇、李炎、黄奕普、洪华生、戴民汉、黄邦钦）

授一起召开“台湾海峡环境监测及灾害防治研讨会”，到台湾成功大学水利及海洋工程学系拜访高家俊教授，参观了他们先进的浮标和资讯系统。大家共同认识到，两岸虽一水之隔，却是一脉相承，随着两岸交通日益便捷，两岸经贸往来与合作交流日趋频繁，海上交通安全形势随之日趋严峻，保障两岸人民的生命和财产安全，维护台湾海峡海上安全，造福海峡两岸人民，是两岸共同的责任，期盼两岸在海峡的防灾减灾、海上安全等方面能有实质性的深度合作。

由此，洪华生和刘康克教授、高家俊教授三人发起了召开“海峡两岸海洋环境监测及预报技术研讨会”。此后，每1—2年分别在大陆和台湾轮流举办。

高家俊教授回忆说：“当天洪老师清晨搭高铁南下，九点多从台南高铁站直奔近海水文中心，在会议室足足坐了三个钟头。访客，尤其

2009年5月，台湾海峡环境监测及灾害防治研讨会（台湾中坜）

是第一次来的访客，通常都是礼貌性地介绍各自工作重点，初步探询相互间共同的兴趣。洪老师可不一样，探讨的议题不但广泛而且深入，毫不马虎。她亲切诚恳的态度最令人佩服，你不会为她初次见面就锲而不舍、追根究底的逼问感到突兀。洪老师待人亲切如‘妈祖婆’，与她接触如沐春风不在话下，而她处理事情的细腻更让人印象深刻，无论大方向的擘画，执行细节的定订乃至于成果的汇整与记载都亲力亲为，务求完美。当时我建议针对‘海洋观测’举办两岸研讨会，建立双方人员定期交流平台。洪老师认可这个提案，但是并没有进一步讨论细节。想不到这位‘妈祖婆’手脚真快，两个月不到就寄来研讨会第一轮通知，要我组团，十月中在厦门大学开会。‘海峡两岸海洋环境监测及预报技术研讨会’于焉诞生了。”

2009年5月，刘康克教授主持“台湾海峡环境监测及灾害防治研讨会”

2009年5月，洪华生拜访台湾成功大学水利及海洋工程学系的高家俊教授

2009年10月，第一届海洋环境监测及预报技术研讨会（厦门）

2010年9月，第二届海峡两岸海洋环境监测及预报技术研讨会（台湾基隆）

2011年11月，第三届海峡两岸海洋环境监测及预报技术研讨会（厦门）

2012年11月，第四届海峡两岸海洋环境监测及预报技术研讨会（台湾金门）

2013年6月，第五届海峡两岸海洋环境监测及预报技术研讨会（厦门）

2015年10月，第六届海峡两岸环境监测及预报技术研讨会（福建平潭）

2017年10月，第七届海峡两岸海洋环境监测及预报技术研讨会（台湾澎湖）

2019年10月，第八届海峡两岸海洋环境监测及预报技术研讨会（武汉）

十年来，研讨会的议题不断深化——海洋环境监测及预报技术的研究和应用，台湾海峡海洋灾害监测及预报，台湾海峡海上事故搜救辅助决策系统，台湾海峡海上通航环境监测与预报，极端天气下（寒灾、台风等）台湾海峡海洋环境的变动及监测与预报，两岸海洋经济发展之生态与环境安全保障，海洋环境生物地球化学与生态灾害，海洋环境大数据与人工智能等。

两岸参与的单位也越来越多，有厦门大学、武汉大学、中科院南海海洋研究所、台湾“中央”大学、台湾成功大学、台湾海洋大学、台湾中山大学、金门大学等院校。更值得一提的是，两岸诸多的实务部门加入进来，比如台湾“中央气象局”、台湾海洋科技研究中心、国家海洋环境预报中心、国家卫星海洋应用中心、自然资源部海洋减灾中心、福建省海洋与渔业局、福建省海洋预报台、台湾海峡预报中心、厦门市海洋与渔业局、厦门市环境监测中心站、金门水产试验所等。企业方面，包括福建四创软件有限公司、厦门斯坦道科学仪器有限公司、厦门光头哥大数据科技有限公司、湖北江辉海工装备有限公司、探海有限公司、慧科技科学有限公司等也积极参与进来。各方的积极参与，有效推动了科学研究服务于实务应用，业务部门的使用经验又为学者研究提供了最为直接的实验数据，企业则可将科学技术创新成果转化成产品推广应用，共同为两岸人民的福祉做出实实在在的贡献。

三十多年来，洪华生在推进国际交流，建立与台湾、香港地区学术交流与合作方面卓有成效，在推进我国海洋环境科学的国际学术交流及与台港澳的区域性合作方面做出了突出贡献。

海洋成就了洪华生的“蓝色梦想”和“碧海生命乐章”，而她也回报海洋以丰硕的成果。孜孜不倦三十余载，洪华生心系祖国、情洒海洋，开创了我国海洋生物地球化学交叉新学科，取得了国内外瞩目的学术成就；她眼光前瞻、高屋建瓴，领衔组建了近海海洋环境科学国家重点实验室，为该实验室成为国内外享有盛誉的优秀实验室打下坚实基础；她诲人不倦、甘当人梯，为中国和厦门大学的海洋与环境事业培养了多位优秀骨干；她视野开阔、不遗余力，积极推动国际学术交流与合作，为彰显中国在国际海洋的地位和影响力做出了重要贡献；她情系同胞、同舟共济，长期推动两岸的学术交流与实质性合作，为维护台湾海峡海上安全、两岸人民的福祉尽心尽力；她心系民生、服务社会，在“海洋防灾减灾”“饮用水安全”“流域-海洋污染综合整治”“智慧海洋助力海洋与海岸带综合管理”等方面取得了卓越成果。

三十多年来，洪华生荣誉等身，实至名归。1985年获福建省改革先进人物“三八红旗手”，1989年获国务院侨务办公室“全国优秀归侨、侨属知识分子”称号，1995年获福建省人民政府“优秀专家”称号，2000年被国家环境保护局授予第一批“环保使者”称号，2001年获得环境新闻工作者协会“地球奖”，2006年获得国家海洋局和科技部共同颁发的“全国海洋科技先进工作者”，2010年被评为国家海洋局授予的“中国十大海洋人物”，2012年获“曾呈奎海洋科技奖”突出成就奖，2013年获“消除持久性有机污染物”杰出贡献奖，2017年获厦门大学“南强杰出贡献奖”，2019年获得中共中央、国务院、中央军委联合颁发的“庆祝中华人民共和国成立70周年”纪念章等。

“莫道桑榆晚，为霞尚满天”，如今虽已年过七旬，洪华生依然怀揣着浩瀚的“海洋赤子心”，在她心爱的海洋环境科学事业里努力拼搏着。

附录一 感恩情缘篇

如果说，世界上最宽阔的是海洋，比海洋更宽阔的是天空，那么比天空更宽阔的，就应该是人的心灵。生活需要一颗感恩的心来创造，每个人的成功都离不开社会、团体、合作伙伴的协同，离不开亲人、朋友无私热情的帮助。只有大家都像蜡烛一样，有一分热，发一分光，给人以光明，以温暖，世界才会变得更美好。

感恩为幸福之首，懂得感恩的人，才会体会到幸福。西方有句谚语是这样说的：幸福，是有一颗感恩的心，一个健康的身体，一份称心的工作，一位深爱你的家人，一帮可以信赖的朋友。我们中华民族更是具有优良的“感恩”传统，“谁言寸草心，报得三春晖”“滴水之恩，当涌泉相报”无不反映了古人对“感恩”的认同和崇尚。

所以我相信，人一定要学会感恩。留不住的是岁月，忘不了的是亲人、同学、朋友，谢不尽的是关照，丢不掉的是情意。我这辈子最大的幸运，是得到了亲人的呵护、恩师的教导、好朋友和工作伙伴的鼎力相助，对此我一直心怀感激。天地虽宽，道路坎坷，但是只要心中有爱，心存感恩，懂得报恩，努力做好自己，就一定能让人生达到新的高度，让生命更有意义，活出应有的精彩。

回首走过的路，我心潮难平，也感慨良多。在人生旅途中，有太多太多的感恩，我非常珍惜和感恩所有出现在我生命中的人，感恩一路相伴的亲人、同事、学生、好友和合作伙伴，正是因为有了你们，才有了我人生的精彩。

于庚子年春

一、家人亲情

慈父的潜移默化影响深远

都说“父爱如山”，父亲的爱，博大而厚实。正如高尔基所说，“父爱是水”，父爱有时候也像河流一样细长、深邃而纯粹。我的父亲，一直都是以他慈父的爱，抚育着我们兄弟姐妹的成长。这种爱，看似不动声色，实则从思想上潜移默化地影响和指引着我们。比如，他从学习上给予我们很多鼓励，经常为我们购买课外读物，特别是有关科学知识的书籍报刊，要我们学好真知识，掌握真本领，打下扎实的基础；在生活上则要求我们粗茶淡饭，知足常乐，从小养成勤劳简朴的习惯。

父亲一生爱国，20世纪40年代初，因为宣传抗日爱国思想，在鼓浪屿和菲律宾都曾被捕过，但从来都没有屈服，在关键时候，体现了一名中国知识分子的坚强和民族气节。回国以后，他服从国家分配，虽然是一个高级知识分子，但是没有一点架子，深入车间和工人打成一片。

他酷爱学习，知识渊博。让我非常惊讶的是，我大学上高等数学，有不懂的地方问他，他居然还能够准确娴熟地指导我。他的外语基础也很好，不仅精通英语、日语，还懂得德文。他的口头禅——“知识是无穷无尽的，活到老要学到老。”年纪大了以后，他虽然眼睛不大好，但仍然坚持每天用放大镜阅读报纸杂志，关心国家大事和社会新闻。父亲的一生，虽然经历了风风雨雨，在“文革”期间，也和妈妈一样受到冲击，但他依然无悔无怨，心系祖国。

父亲一生为人诚实宽厚，淡泊名利，从不计较个人得失，正直做人，生活简朴，这些优秀品质对我来说，也是潜移默化的，一直影响着我的人生道路。我在美国学习的时候，他常用英文写信来鼓励我，给我克服困难的勇气和力量。

“无忧无虑，不要担心，不要焦虑，不要烦恼。抱最好的希望，做最坏的打算。要做环境的主人，不做环境的奴隶。”如今，父亲虽已过世多年，他的这些教导仍经常在我耳边响起，伴我终生，鞭策着我克服困难，不断进取。对我来说，父爱就是我人生旅途中的一盏明灯，照亮我前行的道路。

Dear Baby:- 第　页 April 17th. 1981, Kulan
Your letter dated 8/3, be it #7, reached us on March 21st, while yo
#8 letter dated 24/3 arrived a few days ago, after we mailed our
reply to Mrs Paseking on April 10th. It rejoices us very mu
to hear your success in exam. Were you really care-free, t
no fantasy, no worry, no anxiety & no vexation, but light
heartedly minding your studies, nothing would be difficult
hard for you to overcome. Keep fit, work hard, study wel
That is why we must keep in mind: Hope for the best, prepare
the worst; Be master but not slave of the circumstances.
are no straight roads in the world, we must be prepare
to follow a road which twists & turns & not try to get
on the cheap but do try to get things on the light-hearted.

1981年，父亲从鼓浪屿写给远在美国的洪华生的信件

1968年，洪华生和父母及弟弟们在鼓浪屿海边合影

父母的言行对孩子的成长起着潜移默化的作用。我们回国后由于爸妈工作很忙，经常不在家，只有小脚的外婆帮我们做饭。爸妈要我这位大姐姐管着四个弟弟，但我的几位弟弟都非常自律，在学校里大多都是三好生，而且都当过大队长、中队长、班长的，回到家里就围着饭桌，各自做自己的作业。我有时候也感到很奇怪，我从来没有看到四个弟弟打过架，根本都不需要我管，对我这个姐姐也非常敬重，从小感情都非常好。后来大弟念了清华的硕士，小弟也成了牛津的博士。

1988年，洪华生和父母及弟弟们在鼓浪屿家中合影

母亲是人生的第一位“老师”

诗人但丁曾说过：“世界上有一种最美丽的声音，那就是母亲的呼唤。”我人生中第一位老师，就是亲爱的母亲。

母亲的小名叫“也好”，这个别致的小名，在20世纪初的闽南地区，带着浓郁的中国传统观念重男轻女的味道。但也正因为这样，才造就了母亲坚毅自强的个性。我从小就从母亲那里学到了坚强自立、乐于助人的品格。有着拳拳爱国之心的母亲，在我十岁时把我从菲律宾带回了祖国，让我从小就对祖国有着深厚的感情和热爱。母亲很爱国，所以后来我在美国获得海洋学博士学位后，毅然选择回来报效祖国，也是受了她的影响。

母爱如春夜润物细无声的雨。母亲的言传身教，渗透在生活中的一点一滴里，在母亲的身上，我除了学习到热爱祖国的情怀，也学到了无私奉献的精神。她1941年在菲律宾加入“菲共”组织，积极参加地下抗日工作，在党领导下的报社和教育机构工作。1954年回国以后，组织上规定异国党员要经过党组织的审查才能重新入党，一开始她心里是有点不舒畅的，但是转念一想，既然是党的决定，必须服从。所以，她开始努力，为早日重新加入中国共产党而更热忱积极地工作。终于，经过九年的努力，1963年母亲才被重新审查入党，她为此感到特别兴奋和欣慰。

母亲在厦门市妇联做农村方面的工作，经常下乡跟农民同吃同住。可未曾想到的是，1966年“文革”开始后，她受到了冲击，说她有重大的问题没有交代，要参加学习班，而且不能回家，要到灌口生产队劳动。1970年，又被下放到龙岩连城，当时我弟弟也都到永定下乡了，我母亲要求一起去永定，没被批准，只能服从安排。所以，那一阵子，母亲的心情还是很沉重的，回想自己满腔热情、冲破敌对势力的重重阻碍，从海外带着五个孩子千辛万苦回到祖国，想不到一家七口被分散到五个不同的地方！当时，母亲被分配到比较偏僻的生产队劳动，住在原来是牛棚的一间又黑又烂的房间。直到1972年年底，她才被通知回到市区，但不能回到市妇联。一开始先在思明区妇联当干事，而母亲觉得，既然没法回到市妇联，1975年就申请调到鼓浪屿区妇联任主任。

后来母亲才知道，当时菲律宾的共产党被诬蔑成美蒋特务组织，直到1978年政府才为这个冤假错案彻底平反，还了母亲等菲律宾共产党员的一身清白。当时母亲的实际年龄已经59岁了，本来55岁就该退休，她已经算是“超龄”了，不过，接受了组织安排，她还是继续坚持工作，到1982年才办理离休手续。由于当时厦门还没有致公党组织，中央致公党的一位菲律宾归侨同志介绍说，我母亲过去在菲律宾曾经和洪门组织有过联系，可请她出来协助厦门成立致公党。母亲虽是共产党员，但是因工作需要，她二话没说，便服从组织安排加入了致公党。

1981年，母亲和其他两名同志一起创立了致公党厦门市工委会，她作为召集人，1984年出任致公党厦门市工委会副主任委员。1988年，已经年近七旬的她退休下来当顾问。而此前的1983年，母亲还被推选为鼓浪屿区归侨侨眷主席，后来也获得了“老党员贡献奖”。

回国之后，母亲长期以来从事妇女工作，为中华人民共和国的妇女事业做出积极贡献；积极团结联系归侨侨眷，一起为祖国的建设事业发挥力量。她一生，总是积极热情地投入工作，虽然受到了一些挫折，但是依然无悔无怨，始终抱着乐观的态度对待人生。母亲为人正直，待人诚恳。我曾耳濡目染，她与菲律宾革命同志们患难与共的战友情、与妇联工作同事们几十年不变的姐妹情。这些都潜移默化地影响着我的成长。

2005年，母亲得到了中共中央国务院中央军委颁发的一枚“纪念中国人民抗日战争胜利60周年纪念章”，这是对母亲参加革命工作的肯定和表彰，令她感到无限的光荣和自豪。

2005年，母亲洪如萍荣获“纪念中国人民抗日战争胜利60周年纪念章”

令人高兴的是，“中华人民共和国成立70周年”时，我也得到了共和国的纪念章，我相信，这是我对妈妈最好的回报，相信她在天之灵也会感到欣慰。

因为母亲的启迪，我也常常会思考：什么才是真正的女性的“美”？

2019年，洪华生荣获“中华人民共和国成立70周年纪念章”

作为女性，我自然也十分爱美，但在我眼中，女人的美体现在“自尊、自信、自强”这六个字当中。自尊，是对自己的形象、素质、能力有正确客观的认识，肯定自己，努力实现自己的价值；自信，则是要了解自己的性别优势，要看到女人专注力强、感觉敏锐、观察细微、沟通能力强等特质，充分发挥自己的聪明才智和潜在能力；而自强，就是要不断奋发图强，碰到机遇学会抓住，遇到挫折学会坚强，环境改变时学会适应。

一直以来，我把这六个字作为自己的人生信条，激励自己不断向前，勇敢地追求梦想并努力奋斗。

必须说，我这样的人生信条，来自我生命中重要的三位女性榜样——除了最早给我影响的母亲，还有鼓浪屿二中的恩师陈碧玉校长、原厦门大学化学系党委书记刘正坤老师，她们言传身教，在不同的时期给了我不同的鼓励和指引，让我明白了作为一名知识女性如何自尊、自信、自强，勇敢地去追求和实现人生的梦想。

陈碧玉校长为教育一生不懈追求和勇于奉献的精神，对我回国后献身教育事业起到了很大的示范作用。而我读大学时任厦门大学化学系书记的刘正坤老师，她坚强的意志和乐观的人生态度，也深深影响了我后来的人生道路。1978年，在我人生转折的关头，刘老师曾送给我一句话：“有志者，事竟成。”正是这句话，让我在阔别书本十年后，能重拾信心，凭着扎实的知识功底考入了厦门大学海洋系并攻读硕士学位。她们不仅是我学习的楷模、人生的标杆，更是关心呵护我、影响我一生努力进取的恩师，每每回想起与她们相处的日子，我总是心怀感激、无限怀念。

一生一世相濡以沫的老翁

我这辈子要特别感谢的家人，除父母外，就是我的先生翁成受了。可以说，没有他，就没有我今天的成就和幸福的家庭生活。

老翁1939年12月生于福州琅岐岛靠海的一个贫穷的家庭，上面有

3个姐姐，很早就出嫁，他父亲50岁的时候才有了他，母亲身体很不好，在他十岁的时候就不幸去世了。他们家住在海边一个非常小的房子，只有十平方米左右。他就睡在阁楼上面，下面是吃饭和烧火的地方，又小又暗。小时候，他其实就是个放牛娃，有时候也跟着父亲到海边去捕螃蟹、捕鱼，所以哪只螃蟹是饱满好吃的，他一眼就可以识别出来。他到了十岁才开始上小学，不过，读书成绩不错，小学跳级，只读了两三年就转到了亭江中学。

因为非常能吃苦而且岁数大一些，老翁在同学中威信比较高，1958年就加入了中国共产党，并且成为学生会的主席。二十岁时，他父亲生病去世后，他主要依靠勤工俭学和助学金来维持寒窗苦读。1962年考上厦大预科，1963年就读于厦门大学经济系政治经济学专业，1968年毕业。一路走来，作为一名有着60年党龄的老党员，老翁对党一直有着深厚的感情。

我和老翁是在“文革”期间认识的，当时系与系之间的同学都有来往，我们的认识，冥冥之中可能是缘分吧。老翁是苦孩子出身，对人很好，也很善良，那时候他主动追求我，我很欣赏他的自立坚毅精神，也觉得他是个可以信赖和依托的人，我们之间的感情可以说是一种简单朴素的爱情。

毕业分配时，辅导员了解到我跟老翁的关系，就动员我到武钢，他说武钢交通方便，以后老翁分配到哪里交通都比较方便。那时候，我们去单位上班前都要先下农场锻炼，我毕业之后先是到了东北的沈阳军区农场，老翁则奔赴湖南军垦农场。湖南冬天非常冷，下水稻田干活很辛苦，而且也没有荤菜吃。老翁后来告诉我，有一次，他晚上上厕所的时候，脚一踩滑了一跤，原来踩到了地上的一只大王八（乌龟），他很高兴，把王八拎回来炖了，和同班同学一块吃，大家都开心坏了。

这个故事，我记得很清楚，可以说，也是那个特殊年代大家苦中作乐的乐观主义精神的生动写照吧。

1970年农场劳动结束后，老翁被分配到岳阳师范当老师，从岳阳到武汉的交通，的确是比较方便的，坐火车就可以了。1970年我到了武钢，就去岳阳和老翁登记结婚了。记得当年我们办理结婚很简单，我从武钢修建部打了证明，他从岳阳师范开了证明，4月10日，我们就去了婚姻登记处领证。当时的结婚证没有照片，只有一张小红纸，上面印着“大海航行靠舵手”的字样，挺珍贵的，到现在我还保留着呢。从那时起，我与那个称呼为“老公”的老翁结了婚，我便有了人生中的另外一个家，一个我大半辈子最温暖的窝。

我对领证那天的印象特别深，因为当时我们领完证，就到岳阳楼，坐在那休息一会儿。突然，听到后面有很大声的警车鸣笛！原来那天是要枪毙一些人。当时在岳阳那里没单间住的地方，登记完我还是要马上回到武汉。所以我们领证的那天，并没有当下年轻人那种浪漫的仪式感，只有我们两人彼此心安妥帖的简单幸福感。

后来，老翁到武汉找我，说起来还要非常感谢武钢那些师傅们对我的好。他们知道我刚刚结婚，马上找了一个小平房，取来几块木板铺起来当成木板床，我自己则带了妈妈买的一些被子床单过去，木板床加上棉被就算是新房的全部装备了，没有什么嫁妆，甚至连一件像样的新衣服都没有，非常简单朴素。这次算是正式的结婚仪式，其实也就是分喜糖给同事们，告诉他们我结婚了，平常得不能再平常，简单得不能再简单。但我们还是欣慰地笑着，满心的欢喜。

不过结婚后，一开始我们还是两地生活，后来我怀了大儿子海东，老翁才申请也调到了武钢工作。当时他分配到武钢修建部宣传科，但他能力很强，很快就当上宣传科的科长，也比较早就被评上了经济师。

1978年，洪华生一家在武钢合照

过日子离不开油盐酱醋，当时我们生活还是很艰难的，每人每个月才四十六块五的工资，两个人加起来还不到一百块。后来又有了小儿子，两个人的工资要养两个孩子，只能是粗茶淡饭，而且当时食品要凭票购买，每人每个月一张一斤的肉票，就要省着留给年幼的孩子补充营养。

我们夫妻俩每天都是早出晚归，工作之外还要自己带小孩，但是因为之前我们都有吃过苦，所以也没感觉到特别艰难。小孩略大一些后，我们的床不够了，记得我母亲当时还在连城下放，特意打了一张床加上木板托运给我们。武汉天气非常热，夏天气温高达40℃，没有电扇，一到晚上，大家都跑到门口泼水，然后把木板床、木板抬到外面来，晚上男男女女穿着短裤，露天睡觉，这是当时很常见的情景。我们不敢出去睡觉，只能把板凳和小孩的小摇床拿出去，坐到12点，然后才回到房间来，其实那会坐在床板上还都是滚烫滚烫的，根本睡不着。当时唯一的消暑工具，就是一把芭蕉扇。我经常和同事、朋友开玩笑说，我是零上零下40℃都待过啊（当年在东北可是零下四十几摄氏度），所

以什么艰苦的环境我都可以适应。我始终记着妈妈曾送给我爸爸的一句话——“要做环境的主人，不做环境的奴隶”，所以不管是什么样的环境，我总是有办法去适应它。好的可以，差的也可以，只要自己感到满足，就知足常乐了。

一晃，我们就这样平平淡淡地生活了八年。那段时间虽然有些清苦，但我们还是过得很幸福，下班一起做饭，带孩子，一起讨论人生。这在某种程度，有点像古人说的“举案齐眉、相敬如宾”吧！就连礼拜天夫妻俩和大伙儿一起拿着节省下来的肉票，去排长队买排骨回来炖汤给小孩吃的场景，如今回想起来也觉得很温馨。

武钢后来引进了德国的冷轧薄板厂，我是学化学的，就到检验车间去做检验，做镀锡和镀锌板的化学成分和物理硬度的检验，这对我来说是简单的工作，徒弟们对我也很好，整天师傅长师傅短的，工作很愉快。到我决定考研究生时，他们也都很支持我。

我的丈夫老翁，更是在我忧郁彷徨是否报考研究生的这个人生关键

2005年，洪华生一家在厦大家合照

时刻，无条件地鼓励支持我报考，而且还亲自带着我去报名。每天晚上差不多八点多，我哄小儿子睡了，开始复习功课，他就在旁边煮鸡蛋给我吃，补充营养，其他家务他总是能包揽就包揽，尽量让我在工作之外有更多的时间复习功课。

我考上厦大研究生之后，就把大儿子海东先带回鼓浪屿我爸妈家，老翁一个人边工作边照看三岁多的小儿子。1980年，我赴美国留学四年，那时候通讯不发达，我们之间大部分的联系都靠书信来往，老翁还用马克思说过的话——“在科学的道路上没有平坦的大道，只有不畏艰险沿着陡峭山路向上攀登的人，才有希望达到光辉的顶点”，来鼓励我在异乡好好努力学习、追寻实现我从小的科学家梦想。他还特意用毛笔写了“不管风和雨，寒梅自著花”的条幅送给我，挂在宿舍的墙上。儿子也画画给我，我在遥远的大洋彼岸非常想念他们，但

1981年，洪华生在美国留学的住家，墙上挂有丈夫老翁的字和儿子的画

1981年，大儿子海东送洪华生的画——《荷花出污水还不染》

1981年，小儿子浪天寄给洪华生的生日礼物

是为了海外求学的梦想，我只能默默收起这份思念，把它当成我奋发学习的动力。

1982年，老翁申请调到厦门党校担任经济学教师。1984年我回国后，厦门大学怕我不回学校工作，就把他从党校直接调到厦门大学台湾研究所，后来老翁担任了经济研究室主任、台湾研究所的副所长。

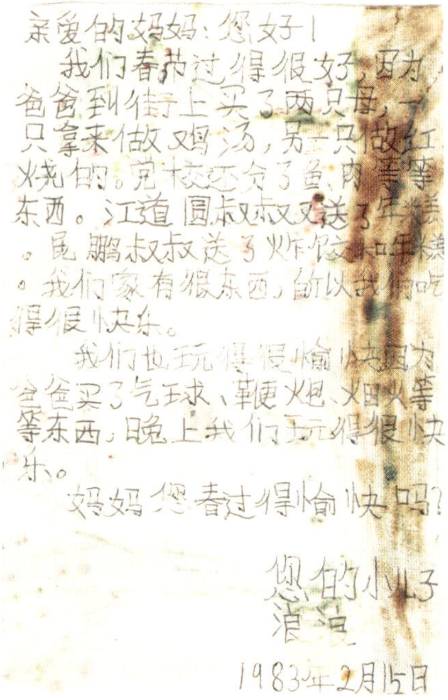

亲爱的妈妈：您好！
我们春节过得很好，因为爸爸到街上买了两只母，一只拿来做鸡汤，另一只做红烧的。党校还分了鱼、肉等等东西。江道圆叔叔又送了年糕。昆鹏叔叔送了炸饺和年糕。我们家有很东西，所以我们吃得很快乐。
我们也玩得很愉快因为爸爸买了气球、鞭炮、烟火等等东西，晚上我们玩得很快乐。
妈妈您春节过得愉快吗？
您的小儿子
浪天
1983年2月15日

1983年春节，小儿子浪天寄给洪华生的信

老翁在工作上兢兢业业，勤于钻研，思路敏锐，他的睿智和勤奋使他在专业上颇有成就和建树，成为台湾经济学研究领域的专家，并在台湾经济及两岸经济关系专题研究方面取得有富有影响力的出色成果，受到学术界和领导的重视，为相关部门的对台经济决策提供了有价值的参考。1987年年底，老翁发表在《内部参考》的“台湾经济发展概述”一文，被认为是中华人民共和国成立以来首次“实事求是全面论述台湾经济”的文章，当时新华社为此特地通知国内全体经济记者编辑阅读。1990年，老翁撰写的“加速南中国经济圈形成的构想”发表后，在社会上也引起较大反响，被认为是一篇视野开阔、立论有据、构想超前、影响深远的文章。

1991年秋，老翁被特邀专程赴北京参加中央台办根据中央领导指示组织的一项重要的对台政策研究工作，并担任经济组组长，负责对台经济政策的起草工作。后来中央台办特意致信厦大，赞扬他和同事

“按分工出色地撰写了一份很有深度，很有价值的专题报告……为整个任务的完成发挥了重要的作用”。

1997年，他撰写的“香港回归后福建开展对台经贸的新机遇与对策思路”研究报告，全面论述了新机遇的内涵，提出从连接两岸的角度,构筑运行机制;从推进经济综合的深度,开展闽台产业分工协作等建议。时任福建省委副书记习近平做了“很有参考价值，可转有关部门阅研”的批示。

此外，他还多次应国内十几个省市台办和解放军总政治部的邀请，为对台干部们讲授有关台湾经济及两岸经贸关系的课程，广获好评。老翁为他能发挥一技之长，用自己的学术研究成果做力所能及的贡献感到特别欣慰。

在工作上的成绩之外，老翁还是一位好丈夫、好父亲，在我20世纪80年代初赴美攻博的四年多时间里，他既当爹又当娘，在忙工作的同时还要照看五岁和九岁的两个儿子，那种辛苦不言而喻。在我回国后开始更忙碌的拼搏，他还是一如既往地支持和帮助我，是我生活中最体贴的伴侣、工作上最积极的参谋。

2003年，洪华生和翁成受在永春牛姆林情侣树下的合影

我今天事业上取得的成就，离不开老翁的辛勤付出。人生一路有他的陪伴，是我今生

2007年，洪华生和翁成受在日本仙台医学专门学校的
鲁迅先生雕像前合影

今世最大的福气，我多么希望能有更多的日子，我和他一起围坐含饴弄孙，在我们的皱纹与白发里，细数光阴的痕迹，笑谈我们拼搏奋斗、流血流汗的青春岁月。欣慰的是，我曾经利用开会的机会，和老翁一起到过美国、加拿大、英国、日本、澳大利亚等地游览，时间虽短暂，但留下了人生的足迹和美好的回忆。

令人遗憾的是，2018年10月初，老翁不幸逝世，永远地离开了我和孩子们。我万分悲痛，近五十年来，我已经习惯老翁的陪伴、关爱和鼓励了，他用他宽广的胸襟和关爱的臂膀给了我一个温暖的家，在生活和事业上全力支持我；我收获了进步，他比我还高兴，也不忘了继续鼓励、鞭策我；我碰到困难和挫折时，他便开导我、安慰我，帮我一起分析，寻找解决办法；我性子比较急一些，老翁便建议我学习书法，试着修炼性子，同时也陶冶情操，提高艺术鉴赏力。今生今世，我怕是无法还清老翁的恩情了。结发为夫妻，恩爱两不疑，非常感谢生命中与老翁的美好遇见，永远的怀念和感恩！

二、没齿难忘恩师凯斯特教授

中国有句古话："一日为师，终身为父"。我能有今天的成就，也要特别感激我的美国导师Kester教授，他平实慈祥的鼓励、细致精准的教导和对待学术研究一丝不苟的精神，令我终身受益，值得我永远铭记和感谢。

Kester教授对中国是非常友好的。1978年，中国刚刚对外开放，李法西先生跟着中国海洋局代表团到美国考察，在美国罗德岛大学海洋研究生院里见到了Kester教授，因为专业背景相同，两人相谈甚欢，而且建立了不错的友谊。所以当我考上公派研究生时，李法西先生立马想到把我送到Kester教授那里去深造。因为当时美国罗德岛大学海洋研究生院的水平和美国WHO的水平相当，教师队伍力量非常雄厚，当时担任研究生院院长的Knauss教授后来还担任了美国国家海洋和大气局（NOAA）的局长，化学方面有Kester教授研究微量元素，Duce教授研究大气，还有Pilson教授专攻营养盐，都是在国际上享有盛誉的专家。很幸运地，他们三人都是我的导师指导组成员。

1981年圣诞节，洪华生和 Kester 教授一家合影

当时Kester教授并

没有嫌弃我既没考托福，也没考GRE，他欣然答应接收我，而且由他的课题经费来支付我的学费。我到了美国以后，他非但没有轻视中国人，而是非常真心实意地帮助我。他的知识非常渊博，学术造诣也很高，虽然平时不苟言笑，但是如果你跟他讨论起科学问题，他便滔滔不绝、不吝赐教。所以这就是为什么每次我跟他约，他都会抽出时间来跟我讨论，因为我这个人有爱问问题，而且一问起来就打破砂锅问到底的“毛病”。

1984年，洪华生获得博士学位证书时和 Kester 教授合影

每次跟他交谈，我都受益匪浅，学业知识也有了很大的长进。特别感激的是他为我的研究铺垫了很好的道路，比如说要到秘鲁上升流去测不同形态的铁，这个测定是非常有难度的，得把原子吸收仪器带到海上去，当时还为此专门搞了一个集装箱。Kester教授除了理论知识渊博，也有着很强的动手能力，他亲自和工程师们一起把整个集装箱改造成为一个洁净室，所有的焊工、钳工、电工活他通通都会做。也正因为他各方面的大力支持和帮助，我才能够在秘鲁上升流取得痕量铁测定工作的成功。我们出海的时候，他总是出现在取样的第一线，他人高马大，力气也很大，而且很绅士，非常照顾我们女学生。不过，他对我要求非常严格，我写的论文和文章，他都认真地逐句逐字修改。

除了学习上的指导，Kester教授在生活上也很关心我，每逢节日，就邀请我到他的家里，和他的太太Roberda、女儿Joanna一起吃饭，我生平第一次看美国的橄榄球赛就是在他家里。他很喜欢驾驶帆船，自己买了一条帆船，装饰得很好看，节日的时候经常带我们一起出海去放松放松。所以在那里学习虽然压力非常大，但是Kester除了学业上严格要求，还会在百忙之中惦记着想一些办法来，让我在生活上、在精神上能够放松，忘记思乡的愁绪，对此我一直心存感激。

当我博士毕业回国前，他还出钱，让我到美国西海岸几个著名的学校和研究所走了一趟，从西雅图的华盛顿大学，到Oregon大学，再到Scripps研究所，使我开阔了眼界，也认识了许多海洋界的“大佬”。Kester不仅指导我完成论文，而且为我回国以后能够在中国海洋科学研究方面开展工作做了很好的基础铺垫。我刚回国不久，李法西先生就去世，当时厦大海洋系没有其他博导，海洋化学博士点随时有可能被取消。厦大田昭武校长征求我的意见，说能不能请Kester作为兼职的博士生导师，这样暂时先保住这个博士点。当我写信告诉Kester，他立马欣然答应，后来把他的材料正式上报国家教委，帮助我们保住了海洋化学的博士点。他后来还多次到厦大来做学术报告，帮助我指导学生，他一直关心我们中国海洋事业的发展，在他看来，海洋研究事业发展无国界。

1988年，Kester 教授访问厦大时和洪华生夫妇在海边合影

我在香港的时候，他也被邀请过来合作遥感应用的研究，当时我在香港曾考虑是留在那

1993年，洪华生和 Kester 教授在香港科技大学办公室合影

或者回来，面临又一次的人生抉择，也曾跟他讨论过这个问题。记得我当时跟他说："在香港当然条件好得多，不管是工作上、生活上、待遇上都好，但是感觉到在香港要扎下根，建设一个团队是非常难的。我想我的根还是在内地，所以访问学者期限结束后我还是要回去。"

他非常支持，并表示说，有什么困难告诉他，他会帮助我。让我没想到的是，几年之后，从美国那里传来噩耗，Kester永远地离开了我们，我在痛苦悼念他的同时，深感遗憾，如果他在世，后来我们的中国海洋事业、厦大海洋科研肯定会得到他更多真诚的帮助。

师恩永不忘，我一直很感激也很怀念Kester教授。

1999年，在美国罗德岛"三世同堂"
（由右至左：Kester 教授、洪华生、戴民汉、商少凌）

三、亲如一家的异国房东

当年，我在美国能够顺利完成学业，还要感谢我的房东Jim Fasching教授和他的太太Diane。

记得我刚到美国的第一天，Kester教授带我到了办公室之后，又带我到附近的小超市，买了一些面包、牛奶、鸡蛋等简单的食品，然后就带我到了住处，也就是Fasching家的房子。这套小房间是车库改造成的，原来是给Diane妈妈住的，后来她妈妈去世了，空在那里。房子离学校不远，走路大概20分钟，但两边没有人家，只是一片树林，而且还有一块坟地，可以想象刚开始时我每天天黑从学校自己走回去，那是何等的害怕呀！可是一方面我不会开车，这里离学校比较近，步行就行了，另一方面Fasching是Kester教授的好朋友，Kester教授觉得我住在Fasching家里也是比较安全的。

记得那天到达Fasching家时已经天黑了，Kester带我进去的时候，Diane很热情地接待我，然后叽里呱啦地说了一大堆，其实我什么都没有听懂。房间虽小，但是有床、浴室、沙发，角落处还有个微波炉，有个小小的电炉，是烧开水用的。因为Diane的妈妈自己不生火，所以只用微波炉。当时我还是第一次看到微波炉，根本就不知道怎么用。

那天我都非常累了，洗完澡就倒在床上，有一个床罩，我以为是棉被，就直接盖了睡觉了。第二天一早，Kester教授怕我不认得路，过来接我去办公室。就这样过了两天，有一天Diane过来，看到床上根本没有毛毯，她很奇怪，问我："你盖什么呀？"

我说："咦，这不是棉被吗？"

1982年，洪华生和Fasching、Diane、Nathan一起过圣诞节

她惊讶地说道："不是啊，这是床罩！"然后我们两人一起哈哈大笑！她才知道我之前根本没听懂她的话，她说毯子就在柜子里面，还有床单，然后就顺手帮我铺好了。又问我会不会用微波炉，我坦诚告知不会，她很耐心地教了我使用的办法。

我到美国以后才发现这里的鸡蛋特别便宜，鸡腿也便宜，因为没有炒菜的锅，我只能用清水煮，另外再煮一点米饭，所以我一般是焖一锅米饭加水煮蛋，再买些鸡腿，放些酱油，用微波炉来做烧鸡腿配饭吃。很多时候我基本没时间做饭，都是饿了啃啃面包，喝点牛奶，大部分时间是在学校实验室、图书馆里。学校里有一个小的咖啡厅，中午可以买点三明治来吃，但因为当时国家每月只给450美元生活费，房租就去掉了150美元，我必须非常节约，多吃面包、喝牛奶，少吃其他较贵的食物。还好我这个人适应性比较强，对生活要求也不高，所以也没有觉得有什么不开心的。

我住的这个小房间里，有个门打开后可以通到Diane的客厅。后来彼此熟悉了之后，她告诉我要炒菜可以到她的厨房，我很想吃炒饭，拿着蛋、葱花和米饭到她那边炒一大锅，够吃两三个晚上。再后来，有时候周末他们会邀请我一起吃饭，我也炒饭给他们吃，他们觉得非常香，很喜欢吃我的炒饭。

后来慢慢地跟他们聊起家常，得知我是放下两个孩子到美国来求学的，他们夫妻从心里头非常佩服我。他们没有生孩子，只收养了一个黑人小孩。Diane是做护士出身的，后来在一个公司里从事人员培训，心地非常善良，她正好跟我同岁，月份比我小一点。我们聊天的时候发现虽然文化背景完全不一样，但是对善、美、恶的观点竟然差别不大，这可能就是人类的共性吧，所以我们很谈得来。

Fasching则是罗德岛大学化学系的系主任，比Diane大一岁。他是麻省理工学院（Massachusetts Institute of Technology, MIT）毕业的，思想特别活跃，思路非常宽广，他曾告诉我，"当你一个问题研究不下去的时候你不要钻牛角尖，换个角度换个思路去想，也许就豁然开朗了"。这给了我很大的启发。后来Fasching还是我论文评审委员会的成员，有关化学的一些问题，我也跟他讨论和请教了不少。

慢慢地，我和Fasching一家增进了不少感情，他们逐渐把我当成亲人来看待。令我感动的是，每年圣诞节，他们都要等到我考完最后一门功课，开车一起去选圣诞树，然后回来吃饭后一起来装饰圣诞树，每年圣诞节都互相交换礼品，现在回想起来，特别温暖、温馨。而每次感恩节吃大火鸡，我也会帮忙做点菜，Fasching有时候感到很好奇，他说："我每次吃你的菜好像感觉味道不一样，但是都很好吃，你炒菜的菜谱是什么呢？"

1992年，Fasching和Diane在厦门洪华生家合影

我告诉他："你读化学，我也是读化学，炒菜就跟我们做化学一样，凭着经验，加上酱油和作料这样炒一炒，其实很简单的啦。"想起来，他们外国人做饭，经常都要一勺两勺、一滴两滴地控制，非常严格，挺有趣的。有的时候，我会和Fasching一家一起去沙滩上听音乐会，有一次我们还一起到山上滑雪，母亲节Fasching还请我和Diane吃大龙虾呢。

在美国求学的这段日子，我虽然远离了丈夫和孩子，但是在房东家，真真切切地感受到了家人般的温暖。四年来，我和Fasching一家建立了深厚的友情，一直到我回国后，每年我的生日，Diane他们都会寄贺卡过来，让我非常感动。他们告诉我："你随时回来，这个家有你住的房间。"后来我曾经两次回到美国，虽然他们已经搬了两次家了，去了还是住在他们家里，特别亲切温暖。有一次还是老翁跟我一起去的美国，住在他们家。这么多年过去了，我还是会时常想念着这曾带给我温暖的异国的"家"和"亲友"，一份浓浓的感恩和思念总在不经意的时候涌上心头，挥之不去。

2000年，洪华生和翁成受在美国和 Diane 一起共进早餐

四、海上同舟共济 30 年

回想起我科研过程中30年顺利进行的多次台湾海峡出海科考，很重要的一点，要特别感谢福建海洋研究所的“延平1号”“延平2号”科考船的研究人员同仁以及船上的船长、船员，特别是原来的老所长郑执中老先生和阮五崎师兄。

郑执中老先生也是福建南安人，和我可以算是原籍上的老乡了。他1943年毕业于厦门大学生物系，1953年获得菲律宾大学动物学博士学位后回国。他长期从事海洋生物学研究，是我国微型有孔虫研究的先驱和奠基者。1979年受福建省科委的委托，已经62岁的老先生，从中科院青岛所到厦门创办福建海洋研究所。刚开始起步，面临的困难也是很多的，但是在他的领导之下，福建海洋所建造了第一艘调查船“延平一号”，并且进行了台湾海峡中、北部许多航次的海洋综合调查研究，弥补了这个海域的许多空白，还获得了国家科技进步二等奖。从美国求学回来后，为了能够出海科考，我特地到福建海洋研究所了解情况，郑老先生及其团队的认真奋战、克服困难的精神，让我深为佩服。

当时，我找到郑老先生提起想到福建海洋研究所兼职的事，他非常赞同，而且鼓励我做事情不要怕困难，记得当时他说了一句话，“有困难就是有进步”。这句话我一直牢记在心里，而且后来也经常用这句话来鼓励我的学生——“如果没困难，大家都做好了，还叫你做什么呢？碰到困难就要迎难而上，克服了困难，你就前进了一大步”，其实这也是我人生中的一个重要感悟吧。

阮五崎在厦门大学化学系比我早一届毕业，应该算是师兄吧。他出生在厦门港，打娘胎起就在海上，是厦门港疍民的后代（“张、阮、欧”是厦门港疍民的三大姓氏），所以他水性很好，也从来不晕船，而且到了海上精神特别好，活脱脱是海上的一条好汉。我常开玩笑说他是“阮小二的兄弟”。他毕业后被分配到浙江工作后来又回到福建海洋研究所，始终坚持在科研现场的第一线，组织实施台湾海峡中、北部海洋综合调查工作。

我回国后，至少在“延平号”开展过十次以上台湾海峡科考的航次，每次阮五崎都是首席科学家，他海上的经验非常丰富，我在他身上也学习了怎么当好海上的“首席”。

每次取样的时候，因为怕其他年轻人出问题，他总是站在最危险的踏板上采水样。有一天傍晚，采水器的缆绳搅在一起，当时万分危险，大家都很着急，他不顾个人安危，想尽办法解决，看他自己站到踏板上的时候，我非常担心他掉到海里去，当时真的是心都要跳出嗓子眼了。我非常佩服他的勇气，哪里最危险，哪里总会有他的身影。而他这个人又非常乐观，爱讲笑话，每次我们上船的时候，他总会讲好多搞笑的故事，让大家哈哈大笑，暂时忘却了在船上连续作战的各种艰辛和疲劳。

我们很多人晕船很厉害，都不想吃东西，但他一点都不晕船，还拿着饭和大肥肉逗我们说，“你看你看，多好吃，你们不吃，我都吃光了”，这下子搞得我们更加想要呕吐了。他还有个独门本事，就是很会钓鱼，每次如果船停下来抛锚，一有空他就去钓鱼或者捞海蜇，一有渔获上来后学生们都特别高兴，马上去煮，特别是商少凌，每次都跟在他屁股后面，像馋猫一样地想吃这个海鲜那个海鲜。所以我们出海的过程虽然很艰辛，但是也有很多简单朴素的乐趣。延平号在阮五崎的领导下，形成了一个非常好的传统，就是船长跟首席科学家配合的特别好，他们经常一起商量探讨，特别是碰到天气不好的时候，“要不要去避风，什么时候要出去”都是需要认真考虑的问题，大家一起合力商量做出最合适的决定。科研调查人员和船员关系也特别融洽，某些时候船上的船员差不多也相当于科研调查队员了，每次到站以后他们都会帮忙开吊车，取沉积物，搬重的东西。所以每次出海，只要看到阮五崎这个“定心丸”在船上，我就一百个放心了。

在台湾海峡闽南浅滩一带海域进行海洋调查，对于“延平1号”调查船来说，从来就不是一件轻松的事。不少航次曾经遭遇了几次大风浪，不少同仁和同学在“延平号”调查船经历了难得的考验。在一次的风浪中，船左右摇晃二三十度，冰箱都快要倒下了，当时正是和阮五崎

2006年7月，台湾海峡航次出发前留影
（由左至右：商少凌、黄邦钦、阮五崎、洪华生、张钒、胡建宇）

同舟共济。

我早在20世纪80年代初就和他们一起多次出海过，那时候他基本都是当首席，把他的“总统府”房间让给我，美其名曰“总统府”，实际上是在船的上层，也很晃的，不过已经算是船上最好的房间了。

开展台湾海峡海域的调查科考差不多有三十载的经历，这也是和福建省海洋研究所友好合作的过程和深厚的友谊之路，对于省所相关领导和科研同仁提供的无私帮助和友好合作，我一直心存感激。人生在世，很多东西要惜缘，要懂得感恩，一个人如果不懂得感恩，再有才也没有用。我一直以来都教导学生们，一定要学会感恩，不是感恩我这个老师，而是要感恩一路走来很多人的协作和帮助。

如今，国家自然科学基金委项目——台湾海峡组织的科学考察实验研究的“延平2号”，已成为国内台湾海峡和南海海洋调查与科研的重要平台，影响也日益扩大。

这么多年来，能得到基金委的支持，把台湾海峡的共享航次坚持下来，要特别谢谢各位合作伙伴的领导和组织，以及所有出海人员的努力！我一直希望大家再接再厉，把台湾海峡区域共享航次坚持下去，及时整理和共享数据、发布成果，并争取包括台湾学者在内的更多人加入这个团队，为两岸的发展共同努力。

五、相知相助的朋友情

“海内存知己，天涯若比邻。”这一生让我感到特别幸运的事，就是走到哪里都有好朋友相知相助。他们是我人生路上难得的好知己，我们互相懂得对方、尊重和欣赏对方，在对方需要帮助时无条件地鼎力相助和支持；当对方取得成就时，互相为彼此欢欣鼓舞。

这样知己般的好友不少，比如相识二十余年的柴扉。我们彼此结下了深厚的情谊，他也因此与厦门大学结下了不解之缘。虽然我和他专业背景不同，但是每次一起讨论都感到非常默契投缘，每次交谈都能得到新的启发。他知识渊博，在国际学术圈非常活跃，从他那里可以得到许多国际海洋研究的前沿信息。比如，我就在他那里学到了“应用海洋学”这个新概念。

柴扉教授和他太太薛惠洁女士，不仅自己科研工作做得非常出色，也非常注重把科研成果在社会上有效地应用。比如，基于模型，他们在缅因州开发了龙虾预测、追踪的应用系统，然后交给他们所在州政府有关部门进行有效的运行。有一次我带领国家“863”项目组福建海洋渔业局的同仁一块儿去他那边学习，对我们项目的启动和运行有很大的启发和帮助。我非常感谢柴扉教授多年来非常真心地支持和帮助厦门大学近海海洋环境国家重点实验室、海洋与海岸带发展研究院的发展建设。他为人大方、热情，我去美国时还曾经和先生一起在他家住过，还在一块很开心地吃了大龙虾！

台湾的魏庆琳教授，我是在美国认识他的。1984年，我到美国西海岸去访问，他在Oregon大学读博士，后来到华盛顿大学进行博士后

2000 年，洪华生在美国缅因访问和柴扉一起吃龙虾

研究，他人非常友好，其太太从事艺术行业，随和贤淑。1991年夏天，我在杭州参加海峡两岸第一次海洋会议，与他重逢，后来，他和家人就专程到厦门来看望我们，记得我还带着他们到鼓浪屿去玩。所以，1992年我第一次到台北去的时候，他特地邀请我到家里坐客，我还

1992年，洪华生在台北魏庆琳家和他6岁大女儿一起弹琴

1956年，洪华生在鼓浪屿家弹琴给弟弟们听

跟他女儿一块弹钢琴，当时觉得特别的亲切。钢琴真的是感情的纽带。记得小时候我经常弹琴给弟弟们听，如今我也常和小孙女儿一块弹琴，钢琴有时候就像亲情、友情的纽带，给我们带来了快乐，也联络了感情。

2014年，洪华生和7岁孙女联手弹钢琴

2015年6月，学生们为我举办“从教三十周年”的庆祝活动，时任台湾大学海洋研究所所长的魏庆琳虽然工作非常繁忙，还抽空特地来参加这个庆祝会，

2015年，洪华生和魏庆琳教授在厦门五缘湾合影

让我非常感动。

另一位台湾朋友是许德惇教授，人们尊称其为“许公”，他是一位博学多才、德高望重的老教授。我很佩服他那满腹经纶、通今博古的才气，他总是笑容可掬，学术生活胜似闲庭信步。我也非常感谢他一直以来对我们实验室的发展、“嘉庚号”的建造及运行所做出的无私帮助和奉献。和“许公”一起聊天，会让你有如沐春风的感觉，开心、畅快。

2015年，许德惇教授送给洪华生的墨宝“吉祥”

另外有一位香港的黄玉山教授，我1992年到香港科技大学的时候，他也来到了香港科大，因为都是福建南安的原籍同乡，加上他也是出生在鼓浪屿，所以还算是半个鼓浪屿“老乡”，认识后彼此特别亲切。我在科大做访问学者的时候，他给了我很多的指点和关照。后来他担任香港公开大学副校长，也担任过好几届香港特别行政区全国人民代表大会的代表、香港学者协会主席。

我特别佩服黄玉山教授的是，他从香港理工学院、香港中文大学、香港科技大

2001年，洪华生与黄玉山、谭凤仪教授在香港合影

学、香港城市大学到香港公开大学辗转多校执教和管理的丰富阅历与经验，让他对香港科研概况和实力有非常全面深入的了解。他曾在全国人大提出有见地的议案，他认为香港各校有不少实验室的导师和设备都是世界级的，这些导师所带领的实验室，可以为内地年轻博士毕业生提供“博士后”培训的最佳场所，经过名师和杰出实验室训练的博士后，必将有助于他们视野的拓宽和学术水平的提高，造就世界一流的科技人才。

在黄玉山教授的建议下，由全国博士后管委会办公室和香港学者协会联合推动的“香江学者计划”终于顺利实施了，并且已经取得丰硕的成果。他还多次不辞辛劳地带领香港学者协会的成员到国内贫困地区，如大别山、井冈山等地，开展科技扶贫活动，他的这种爱国爱乡、重视教育的精神深深感染了我。20世纪90年代初，我还曾经跟他和谭凤仪教授一起到海南办过官员环境保护学习班，得到不少好评。

还有另一位香港朋友是陈荔教授，他是和我的学生王大志属“同一辈人”的朋友，对我来说应该是“小辈”朋友了。2010年，他放弃终身职位离开香港大学，接受香港城市大学三年合约的工作，从2010年开始，担任香港城市大学海洋污染国家重点实验室副主任，一心为实验室发展做各种努力。作为伙伴实验室MEL首席技术顾问，他多次帮助MEL构建优秀的仪器管理系统（COMET），帮助王大志开创蛋白组学研究等工

洪华生与陈荔教授在香港城市大学办公室合影

作。虽然他在底栖和附生有毒微藻（BETA）及热带鱼毒等领域的研究颇有成就，但他总是不满足于此，经常不拘一格，总有些创意满满的奇思妙想。

2018年，陈荔教授以个人承担公众地方风险责任投放香港首枚科研浮标，并努力建立中国科学潜水体系，探索海洋的新药开发。尽管有人说他有点“不务正业”，但是他总是“不管不顾”，用心努力去实现一个个新的有挑战性的梦想，最终的成绩总令人刮目相看。虽然我们之间年龄有点差距，但我对他那朝气蓬勃、奋发有为的精神颇有同感。他待人豪爽，注重义气，我在香港特殊时期需要得到帮助时，他和他的儿子，还担当了我的“保镖”和专车的“司机”，使我感激不尽。

真正的友谊，经得起时间的考验，哪怕很久没有联系，真心始终没变，友情历久弥醇。我还有一些生活中的好朋友，比如阿真，一位重庆姑娘，她原来是建设部的一位记者，偶然一次机会她来采访我先生老翁，从此认识我们而成了忘年之交。阿真很有才华和个性，她对自然遗产保护专题的重视让我印象颇深，她曾经为九寨沟还有福建的武夷山写过申遗材料，才思敏捷，下笔有神。虽然我们不常见面，但是心里总是惦记着对方，老翁去世的时候，她还专程从外地跑来送他最后一程，让我非常感动。

2019年，洪华生与阿真在北京合影

牛桂华是我20世纪80年代初在武钢的同事，是一位非常善良的姑娘。70年代我们刚到武汉人生地不熟，她是本地人，在生活上给了我们很多的帮助。虽然离开武汉后，我们久未见面，但情谊从来没有断过。2019年10月，时隔40余年后我重返武汉，她还特地陪我参观武钢，一起开心地回忆了很多当年的往事。

2019年10月，洪华生重返武钢与牛桂华在武钢1号高炉前合影

六、事业上的忠实伙伴

首先我要感谢的是原美国Old Dominion大学海洋地球和大气科学系的黄天福教授，黄教授1981年夏天在美国加州的哥顿化学海洋学会议上就见到过我，可能是我当时刚到美国不久，人生地不熟，却一时记不太清楚。一直到1989年他第一次来访问厦大，由我接待了几天，才知道原来早就相识了。他访问厦大时目睹了我回国创业的艰辛后，就一直关注支持我事业的发展。后来我们MEL成立后，他更是多次来厦大访学和指导。黄天福教授先后担任过MEL国际咨询委员会（International Advisory Committee）主席、学术委员会委员，为MEL 国际化的发展出谋献策，功不可没。他也成了我和老翁的朋友，每次来厦门就会一起聚餐畅谈。2015年，他还不辞辛劳专程来参加我从教三十周年的纪念活动。

2012年，洪华生和黄天福教授在新年联欢会上合影

再来，我要感谢美国伍兹霍尔海洋研究所（WHOI）海洋政策研究中心的资深研究员金隄博士，金隄先生1991年获得美国罗德岛大学博士学位，说起来还是我校友呢。多年来，他在环境与资源经济学、海洋政策与管理方面具有很深的造诣，在国内外学术界具有较大的影响。

2006年，洪华生和彭本荣（左一）与金隄（左三）在美国 WHOI 合影

金隄博士与海发院有长期的合作关系，历任海发院国际学术委员会委员、副主席和主席。2003年开始担任我校客座教授、博士生导师，指导了多名研究生学习，还接受彭本荣和黄子鉴博士到他美国的研究中心学习，给予了他们无私的帮助和支持。2014年，金隄博士被聘为厦门大学讲座教授，对海发院交叉学科的建设、提高海发院学术水平和拓展海发院的国际合作做出了很大的贡献，我一直心存感激。

2017年，洪华生与 John 和 Maggie 夫妇聚餐

还要特别感谢的是英国的John Hodgkiss教授及其夫人Maggie Hodgkiss。

1992年我在香港科大客座研究时，就曾拜访过时任香港大学科学系院长的Hodgkiss教授，和他探讨交流了海洋赤潮和环境管理等问题。因为Hodgkiss是陈荔博士的导师，MEL得知他从香港大学荣誉退休后，就在2005—2017年间，聘请了John和他已退休的夫人Maggie来担任实验室的客座英文编辑。

每年他们都帮助MEL的成员和学生修改英文文章100篇左右，而且，暑假短学期还到厦大开设英文论文写作的课程，针对所修改论文中出现的普遍错误进行精细讲解，让研究人员和学生们受益匪浅，大大提升了英文论文的写作水平，也提高了MEL英文文章发表的数量和质量。我非常佩服Hodgkiss教授夫妇的认真和敬业精神，我们也成了很好的朋友，每年他们来厦大我们都会聚聚，并互换小礼物表达心意。

此外，我也感谢我所有的学生们对我事业的支持和帮助，一路走来，他们和我一起同舟共济，在大风大浪中一起拼搏、成长进取。学生们奋发成才，取得累累硕果，成为各个领域和行业的中坚力量和翘楚，这就是我作为老师最大的欣慰。

2015年，洪华生在从教三十周年纪念活动上和学生们合影

同时，我还要深深感谢环科中心最初的伙伴们，当时我们三路人马不到30人的队伍，齐心协力排除万难，不畏艰难、不断开拓，共同推动环科中心成为海洋环境学科和国家重点实验室发展的源头。我尤其要感谢我刚回国时和我一起白手起家、同甘共苦的几位合作伙伴，感谢各位当初义无反顾、毫无怨言、任劳任怨地同我一起艰苦奋斗。

1992年，环科中心创立初期，部分成员合照
（第一排左起：彭荔红、郑逢中、张珞平、黄邦钦、薛雄志、郑文教；第二排左起：林庆梅、洪丽玉、林鸣红、方金妹、洪华生、李云霞、袁东星、吴兵；第三排左起：郑微云、林良牧、曹守镜、李玉桂、黄建东、卢昌义、郑天凌、王隆发）

当年组建的国家重点实验室（国重室）今天取得国内外引人瞩目的成就，我为之感到骄傲和欣慰。吃水不忘挖井人，要饮水思源，我特别要感谢林鹏老师、黄本立老师、李少菁老师、黄奕普老师在我组建国重室初期碰到困难时，给予我各种极大的支持和无私的帮助；感谢胡敦欣院士领衔的历届学术委员会专家们对国重室的真诚指导；还要感谢国重室所有人员，包括科研、工程技术和管理团队人员的精诚团结，奋发有为。青出于蓝而胜于蓝，后浪推前浪，如今新一代的国重人同心

协力，积极向上，为实现海洋强国的蓝色梦想而努力拼搏着。

半个多世纪以来，我要感恩的人很多很多。但因为篇幅有限，在这里只能选取其中的若干位，也谨以此章节，向所有曾经关心帮助支持我的前辈、亲友、伙伴、同事等致以诚挚的谢意，你们的陪伴和支持、帮助，是我这些年来取得成就的动力之源和精神力量，我将永远铭记和感谢！

1986年，实验室初创时的成员合影
（由左至右为黄邦钦、陈敬虔、洪华生、郭劳动、洪丽玉）

同时，我更感恩这个美好的时代，我会用毕生的努力和奋斗来好好回报它。

2005年12月28日，近海海洋环境科学国家实验室揭牌仪式集体照
（第一排左七为黄本立院士、左八为胡敦欣院士、左十一为林鹏院士，第二排左九为黄奕普老师、左十一为李少菁老师）

附录二 大家眼中的洪华生

同事、朋友们的回忆

和华生老师的相识相知

黄天福
（美国 Old Dominion 大学海洋地球和大气科学系荣誉教授）

我第一次碰到华生老师是在1981年夏天在加州圣地巴巴拉举行的哥顿化学海洋学的会议上。那是一个多事的夏天，美国的航空管理员在会议期间的几天中发动了罢工，许多的飞机班次都被取消了。会议结束那天，当参与会议的人都在忙碌地筹措着回家的飞机班次，我特别注意到有一个默默地坐在一旁处变不惊的青年亚裔女性。在那个年头，从事化学海洋学的女科学家本来就不多，亚裔的更是凤毛麟角，这位少数中的少数引起了我的好奇心，经过了简单的自我介绍之后，我才知道她就是华生老师，从中国来，正在罗德岛大学攻读化学海洋学博士学位。我为中国终于愿意把人才送到西方国家来接受培训感到高兴，也敬佩华生老师愿意暂时放下家庭离乡别井到美国来念书的决心与毅力。

1989年的夏天，我第一次到中国去拜访中国从事海洋科学的教学和研究的主要单位，行程中的一站就是厦门大学。那时，华生老师已从罗德岛大学毕了业，回到中国她的母校（也就是厦门大学）任教。很自然的，她就是我在厦门大学探访时的东道主，于是，我就再次与华生老师相遇了。在中国，那是一个不容易的年头，对老师们来说，要解决糊口的需要是先决的，科研只好摆在一边。华生老师的实验室不单面积不大，仪器亦不多，较贵重的也就只有一台不太起眼的分光光度计，实验室的环境也很普通，不像一个够得上当时国际上水平的化学海洋学实验室。学校也没有专属的研究船，野外采样的工作都得借助一条出租的渔船，学校的图书馆资源也很有限，藏书基本上不包含主要的国际期刊，在如此的条件之下，一位老师就算有通天的本领也大概不容易能够淋漓尽致地把潜能发挥出来。

我心中不禁有一个疑问：这是不是在糟蹋一个在美国受过正规而完备的海洋科研训练的人才？但华生老师可不是如此考虑，她不仅尽量在有限的条件之下在台湾海峡开始了上升流的观测性研究，而且还用心致力于培养年青的下一代，并开始了比较不需要大量的财力资源投入，却是中国极端缺乏的海洋政策方向的教学和研究，为中国的海洋研究做前瞻性的基础性的建设与补强，这种远见及其知其不可为而为之的抱负是非常难得的。

2000年年初，中国的经济情况有了大幅度的发展，国家的科研经费也比较充裕，国家自然科学基金会开始了国家重点实验室的建设。华生老师就组织了一个科研团队，其中包括好些年青的老师们，向国家自然科学基金会争取在厦门大学成立一个近海海洋环境科学的国家重点实验室。那一段期间，我有幸多次到访厦门大学，目睹他们实验室获批准前的屡败屡战，锲而不舍地多次去预备实验室的规划申请书并且到北京答辩的各种努力，其中的甘苦实在是不足为外人道的；及至申请得到批准之后，落实实验室的硬件和软件的筹设及到海内外揽才又成了极大的挑战，在这过程中，华生老师的沉稳、刚毅而不强势的领导作风发挥了关键性的作用。

到了2015年，近海海洋环境科学国家重点实验室成立满十年了，并且两次被评为优秀国家重点实验室。在2017年的庆祝晚会上，华生老师的众多徒子徒孙们都要与她拍一张全家福的合照，在众人的簇拥之中，我看见了在她的脸上挂着的一丝满足的微笑，为三十多年来，她在厦门大学筚路蓝缕、披荆斩棘的努力所结出的，也实在是值得骄傲的果子做的回应。

1981年哥顿化学会议的团体照之部分
（第三排右二为华生老师，第三排左二为黄天福）

2004年，黄天福与洪华生在厦门大学餐叙的合照

走在时代前面的科学家

金 隄

（美国伍兹霍尔海洋研究所海洋政策中心资深研究员）

初次听到洪华生教授的名字是在1986年。我刚到罗德岛大学，听同学说她已从海洋学院（GSO）获得博士学位，去厦门大学任教了。20世纪90年代初，伍兹霍尔海洋研究所（WHOI）海洋政策中心考虑参与东亚海洋管理的项目。在有关讨论中，了解国际合作项目的专家建议我们与洪教授联系以便建立合作关系，因为她的团队在国际合作领域中有很好的声誉。2002年我去东亚海域环境管理区域合作组织（PEMSEA）参加海岸带管理的研讨会，在马尼拉与洪教授团队成员彭本荣教授相识。本荣当时正在厦大攻读博士，导师正是洪教授，他是位认真、实干的学者。我初次见到洪教授是在2003年，那年，厦大海洋政策与法律中心成立。

在那以前，国家自然科学基金委的王辉博士曾来WHOI访问，详细询问了海洋政策与管理学科的情况。2003年我去厦大路过北京时听王博士说，他曾与北京等地几所名校都提起过建立海洋政策与管理学科之事，唯独厦大洪教授有积极回应。显然，洪教授是学科建立的先行者，走在时代前面的人。在我接触过的海洋科学家里，她是真正了解发展交叉学科研究与教学重要意义的一位。多年来，她全力推进海洋科学研究结果为海洋管理决策提供支撑的理念，促进社会、经济和生态环境协同、可持续发展。

在学科的建立与发展上，洪教授一直脚踏实地，以科学方法行事。她眼界开阔，不局限于个别技术细节，而是注重了解整个教学科研的思路、内容、体制和管理方法。这在洪教授领导组建2005年成立的海洋与海岸带发展研究院和海洋事务硕士班与后来博士学科的过程中都有充分体现。厦大海洋与海岸带管理学科的发展得益于大批该行业专家的参与。海洋事务学科创立初期，参与学术委员会和讲学的有PEMSEA理事会主席蔡程瑛博士，韩国仁荷大学的Seoung-Yong Hong校长，美国华盛顿大学的Marc Hershman教授、罗德岛大学的Richard Burroughs教授和 Thomas Grigalunas教授、特拉华大学的Biliana Cicin-Sain教授，荷兰瓦赫宁恩大学的Ekko van Ierland教授等。洪教授与专家们就科研方向、重点题目、经费、硕士班课程表和教学人员等均有过充分讨论，并安排厦大校领导听取他们的建议。回想起来，能请到这一批国际顶级学者来厦大献计献策是与先前洪教授带领下环境科学研究中心的科研成就和严谨务实的学术声誉分不开的。

正因为她眼界开阔，作为博士生导师，洪教授擅长指导学生制定前沿的研究课题，理念上力求不断优化以人类社会与生态环境为整体的大系统，居安思危，着眼于未来。从彭本荣2005年的论文《海岸带生态系统服务价值评估及其在海岸带管理中的应用》到黄子鉴2018年的论文《海上钻井平台溢油治理模式研究》都是基于多学科的知识，对科学决策和优化管理有很高参考价值的成果，目的是为社会服务，使经济更发达，环境更清洁，人民生活更美好。

记得2003年在去厦大的路上，我正在欣赏海边美丽的风景，有人告诉我，当年修建环岛路时，多亏洪教授的建议才保留了一部分岸边的红树林。的确，正是由于诸多类似的事情，受益的人们和自然界的动植物都会感谢她。

师者之心，薪火相传
——忆我与洪华生老师的往事

柴 扉
（美国缅因大学海洋学院教授，中国自然资源部第二海洋研究所研究员）

收到关于洪华生老师《碧海生命乐章》征稿邀请邮件的时候，我正在厦门大学访问开会，时值三月的厦门，温暖而湿润。抬头看窗外，凌峰楼前的木棉树高大挺拔，枝头已有花朵热烈绽放，最高处的那朵硕大而饱满，一个身着红色套装的东方女学者形象不禁在我脑海中浮现。就如枝头最早绽放的那朵木棉宣告了春天的来临一样，她以火炬般的光辉，一路引领厦门大学海洋环境科学的发展。我与洪老师相识二十余载的点点滴滴在记忆的海洋里也逐渐清晰起来。

1999年10月，洪老师因项目在加拿大圣玛利亚大学（Saint Mary's University）访问。在她即将回国之际，我特地驱车前往加拿大，邀请洪老师到我在美国缅因的家中做客。那天，我与惠洁以缅因特产龙虾招待了她以及几位从国内来的年轻学者。在这次家宴中，她热情邀请我在方便时访问厦门大学。缘起于这次邀请，我开启了与厦门大学海洋同仁们将近二十年的密切合作与友好互动。

2000年1月，我首次访问厦门大学，洪老师亲自接待，详细介绍了厦门大学的情况，并鼓励我和海洋与环境学院的年轻教师们多交流、多合作，共同促进中国海洋科学事业的发展。从那时起，我就深刻感受到洪老师对于年轻人的爱护与培养。她为厦门大学海洋环境科学不断引进青年人才，并给予充分的信任，在科学上鼓励他们自由发展，同

2000年1月，柴扉（中间）第一次访问厦门大学，
与洪老师（右一）合影于凌峰楼前

时在业务上将他们推至一线，主管重要项目，以此锤炼打磨青年人才。厦门大学今日的海洋环境科学能够有这么多中坚力量，得以蓬勃发展，与洪老师当时的远见密不可分。

2002年，洪老师准备带领厦门大学数十位同仁前去台湾访问，特邀我加入代表团，一同前去参访，这是对我极大的厚爱。虽然后来洪老师因签证问题未能成行，但在其委托下，由民汉带队的代表团出色地完成了访问任务，收获颇丰。我自己也通过此行，结识了许多台湾海洋届同仁，受益匪浅，也为我后来继续参与和协调海峡两岸海洋科学系列研讨会奠定了基础。

鉴于厦门大学地处台湾海峡的独特区位，洪老师率先在台湾海峡开展生物地球化学和海洋环境的研究，从长时间序列的海洋观测及海洋动力模型做起，逐步建立福建-台湾海峡立体监测系统，并以独特的眼光将九龙江流域与台湾海峡联系起来，开展“流域—河口—近海”三位一体的系统研究。在这过程中，她还一直关心着我的成长，适时邀请我参与相关项目。2005年，在她主持“台湾海峡及毗邻海域海洋动力环境实时立体监测系统重大专项福建示范区”项目时，特邀我和Francisco Chavez教授专程给福建省海洋渔业局及海洋预报台的相关工作人员讲课、培训。此外，我们还合作开展了一些关于台湾海峡观测、模拟的工作，并在此基础上在*Continental Shelf Research*期刊上组织了一期特辑（2011 Special Issue）。我有幸与洪老师及其他同仁，一道作为该特辑的客座编辑（Guest Editor）。

洪老师总是以超前的战略思维、国际化的视野开展科研工作，推进海洋学科的建设和发展。早在15年前，她就倡导海洋科学与社会科学、管理科学的交叉融合，提出要解决中国的近海问题，仅靠海洋科学是不够的。因此，她主持成立了厦门大学第一个学科交叉平台——海洋与海岸带发展研究院（简称“海发院”），将陆海统筹考虑，从流域监测、海洋观测出发，联系环境管理，发展海洋事务，强调海岸带协同发展。这一创举，让厦门大学的海洋环境科学研究再一次领先于国内外同行。在洪老师的热情邀约下，我连续担任了三届海发院的国际咨询委员会委员，贡献自己的绵薄之力。

在过去二十年中，我与洪老师结下了深厚的情谊，也与厦门大学结下了不解之缘。在后来的从教生涯里，我更加深刻地领会到了洪老师当初爱护、栽培年轻人的那份用心，对我影响甚深。如今，当我在面对一些优秀青年才子的时候，我传承了洪老师的这份“师者之心”，尽可能给予他们最大的帮助和支持，希望能够为中国的海洋科学培养更多的人才。

往事琐忆

张家忠
（美国 NOAA 大西洋海洋与气象研究所研究员）

“文革”结束后的1978年，我与洪华生、陈水土、陈文豪同时考入厦门大学海洋系，成为李法西教授招收的“文革”后第一届海洋物理化学方向硕士研究生。入学后，洪华生就被选拔为出国研究生。我们曾在一起上过一年多的基础课。在李法西教授推荐下，洪华生于1980年到美国罗德岛大学攻读博士，师从著名海洋物理化学家Dana Kester教授，从事秘鲁上升流海域铁元素的生物地球化学过程研究。

许多年后，我在迈阿密大学Frank Millero教授实验室遇到博士后Dan Osullivan，当时他刚从Dana Kester 教授手下毕业，说起洪华生的能干，他说Kester 教授实验室的人都称她为“铁娘子”（ Iron Lady ）。要知道，Margaret Thatcher时任英国首位女首相，一举收复Franklin 群岛，世人尊称她为Iron Lady（有美国电影 *Iron Lady* 为证）。

我厦大硕士毕业后到英国进修两年，1985年回国时，洪华生正在厦大筹建海洋生物地球化学实验室，她邀请我加盟该实验室。当时国内条件比较艰苦，资金缺乏，重大课题要靠世界银行贷款。华生不畏艰难，多方筹款，组建海洋生物地球化学实验室。记得当年曾购买一台澳大利亚制造的电感耦合等离子体光谱仪（inductively coupled plasma spectrometer），拟用于测定海水中微量重金属元素。澳大利亚厂方派一技术员来厦门安装硬件与培训软件。洪华生、郭一飞和我都参与了整个过程。不久，洪华生成功申报厦大海洋化学物理化学专业博士点，博士点学术梯队由洪华生、洪家珍和我组成。我们一起出题、评分，最后录取了应届硕士毕业生林杰，他成为厦大海洋物理化学专业的第一位博士生。

我到美国求学后，再次见到华生是2000年在 Norway Bergen 召开的全球海洋通量联合研究开放科学大会（JGOFS Open Science Conference）。洪华生以国际JGOFS 科学指导委员会中国代表的身份参加了会议。2003年，洪华生带领一批中国海洋学家访问美国，在迈阿密的NOAA大西洋海洋与气象研究所，她做了中国海洋环境研究进展的报告并参观我的营养盐实验室。我陪同洪华生访问了Frank Millero教授并参观他的物理化学实验室。当时陈文豪在汉叟教授实验室工作，他带我们会见了汉叟教授并参观他的溶解有机碳实验室。

2015 年，我应邀回厦大参加洪华生教授从教三十周年纪念座谈会，目睹了从海洋系成长壮大起来的海洋与地球科学学院。在30多年的科研生涯中，洪华生教授开拓了中国海洋生物地球化学新学科，领先开展中国河口-近海有机污染物研究，在不同领域取得了令人瞩目的科研成果。她培养了众多新一代中国海洋人才，可谓教书育人，桃李芬芳。她不愧是中国海洋界的铁娘子（中国人称“三八红旗手”)。

与洪华生教授结识三十年

陈镇东
（台湾中山大学教授）

若要回想与洪华生教授是怎么认识的，可得很认真地找出“记忆”，因为在30多年前的那个年代计算机还不普及，更没有智能型手机可以随时拍照、打卡。

可能之一是，听洪教授在厦门大学的老师——李法西教授及洪教授在罗德岛大学的老师Dana Kester教授提到的；可能之二是，一起出席过JGOFS的会议；记忆比较清楚的是有一次从美国东岸飞往西岸的航班上巧遇洪教授，那个时候她还是博士生呢。

1989年（年份是威斯康星大学郭劳动教授替我确认的），我第一次应邀到厦门，为的是出席洪教授的闽南—台湾浅滩渔场上升流项目结题活动，主席应是胡敦欣院士。当时洪教授安排了我和祖籍福建浦城的家母及祖籍安徽桐城的家父住在位于厦门大学内的招待所（在南普陀寺的围墙边），校园很漂亮，可以直接走到海边。

会议结束后，洪教授委请她的一位学生陪同到鼓浪屿参访。二十多年后，家母回忆当年在鼓浪屿所拍摄的相片时，还叫得出陪同学生的名字，正是现在美国伍兹霍尔海洋研究所（WHOI）的徐立教授。

随着洪教授的研究成果受到重视，两岸学术交流也逐渐开放，我到厦门大学交流的机会也多起来。在几年前与洪教授共同提出第一项两岸合作并获资助的研究课题——九龙江流域、河口及近岸区的生物地球化学，也共同发表了研究成果论文。当年所定下的采样站名称，如KM3、KM4等代表金门海域的第3、4站，还不断地被不少后续的相关研究引用。

洪教授令人佩服的，除了她总是笑脸迎人，还有她的胸襟及识人之明。她将亲手创办的厦门大学近海海洋环境科学国家重点实验室，在秧苗成长时交给戴民汉院士孕育、茁壮、开花、结果。她为一大伙儿人创造了追寻梦想的舞台，而那一大伙儿人也在舞台上筑梦、圆了梦，这应该就是所谓“君子成人之美”的注解吧。

从西南联大说到洪老师对海洋教育事业的贡献

许德惇
（台湾中山大学荣退教授）

我个人觉得，要能深刻理解洪老师对厦大海洋学科的奉献，必须要从中国百年来学术传承的历史长河中加以梳理，因为洪老师毕生的学术作为，承载着民初那些顶级大师们所共有的人格特质，让人有种横跨时空但又薪脉相传的熟悉。举其荦荦大者如下。

一、无论身居何方或在颠沛流离之中，都能胸怀家国、坚守民族大义而不失其志

当年抗战方兴，北大、清华、南开三校南迁昆明，成立了“西南联大”并举梅贻琦为校长。他 8 年任内，共培育了 3882 名毕业生，其中有 2 位诺贝尔奖得主、8 位两弹一星功勋奖得奖者、171 位两院院士以及 100 多位人文大师。他的名言“所谓大学者，非有大楼之谓也，有大师之谓也。”他选聘教授任人唯贤，破格录用了只有初中学历的华罗庚、国学大师陈寅恪、一代文豪朱自清和钱钟书。在西南联大的峥嵘岁月里，曾有乞丐在大街上追着朱自清乞讨，他被纠缠不过，只好回头对乞丐说“我是教授”，乞丐闻声后即刻转头就走。吴大猷到菜市场拣丢弃的牛骨，给病榻上的妻子熬汤。在这种艰困的环境下，华罗庚、吴大猷、赵九章、张青莲、孙云涛、冯景兰、马大猷、闻一多、冯友兰、陈寅恪、汤用彤等人，依旧奋力完成了他们自己在当代最重要的论著。

二、周比同僚、存心忠厚、和而不同

胡适“仗义疏财”，资助过的人不计其数，包括林语堂、吴晗、罗尔纲、周汝昌、李敖、沈从文、季羡林、千家驹等一众才子，但他认为，“利息永远留在人间”。当年他倡导白话文运动，褒贬不一，新文化运动后，鲁迅多次在报纸杂志上冷嘲热讽，胡适从不辩驳，他认为，“爱而知其恶，恶而知其美，方是持平”。对待不同学术观点的人，胡适永远存心忠厚，“不妄议、不迎合”，保持他“和而不同”的君子之风。他一生谨守“不降志、不辱身”。陈之藩先生说：“我从来没见过有这样澄明见解和心胸广阔的人”。

三、求才若渴、提携后进

中国第一个扬名世界的科学家叶企孙，出任清华大学物理系主任，他对学生说：“我书不一定教得好，但是我请来的人都对得起你们。”这些人中有萨本栋、赵忠尧、周培源等。他一生培养了 79 名院士，23 位两弹功勋中有一半以上是他的学生，可以毫不夸张地说，他和他的学生曾撑起过中国科学界的大半壁江山。他和吴大猷两人悉力栽培李政道，李政道最终获得了诺贝尔物理学奖。他力排众议，把当时只有初中学历的华罗庚引进清华当助教，再把他送去剑桥进修，才有了日后的“中国现代数学之父”。北大校长蔡元培敦聘既没学位又没任教经历的陈独秀当北大文科学长，力邀只有中学学历的梁漱溟来北大教授印度哲学。性学博士张竞生，人人视他为“中国人妖”，蔡元培却坚邀他来北大教授哲学。就是因为有了这种识人之明和用人的魄力与胆识，才孕育出早年北大最辉煌的师资阵容（陈独秀、胡适、李大钊、鲁迅、陈垣、徐悲鸿、熊十力、马寅初、李四光、丁燮林、翁文灏、朱家骅等），也吸引来了诸多年青学子（傅斯年、罗家伦、冯友兰、朱自清等）。

缅怀既往，时空环境条件固有所不同，但从中国百年来学术发展的经纬上来看，洪老师献身于海洋教育事业，冥冥中似乎注定了这种香火传承的历史必然，诚所谓“吾道一以贯之”。最后，容我以“雍容内敛（仪态）、诚敬宽恕（待人）、沉稳淡定（处事）、圆润通透（为学）”来表达我对洪老师的崇高敬意。

我与洪华生老师三十余载的交集

魏庆琳

（台湾大学教授）

我和洪华生老师相识于1984年，当年洪老师刚由罗德岛大学（University of Rhode Island）完成博士学位，在返国服务前周游美国各州，遍访设有海洋科系所的大学，来到我修习硕士学位的俄勒冈州立大学（Oregon State University）。当年的洪老师有着一溜乌黑长发，配一副黑灰框眼镜，全身散发朝气与热度的典型大陆交换学者模样，这位说话速度超快的女杰青给我这笨拙的台湾留学生留下第一眼深刻的印象。次年（1985年），Pytkowicz教授（洪老师论文导师Kester教授的指导教授）曾和我聊起洪老师，说道："这位说话速度极快的女士将给中国的海洋研究带来很大的影响。"作为大陆开放初期首批前往美国接受高等教育的海洋学者，洪老师过去35年来的贡献的确在中国海洋科研发展轨迹上留下了重要记录。

以年龄来说，洪老师是我的长辈，但她从来没有倚老卖老，反而以亲和、诚恳和温暖的态度待人。1991年仲夏，我初次来到大陆，参加杭州的首届海峡两岸海洋会议，会议结束后脱团偕内人飞到厦门，主要目的是探望洪老师和几位在美国求学时认识的厦大交换学者。当年的厦门市虽然物质生活不如现在丰富，但那纯朴的氛围令我们欣赏。成长于鼓浪屿的洪老师特意陪伴我们，亲自导览岛上的种种，晚上领着我们到街上换人民币，选购行李箱以便装下旅途中增加两倍的物品，就像大姊般无微不至的照顾，令内人和我至今仍感念于心。

20世纪90年代是台湾海洋学界的发展茁壮期，借由东海整合型计划（Kuroshio Edge Exchange Programs，KEEP），科学家以各自的专业共同探讨东海南部的海洋现象，海峡两岸的海洋同仁也有较频繁的接触，洪老师以海洋化学专业，积极推动台湾浅滩的生物地球化学过程研究。除了学术研究，洪老师在海岸带生态环境的保护和管理领域也多有贡献，她与台湾的同行时有往来，数次访问台湾大学。身为旧识晚辈，我当然地把握机会尽地主之谊，洪老师数次来台湾期间也和我家人有所互动。我1990年取得学位返台工作的头几年，皆在学校附近赁屋安置家人，在居所不易的台北市搬了好几次家，而洪老师竟先后来过我们两处不同的家，洪老师和我那才六岁的大女儿并肩坐在钢琴前弹奏音符的景象历历在目。时光飞逝，如今洪老师都当上祖母了，但谈起海洋研究仍充满着热情，真是让我这将退未退的小老弟钦佩。

洪老师开朗又认真的人格特质使她成为一个好老师，浸淫杏坛三十多年可谓桃李满天下，放眼活跃在海洋生物地球化学领域的学者几乎都曾亲炙洪老师的提携和鼓励。2015年六月初暑，学生们特别为洪老师办了一场从教三十周年的感恩活动，门生后辈齐聚一堂，以海洋环境学科回顾与展望为题的研讨会，表达对洪老师的敬爱。彼时我担任台湾大学海洋研究所所长，虽然行政工作繁重，基于与洪老师多年的情谊，乃排除所有事务赶来厦大共襄盛举，由学术研讨到温馨的音乐飨宴，让我深深感受到学生们对洪老师的敬爱，为人师者夫复何求？让我好生羡慕。

如今，厦大已成为中国海洋研究事业的重镇，尤其在海洋生物地球化学领域更是独占鳌头，拥有精进的设备和仪器，甚至有了一艘先进的“嘉庚号”科考船，全世界海洋知名学者几乎都曾到访美丽的厦大，这一切的成就与洪老师无私的奉献有着密切的关系。我等直接或间接受到洪老师泽惠的后生晚辈，站在洪老师立下的基业上应当更加努力，做出更好的研究成果，使中国的海洋科学研究在国际舞台上更加的光彩耀眼。

厦门大学海洋科学的“妈祖婆”—— 洪华生教授

高家俊
（台湾成功大学名誉教授）

认识洪老师完全是一个偶然。这十年来洪老师做人的热忱、对推动厦大海洋科学的坚持、对培植海洋人才的用心，让人折服。称洪老师是厦大海洋科学的“妈祖婆”是实至名归。

记得2009年5月，服务于中坜“中央大学”的学生钱桦教授来电告知，厦大一位教授指名要访问成功大学近海水文中心。我虽和大陆海洋工程学界有蛮多的交往，发起过中德海洋工程研讨会，定期结合中德学者互切互磋，交换研究心得，且是大连理工大学和河海大学的客座教授，然而与厦门大学尚无交往，自是万分欢迎。当天清晨，洪老师搭高铁南下，九点多从台南高铁站直奔近海水文中心，在会议室足足坐了三个钟头。中午便餐后随即赶往台南机场，搭机回厦门。全程只有一个目的：学术交流。文化观光活动完全付诸阙如，让人印象深刻。

访客，尤其是第一次来的访客，通常都是礼貌性地介绍各自工作重点，初步探询相互间共同的兴趣。这位“妈祖婆”可不一样，探讨的议题不但广泛而且深入，毫不马虎。她亲切诚恳的态度最令人佩服，你不会为她初次见面就锲而不舍、追根究底的逼问感到突兀，她急切为拓展、深化厦大海洋研究的用心反而令人敬佩。交流讨论结束时，我建议比照中德研讨会，针对“海洋观测”举办两岸研讨会，建立双方人员定期交流平台。洪老师认可这个提案，但是因为时间关系，当时并没有进一步讨论细节。想不到这位“妈祖婆”手脚真快，两个月不到就寄来研讨会第一轮通知，要我组团，十月中在厦门大学开会。“海峡两岸海洋环境监测及预报技术研讨会”于焉诞生。

2019年“海峡两岸海洋环境监测及预报技术研讨会”在武汉召开第八届会议，出席人数从第一届的三十余人扩充到一百五十余人，研讨主题也从研究面衍生到操作面及政策面。双方学者和政府机构专家齐聚一堂，相互切磋科研课题，充分交流研究成果，对提升两方科研水平助益良多。这是“妈祖婆”又一项了不起的功绩。我只因当年闲话一句，居然受到荣誉召集人的礼遇，真是汗颜。

回想2012年在武夷山召开“两岸海洋科学会议”，我以国家科学委员会（现今科技部）国家实验研究院台湾海洋科技研究中心主任的身份出席，主要的任务是寻求双方进行海上联合探测的可能性。我在中心主任三年任期间正好躬逢其盛，主导2700吨级研究船“海研五号”的建造，新船下水典礼、操船队伍组建、新船启用典礼以及首航规划都是我的工作。是时，厦门大学也正在筹划兴建研究船，因此武夷山会议期间针对研究船的议题有很深入的讨论。科学家们激烈讨论都集中在自身研究的需要上，而洪老师则不断提醒政策形成的重要性。今天，厦门大学拥有全国高校第一艘大型科考船“嘉庚”号，对建立学校成为海洋研究前沿地位具有指标性意义。洪老师运筹帷幄，积极奔走促成的苦心，绝对是关键性的因素之一，让人不可或忘。

洪老师待人亲切如“妈祖婆”，与她接触如沐春风不在话下，而她处理事情的细腻更让人印象深刻，无论大方向的擘画，执行细节的定订乃至于成果的汇整与记载都亲力亲为，务求完美。这次在武汉召开的“第八届海峡两岸海洋环境监测及预报技术研讨会”开幕式中，洪老师对历次会议的举办过程及取得的成果做了详尽有系统的回顾，对未来的发展指明了明确的方向，这份用心是我望尘莫及的！

在出发前往武汉出席会议前，我自忖应该为这个会议做出一点贡献，才不至于浪得荣誉召集人的虚名。不想开幕式当天水英告诉我，2021是厦门大学建校一百周年庆，洪老师已规划下次会议回厦门举办，我也就把这个念头埋在心里了。在此祝愿厦门大学校运昌隆，教学研究蒸蒸日上，尤其是海洋研究在洪老师的共同推动下，大幅茁壮发展，成为全国乃至于全球顶尖的海洋研究重镇。

心中的女神洪华生教授

——海洋科学的洪流，中华民族的脊梁，优雅生命的典范

陈　荔

（香港城市大学海洋污染国家重点实验室副主任，厦门大学客座教授）

光阴如箭，日月如梭，犹记得十三年前的那一幕，我和洪华生老师及王大志老师在厦门大学凌峰楼会议室内秉烛夜谈，讨论海洋有害藻华生物毒素与环境蛋白组学发展，当时的情景至今仍历历在目。洪老师对国家海洋的现况及未来了如指掌，娓娓道出她独特想法及高瞻远瞩的见解，真可谓是“与君一席话，胜读十年书”。洪老师才华横溢，能力非凡，一直抱有献身海洋科学之志，愿为年青海洋科学家提供无私的栽培及支援，也正是这种海纳百川、有容乃大的海洋精神，为国家建立了一支强大的海洋科学研究队伍。

厦门大学是我取得博士学位后，与内地开展合作的第一所高校，也是我进入中国海洋科学研究的第一道门户。虽然我和洪老师之间一直没有实质的合作关系，但不知为什么就有一种以沫相濡的深厚感情。我印象最深刻的是，当得知我们要申请建立香港海洋污染国家重点实验室后，她热情主动地把她申报近海海洋环境科学国家重点实验室的申请书及有关文件提供给我们作为参考，也正因为在她的帮助及指导下，香港海洋污染国家重点实验室在2009年获科技部批准筹建，并在2018年首次评估中取得优秀国家重点实验室的荣誉。

洪老师是我最敬重的老师，她真正践行了“传道、授业与解惑”的师道精神。当年她毅然放弃了香港的优薪厚职，回去百废待兴的内

地栽培学生，在有限的资源下，竭尽所能地去帮助她周围的每一个人，为国家培养出很多青出于蓝而胜于蓝的年青海洋科学家。如今桃李满天下的她是我心目中真正的“海洋国家重点实验室的创建者”和“中国海洋之女”。她矢志报效国家之心，令人佩服得五体投地。

从洪老师身上，我学习到热情诚恳、无私奉献、意志坚毅、充满自信、恪尽职守、追求卓越、高瞻远瞩、公平开放、理解与感恩等优良学者的特质和襟怀；也体会到个人的成败、荣辱实在是微不足道，因为人生中有些事情的过程比结果更重要，过程可以自己掌控，结果往往受制于人，但让您刻骨铭心的常常是过程而不是结果。

“海的儿女，海一样的胸怀”，是我对洪老师念念不忘、挥之不去的情怀。她那“干惊天动地事”的坚定信念，在人生最美好的时候，义无反顾地选择了“做隐姓埋名人”的气节，是我们海洋人的楷模。

与洪华生教授的深厚友谊

John Hodgkiss

（香港大学荣退教授，厦门大学客座教授）

我第一次见到洪华生教授是在三十多年前，她当时前来访问香港大学理学院，而彼时我正担任理学院院长。

此次访问，洪华生教授最感兴趣的是我们新设立的跨院系环境管理硕士学位项目，并对香港大学太古海洋科学研究所的发展进行了热烈的讨论。我们当时还对厦门大学所开展的研究工作进行了探讨。

我当时并不知道在2005年我将会拜访厦门大学近海海洋环境科学国家重点实验室（以下简称“国重室”），并与国重室的教职工及研究生们建立起令人激动的合作关系，帮助他们提升学术论文的英语写作，以期在国际顶级期刊上发表。

在此后每一年对国重室的拜访过程中，我与洪华生教授的友谊也日益加深。我的太太Maggie随后也加入了我，跟我一起编辑论文并每年访问厦门大学。我们俩都十分珍惜与洪华生教授建立的深厚而亲切的友谊。

洪华生教授在海洋环境科学领域开展的研究工作得到了同事们的尊重和喜爱，她在海洋生物地球化学、海洋环境保护与利用、海洋与海岸带可持续发展等领域的研究享有国际声誉。此外，洪华生教授还参加了各种国际项目和学术研讨会等。

在厦门这么多年，我很高兴能够成为洪华生教授的好朋友，我对她为厦门大学乃至对全世界所做出的科学贡献深表敬意。

英文原文：

I first met Professor Hong some thirty years, or so, ago when she visited the Faculty of Science at The University of Hong Kong and I was Acting Dean of Science.

She was most interested in hearing about our new cross faculty Masters Degree in Environmental Management, and discussing the development of The Swire Institute of Marine Science. We also discussed the research that was going on in MEL at Xiamen University.

Little did I know then that in 2005 I would visit the State Key Laboratory of Marine Environmental Science(MEL) to begin an exciting relationship with the staff and postgraduate students, to help them improve their English in writing manuscripts for publication in top grade journals.

During my visits each year to Xiamen, my friendship with Professor Hong developed, as did that for my wife Maggie, who subsequently joined me in editing papers and making annual visits to Xiamen University. We both enjoyed the kind and generous friendship of Professor Hong.

Her work in the marine environmental sciences has been both respected and enjoyed by her colleagues and she has an international reputation for her studies in such areas as marine biogeochemistry, protection and utilization of the marine environment, and ocean and coastal sustainable management. In addition, Professor Hong has been involved in various international programmes, projects and workshops.

It has been a great pleasure to be a good friend of Professor Hong over these years in Xiamen and I have the utmost respect for her scientific contributions not only to Xiamen University but also internationally.

厦门海岸带综合管理推手之一
——洪华生教授

蔡程瑛

（东亚海环境管理区域合作伙伴计划名誉主席）

1992年，我受联合国开发计划署（UNDP）委托，带领专家组一行七人到厦门考察，主要目的是和当地政府商讨在联合国项目下厦门政府执行海岸带综合管理（ICM）的理念，并发展成为东亚海海岸带综合管理示范区之一的可能性。专家组也到厦门大学考察，探讨并了解厦大提供科学支撑事宜。就是在这一次的访问中，我和洪华生教授第一次见面。当时她对国际合作的热忱，对提供环境治理的科学支撑专业的见解，给我留下了深刻的印象，更重要的是，她对当地社会的认知、和地方政府有直接的联系。她深谙项目的重要性及其对厦门可持续发展的长远影响，并且非常支持厦门地方政府参与项目的工作。1993年，项目获得批准并在年底于厦门召开启动仪式及第一次工作会议。从那时起，洪教授成为厦门市海岸带综合管理（ICM）项目的重要成员，25年来，我几乎每年都到厦门访问或审查项目进展时都能和洪教授交流，并且获益匪浅。

洪教授对厦门ICM项目做出了极大的贡献。她协助厦门市政府成立由大学、海洋研究所学者等组成的地方专家组，并出任组长。她在项目进展的过程中积极提供科学支撑，在环境整治、海岸带及海洋功能区划、海水质量监控等方面，提供了宝贵的科学根据。在她的领导下，数十年来，尤其在开始阶段，专家组合力工作，向政府有关部门提供了有质量的丰富科学资料，提高科学治理的力度，加强了科学和政策的互动，开展了综合管理的新篇章。筼筜湖、五缘湾、西海域及沙滩等的成功整治是管理者和科学工作者相配合的美好结果。厦门的专家组也给国内外的地方政府提供了可借鉴的模式。洪教授不愧是厦门海岸带综合管理理念的推动者，也是将科学运用到海陆统筹和综合管理的实践者。

在国际合作方面，洪教授也扮演着重要的角色。不但和PEMSEA建立了持久的合作，也带来了其他国际组织项目，进而提高了厦大的国际知名度。几年后，厦大已经建立了一支对海洋发展有经验的学术队伍并且创办了“海洋与海岸带发展研究院 ”（以下简称“海发院”）。几十年来，和PEMSEA 共同开设区域ICM 培训班，培养了一大批主要来自东亚的ICM人才。

东亚项目在厦门实施几年后，在国家海洋局的支持下，和厦门市政府共同举办东亚海洋年会，主要是让东亚区域有关地方政府的领导人、科学研究人员、非政府组织等到厦门来，分享对海洋及海岸带管理的经验，同时也学习借鉴厦门海岸带综合管理的成功经验。年会的成功举办影响深远，主办单位考虑增加其他活动，有了把年会扩大为“国际海洋周”的设想，终于获得有关当局的认可。洪教授也是主要倡导者之一。

蔡程瑛和洪华生一起出席厦门海洋周主论坛（前排左一为蔡程瑛，左二为洪华生）

洪老师印象

阿　真

（诗人，艺术家，资深媒体人，公益环保志愿者）

最初对洪华生老师的认知，是通过她丈夫翁成受先生获得的。

那是在20世纪90年代初，我从北京南下深圳，参与创办《特区与世界》杂志。为了给创刊号组稿写稿，我作为杂志主编跑了不少地方，最后一站就是厦门特区，因此有机会采访到当时在厦门大学担任台湾研究所副所长的翁成受先生。这次采访收获很大，我不仅拜读了翁老师撰写的具有前瞻性和宏观深度的佳作“关于建立南中国经济圈的构想”，为杂志创刊号找到了“众里寻它千百度”的头条重磅文章，而且还通过翁老师认识了他的夫人、一位留美归来的优秀科学家洪华生老师。

记得在采访翁老师的时候，他多次提到他的爱人洪老师，称赞洪老师非常具有科学天赋，而且个性独立坚韧，做人做事都很认真。当十年“文革”结束后，洪老师有机会考取公派赴美留学时，已年届34岁并且是俩孩子的母亲了。知妻莫若夫，为了支持妻子圆她的科学梦，他全力以赴承担所有的家务，心甘情愿做洪老师的坚强后盾，其欣赏挚爱之情溢于言表。

他诙谐地说，在家里太太是太阳，他是月亮。当太太远赴美国留学的那几年，家里只有月光，没有朝阳。

他还提到洪老师为了他的健康，经常提醒他少抽烟，可他总是“阳奉阴违”，没让洪老师少操心。说完猛吸一口烟，开怀大笑。我忘了当初写翁老师的专访，有没有写到这段谈话。如果没有，此为弥补。

真正对洪老师有更深入的了解，是后来的世界妇女大会和厦门国际城市绿博会。前者是在1995年的秋天，后者则是在2001年的秋天。那年世界妇女大会首次在中国北京举办，洪老师作为巾帼科技精英受邀来京参会。记忆中那时的洪老师，笑起来始终带着几分天真的韵味，快人快语非常坦诚，一头短发格外清爽利落，人显得比实际年龄更年轻精神，让人联想起她像水手一样出海做科学考察的飒爽英姿。我建议她最好穿一套中国风格的旗袍去出席国际会议，洪老师欣然采纳。于是我陪着她到北京燕莎友谊商城选了一件漂亮的丝绸旗袍，洪老师穿上这件旗袍，十分得体，恰如其分地衬托出她知性优雅的鼓浪屿小姐气质。

转眼，时光的年轮进入21世纪，环境问题带来的种种困扰成为世界关注的热点。恰好在倡导环境保护及绿色文明方面，我跟洪华生老师有深度的共鸣。2000年的中秋节，洪老师和翁老师热情邀请我去厦门过节、考察，希望我能针对厦门的优势和特色，策划一个有广泛参与性的环保活动项目。现在回想起来，那是我体验到的最有闽南风情的中秋节，吃了洪老师亲手做的春卷，还有翁老师烹制的海鲜，第一次品尝了金门的烈酒，还登上屋顶的平台一边赏满月当空、月华如水，一边吃月饼、玩博饼游戏。那天晚上洪老师兴致很高，讲了不少她小时候在鼓浪屿岛上生活的趣事，大家都感觉特别开心。后来，正是在两位老师的鼓励支持下，我策划了2001年深秋在厦门举办“中国厦门国际城市绿色环保博览会”，简称绿博会。

当时洪老师以海洋环境科学家和福建省人大常委会副主任的双重身份积极参与指导绿博会的筹备工作，尤其是对绿博会的系列论坛和公众环保教育的实践活动倾注了不少心力，表现出了一位优秀科学家和决策管理者所拥有的社会责任感和公共人文情怀。

洪老师之于我，既是忘年之交，也是良师益友。无论过了多久，每次相见，她总是亲切地叫我“阿真姑娘”，即便我早已人到中年，再见时，她依然这么温润地叫我。她与生俱来的探索求知精神、可亲可敬的率真坚韧品格，极富感染力和个人魅力。在我眼里，她是具有海洋精神的人——自强不息，心胸开阔，包容谦和。她的命运已同大海融为一体，凭着不懈的努力和追求，成为出色的海洋科学家和知行合一的教育家。尤其难能可贵的是她还拥有一颗赤子般的爱心，爱大海、爱家国、爱事业，对亲人朋友、同事学生都满怀着真挚的情义。

1995年，阿真和洪老师在亚运村国际会议中心

科学精神与人格魅力的完美结合

胡　敏

（北京大学环境科学与工程学院教授）

认识洪华生老师多年，感受良多。当我还在唐孝炎院士指导下攻读博士期间就有耳闻。20世纪80年代初，洪老师在厦门大学组织团队建立环境科学研究中心，唐老师亦在北京大学创建了环境科学中心。两位女前辈几乎同时期在祖国的一北一南开创了中国高校环境科学教育和研究的先河，为中国环境科学发展奠定了坚实基础。在两个学校之间的学术交流过程中，不仅促进了我的学术成长，也为我认识洪华生老师创造了机会。正是这样一个机缘，我才有幸与洪老师有更多接触，洪老师认真严谨的治学态度，兢兢业业的工作作风以及平易近人的优秀品质让我受益匪浅。

洪华生老师怀着极大的热情投身到她热爱的环境科学和海洋科学事业中，既有前瞻和开放的国际视野，又有从容和坚韧的钻研精神，带领着她的团队从一个胜利走向另一个胜利，成为女性学生和科学家榜样的力量。无论是对待事业还是对待生活，洪老师总是笑呵呵的，和蔼可亲，具有女性科学家独特的气质和魅力。作为晚辈不敢妄评洪华生老师的学术成就，但在我们交往中最难忘的一件事中，可见一斑。

那是二十多年前，1999年7—8月厦门大学举办首届“全国环境科学研究生暑期学校”，洪老师带领的厦门大学环境科学研究中心团队对此次暑期学校高度重视，从讨论课程安排到学生学习生活的安排，事无巨细一一过问。当时国内大学对暑期学校还没有什么明晰的概念，

2019年，胡敏与洪老师合影于北大未名湖畔

洪老师思路开放，对暑期学校的设计和形成的模式都是极具开创性的。暑期学校开设可持续发展概论、大气环境科学和海洋环境科学三个方向十门课程。洪老师亲自带领大家认真讨论教学内容安排，在各校原有环境科学教学基础上，增加环境科学最新进展，拓展学生的知识面，也促进教师之间对环境科学教学的交流。北大来了几位老师，有环境管理的栾胜基老师等，我讲授“大气环境监测”课程。

暑期学校招收的学生来自高校、科研院所优秀硕士和博士研究生等近百人。洪老师带领的厦门大学团队，将暑期学校的学习和生活安排得丰富多彩，有张有弛，且有很多新的尝试，即使是现在的暑期学校也不见得能达到那样的水平。暑期学校除给学生提供免费住宿、生活补贴外，还提供网络和使用厦大图书馆的服务。洪老师每天都盯着暑期学校，忙着协调各种事情。

处理突发事件往往更能看出一个人的品格和能力。当时来自北京大学授课的栾胜基老师，在授课期间的一个傍晚，突发高烧，腹部疼痛难忍。本以为是吃得不舒服，或是急性胃肠炎。洪老师闻讯后，赶到栾老师住处，见症状没有减缓且有加重趋势。在栾老师本人坚持回北京治疗的情况下，洪华生老师果断提出立即去医院，她调动学院的老师将栾老师的入院手续安排妥当。到医院一诊断是急性阑尾炎，且已穿孔。有点医学常识的人都知道，这个状态已经很危险了！洪老师立即与医院沟通协调，及时为栾老师做了阑尾炎切除手术。

手术期间，洪老师一直在外面等消息，我几次劝她回去休息，她都不肯。等栾老师手术顺利完成回到病房，洪老师和大家才松了一口气，那天洪老师等厦大同事忙了整整一个通宵。接下来，她又安排人员陪护、送饭，各种忙碌。整个过程洪老师的果断、协调能力和无微不至的关心，让栾老师和我等北大老师很感动，至今难忘。

我一直以唐老师和洪老师为榜样，祝愿她们永远拥有美丽的人生。

记忆中的大学同窗——洪华生

陈振华

（原兵器部北方工业厦门公司进出口一处处长）

我和洪华生是厦大化学系62级（67届二班）的同学，也是同龄人，如今我们小班的微信群叫“化622”。1962年大学招生是历年最少的，能考上厦大都是佼佼者，尤其是女生，更是凤毛麟爪。我们班级二十多位同学中，女生只有八位，洪华生应是“鹤立鸡群”，引起了许多男生倾耳注目，也令一些女生嫉妒。

入学第一次年段集会，由当时化学系团总支书记宣布各班级的班干部、团干部名单。洪华生是系团总支组织委员，我是班团支部组织委员（二年级任班团支部书记）。由于工作联系较多，又是同班，走得近，关系也密切。初次见到洪华生，她是一位身材中等、亮丽端庄、沉着稳重的归侨女生；来自鼓浪屿的姑娘，留着五四时期女青年的齐耳短发，一袭朴素无华的衣裙难掩大家闺秀却又落落大方的气质；一副黑框眼镜下的闪亮目光，透射出沉着坚毅的神情；常挂微笑的小方脸，洋溢着善良、平和、亲切的温馨……

在厦大六年期间（学制五年，“文革”延迟毕业一年），我们经历了“困难时期”、国民经济恢复期、“学雷锋”、“学习解放军”等特殊时期。洪华生事事争先，积极向上，模范带头，学业上门门优秀，名列班级前茅。工作，生活，各项活动样样以身作则，为人表率，待人和蔼可亲，朝气蓬勃，在班上享有很高威望，受到同学普遍喜欢、尊重和一致好评。

从“赠送饭票”到“食堂餐桌上留饭菜”

刚入大学，赶上国家“困难时期”，大学生粮食定量一个月30斤，副食供应全凭票限量供应。和我同宿舍的一位大个子男生，饭量大，30斤定量常吃不饱。洪华生得知此事，经常悄悄把自己节省下的几斤饭票送给这位男生，还不让宣扬。这亲切的关怀令该男生感动，以至于将她长期暗恋心中（这是我们毕业30年聚会时该男生当众坦言的）。

1964年春节过后，全国形势好转，大学生补贴伙食标准也有了相应的提高，一个月伙食标准不低于12元，天天有鱼有肉。学生不再独食买饭菜，而是一桌八人，四菜一汤，吃得不错。但是就餐时往往八人不易到齐，我与洪华生同桌，每次她都预先将饭菜预留给还没上桌的后面来的同学，关心他人胜过自己，仁爱之心彰显无余。

从“海防哨所执勤”到“下连队当兵”

当时地处海防前线的厦门大学，隔海相望的是国民党反动派盘踞的敌占岛。20世纪60年代厦大外围的海边，沙滩是军民联防的责任地段。我和洪华生是基干民兵，担负定期轮流到海边值勤的重任。轮到值勤的日子，晚餐后，我们荷枪实弹，列队前往哨所，一路行进一路歌:“日落西山红霞飞，战士打靶把营归，胸前红花映彩霞，愉快的歌声漫天飞……”洪华生和我们男生一样，英姿飒爽，扛枪出发。她与我们不同的是肩上多背了比别人大得多的布书包，里面装满了晚上在哨所需要复习的功课和作业。她很善于抓住一切可以利用的时间，读书学习，而且效率很高，非一般同学所能及。

二年级暑假，部分同学参加“下连队当兵”活动，她积极报名参加。我们男生到南普陀后山的五老峰上的机枪连，女同学全部集中到厦大海边的电台连当兵。时值酷暑，当兵训练，“二百米硬功夫”，摸爬滚打，实弹射击，汗流浃背，干渴难忍。一个月时间，她和男生一样，硬是坚持了下来，巾帼丝毫不让须眉，晒黑了皮肤，炼红了思想，锤炼了意志，陶冶了情操。嘹亮的军歌伴随海风在厦大校园飘扬："飒爽英姿五尺枪，曙光初照演兵场，中华儿女多奇志，不爱红装爱武装……"

洪华生不仅怀有女性温馨、细腻待人、体贴入微的慈善柔情，更具备顽强拼搏、不甘示弱的奋斗精神和坚强毅力。这些优秀品质和性格特点也是促成她后来取得丰硕的专业硕果、学术成就的重要因素。

她是厦大67届毕业生中冉冉升起的一颗又红又专的"南强之星"，是"化622"这个优秀集体孕育出的杰出代表，我们都为她的闪亮人生感到骄傲自豪！

福建海洋防灾减灾事业的领路人
—— 回忆与洪华生教授共事的时光

刘修德

（原福建省人大财经委主任、福建省海洋与渔业厅厅长）

时光荏苒，在与海洋打交道的二十多年中，我接触过许许多多的海洋工作者、学者，洪华生教授以其独特的远见卓识、崇高的敬业精神、高尚的人格魅力和在海洋事业上矢志奉献的满腔热情给我留下了无与伦比的印象。回忆起那些年与她共同奋斗的时光，至今仍然感慨万千。

初识洪教授，我便得知她的不平凡：在美国以优异的成绩学成归来，投身于祖国的海洋事业，成为中国第一位回国服务的海洋学女博士。而我们深厚的友谊则是来自一个海洋重大项目，这个项目的成果为福建省建立起海洋立体观测网，为打造海洋防灾减灾工程奠定了坚实的基础，也深深影响了一批海洋人。

记得2000年年初，福建的海洋事业刚刚起步，多项涉海工作亟须需开展，我作为福建省海洋与渔业局分管海洋事务的副局长，压力重大。当时，国家“十五”863计划海洋监测领域重大专项示范区项目正在启动，一次洪教授专门到省海洋与渔业局走访，与我分析了福建海洋现状与发展前景，认为这是个好机会，如果项目能落地福建，将大大提升我省的海洋综合管理水平和防灾减灾能力。同时，也能契合我省正在实施的“数字福建”项目，带动实施“数字海洋”工程，为海洋管理提供科学决策依据。她的远见卓识和一腔热情感染了我，同时也得到了时任福建省海洋与渔业局局长刘赐贵同志的肯定和支持。我们决定一起努力，去争取拿下这个项目。

当时除了福建，还有浙江、广东等省也在积极争取这个项目。洪教授以她在海洋界的影响，执着地争取国家科技部、国家海洋局相关专家领导的支持，做了大量的工作，并及时向时任福建省省长的习近平同志做了汇报，分析了我省的区位优势和项目建设意义，积极建言献策，得到了习近平同志的高度认可和支持。习近平同志亲自写信给国家科技部部长徐冠华，表明福建的决心和态度。2002年，科技部最终决定将国家863计划海洋监测领域重大专项“台湾海峡及其毗邻海域海洋动力环境实时立体监测系统”示范区项目落地福建。我们联合推动了由国家科技部、国家海洋局和福建省人民政府共同组成的863福建示范区建设领导小组，洪华生教授任项目首席科学家，我作为项目领导小组的办公室主任，在长达数年的项目实施过程中与洪教授交往甚密，受其影响也颇深。

几年共事，在我的印象中，洪教授有着大海般的胸襟、深厚的海洋情结和坚韧不拔的精神，尤其在项目进展的关键之时总是亲力亲为。从方案讨论、计划安排、材料审定，乃至实施方案评审，她都严格把关，传授智慧。为了培养一支优秀的队伍，她组织和带领专家组、项目组到美国的大学、科研机构等进行深入考察学习，还遴选推动后备骨干力量到厦门大学进行委培进修。

洪教授就是我们这支队伍的主心骨。项目启动后，因为是个全新的领域，很多工作没有成熟的经验可以借鉴，面临着许多的困难与挫折，很多工作都是在实践中探索，在探索中创新。团队的同志有过困惑、有过彷徨、有过气馁，但每每总在洪教授的影响和带领下一一度过难关。她那令人钦佩的敬业精神，严谨的科学态度，让整个团队始终拧成一股绳，齐心协力，迎难而上，有她在，大家像是吃了定心丸，有了依靠。记得，在一次项目的协调会上，我从福建省海洋综合管理和海洋防灾减灾的实际需要出发，列出了项目建设的十大目标需求，但面对项目研发的设备样机进入台湾海峡试运行后，达不到业务化运行的要求，一些设备运行出现问题，观测设备运行获取的数据还不能为海洋管理实际工作提供服务和支撑，项目建设的阶段性成效距离解决实际需要还有巨大的差距。作为项目建设的具体负责人，我十分着急，话说得很重，大家压力很大，心情都很沉重。洪教授眼眶泛红，言语哽噎，我看在眼里，心里十分难过。过了一会儿，她迅速平复了心情，冷静地提出了解决问题的对策，要求并指导项目组集中力量逐一进行攻关。在她的力量传导下，大家重拾信心，团结奋斗。之后，我们陆续攻克了大浮标、小浮标、地波雷达等设备运行的稳定性、可靠性等难关，完成了相关建设任务，项目成效逐步显现。

“十五”863项目即将完成之际，洪教授与我有过一次长谈，她欣慰地说：“在几年的项目实施中我们已经积累了丰富的经验和教训，为国家和福建前进中的海洋事业做出了贡献，有了一支优秀的团队，但要满足海洋管理和防灾减灾的客观需求还有很长的路要走。这个事业对于海岸线漫长、海洋灾害频发的福建，关系着民生福祉，功在当代，利在千秋，我们要继续做下去，在大量获取海上数据的基础上，应该进一步开展各个业务化系统的研发和应用，我也将与你们一道继续努力。”一席话，一股精神的力量深深地感染了我，影响着我在继任福建省海洋与渔业厅厅长后持续推动。在大家的共同努力下，国家“十一五”“十二五”863计划海洋重大专项继续落地福建，开花结果。

接过洪教授手中的接力棒，一批批年轻的海洋人在不懈地努力着。如今，福建构建了集成浮标、潜标、海床基、岸基、地波雷达、卫星遥感等的海洋立体观测网，组建了福建省海洋预报台，构建了从海洋观测、数据处理到产品制作、信息发布等一体化业务链，为海洋防灾减灾、海洋综合管理、海洋权益保障等方面发挥了巨大作用，为建设海洋强省提供了有力的支撑，造福了一方百姓。

一晃多年，我退休了，洪教授还在忙碌着她所热爱的海洋科研事业。回忆起这段共同奋斗的时光，我仍感觉充实而温暖，成为我人生经历中一段弥足珍贵的记忆。

洪老师带领我们建好福建海洋立体监测系统

李　炎

（厦门大学环境与生态学院荣退教授）

“十五”期间，科技部选择了“海洋动力过程长期实时监测子系统”等专题，拟在我国沿海进行省一级海洋动力环境实时立体监测应用示范。一了解到这个信息，洪华生老师立即积极争取福建省和科技部支持建立福建示范区。经各方努力，福建省终于以福建省海洋与渔业局与厦门大学共同牵头的组织形式，包括引进世界银行贷款在内的配套资金拼盘，国内外优选装备与新一代区域业务化软件配套的框架设计，争取到示范区项目落地。2002年5月科技部正式发函，同意“台湾海峡及毗邻海域海洋动力环境实时立体监测系统被列为国家‘十五’863计划重大项目，科技部和福建省政府在福建省建立该项目的示范区，并纳入‘数字福建’范畴，进行业务化管理。福建示范区的建设单位为福建省海洋与渔业局，厦门大学洪华生教授出任首席科学家”。

2002年7月，我从国家海洋局第二海洋研究所调到厦门大学环境科学研究中心。记得是9月的一天，洪华生老师通知我参加福建省海洋与渔业局编写组《福建示范区建设项目立项报告》初稿的修改，我从而参与了示范区从立项—实施方案设计—系统建设—业务化运行的整个过程。

福建示范区最重要的对接与服务对象是福建人民。历史给福建人民留下的海洋精神遗产是很丰富的，最著名的是为民抗灾的妈祖文化。但是，面对还未达到实用化的国产硬件，面对一代人都难以形成的海洋科学数据共享文化，我们要用什么样的方式，有效地为福建老百姓和他们的“父母官”服务？按照那个时代的人们最熟悉的那句话，洪华生老师带着福建示范区的研制队伍，“摸着石头过河”。

厦门大学商少凌牵头的遥感信息服务模块选了借船过河之路。在胡传民教授的帮助下，商少凌、张彩云、李永虹等老师组成的研制团队根据示范区当时所处阶段的应用需求，从美国卫星数据中心定制了台湾海峡及其毗邻海域1级产品远程下载服务，安装调试了共享软件，辅以适当的软件开发，实时处理2级以上产品软件，并组织区域现场观测浮标的检验，很快地在2004年正式发布台湾海峡及其毗邻海域海表水温、叶绿素、浊度等3级产品。台湾海峡及其毗邻海域遥感实况速报的时延，就达到当时相当先进的2小时。

2004年8月13—15日，飓风“查理”袭击美国佛罗里达州，洪华生带领的福建省海洋环境监测系统考察团正好访问美国国家海洋大气局总部、美国海洋观测集成与可持续发展国家办公室（Ocean. US）、大西洋海洋与气象实验室三个单位，亲历美国国家海洋大气监测和预报系统与各级政府应对飓风灾害的活动，信息服务网络支持下的飓风监测、预报和发布，给我们留下深刻印象。

参照美国同行的经验，商少平、张文舟等老师组成的研制团队先是采用双向嵌套网格风暴潮-天文潮耦合数值预报模式，成功地将增水量预报准确度从50 cm提高到20 cm，对31个台风过程福建沿海6个站点风暴潮模拟平均绝对误差为19.5 cm。可是进入试运行，从台风警报到警报解除，从中央气象台发布台风路径预报参数，到算出风暴报潮预警三要素的预报延迟，最快也要半个小时。带着如此第一代系统，代表省海洋渔业局参加福建防汛指挥部值班时，领队的商少平回忆道，面对坐镇指挥的副省长，半个小时内不断地接到前线的追询，等着我们算出需要组织撤退的区域和时间，待在空调房内仍会紧张得大汗淋漓。这种尴尬持续了两年。但经过多场“大汗淋漓”所激发的灵感，造就了惊人的创造力，到了2008年台风季节，运用数值场景库搜索优化算法的第二代系统开始投入业务化试用，竟然可以“在个人计算机上不到2分钟可完成基于台风路径预报概率圆达2700多条路径的风暴潮增水集合预报，实现对福建沿岸37个万亩海堤的漫堤预警”“模型检验结果显示本文建立的模型对福建沿海风暴潮的模拟是比较成功的，平均绝对误差（MAE）为21.2 cm，模拟结果与实测结果变化基本一致”。接下去整整的10年，福建省海洋预报台的值班台长，再也不用在副省长面前大汗淋漓了。

2004年8月赴美考察的洪华生老师注意到，三维海流数值模型已经成为美国近海立体监测系统的重要支柱，已经培育出龙虾幼体行为评估、航海安全、大型海港水文导航、沿海溢油灾害应急数据支持系统、赤潮早期预警和趋势预测等一系列海流数值模型应用案例。洪老师遂指定力主全三维数值模型路线的江毓武负责海流信息服务模块。经过两年多努力，终于用ROMS海洋模型，大小网格嵌套方式，并引入新的变边界网格处理方法，建立了第一代台湾海峡及邻近海域海流三维并行计算数学模型，以及针对海难搜救和溢油追踪等突发性事件处理的辅助决策系统。经过一年试报和一年验证，2008年提交福建省海洋与渔业监测中心业务化试运行，实现每天自动定时运行，实时发布台湾海峡及邻近海区的海洋温、盐、流三维现报、预报及海上突发事故应急决策。今天在福建省海洋预报台网上实时发布的，已经是江毓武团队的第三代模型预报成果了。

2009年，福建省海洋与渔业监测中心开始运用该系统与福建省海事局联动进行海难搜救工作。2009年10月10日，运沙船“嘉森6号”五名船员落水，福建省海洋与渔业监测中心于当日22时接报后立即利用该系统对落水船员的漂移轨迹进行预报，海事局搜救船队根据预报路径于次日凌晨1点40分在预报点发现并解救了两位失踪船员。到2015年，海上搜救系统与福建省海事局联动，已成功解救了两百多人，海流信息服务终于成为福建示范区的新亮点。

摸了10多年的“石头”，在省级海洋立体监测系统的设计方面，我们逐渐找到一点规律。2006年，刘修德局长根据福建省海洋与渔业管理的实际需求，筛选出与管理机构设置相匹配的潮位预报、渔区环境速报、风暴潮预报、海洋环境公报、排污口公报、入海通量公报、赤潮遥感速报、海难追踪、溢油追踪、渔船监测10项任务，简称“刘十条”。洪华生带领的团队目前成功地实现并且超越“刘十条”应用需求的风暴潮预报和海难追踪两项任务。相信在不远的未来，洪华生老师的接棒人，会带着新一批的年青科学家，用上具有坚实科学基础并经立体监测系统深度学习的人工智能技术，超越并实现“刘十条”留下的应用任务。

2004年8月，福建省海洋环境监测系统考察团访问美国蒙特利尔湾海洋科学研究所合影（前排左三为洪华生，左五为商少平，后排左二为李炎）

影响我最深的洪华生教授

曾银东

（福建省海洋预报台副台长）

我在成长过程中，遇到过许多良师益友，其中对我帮助最大、影响最深的是洪华生教授，她是我十分敬重的海洋学科学家。2001年我踏入厦门大学，攻读环境科学专业硕士研究生。在洪老师的带领下，参与了国家863计划福建示范区项目建设。洪老师慈祥的面容、渊博的学识、严谨的作风和高尚的人格魅力给我留下了深刻印象，并深刻地影响了我，激发了我热爱海洋、认知海洋的兴趣，开启了我追逐海洋、探索海洋的研究生学习生涯。现在回忆起来真是教益多多，终生受用。

洪老师是国家863计划海洋领域重大专项“台湾海峡及其毗邻海域海洋动力环境立体实时监测系统”福建示范区首席科学家，组织构建了具有业务化运行能力的海洋灾害监测与预警预报系统，在福建海洋防灾减灾及台湾海峡周边海域的环境安全方面发挥重大作用，为福建省海洋观测预报事业全面快速发展，走在全国前列奠定了坚实的基础。多年来，洪老师一直关心和支持福建示范区建设，依托厦门大学科研和技术优势，推动福建省海洋观测预报事业的发展。她说，福建示范区项目建设任务虽然结束了，但是厦大作为科研技术支撑的作用不能变，仍然要开拓创新，不断研发新技术、新方法，推动科研成果在福建省海洋观测预报领域的落地应用。

洪老师十分关心年轻人的成长，对年轻人的培养不遗余力。她非常重视对学生创新能力和国际视野的培养，亲自开设英文课程，鼓励

2009年，曾银东与洪老师在台湾东海岸合影

学生做最前沿的科研，支持学生参加国际学术会议和培训。她告诉我们，一个人无论是从事科研还是业务工作，一定要有国际化视野，不仅要着眼当前，更要面向未来的发展和前沿，这句话对我从事海洋业务工作一直有着深远的影响。

回想在2000年年初的时候，学生出国学习培训的机会并不多。洪老师从863计划福建示范区长远发展考虑，坚定支持年轻人出国学习培训，为后续业务化工作打基础。在洪老师的安排下，我有幸赴美国南佛罗里达大学学习培训，以海洋水色遥感技术与应用为主攻方向。这是一次难得的出国深造机会，让我受益匪浅，对水色卫星遥感科研国际前沿及其在赤潮预警中的应用有了更深刻的了解，为我工作后从事遥感技术研发和业务化应用奠定了坚实的基础。

洪老师的敬业精神令人钦佩。2009年，洪老师带队赴台考察，这是一次令人难忘的旅程。为了全面了解台湾在海洋监测与防灾减灾体系建设和业务化方面的先进经验，这次考察内容丰富，日程满满，高校、院所及政府部门等7个单位的走访，研讨、专题报告、座谈交流，参观形式多样。记得5月12日，在参观基隆海洋大学后，短暂休息后即刻进入专题报告交流，时间安排得非常紧凑。连续几天一路奔波、高强度考察，我作为年轻人都已感到疲惫。而洪老师一路保持精神饱满、精力充沛，她认真倾听，不时地互动交流，提出自己的见解。回忆起当时场景，洪老师敬业的精神，对科学不懈追求的态度依然令我十分感动。

“人生有很多机遇，是否能抓得住，关键在于自身的积累和面对挑战的勇气。有了这两点，机会来的时候，才能抓得住。”这是洪老师对年轻人的要求和期盼。她常常鼓励我们，无论是在科研岗位还是在工作岗位，都不能心浮气躁，要不怕苦，能吃苦，潜心钻研，掌握真正的本领，才能更好地服务国家、服务社会。作为新时代年轻的海洋人，洪老师的话一直激励着我努力克服困难，不断开拓创新，为福建省海洋观测预报事业尽自己的绵薄之力。

与洪华生博士合作共事的点滴回忆

阮五崎
（福建海洋研究所荣退研究员）

1983年5月—1985年12月，福建海洋研究所在完成了“台湾海峡中、北部海洋综合调查”任务后，正酝酿如何进一步展开海洋前沿课题的工作。但对于一个组建时间较短的研究所（1980年筹建），人才不足是最大困难。因此，当获知洪华生教授刚从国外获得海洋学博士回到母校厦门大学任职时，我们抱着一点点希望，邀请洪华生博士作为福建海洋研究所的兼职研究员，指导海洋科研工作。当时，厦门已有多家实力雄厚的国家级、部级的海洋科研、教学单位，就福建海洋研究所当时的人员、设备以及待遇等条件，想邀请一位从国外回国的海洋学博士来所作为兼职研究员，切实有点“自不量力”。但是，洪华生博士没有嫌弃福建海洋研究所简陋的条件、专业人员缺，毅然地接受了邀请，并说“条件可以创造，人员可以培养、锻炼”。从此，我和洪华生博士开始了台湾海峡海洋科研的长期真诚合作。

在如何选择研究项目时，洪华生博士提出应选择具有代表性的典型海区、跟踪国际海洋前沿研究课题、研究成果对于今后的海洋资源开发有指导作用并尽可能联合厦门的海洋研究力量等独特的见解。在充分分析了台湾海峡已有的海洋学资料，广泛请教、征求了郑执中研究员、丘书院教授、李少菁教授、郑镇安研究员等海洋界前辈的意见，实事求是地分析我们具备的能力之后，选择了“闽南—台湾浅滩渔场上升流区生态系研究”项目，分别向国家教委、福建省科委申报，并得到了资助。

海洋科学是一门实践性很强的科学，现场的海洋调查仍然是了解海洋的重要手段。洪华生教授带领一批年轻的博士、硕士，和福建海洋研究所的科研人员共同组成研究队伍，使用“延平”号这艘“小船”。当年的海域研究所面临的还是政治相对敏感、海洋环境复杂、经常出现恶劣天气的情况，但通过大家艰苦的努力，团结合作，克服难以想象的困难，终于获得了5个学科、38个子课题，约10万个现场实测数据的丰硕成果。这些宝贵的第一手数据和资料，具有重大的学术意义，也为合理开发和管理闽南-台湾浅滩海域资源提供了重要的科学依据，为后来福建省水产研究所、厦门大学、福建海洋研究所与台湾海洋大学联合开展的“台湾海峡及邻近海域渔业可持续发展”等项目提供了有益的借鉴。

仅有500总吨的“延平”号调查船，确确实实是一艘“小船”，工作、生活条件相对较差，第一次接待一位海洋学女博士到船上工作，船员都用一种特殊的眼光关注她的一言一行。但是，洪华生教授用她的行动改变了船员的看法。船上的工作、生活环境与陆地上的工作、生活环境有着相当大的差别。“延平”号在海上犹如一片树叶，作为一个女同志，洪华生博士以极大的毅力，克服了晕船、吃不下饭、在高机械噪声下难以入眠睡不安稳的困境，以及生活上的诸多不便，不分昼夜地和队员们一起，坚持在甲板上、实验室工作，把握每个数据的可靠性，真正做到一丝不苟。她待人真诚、随和，工作需要船员协助时，总是以商量的口气，很快地，她获得了船员的信任和钦佩。

即使现今厦门大学已拥有设备先进、工作环境好、生活空间舒适的大吨位海洋科学考察船，但洪华生教授仍没有忘掉小船“延平”号及其船员。每当提到“延平”号时，她总是说，“延平”号虽小，但是一个温暖的集体，从船长到水手，那种热情助人、真诚为科研服务的精神，使得每个在这艘船上工作过的科技工作者都很难忘却那段岁月。

我长期与洪华生教授合作，深感她为人的坦诚。坦率地说，项目经费的合理使用，是良好合作的基础。“闽南-台湾浅滩渔场上升流区生态系研究”“台湾海峡初级生产力及其调控机制研究”等，都是国家教委和福建省科委分别资助的重点项目，我与洪华生教授共同确定了经费使用范围和原则之后，课题经费由我来掌握。有人告诉她这样做会上我的当，她很诚恳地说，如果不能信任合作者，就谈不上合作。看似普通的一句话，既让合作者感到心暖，也体现了洪华生教授的为人正直和胸怀。在项目经费的使用中，我们真正做到每一分钱都用在刀刃上，在课题评审时，获得了“经费少的情况下……课题组取得的成果比预期的数量多、质量好”的评价。

在与洪华生博士长期的合作中，我对她的渊博学识，对海洋事业的热爱，无私地培养、锻炼年轻的队伍的精神等感到钦佩，也为自己的工作能有这样一位合作者感到荣幸。

2007年7月台湾海峡夏季共享航次出发前，洪华生和阮五崎在码头合影

回忆参加洪华生台湾海峡研究课题的点滴

陈水土
（福建海洋研究所荣退研究员）

洪华生和我是相识50多年的同学，厦大化学系系友，厦大海洋学系研究生同班学友。她在美国获得海洋学博士后，即回母校厦大海洋学系工作，希望能在台湾海峡海域开展国际前沿的相关研究课题。经多方调研、考察，综合台湾海峡海洋科学研究的状况，联合福建海洋研究所、福建省水产研究所、厦大亚热带海洋研究所，申报了她回国后的第一个研究项目——“闽南-台湾浅滩渔场上升流区生态系研究”，项目获得国家教育委员会和福建省科学技术委员会的资助。“闽南-台湾浅滩渔场上升流区生态系研究”是一项多单位合作、多学科交叉的大型综合性研究项目，涉及海洋地质海底地形地貌、物理海洋、海洋化学、海洋生物、海洋渔业资源、渔业生物学等海洋学多个学科。

为了让课题组更多的青年骨干、研究生得到海上工作实践的锻炼，华生选择青岛海洋大学海洋综合调查船“东方红”号来执行第一航次调查任务。在此之前，华生请我参加课题研究，希望能上船帮忙带学生进行调查实验。为了确保海上现场工作的安全顺利开展，华生进行了精心的筹划，安排课题组研究人员、研究生、本科毕业生按海洋地质、水文气象、海洋化学、浮游生物、底栖生物等学科组成了新、老搭配的研究小组，从现场采样、样品收集处理、实验室水样检测、样品固定保存、质检、数据处理、资料整理等一系列工作，做了明确的分工。这些海上调查工作对多数较少乘船出海调查的课题组同仁和研究生都是比较陌生的。华生总是亲临调查工作的各个环节，观察协助各组的进展，提高他们调查操作的熟练度，在航次顺利完成海上作业任务的同时，课题组一批青年骨干的海上调查能力也得到了提高。

该项目共开展6个航次海洋综合调查，除了第一航次由大型海洋调查船“东方红”号执行外，其余的5个航次都由福建海洋研究所的“延平”号海洋综合调查船承担。在仅500吨级的“延平”轮上，上船出海的课题组人员少了，华生对青年骨干的培养更加强调上船工作的独立性和协作性，保证一些重点站位的样品采集和处理，严格质量把关，并现场指导，这点黄邦钦、郭劳动等同仁可能更有体会。对青年骨干的培养，华生也强调要在大风大浪中锻炼。在台湾海峡闽南浅滩一带海域进行海洋调查，对于“延平”号调查船来说从来就不是一件轻松事，这6个航次也遭遇了几次大风浪，不少同仁同学在“延平”号调查船经历了难得的考验。有一次风浪中船左右摇晃二三十度，冰箱都快倒下了，须几个人顶着，这也正是彭兴跃同学（1996届博士研究生）曾经历过的。在这期间，洪华生展现了我国第一个归国海洋学女博士的风采。作为一个女博士，她以巨大的毅力克服了船上工作、生活带来的种种困难和不便。除了普遍的晕船困难，华生还要克服调查船上下楼梯陡峭、下蹲采样工作带来的膝关节疼痛等种种不方便。她拒绝了对她提供的特殊照顾，自始至终和大家一起工作生活，获得了包括全体调查船船员在内的所有人员的赞赏。

至于华生对“延平”号综合调查船的结缘，还要追溯到她回国之前。洪华生的父亲洪克刚老先生有一天傍晚从鼓浪屿住家沿海边散步到鼓浪屿三明路26号（当时福建海洋研究所所址）来看望我，对我们单位正在进行的台湾海峡中、北部海洋综合调查给予了鼓励，也流露了华生同学对“延平”号的关注和兴趣。华生回国后我带她到福建海洋研究所与当时的所领导庄启谦老师、阮五崎同学等人认识，参观了“延平”号，从此结下了她和“延平”号的不解之缘。

在课题组全体成员的共同努力下，本项目终于克服种种困难圆满地完成了海上调查任务。华生作为一名项目负责人始终发扬学术民主的精神，每航次回来都进行业务小结、阶段研讨和交流。在资料汇总阶段，华生组织了多次较全面的学术交流，全体课题组成员在映雪楼3楼教室进行多学科交叉讨论。项目组全体成员充分发表看法，相互借鉴，尤其倾听青年骨干的意见，让他们在学术理论方面得到提升。正如《闽南—台湾浅滩渔场上升流区生态系研究》一书前言所述：“通过这次调查既取得了科研成果，也培养了一支年青科技骨干队伍。”老前辈郑重教授在该书的序里同样提到“体现了水文、化学、生物、地质和渔业五门学科的相互渗透及上升流与渔业的相互联系，从而在研究中有所突破、有所创新”。

光阴似箭，日月如梭，三十几年转眼过去，但此情此景依然历历在目。借助这些点滴的回忆，更加意识到华生从当时艰难且简陋的条件起步，主持开展多项重点课题研究，并取得一些成果是多么不容易，她对海洋事业的热爱，对工作的拼劲和执着，特别是在大风大浪中培养青年骨干组建团结的、有战斗力的科研团队，值得我们学习和发扬。

感恩不尽的洪华生教授

卢振彬

（福建省水产研究所荣退研究员）

洪华生教授是我最钦佩、最崇敬的我国海洋专家之一，她学识渊博，科研教学作风严谨，秉持刻苦钻研、开拓进取、团结协作、以身作则的精神，并具较强的组织领导能力，培养了一大批高素质博士和技术骨干，为祖国的海洋科研事业做出了极大贡献。

在她的激励、鼓舞和邀请下，我有幸参加了她主持的诸多重点科研项目，主要有“闽南-台湾浅滩渔场上升流区生态系研究”“台湾海峡初级生产力及其调控机制研究”“台湾海峡生源要素生物地球化学过程研究”等。这些研究项目紧紧围绕海洋生态系统动力学等国际前沿研究领域，通过多学科联合攻关，采用新技术和新方法，以微食物环在碳循环的动力学为重点，开展生物生产力、浮游植物粒级结构、光产品结构、细菌、鞭毛虫、纤毛虫生物学及异氧活性、营养盐、有机碳循环等开拓性研究。首次肯定闽南—台湾浅滩渔场属上升流渔场，对上升流区生态结构、功能、特点、碳循环特征和循环速率，上升流形成机制，上升流强弱时空变化与中心渔场的关系做了深入的分析研究，揭示了微食物环在亚热带海域生源有机碳转换过程中的重要作用。这些研究成果对福建近海渔业资源的精确评估和合理开发利用，确保海洋捕捞产业的持续发展有着科学指导和积极的推动作用。

本人应用了洪华生教授在台湾海峡及其邻近海域调查研究的初级生产力、次级生产力、生态效率等重要基础资料，采用营养动态模型和Cushing 模型较客观地估算了福建近海及各渔场的渔业资源生产量、可持续开发量及鱼类资源生产量和可持续开发量，并进一步采用Steele模型估算了福建近海及各渔场的中上层鱼类和底层、近底层鱼类资源生产量和可持续开发量，为福建省近海渔业资源可持续利用和近海捕捞力量及捕捞作业结构的优化调整提供了科学、可靠的决策依据，也对近海渔业资源实行总允许渔获量（Total Allowable Catch, TAC）制度和实现对渔业资源的科学管理与国际接轨奠定了基础。

我还与洪华生教授等合作研讨了厄尔尼诺现象与渔业资源和主要种群变动的关系；利用海洋有色遥感技术所获得的初级生产力信息，开展中上层鱼类资源动态预测等。

在联合国计划开发署、国际海事组织、全球环境基金的“东亚海域海洋污染预防和管理厦门示范项目”中，洪华生教授担当主要技术

1997年11月14日，“东亚海域海洋污染预防和管理厦门示范项目”代表团部分成员在泰国合影（第一排右三为洪华生，第二排右一为卢振彬）

指导，该项目的成果通过国际海事组织和国家海洋局的联合鉴定，达到了国际先进水平。1997年11月，她和朱亚衍副市长带领厦门示范项目代表团前往泰国芭堤雅参加“海岸带综合管理国际区域性研讨会”，展示和交流了项目的各项成果和经验。

现洪华生教授岁数虽已高，但还在为海洋事业刻苦熬心，继续奋斗，为我们树立了光辉榜样。她的伟大奉献载入史册，将代代相传，永放光芒，给后代起到不可估量的激励作用。

梦圆凌峰

袁东星

（厦门大学环境与生态学院教授）

有些人，有些事，有些决定，似乎冥冥之中就已经注定要在生命中的某个时刻与己相遇，并影响着整个人生。

1985年年初，我还在厦门大学实验中心当助理工程师，所在地是凌峰楼，也就是后来成为环境科学研究中心（环科中心）大本营的那座楼。彼时国门初开，学者们试探着走出门，但尚少见回来的。春夏之交，我获得美国留学的机会，对于陌生的国度，向往之中夹带着迷茫。有人告诉我，一位名为洪华生的女生刚从美国获得博士学位回来，也许她能够为你指点在美国学习和生活该注意些什么。于是，我用凌峰楼唯一的电话，如约与她聊了一通。只闻其声未见其人，对方语速急促、语气干练，给了我一番勉励，而我则记下了两个关键词：努力、坚持。

1989年，三个从美国获得学位归国的分析化学博士，王小如、杨芃原和我，聚首化学系黄本立先生麾下做博士后，在原子光谱实验室热火朝天地“创业”。至1991年，我们博士后期满，先后准备出站留在化学系任教。此时消息传来，学校拟成立环境科学研究中心，由洪华生老师挂帅主任，指定要从我们这三个博士后中调一个过去当副主任。可是，谁也不想去。好不容易打下一片小天地，刚刚站稳脚跟；好不容易有几个志同道合的伙伴和一个后来成为中科院院士的学术带头人，队伍强壮，为什么要到一个新单位去重打基础？况且，我当时又获得赴德国进修一年的邀请和资助，往后应该还是会在分析化学领域发展吧；环境科学，对于我还是相当陌生的。后来，挡不住学校再三催促，我权衡了三个博士后的情况，想想毕竟他们两个是科班出身的原子光谱学家，留在黄本立先生身边更是正理，那还是我出去吧。于是，我见到了那位对谁讲话都是那么快、做什么事都那么干练的洪老师，听其声见其人伴其行，从此开始了我的环科之旅，并在这条路上走过了大半生。

1992年4月校庆期间，环境科学研究中心宣告成立。成立伊始的任何一件事，仿佛都在高度和难度上挑战我们，比如编制的争取、人员的组队、场所的确定……感谢信念，给了我们努力和坚持的理由。1992年9月，比原计划推迟了几个月，我前往德国进修。在德国期间我与洪老师互通了好几封信。在不知电子邮件为何物的岁月里，信件都是手书的，通过邮局寄的。两个女人，从不谈霓裳香粉，尽是谈工作。为飨读者，我抄录了1993年4月22日洪老师写给我的一封信，附后。当时的人心人事，由此足见一斑。

许多年过去，我也退休了。凝望着家中的镇宅之宝——一副名为“三羊开泰”的青玉雕，不禁哑然失笑：为什么是青玉而不是汉白玉或寿山石，是羊而不是牛呀马呀什么的呢！雕刻家你该不是一念之差吧？！

（小袁：

4月11日来信收悉，我3月10日回到中心，一个多月来忙得团团转，只好请老郑（郑微云）先给你写封信。

一直到今，环科中心编制、硕士点的设立及实验室的搬迁毫无进展，实在无可奈何！我们只好一方面再向各有关部门“叫喊”，另一方面自己采取一些措施把中心工作运转起来。

首先，利用中心成立一周年机会，做些舆论宣传：印刷中心简介，在厦大校刊出版一版介绍中心一年来的成绩；自己出了墙报；以工会名义开展一次卡拉OK活动。回顾一年来的成绩，还是令人鼓舞的。特别去年在你和两郑（注：指郑微云和郑天凌）的努力下，应该说中心的工作已逐步打开局面。新引进课题12项、基金35万元。出版论文30多篇。郑天凌评上今年清源奖，郑微云评上九州奖。除了我的20万主任基金（注：国家基金委主任基金）外，还有黄邦钦国家青年基金4.5万，徐立省基金1.7万，黄建东0.5万；也落实了学校三项育苗基金。横向方面：①东山百亿新城环境评价由三所甲级证书单位主持，我们合作，大约10万元。②厦门环境规划。原环科所吴瑜端为负责人。一年多来合同没有签成，这次我参加会议，并大纲做调整，厦门环保研究所明确主持单位为厦大环科中心，总负责人还是吴瑜端。我建议补上王隆发，共23.8万，环科中心、海洋系、生物系三家承担。③泉州环境规划。我回来前就定由海洋系主持，我们参加，4万左右。

去年长乐机场和集美、杏林工业小区的评价工作顺利通过鉴定。由于改变了原环科所评价的做法，当然会引起种种意见。我专门和评价室的有关人员开了会，强调按评价条例来办，有意见摆到桌面上来。对的我就支持，不对的就批评。但看来矛盾的消除并非一朝一夕之事。在今后的工作中还要加强领导。

4月13日，我们同校办联系，由校办安排校领导和主要部处的处长听取中心一年工作汇报。目的是让他们了解中心一年来干什么、我们的目标、存在的困难及亟待领导解决的问题。总算不错，王洛林书记、林祖庚校长等都亲自参加。我写了一个报告提纲分发给他们并用投影仪来讲。我想，至少问题听进去了，但行动如何，要由今后的实际来证实。像学校目前这种状况，我信心并不太足。一切还是要靠我们自强，用我们的精神和行动来感动他们。

我们商量一下，首先抓中心人员素质的提高。已经安排了一个监测质控培训计划，由杨孙楷指导，李玉桂任组长，张珞平任副组长，庄峙厦和彭荔红任组员，把监测项目落实到人头。5月底用国家环保监测站的标样进行考核。乘这次培训，我把原有实验室调整一下，把我那边的营养盐、悬浮物测定搬过来，也把环科所三氧测定搬到四楼天凌的实验室。这样人员集中到环科中心这座楼来，才有办法把人抓住。环科中心要不要有一支队伍？（注：当时要求持有环评证书的单位必须能自行测定环境样品。）一直到我这次回来还有人反对，认为这些人不行，有监测任务只能“贩”给别单位做。但我明确，要立足自己并相信环科中心的人员可以胜任监测任务。中心几个年轻人的积极性还比较高，李玉桂、林良牧也比较主动，这些都是好现象。

关于奖研金问题。成立了评审小组，由书记（注：郑微云）挂帅，小李（注：李云霞）、徐立、庆梅、昌义等参加。已把分数评出来。大家认为你还是应该参评（注：当时我提出我不在国内就不要参评了）。从分数的顺序看，基本上正常。今年特殊，我们几位头头还是摆在前面，但骨干如珞平、隆发、徐立、邦钦、文教等都上三等奖；庄峙厦上二等；你上了一等。还是要坚持打破大锅饭的原则。末奖400元，其余递增300元，二等至一等增加200元，特等1500。至于特别奖，给刘正坤1500。下星期一下午开干部会，先通气然后公布分数，5月1日前把奖张榜公布，5月8日第二批利息拿出来后兑现。准备拿出2万元左右，留下7千元。等奖定出来后再另告知。我在公布奖之前要开大会，把问题和原则谈一谈，尽量减少矛盾，使它真正成为“正”作用。我还考虑将来搞个主任基金，专门奖给热心于公益事的人。我们还是要提倡集体主义及奉献精神。

今年5名研究生已落实，明后天就要进行复试。今年下半年你就可以开必修课“环境化学”，你可做些准备。若能用英文讲授更好。我这学期用英文讲“海洋生物地球化学”必修课程。

就此停笔，望自己照顾好自己。大家问你好。

洪华生　匆草　22/4）

回忆和洪华生老师共事的岁月

卢昌义

（厦门大学环境与生态学院荣退教授）

洪华生老师从教35周年，我们一些在她身边工作几十年的老同事们认为要出一本集子来庆贺，也把大家真实的感受和美好的回忆记录下来，这对自己和年轻人也是一个启迪。

洪老师大我几岁，之前的经历也不同，但也许是缘分，我们曾在一起融洽地工作了一段时间。尽管除了工作讨论，闲暇时的聊天也很短暂，但亦师亦友的交情和她开拓进取的工作作风、一丝不苟的敬业精神对我的影响深刻。几十年来，值得回忆的地方很多，仅摘几点记录下。

要积极向外拓展，到“笼子”外去争吃的

1992年，厦门大学环境科学研究中心在原先环境科学研究所建设十年的基础上成立。当时有三个侧重的方向：海洋、化学、生态，虽然研究有交叉，但基本上是三个小团体。成立初期，诸事待兴，尤其是各种经费奇缺，有时为了分得学校拨下的一点经费，三个方向的教师就争得面红耳赤。当时洪老师是中心主任，她告诉我们眼光要放开一点，视野要开阔，要向外争取经费。记得她曾举了一个生动的例子：笼子里面的几只鸡，为了一小碗饲料，争斗得头破血流，其中一只鸡，突破鸡笼，跑到外面自己去找食物，晚上回笼，吃得饱饱的，鸡的“胃囊”都歪了，而笼内的另外几只，不仅吃不饱，为了争吃，毛都斗掉

了不少。这种思路对我的影响很深刻，很有启发，现在我就常常用这样的例子和自己的收获体会来指导我环境学院的老师，鼓励大家扩大视野，积极向外拓展事业，只要你真正在做有益的事情，就会得到充足的经费。

艰苦的岁月走过的历程不能忘

1992年环科中心一成立，就提出了“面向海洋、内联外合、培养人才、服务社会”的宗旨，并制定了一年建成硕士点，五年建成博士点，八年建成重点学科的奋斗目标。当时我任工会主席，之后也任环科中心副主任，一直在中心的领导班子里，对中心的前后情况非常清楚。成立初期，不仅面临经费问题，学科发展也是个亟待提升的问题，如何向全国拓展科研一下子摆到议事日程。

一开始洪老师就从学术扩展的眼光来考虑成立国家级的实验室，多次与国家教委相关部门联系，申请建立开放研究实验室。1993年4月18日至4月29日，我到北京参加国家的环评工作培训，按洪老师的交代，我向有关部门的负责人当面提交申请材料并进行多次汇报。之后，教委有关负责人来厦大调研，洪老师与我数次接待汇报。记得1995年6月12日，教委有关负责人（科技司陈清龙副司长）最后一次在厦大调研后郑重地说，可以考虑给我们挂牌建立开放研究实验室，但没有任何科研经费的支持，一切要靠我们自己去努力，而且还给了“只能做好，不能做坏”，做得不好会“黄牌警告”，直至摘掉开放室的牌子。陈副司长说完，问我们敢不敢、愿不愿意做，洪老师毫不犹豫地答应下来了！在当时人员不足、经费困难的情况下，此举是何等的勇气！

1995年6月16日，环科中心在洪老师的主持下召开会议，顶着可能受“黄牌警告”的压力，集体讨论向教委提交建立开放研究实验室的申报计划。1995年11月，国家教委批准了我校建立“海洋生态环境国家教委开放研究实验室”（简称“开放室”），挂靠环科中心。洪老师任开放室主任，我当秘书。后续的一切准备都由我这个“光杆秘书”操办，记得当时我用自行车把做好的铜牌从制匾小作坊运到凌峰楼，怕路上摔坏，特地用家里的毯子包裹着，一路扶着走，虽是深秋，仍然汗流浃背，印象特别深刻。1995年12月23日开放室的揭牌仪式，我们把讲台桌拉到大厅，找几块砖头给牌匾垫背，红色的桌巾一蒙，揭牌仪式就这样开始了。苏纪兰院士、邹景忠教授、李永祺教授参加了开放室的揭牌仪式和学术讨论会。开放室以“亚热带近海（含河口、港湾）生物-地球化学过程机制及其生态环境效应研究”为主攻方向，涵盖了“近海生物地球化学过程与全球变化”“微型生物生态及其资源环境效应”“有机污染及其生态毒理效应”“海岸带生态环境与可持续发展”四个主要研究内容，也成为后来的研究发展方向。

开放室的建立，是我校海洋与环境学科建设发展的一个重要里程碑，为2005年批准建设的近海海洋环境科学国家重点实验室奠定了坚实的基础。之后，我与金妹老师上上下下，张罗了几届的开放室（重点室）的后勤工作，迎来送往，权充“狗仔队”拍照，写报道宣传，自己也得到很好的锻炼。洪老师后来常说，现在条件太好了，但艰苦岁月里走过的这些历程不能忘，要让年轻人知道，才懂得珍惜和奋斗。是的，只有不忘过去的艰辛，现在才能以更加拼搏奋斗的姿态努力工作，做美好生活的创造者、守护者，不负新时代的使命。

“顶天立地”

所谓的“顶天”，就是洪老师带领团队，紧跟国家的政策，领会中央的精神，与“天”保持最密切的联系；所谓的“立地”，就是洪老师带领团队与我们立足的省市地方也保持最密切的联系，积极为地方社会服务。1992年环科中心一成立，就把“服务社会”作为宗旨之一。记得她当主任时，逢年过节都带着我们拜访厦门市的相关部门，厦门市的植树节、环境日等公益活动和服务社会工作，她都身先士卒积极策划和参加。

除了内联，洪老师还非常注重外合。环科中心成立时，就注重发挥我校理、工、经济、法律、管理等学科齐全的优势，发挥我校对台、港地区以及东南亚的区位优势，积极加入区域性和全球合作研究，探讨环境科学领域中的共同问题。正是由于洪老师这种精神的坚持和弘扬，我校的海洋和环境事业才得到上下左右的支持，抓住和获得了机遇，办出了特色，发展迅速。

对学生的仁爱之心和对各类教育事业的支持

“人才培养”也是环科中心成立时的宗旨之一。洪老师从教数十年如一日，培养的学生无数。在环科中心那一段时间里，我基本成了洪老师的博士生答辩会议的秘书，现在的许多“学者”“牛人”，当时博士毕业的答辩决议都是我起草的。从参加答辩的过程和洪老师修改我写的答辩决议的过程，我深切感受到，洪老师在学术上的严谨和指导学生的倾力，以及让学生脱颖而出的仁爱之心。她说，有什么问题基本上在指导学生论文时解决，答辩绝对不给学生留下难受的“尾巴”。这种作风，也成了我在培养研究生工作中学习的榜样。

随着新时代国家和社会对环境教育的高度重视，2005年厦门大学嘉庚学院拟成立环境科学与工程专业，学校派我参与组建，并任首届系主任。当时我在本部还未退休，去还是不去这个独立学院？我向洪老师请益。洪老师鼓励我，并且说要干好，要我培养更多的本科生输送来本部当研究生。早期我们系里有一门给新生上的学科专业入门指导课，洪老师每次都亲自上讲台给学生授课，省级干部来给我们的学生上课，本部的师生们羡慕极了，这真是洪老师给我最大的帮助！

洪老师的这一鼓励，让我在那边一干就是近15年，工作一刻都不敢懈怠。现在我的系已发展成环境学院，挂靠了省级重点实验室，各项工作都处于嘉庚学院的前列。环境学院这几年向本部输送了不少优秀本科生，有的已硕博连读毕业，目前还有 5 届的联培硕士研究生。

共产党员的本质

环科中心成立初期，退休教工党支部是与海洋系合在一起的，后来，环科的党员逐渐增加，就自己建立支部，我当了两届的支部书记。洪老师办退休后，组织关系也加入我的支部，成了我领导下的“兵”。每次党组织活动，我一通知，洪老师都积极参加。她退休后仍然工作繁忙，从国家、省市到学校，许多事情都少不了要她参与，还要照顾长期病患的丈夫翁老师。很多时候她来参加会议，主要议程过后，就要匆匆离席赶回家煮饭和照顾丈夫。2017年年底，退休支部活动和换届改选领导班子，需要一定比例的党员参加，我多次联系洪老师，她都因翁老师病危请假推辞掉活动。2018年10月18日，我参加了翁老师的追悼会，洪老师见到我，握着我的手，第一句话就说：“对不起！最近你通知的党支部的会议我都没法参加。”我不禁热泪盈眶，这热泪，是对翁老师的缅怀，也是对洪老师的敬重！

作为一名共产党员、第一位海外留学回国的海洋学女博士，洪老师不忘初心，牢记使命，呕心沥血于我国的海洋事业的发展，呕心沥血于厦门大学的海洋事业在世界有高水平的一席之地，这个愿望如今

已逐步实现。厦门大学的海洋环境事业有今天的发展，得益于当时洪老师带领大家打下的坚实基础。看到今天海洋环境事业的蓬勃发展，作为曾经和洪老师一起奋斗过的普通教师，我们同样甚感欣慰。

2013年，洪老师应邀为嘉庚学院学生做学科入门指导后与卢昌义在嘉庚校园合影

高瞻远瞩，平易近人

江毓武
（厦门大学海洋与地球学院教授）

我是1995年由国家海洋局第三海洋研究所硕士毕业到厦门大学环境科学研究中心工作，后来环科中心和海洋系合并成海洋与环境学院，再因发展需要分成海洋与地球学院和环境与生态学院。随着机构的调整，我的学术人生也由海洋环境科学转为了物理海洋，但是研究的领域始终在这蔚蓝而宽广的海洋世界，这一路远航都有洪华生老师航标灯式的指引和帮助。

在厦大工作初期，我申请到香港理工大学攻读博士学位，由于当时理工大学给的奖学金也较为优厚，这对刚工作就成家生子的我无疑是一个继续深造和解决经济困难的好机会。但当时学校的政策并不太鼓励青年人在职出境交流，洪华生老师知道这情况后到学校相关部门反映了情况，特别说明了培养青年人并欢迎其学成归来的重要性，我因此得以在1999年顺利到港开始博士阶段的学习。在香港学习和科研期间，利用双方良好的合作关系，我继续加入厦大环境科学中心的科研工作，并在2000年开发了全国第一套海域管理信息系统，而这套系统也是洪华生老师在90年代初就开始在环科中心前瞻性地引进地理信息系统技术，并用于海域综合管理的一个成功案例。

自2001年起，洪华生老师就提议将“近海地区动态监测综合管理信息系统”列为国家重大科技项目，并获得时任福建省省长习近平的支持，纳入“十五”863高技术计划。2003年，我获得博士学位后回国参与了这项工作，并负责海洋三维模型及人员搜救子系统的开发。该项目是中国第一个区域性的海洋立体监测和信息综合系统，涵盖浮标、潜漂，岸基、海床基、船基等各类海上观测平台的建设及布放、信息传输收集展示、对外服务等专题，参加的有十几家科研及业务单位。那时候，洪华生老师作为首席科学家负责该项目，年逾六旬，仍坚持带领大家早、中、晚全天进行专题讨论，并亲自参与项目规划、设计、部署等细节。

记得当时洪老师还兼职福建省人大常委会副主任，司机至今还记得她那时候的工作常态：早上五点由厦门乘车到福州开人大参加有关会议，中午吃完饭再回厦大进行科研工作，直到深夜。这种奋发工作的态度至今都是厦门大学海洋人所追随及励志的源泉。863计划“近海地区动态监测综合管理信息系统”项目最终成功地在台湾海峡建成了涉及水文、环境、生态的立体观测网及各类专题发布系统，这些成果已成功运行了近二十年，是国内海洋观测与防灾领域的杰出典范。

2015年洪老师从教三十周年活动之际，江毓武与洪老师合影于五缘湾天鹅湖畔

我敬爱的海洋科学家洪华生教授

王克坚
（厦门大学海洋与地球学院教授院长）

适逢洪老师回国从事海洋科学教育与研究事业35周年之际，心中有好多话要说。洪老师是我从事三十多年科研工作中遇到的最为敬佩和值得学习的楷模之一，她宽阔的科学视野，高深的学术成就，无私包容的胸怀，对海洋科学事业执着的追求，以及对年轻人成长无私的关怀和帮助等，许多是我所见和经历的。

洪老师既是杰出的海洋科学家，又是具有超前视野谋划学科发展方向的海洋科学战略家。在洪老师的带领下，环境科学学科仅用了十多年的时间就建立了从本科到博士完整的人才培养体系，建立了博士后流动站；她带领团队，克服种种困难，建立了国内首批海洋环境科学国家重点实验室，为后期吸引大批的优秀青年人才奠定了坚实基础；在海洋事务、海岸带管理等学科方向的布局建设，也为后来开设海洋事务国际博、硕士研究生班提供了支撑，完全符合国家目前实行的“一带一路”战略……很多方面可能大家也会谈到，我想利用这次机会，特别谈谈我一个曾经的“外行”来到厦门大学后是如何在洪老师的关心支持和帮助下成长起来的。

我自2001年9月份入职厦门大学以来，在十几年的工作中，好多次重要节点都得到了洪老师的指点和帮助，她的无私关怀和支持，让我终生难忘。第一次见到洪老师，是2000年的8月底，我受环境科学与工程系主任戴民汉教授邀请来面试，来时已久闻洪老师的大名，特别是她作为1984年回国的第一位海洋学女博士，让我由衷地感到敬畏。面试后与洪老师的交谈，特别感觉到洪老师说话亲切、干练，我当时印象最深的还是洪老师当时以一个长辈对晚辈的关心和爱护，谈到我作为非海洋专业来到厦门大学后如何生存与发展的问题。后来让我深受感动的是，洪老师把她的担心化作行动，在我来厦大之后给予了极大的帮助和支持，使我比较成功地克服了跨学科的困境。

来到厦门大学不久，洪老师知道我一个“外行”进入海洋领域起步的艰难，就尽可能地帮助我尽快融入，比如她亲自带着我去原国家海洋局第三海洋研究所拜见了徐洵院士，徐院士很热情地给我指点了一些未来有潜力发展的科研方向，对我后来的科研定位有很大的帮助。当年接近新年时，洪老师又利用应邀去国家基金委环境化学学科举行专家研讨会之际，带我一起参会，以便让我有机会熟识相关专家和了解学科前沿研究动态。我刚来时研究生少，洪老师就把她招的研究生与我一起培养。总之，洪老师想尽快推进我在环境毒理学方面的研究进展，许多事例不胜枚举。

海洋与环境学院当时分子生物学基础薄弱，尤其是环境科学与工程系，没有仪器设备。我来后的第二年，学校支持一笔经费用于凌峰楼改造及改善科研条件，当时公用经费很缺，洪老师提议把海洋环境分子生物学的发展列为优先发展方向，力主在有限的经费中拿出近百万元用于购买分子生物学仪器。这一次真是“雪中送炭”，为后来我课题组及学院分子生物学技术的快速发展奠定了基础。

2011年地学部成立后，成立两个学院，洪老师请我到她办公室，了解我的选择。我清楚地记得洪老师希望我到环生院能够继续带领生态毒理学团队，但当她听说我要到海洋与地球学院拟开展海洋生物技术时，还是给予了肯定和支持，立即和我一起分析了学科方向未来的发展趋势和国家需求。洪老师说这一个方向也是她早期担任海洋与环境学院院长时的一个期望，之前她也曾专门组织过几次相关的研讨会。

后来海洋生物技术学科方向顺利发展前进，没有辜负洪老师的期望，2015年获批了国家地方联合工程实验室，形成了一支兼具基础和应用的高水平科研队伍；海洋生物资源又获批了福建省首批2011协同创新中心，洪老师听到后由衷地感到欣慰，并在学术上给予了很多帮助。

限于字数，不能数尽，但从这一件件事情上，可以看到洪老师独具慧眼的科学视野和明晰新颖的思路，每次听她报告或者与她交谈，总有一种画龙点睛的感觉，是一种大师般的指点，对事情总能谈到要点要害处，每每受益匪浅，所有这些也对我后来的科研工作产生了深深的影响。

在某一个历史时段，不能否认一些“灵魂式”人物至关重要的作用。厦门大学海洋环境学科近三十年的发展过程中，只有像洪老师这样具有高瞻远瞩的学科带头人，秉持没有条件创造条件也要干的愚公移山精神，带领大家顽强拼搏，艰苦创业，追求着那些被认为希望渺茫的远大目标，才能创造出厦门大学海洋环境学科今天的辉煌。

2006年6月学院全体毕业生合影后，王克坚与洪华生在厦门大学上弦场合影

以此寥寥数语表达我对洪老师深深的敬爱。祝洪老师健康长寿！

记可亲可爱的洪老师

黄水英

（厦门大学环境与生态学院高级工程师）

一转眼十载有余，庆幸有这样的机遇能跟随在洪华生老师身边工作，终身受益。

早在海洋系读硕士研究生的时候，就对洪老师的各种宏伟事迹有所耳闻——归国服务的第一位海洋学女博士，近海海洋环境科学国家重点实验室的创始人，海洋与环境学院创院院长，培养了如戴民汉、黄邦钦、王大志等一大批优秀的海洋人才……洪老师是那种开山鼻祖、德高望重的大咖人物，令人崇拜向往但于我似乎遥不可及。

2008年夏天，正值研究生毕业迷茫之际，得知洪老师招聘研究助理，于是我“斗胆”投了简历。记忆中13年前的那个上午，我忐忑不安地参加洪老师特聘教授助理面试。对于我来说，传说中的“神”一样人物的洪老师就在眼前，第一次这么近距离接触，既惊喜又紧张。洪老师可能看出了我的紧张，便用拉家常的方式询问我的情况，平易近人、和蔼可亲的话语化解了我的紧张。在询问了我的专业、毕业论文和相关情况后，洪老师说：“我们自己海化专业的学生挺不错，毕业论文还没做好没关系，不要迷茫，只要坚持用心做，别人一定能看到你的成绩，都在一栋楼里，边做论文边来实习试试？”洪老师的肯定、鼓励和给予的工作机会仿佛黑暗中的一道亮光，让迷茫中的我顿时看到希望，第一次切身感受到洪老师对学生的爱护和用心。

就这样，我成了洪老师的特聘教授助理，10多年来逐渐对洪老师的工作、生活等方面有了深入的接触和了解——洪老师对科学的专注，对家国的热忱，对长辈的敬重，对学生的厚爱，对同事的提携，对朋友的关切……洪老师的个人魅力光芒四射。洪老师是名副其实的战略家。科学上，洪老师总是高瞻远瞩，仿佛心中有一盘棋，指点江山，从容不迫。从1984年回国后潜心开创国内海洋生物地球化学研究，到2005年率先实践海洋与海岸带可持续发展理论，再到2011年退休后又前瞻性地预见海洋科学大数据的应用前景，指导"海洋云"建设。洪老师总是在学科发展的每个关键时期发挥着力挽狂澜、举足轻重的作用。

和洪老师的共事中，处处充满智慧，洪老师的人生信条也深深影响着我。

"人生难得几回搏。"从1980年作为阔别书本10年且已是两个孩子的母亲考上厦门大学研究生，到取得海外公派留学生资格，获得美国罗德岛大学海洋学博士，回国组建环科中心，创建国重室等，洪老师秉持拼搏精神，已经完成了无数的人生挑战。记得2012年的一天早晨，洪老师上班一见面就对我说"我昨天完成了一件大事"，我正好奇，洪老师拿出了一本机动车驾照，上面赫然写着洪华生……我无比惊讶，洪老师居然在68岁的高龄学会开车拿到了驾照，这简直是人生的又一挑战！作为年轻人的我们，还有什么理由不拼呢？

"有为才有位。"回顾环科中心、国重室和海发院的创办历程，以及863项目福建省示范区的建设过程，洪老师始终践行这一信条，在任何时候都始终坚持信念咬紧牙关，没有条件也努力创造条件，带领团队攻克一个又一个难关，最终取得卓越成绩。而团队里的每个人都得到了锻炼成长，各自在自己的领域里站稳脚跟。2011年，洪老师退休后积极推进创建了MMIS中心，主攻海洋大数据应用与科技成果转化，我很荣幸作为其中的一员参与组织建设工作。MMIS从最初的默默无闻到如今的小有名气，我也在锻炼与收获中成长，并于2020年晋升高级工程师，这一切都离不开洪老师的教诲和鞭策。

“成功是留给有准备的人。”洪老师做事未雨绸缪、雷厉风行、从不拖沓，所以洪老师也是出了名的“急性子”。任何事情无论是项目申报，还是各种报告，抑或举办各类学术活动，抑或出访调研等事项，洪老师都要求提前做好充分且足够的准备，不允许临阵磨枪，突击做事。洪老师思维敏捷，讲话速度极快，做事效率极高，就连休息也是出了名的高效。每次和洪老师出差，即使是短暂的车程，洪老师也能够休息得很好，然后以抖擞的精神面貌迎接工作，也许“高人”就是如此境界，凡事讲究效率。工作中一旦有失误或拖延，洪老师还是会非常严厉地批评的。不过事后，洪老师深知自己急性子，次日又常常会说：“昨天批评重了，别往心里去……”这样可亲可爱的“老板”怎能让人不爱呢？

我和洪老师共事多年，深感洪老师奋斗不息的优秀品质以及精彩传奇的人生故事应该让更多人知道，以激励和鼓舞我们年轻一代！于是，便有了编写洪老师传记的想法，并得到了洪老师的弟子们、业内好友同事们的鼓励。从2015年开始，我便通过不同形式的活动不断为此做各种铺垫和准备。2015年洪老师从教三十周年之际，我和洪老师的弟子们整理了洪老师画册——《碧海华生》；之后在课题组内部开设了“洪老师人生故事讲坛”，邀请洪老师分享人生经历的点滴，洪老师的每次分享都令我们深受启发和震撼。

“瓜熟蒂落，水到渠成。”时逢厦门大学百年校庆之际，在洪老师、众弟子以及业内好友同事等的支持下，我担任主编，许晓春（曾在厦门大学海岸带可持续发展培训中心与洪老师共事，现为厦门市作家协会成员）自2019年春天开始筹备编写《碧海生命乐章——首位归国海洋学女博士洪华生传》，前后历经近两年时间，终于在2021年校庆前夕完稿并付梓出版。

洪老师是我生命中的贵人，知遇与教诲之恩永生难忘。

最后，谨以此书献给可亲可爱的洪老师，永远爱您！

2015年，洪老师从教三十周年庆祝活动时与黄水英（右）合影留念

学生们的回忆

授人以渔，且授之以尊严
——忆我的恩师洪华生教授

潘用树（1989届硕士）

厦门思明国有控股集团有限公司党委副书记、纪委书记

三十年前，即1989年8月，我毕业于厦门大学海洋系海洋化学专业并取得了硕士学位。我的恩师，正是80年代中期从国外学成归来的中国第一位海洋学女博士洪华生老师，她主要从事海洋生物地球化学过程、海岸地区可持续发展及海岸带综合管理方面的研究。数十年来，她在这一交叉学科的建设和人才培养上做出了突出贡献，说她是“中国海洋生物地球化学研究第一人”不为过。

抚今追昔，百感交集——

很荣幸，我是洪华生老师的第一位硕士研究生，曾在她的悉心帮助与指导下，顺利完成了三年的研究生学业，并顺利通过“九龙江河口和台湾海峡南部海域砷的生物地球化学研究”的硕士论文答辩。那段岁月，于洪老师而言，可能只是她数十载教书育人生涯的一记浮光掠影，于我而言，却是人生旅程中一块坚实的奠基石。

中国有句古话叫“授人以鱼，不如授之以渔”，说的是传授给人以知识，不如传授给人学习知识的方法。一条鱼能解一时之饥，却不能解长久之饥，如果想永远有鱼吃，那就要学会捕鱼的方法。教育，其实也是一样的道理。一个称职优秀的导师，不仅要授予学生知识，而

且要教会学生自学的方法。而我的恩师洪华生老师，则在此基础上更进一步——授人以渔，且授之以尊严。

家父早逝，家境困难，亲人帮助且众望所归……一直是我刻苦求学的动力，也是当年那个自尊而敏感的年轻人轻易不为外人知道的压力。洪老师作为我的导师，对此了解多少，说实话，当时的我并不清楚。但很“巧合”的情况总是，只要课题组有出海的机会，这个机会总能刚好给到我，而能够出海，就意味着能领到出海补贴……印象最深的，她把当时申请到的有课题经费支持的“九龙江河口和台湾海峡南部海域砷的生物地球化学研究”课题交给我，作为我的毕业论文研究课题。大把的出海机会意味着我的生活来源有了着落，一举两得，我的内心开始懵懵懂懂地感受到，这正是来自洪老师对一名普通寒门学子朴实又不露痕迹的关爱。

多年以后，我自诩已有了较为丰富的阅历，对人性也有比较全面客观的体察，一日重读路遥小说《平凡的世界》，里面一句话突然使我顿悟，理解洪老师当年那份良苦用心——“一个人的思想还没有强大到自己能完全把握自己的时候，就需要在精神上依托另一个比自己更强的人。也许有一天，学生会变成自己老师的老师——这是常常会有的——但人在壮大过程中的每一个阶段，都需要求得当时比自己的认识更高明的指教。”庆幸当年，我曾遇到这样的老师。

如今，说机缘巧合也好，阴差阳错也罢，我没能以恩师所教、自己所学的本领，在中国的海洋化学领域里遨游，但我已真切懂得“授人以鱼，不如授之以渔，授之以渔，且要授之以尊严”的道理，并努力尽己所能地将它用在自己从事的工作以及平时的生活中，用在面对那些可能刚好需要自己助一臂之力的年轻人身上。

望能以此，回馈师恩！

言传身教　拳拳关爱

——忆恩师洪华生教授

姚文生（1990届硕士）

Arbitration Forums, US. Senior Software Engineer

洪华生教授是20世纪80年代中期从国外学成归来的中国第一位海洋学女博士，1987年秋天我有幸成为洪老师的硕士研究生。

入学后最深刻的第一印象便是洪老师建立的洁净实验室，过滤空气的洁净实验台、亚沸水蒸馏器等，一切都那么新奇。更酷的是实验室里有一台IBM 286 个人电脑，是洪老师在国外省吃俭用换回来的。白天我用它处理实验数据，编BASIC程序计算海水痕量金属的化学形态；晚上和周末到实验室用它玩电脑游戏。不过还是被洪老师“逮”到过几次，因为洪老师也经常晚上和周末到实验室加班。

洪老师不仅通过授课和平时实验室组里的讨论会向我们传授她渊博的海洋学知识，还积极为我们提供拓宽知识面的其他学习机会。记得研究生的第一年暑假，洪老师联系我到学校的计算中心学习中型机的知识，第二年的暑假鼓励我参加化学系的一些专题讲座。我们时常能在办公室看到洪老师专注地阅读学术专著和各类学术期刊。她以自己的行动为她的学生们树立勤奋好学的榜样。

至今印象还特别深刻的是第一次和洪老师参加科学考察航次，那是国家教委和福建省科委重点项目“闽南-台湾浅滩渔场上升流生态系研究”项目的第一个航次。三十多年前，海洋调查船的观测条件和生活条件比现在的要差很多。恶劣的天气使大家有强烈的晕船反应，洪老师也不例外。但作为航次首席科学家的洪老师，她不仅会出现在每个站位的采样现场，还要协调方方面面以确保航次的顺利完成。我们年轻力壮的小伙子有时都觉得快扛不住了，可以想象洪老师的工作量和付出。她身体力行地激励着大家，团队齐心协力，圆满完成了航次任务。

洪老师对我们的学习和科研工作是严格要求的，绝对称得上是严师。但洪老师同时也是平易近人、随和的慈师。记得有一次洪老师请学生们到她家吃饭做客，其间大家说起学生们通常自己相互理发。当洪老师听说我有时给其他同学理发时，就说“我正好头发长了，没时间到外面剪，阿姚来你帮我剪”。就洪老师居然敢让我这个水平发挥极不稳定的业余“理发师”给她剪发，剪完还说了句“嗯，剪得不错”。

研究生第二年的下半年，受外界风波的影响，自己一度情绪低落。洪老师及时察觉，循循善诱，让我尽快走出迷茫，重新振作，顺利完成硕士论文的工作和答辩。毕业后，洪老师支持和鼓励我出国继续深造。

2002年，姚文生和洪老师相聚于纽约

在美国求学期间，洪老师也继续关心着我的学习和生活情况。1995年，我在 Frank Millero 教授指导下完成博士学业后，有缘到洪老师的同门师兄 Bob Byrne 教授的实验室做博士后。其间洪老师多次联系鼓励我回厦大交流，分享自己的工作经验，每次回厦大，都给我留下非常美好的记忆。

洪老师从海外学成归国的30多年里，在开辟我国海洋生物地球化学这一新兴学科领域，在海岸地区可持续发展及海岸带综合管理方面的研究，在科研管理团队建设和人才培养上，都做出了突出的贡献。每每想到自己有幸受教于洪老师，就感到非常感恩和骄傲。

春风化雨育桃李，一片丹心献海洋
——感念恩师洪华生教授

刘琼玉（1996届硕士）
江汉大学化学与环境工程学院副院长，教授

1993年，带着对蔚蓝大海的热切向往和对恩师洪华生教授的无限敬仰，我考入厦门大学环境科学研究中心（简称“环科中心”），非常幸运地成了洪老师的硕士研究生，洪老师也以她宽大的胸怀接纳了我。转眼硕士研究生毕业已二十几载，自己也成为一名光荣的人民教师，值此《碧海生命乐章》编写之际，回忆起师从洪华生老师的点点滴滴，无限感激和怀念涌上心头。她那严谨与谦虚、进取与淡泊、担当与宽容、美丽与乐观等情怀给我留下了深刻的印象，并对我的人生产生了极其重要的影响。

洪老师春风化雨育桃李，以渊博的学识引导学生成长。1993—1996年，我在厦大读研期间，洪老师身兼数职，是环科中心主任，还是省人大代表，除了繁重的教学与科研工作，洪老师还有大量的管理事务及社会工作。但无论工作多么繁忙，洪老师每周都会抽出半天时间听取研究生的工作进展汇报、指导研究生进行文献阅读与论文研究。我是跨专业考生，读研期间需要补修海洋科学与环境科学知识，洪老师指导我要比指导其他学生付出更多的精力，至今我还记得她生动形象地给我讲解“海洋上升流”概念时的情景。在我的印象中，从科技文献阅读、仪器设备使用、论文实验结果讨论，到论文撰写、投稿等，洪老师均给予耐心指导。洪老师以渊博的学识引导学生，给学生答疑

1996年6月，硕士论文答辩后刘琼玉（左四）与洪华生老师及答辩委员会委员在环科中心楼前合影

解惑，引领学生成长。她辛勤培育了一批优秀人才，包括戴民汉院士和黄邦钦、徐立、商少凌、彭兴跃、王海黎等一批海洋科学界翘楚。

洪老师率先垂范，以高尚的人格感染人。我读研期间，洪老师是环科中心主任，但她从不摆领导架子，亲力亲为，处处体现责任担当。记得那年厦门大学“国家教委海洋生态环境开放研究实验室”迎接国家教委评估，洪老师亲自带领环科中心二十多名师生一起大扫除，她与大家一起动手擦地板和桌椅窗户，把每一个角落都打扫得干干净净；记得那年的“世界环境日”，洪老师亲自带领环科中心师生在厦大校园里开展环保知识宣传活动，她以满腔热情传递环保的火种、推动公众环保意识提高；还记得洪老师带领我们乘船到厦门西海域调查采样，她不仅担任指挥，确保调查采样任务的顺利完成及大家的安全，而且与学生们一起在甲板上进行采样操作，她对待工作一丝不苟、兢兢业业的精神时刻感染着身边的师生。洪老师一直以亲切和蔼的态度对待身边的人与事，以高尚的人格诠释什么是责任和担当。

洪老师以严格的标准要求学生，以博大的胸怀关爱学生。她对学生严中有爱，既是严父，又是慈母。记得我有一次做沉积物消解实验时没有控制好消解温度，导致当时价格不菲的聚四氟乙烯高压消解罐变形报废了，洪老师得知后并没有严厉责罚我，而是让我牢记科学研究需要极其严谨的态度，这种科研态度让我受用一生。至今还深刻记得1993年研究生入学报到的那几天，托运的行李不见了，是洪老师和环科中心可亲可爱的老师、师兄师姐们伸出援手，及时给我送来生活用品，让我切身感受到洪老师带领的环科中心大家庭的温馨与温暖，这种温暖一直伴随着我。毕业后我成了光荣的人民教师，时时记得把这种温暖传递给我的学生们。

我们敬爱的洪老师，她以渊博的学识引导学生、以高尚的人格感染学生、以博大的胸怀关爱学生，她永远是我心中仰慕的一座高山！恩师谆谆教诲永记心头，恩师是海洋女神，春风化雨育桃李，一片丹心献海洋！

我的老师
——迷人的勇士

商少凌（1995届博士）

厦门大学海洋与地球学院教授，博士生导师

第一次听说我的老师洪华生教授，是在大学入学新生指导的环节。我依然清晰地记得，在映雪楼一楼的一个略显昏暗的实验室里，当时的海化掌门人黄奕普教授，在海化专业的介绍中提到，中国唯一的海洋学女博士洪华生即将从美国归来任教。我当时小小的心灵一定是受到很大震撼了，洪华生这个名字竟牢牢烙进脑海里。

大一还是大二的那个春节，在映雪楼前偶遇一位女士前来参加系里的团拜活动，有人告诉我，那就是洪华生老师，我顿时惊为天人！冬天里，她穿着及膝裙装，身材苗条，气质出众，她是那么的年轻，那么的优雅！印象中埋头实验的理工女教师，皆以清汤挂面的头发、肥大宽松的裤装示人，洪老师的出现，显然颠覆了我对理工女教师的刻板印象。

当时无论如何不曾想到，有一天，我竟成为洪老师的第一个女学生。从那之后，我从远远的仰慕，变成就近的瑟瑟发抖。老师是美丽的，老师更是严厉的。当年的我，凡事被动，毫无批判性思维，百分百是中国应试教育的标准产品，能做到乖乖上课、做作业、考试，轻松得到尚可的成绩，一点不多做、不多思考，喜欢用剩下的大把功夫读小说诗词，胡思乱想与专业及科学无关的一切。念了研究生，脱离了简单的上课考试，没有题目做，要自己找题做，我顿时抓瞎。可以想象，拜在老师门下的日子，堪称煎熬。每周例行的师生个别谈话，我都恨不能自己生病去住院，这样就可以逃避见老师，不必承受老师连珠炮似的、令我冷汗涔涔的逼问。

从本科毕业论文开始，长达七年的时间里，我看着我的老师，就像一位披荆斩棘的勇士，开疆拓土，奋斗不息，我跟在她身后，含着眼泪，跌跌撞撞，挨了很多很多的骂，终得一点点地成熟成长。那时的我，瘦弱不堪，而我们的专业研究，有很多体力活，要采集大量的水样，还需要大量的超纯水，显然我的体力不足以对付。这个缺陷一开始估计很让老师头疼，但是她很快就找出办法，给我指定的论文题目是营养盐的数值模拟研究，那么理论上我只需要坐在计算机前，每天写代码，算啊算，让海洋在屏幕上流转，成为一个一辈子没出过海的“扶手椅上的海洋研究者（armchair oceanographer）”。

然而老师的原则是，学生们无论做什么题目，必须都出海去，在大风大浪的实践中学习坚毅和包容的海洋精神。 老师自己带头上船，于是我们成了欢乐与痛苦参半的“渔民”，连续几年，几乎年年都登上隶属于福建省海洋研究所的“延平”号海洋调查船，去往无风三尺浪的台湾海峡。那时海洋调查设备还很落后，站位之间几乎无法休息，刚过滤完毕，冲进狭小的船舱里刚一咕咚躺下，又到站得起来了。我每天蓬头垢面，就直接穿着睡衣工作。有时风浪太大，全船的人基本都晕了，对着塑料桶狂吐，那动静、气味，实在让人难以忍受。我只记得自己当时吐得好惨，好饿，可是又吃不下，抱着饼干桶哭。其实洪老师也晕船呕吐，但作为航次的首席科学家，每到站一定会出现在甲板的采样现场，她冲锋在前的精神一直激励着大家齐心协力，完成多次艰巨的航次任务。还有一回，风暴将至，我们的船不得不掉头，逆风强行回去避风，船晃得一塌糊涂，我坐在船舱里，默默按指示穿上了救生衣，认真地开始想，要是我碰到什么危险回不去了，要不要给爸爸妈妈留几句话？

在艰苦与危险之外，特别记得有一年的夏天，我们的船越过了中线，驶近台湾新竹。如果我没有记错，当时甚至隐隐可以看见对岸的陆地了。结果飞机来了，军舰从我们身边驶过进行驱赶，大约是发现我们还没有退后的意思，终于来了全副武装的海巡船，向我们靠近喊话。洪老师和福建省海洋研究所时任所长阮五崎走上甲板，与对方交谈，说明我们是在开展科学研究。老师的闽南语对话谦和礼貌，对方也报之以微笑，最终没有发生任何激烈的冲突。当时老师出于保护之心，不让我们出去，我躲在舱里往外望，好激动啊，我竟有点盼望我们给带走，去宝岛瞧一瞧。然后眼巴巴看着他们走了，我们的船也开始掉头，年轻的我居然有点失望。后来才晓得，那一回若是真把我们给带走，那可就酿成了大事件，因为老师不仅仅是科学家，当时还兼任省人大常委会副主任，而阮所长是全国人大代表。我一个小姑娘玩心太重，真是看热闹不嫌事大。而从这个有惊无险的事件中，老师做研究的拼劲、处理危机的能力，以及护学生与同事周全的心，足见一斑。

相信很多人都会同意，我的老师是一位勇士，可是她迷人的一面，只怕是鲜为人知。大概在2002年，民汉师兄与我陪同老师回到她阔别将近二十年的母校罗德岛大学海洋研究生院，见到了许多位当年开课的教授，他们都与她惊喜地贴面拥抱，炙热的情谊，弥漫在空气中，我简直看呆了！其中一位教授告诉我，当年洪老师刚到美国时，英文并不好，上课她总是坐在第一排，用录音机录下老师的每一句话，回到寝室一遍遍重放，最后居然成绩门门优秀，英文也开始讲得语速飞快，如子弹出膛一般。后来老师们渐渐地知道她非常不容易，中年重拾学业，丢下丈夫与两个年幼的儿子在中国，只身赴美，因而也更加欣赏这位坚毅的中国女性。多年后得以重逢，他们都感到由衷的激动与欣喜。

也是在那次旅行中，老师的先生翁成受教授去一家美国店理发，结果顶着一个奇怪的发型回来，我一见之下，哈哈大笑，洪老师立刻轻声埋怨我，“他本来就沮丧了，你还笑他，你真不懂事”。我这才死死地忍住笑，开始转而安慰愁眉不展的翁老师，“还行还行，很有个性”。我也才发现，我的老师，原来也是温柔体贴、善解人意的妻子。

拜师至今，许多年过去了，每每有人提及我的老师，我总是很骄傲，因为我深深知道，我的老师，她是一位坚毅卓越的勇士，具备广泛的影响力，同时也是一位优雅迷人的女性，为家人、师生所爱。前些年出国开会时，曾遇到年轻人咨询回国工作事宜，他犹豫纠结，我劝他下决心，他很直率地回答，“如果我的老师是洪华生，我才不会犹豫，我马上就回去”。那是我第一次震惊于我的老师的赫赫声名。拥有良师与楷模如此，世间难得！我又是何其幸运呢！

挚爱海洋的奋进者

——洪华生老师与科考船

王海黎（1997届博士）

厦门大学特聘教授级高级工程师，科考船运行管理中心主任，近海海洋环境科学国家重点实验室副主任，海洋与地球学院副院长

2018年4月，我得到机会，以观察员身份参加美国大学-国家海洋学实验室系统（University-National Oceanographic Laboratory System, UNOLS）的科考船运行委员会（Research Vessel Operators Council, RVOC）年会。那时，UNOLS的流动办公室正设在罗德岛大学（The University of Rhode Island, URI）的海洋研究生院（GSO），会议也便在那儿召开。于是第一次有机会去看看洪老师当年读博的地方。

会间休息，与时任UNOLS执行秘书的Jon Alberts闲谈。他说，这里是他过去长期工作的所在，自20世纪80年代初就在URI的科考船“奋进”号（R/V Endeavor）上做船员。我连忙问：“当年‘奋进’号赴秘鲁上升流区科考，你应该在船上吧？”待他给了肯定的答复时，我不由感叹这世界真小！

洪老师在GSO读博期间，定是参加同一个航次，去研究海洋当中最重要的痕量元素——铁。那时正值20世纪最强盛的厄尔尼诺现象，她置身“厄尔尼诺”“拉尼娜”这些名称的起源地，就像所乘坐的科考船名字，一个奋进者，投入了一个迄今仍热度不减的关键科学领域。这便是洪老师学术生涯最鲜明的写照，奋进，当先。她身上最鲜明的特质，是永做开拓者、率先者、实干者。

在她的视野里，只有一种存在——无尽的前沿（the endless frontiers）。

洪老师与科考船之缘，在回国后不久即得以延续。

1987—1988年前后，洪老师主持"闽南-台湾浅滩上升流区生态系研究"，便又是一次开拓性的尝试。这个项目，把厦大的海洋研究，由家门口的港湾，第一次拓展到等深线200米以外。那时厦大没有大型科考船，只能借用山东海洋学院（现中国海洋大学）的2000吨级"东方红"号科考船。同时，还要组织多达上百人的团队，在那艘已有二十多年船龄的老旧船上，力争在国内率先实现从生态系统的尺度开展海洋学-渔业资源多学科交叉研究。

当时，阻力和偏见同时在两个领域出现了：一方面，学界似乎还很难认可"海洋生物地球化学"这一新名词，新学科，另一方面，仍持传统偏见的一众海员，也特别不待见女性科学家上船科考…… 洪老师坚持"做你所应做的事情，能有什么结果在其次"的信念，以自己的身体力行、丰硕成果，赢得了广泛的尊重，也逐渐消弭了他人固有的偏见。

我有机会在洪老师的带领下出海，是在1994—1995年间，参与洪老师主持的"台湾海峡初级生产力调控机制研究"。福建海洋研究所刚刚新造了"延平2号"船。当时的洪老师和省所的阮五崎所长，搭档航次首席。他们一个是省人大常委会副主任，另一个是全国人大代表，且均已是"知天命"之年。可他们凡事冲在前，身先士卒，为我们这帮二十来岁的海洋新兵做表率。可能他们的"气场"实在强大，压得住风浪，愣是让这800吨级的船，在1995年2月实现了冬季在台湾海峡北部断面作业的壮举。

回想那两个航次，实在是感慨万千：两位如此重量级的出海考察主导型（sea-going）海洋学家联袂首席，当属空前绝后，再也不会有这样的奇迹和奇遇了。因此，我是幸运的，庆幸自己第一次出远海就有机会得大佬带队，还获“洪氏妈祖”庇佑，免于晕船呕吐的折磨与恐惧，从此爱上了出海。

属于我们厦大自己的先进科考船“嘉庚”号，自然也镌刻着深深的“洪氏”烙印。自本科毕业论文到博士毕业的五年多时间，我在洪老师的指导下进行学习与研究，她对待困难时所展现的勇气、担当与实干，使我耳濡目染，有了更直接、更深刻的体会。

洪老师让我明白了鲁迅那句名言“光是话不行，要紧的是做”。很多事情，几乎人人都能明白其重要意义，达成此事“该做”之共识；当接下去问到“谁能来做”，应者不及百分之一；再往下问“谁想来做”时，更只剩不到万分之一了，可见成事之难。在面对科考船建造这一艰巨工程时，洪老师的感召和鼓励，让我认识到：要做好这件事，不光要有“该做”的认识，还应有“能做”的自信，更得有“想做”的情怀。

2017年4月，“嘉庚”号完工交付，第一次回母港厦门，洪老师也来码头迎接，我接过她递来的鲜花，无比激动地紧紧拥抱她。在那一刻，我恍然感悟到：尽管她几十年来踏足诸多领域，但她最爱的还是海洋，她始终是那个深深挚爱海洋的奋进者！

美国罗德岛大学海洋研究生院的“奋进号”科考船（R/V Endeavor）

中国海洋大学“东方红”号科考船

福建海洋研究所“延平2号”科考船

厦门大学“嘉庚”号科考船

2017年4月1日，洪老师亲自到码头迎接“嘉庚”号科考船回家

中国海洋生物地球化学的开拓者和领路人

—— 实验室团队初创时期的点滴

黄邦钦（1999届博士）

厦门大学环境与生态学院，近海海洋环境科学国家重点实验室，闽江学者特聘教授，国家杰出青年基金获得者

时间过得真快啊！自1988年硕士研究生毕业加入洪老师团队，一晃三十余年。在洪老师团队第一次学习营养盐测定、盐度测定，第一次出海，攻读博士学位，其间无不倾注老师的心血。洪老师是我进入海洋科学和全球变化研究的领路人，三十多年前的情景还历历在目。

20世纪80年代初，海洋科学呼唤学科交叉，海洋生物地球化学这一新兴交叉学科应运而生。洪老师在美国学习期间率先突破了不同价态铁现场测定难关，在康涅狄格河口、秘鲁近岸上升流区开展了现场研究，揭示了海水表层二价铁昼夜变化规律，提出有生物参与的光化学反应的控制机制新观点。1984年，洪老师获得博士学位后即刻回国开辟我国海洋生物地球化学这一新兴学科领域。

洪老师总是身体力行来带领实验室的团队开展现场研究，她经常说要开展海洋科学研究，就必须到大风大浪中锻炼，而她自己正是这样一步一个脚印实践的。1987年，国家教委和福建省科委重点项目“闽南-台湾浅滩渔场上升流生态系研究”项目启动，她带队参加了所有的大型综合科考航次（6次）。

我记得1987年12月，“东方红”号科考船赴台湾海峡开展调查，洪老师作为该航次首席科学家带着团队登船，这是该项目的第一个航次，

也是我第一次参加出海。三十多年前的海洋观测条件和设备与现在不可同日而语，当时没有CTD记录仪就采用颠倒温度计测定温度，电导率仪测定盐度，营养盐也没有流动注射分析仪，基本靠手工完成，所以完成同样的作业，那时的现场工作量要大得多。12月的台湾海峡东北风风大浪急，我在出海期间，特别是前半段，晕船厉害，其实洪老师也晕船，我们也看到她呕吐，但她每到站一定会准时出现在甲板的采样现场。在时间序列连续站作业的下半夜也是如此，她的身体力行、冲锋在前的精神感动了大家，团队齐心协力，克服困难，圆满完成了艰巨的台湾海峡冬季航次，为该重点项目的成功实施奠定了很好的基础。

经过三年的努力，洪老师团队取得了我国领先水平的上升流渔场生物地球化学研究成果，出版了我国第一部近海渔场上升流生态系研究专著——《闽南-台湾浅滩渔场上升流区生态系研究》。著名海洋生物学家郑重先生认为，“这项成果不论在深度和广度上都大大超过过去有关这方面的调查研究，并取得卓越成绩，这是我国海洋学史上一个里程碑”。

洪老师在追梦海洋科学的道路上，不仅高瞻远瞩、开拓进取、身体力行、创立新兴交叉学科，而且非常重视团队建设和人才培养，她提出的“搭建大舞台”“筑巢引凤”的策略取得了显著的成绩。她甘当人梯的精神令人感动，培养了一批海洋科技骨干。经过近三十年的不懈努力，厦大已成为我国海洋生物地球化学研究中心，在国际上也具有重要影响力。这里讲一个洪老师在突破体制机制束缚、敢为人先的团队建设的故事。1988年7月，我从生物系硕士研究生毕业，基于前期与我的导师金德祥先生等的交流，洪老师邀请我到她的实验室工作，参与海洋生物和海洋化学的交叉学科研究，我当然很高兴，但在申请海洋系助教教职时，被告知说没有留校指标了。为了推进交叉学科的研究，洪老师冲破重重阻力，经多方争取，最后学校同意我留校，但学校没有工资指标，前两年的工资必须由洪老师课题经费支付，这在当时科研经费缺乏的年代是没有先例的。当今课题组要聘用研究助理（research assistantship, RA）程序很简单，经费也不是那么紧张，但在当时体制机制背景下是很困难的，这可能是厦大第一例RA吧。我很感恩洪老师，三十多年来一直在她的大团队学习、工作，其间也得到老师的很多指点、帮助和鼓励，使自己在科学研究和教书育人道路上有所进步。

一心为海兴　双肩勇担当

——洪老师在海洋专家组工作中的点滴撷翠

薛雄志（1999届博士）

厦门大学环境与生态学院教授，博士生导师

我的博士生导师洪华生，不仅是我学业上的老师，更是指导我为人处事、为我指引方向的精神导师。她在厦门市海洋专家组担任组长时表现出的一心扑在我国的海洋事业且勇于担当的情怀，对我而言可谓影响深远。

事情得追溯到20世纪90年代末了。当时，她是厦门市第一届海洋专家组的组长，身负为厦门的海岸带综合管理提供科技支撑的领头羊重任。为此，她把很多的时间、精力投入厦门的海岸带管理研究上，使海洋专家组的科技支撑作用不仅体现在技术、工程方面，更是在政策制定层面上得以有效的发挥。

其中，有两个案例我至今记忆犹新。

一是白城沙滩“守护战”。

如今的白城海滩，游客如织，与厦门大学、胡里山炮台、演武大桥共同构成一幅美丽画卷，但20世纪90年代末的白城沙滩是另一番景象。由于占滩建筑的存在，白城沙滩被破坏殆尽，已经几乎无沙可言。这也引发了政府方面对白城沙滩乱象处置的不同意见，其中有人建议把白城沙滩变为陆地，因为填滩造地带来的效益高且成本低，短期经济效益明显。洪老师组织海洋专家对当时白城沙滩现象的成因进行剖析，拿出有力的证据证明白城沙滩的乱象是由于占滩建筑改变了沙滩的自然地貌导致的，并基于对海洋自然生态守护的初心提出了应尽快恢复白城沙滩自然地貌的专家组建议。

我记得很清楚，当时她对我说，厦门的沙滩不是多了而是远远不够。后来厦门多处沙滩特别是各种人造沙滩的建设充分证明了这句话的预见性。我们目前看到的白城沙滩是厦门市政府采纳了洪老师为组长的海洋专家组的意见，结合演武大桥的建设，清除白城沙滩的占滩建筑后的结果。铁一般的事实证明了洪老师基于科学认知的坚持是完全正确的。

二是白石炮台的遗憾。

白石炮台在厦门岛最南端滨海突出部，西距胡里山炮台大约两千米，是船只进入厦门港的第一道门户，是抗战遗址。中华人民共和国成立后，白石炮台一直是军事要地。20世纪90年代，白石炮台的实际使用者从经济角度出发拟把白石炮台出让给香港的一家房地产开发公司去建设营运。厦门市政府征求海洋专家组对开发商提出的建设方案的意见。洪老师深知海岸历史遗迹的文化价值，组织了厦门研究历史和海洋的专家对开发商的方案提出了反对意见。但是，基于当时的大环境及种种原因，海洋专家组的意见没能被采纳，导致白石炮台遗迹遭到严重破坏（目前的白石炮台项目仍是烂尾项目），令人痛心。虽然这是个遗憾，但是洪老师在此过程中、在各种压力下所表现出来的敢于坚持正确观点的担当着实让人敬佩。

可以说，正是洪老师这种情怀不断激励着我，激励着她的弟子们，坚持为我国的海洋事业无私奉献的初心，在各自的工作岗位上竞相展现自己的精彩！

深情感谢博士生导师洪华生教授

Halide（Khalid Maskaoui）（2000届博士）
加拿大渥太华（厦大首位用中文完成博士论文答辩的摩洛哥籍国际生）

亲爱的洪华生教授：

我满怀感激之情写下这些文字，感谢您在我攻读厦门大学博士期间担任我的博士生指导教师。这么多年以来，您一直是一位鼓舞人心的学术导师、引路人和老师，激励着我和许多其他的人。您办公室的门永远为学术讨论敞开着，您总能找出时间来（有时候甚至是早上七点）兴致勃勃地与我讨论我的研究和未来的工作方向。您一直对我的学术潜力充满信心，并为我创造了无数的机会来向其他教授、研究人员和学生展现我的学术能力，对此我非常感激。让我尤为感到骄傲的是，我是第一位获得厦门大学海洋科学博士学位的外籍生，而您是我成功获得博士学位过程中最重要的推动力。

时至今日，我依然对我曾经在厦门大学求学的那段时光（1996年至2000年）充满感激之情。我刚到厦门大学，还在学习中文的第一天，我就遇见了您。一直以来，您对我充满耐心、激励、尊重、真诚和慷慨。在我的心目中，您不仅是我的博士生导师，也是我的家人，永远铭刻在我心里。您为我提供的各种帮助、您身上闪耀着的人性温暖以及对我无尽的支持，让我深深地爱上了中国，我一直把中国当成我的家。谢谢您，洪华生教授。

2003年，Halide 与洪老师在鼓浪屿合影

附：英文原文

Dear Professor Hong Huasheng,

I am writing these words with the utmost gratitude for the years I have spent at Xiamen University completing my doctorate under your esteemed supervision. Throughout those years, day after day, you have been an inspiring supervisor, mentor, and teacher to me and many others who have found your office door always open and inviting for academic discussions. You have always found the time (sometimes from 7 am) to discuss my research and its future directions with a genuine interest. I deeply cherish that you have always believed in my academic potential and found countless opportunities to showcase it to other professors, researchers, and students. I am extremely proud of being the first international student who graduated with a doctoral degree in oceanography from Xiamen University. And I proudly admit that you have played the most important role in completion of my degree.

To date, I am very thankful for the years (from 1996 to 2000) of your patience, encouragement, respect, and sincere generosity with which I was treated from the very first day of my arrival (When I met you when I was studying Chinese language). In my mind and in my heart, you will be always engraved not just as my PhD supervisor but as a precious family member whose personal help, human warmth, and endless support helped me falling in love with China and calling it my home till nowadays. Thank you for all, professor Hong Huasheng.

Halide (Khalid Maskaoui)

Ottawa, Canada.

我国海岸带综合管理学科建设的开拓者

刘　岩（2001届博士）

自然资源部海洋战略规划与经济司副司长

20世纪90年代，怀揣蓝色梦想、具有深厚造诣的著名海洋学家洪华生教授以其超前的战略性眼光和无私的家国情怀，在厦门大学创立国内首个海洋可持续发展和海岸带综合管理研究方向和团队。1998年9月，已过而立之年的我怀着无比激动、无比崇敬的心情走进美丽的厦门大学，有幸成为洪华生教授的学生，加入海洋和海岸带综合管理研究的行列中。

在写这篇短文过程中，我的脑海里不停地闪现二十多年前在厦门大学求学的画面：第一次拜见洪老师时的景仰与忐忑，第一次聆听洪老师课程的期盼与担忧，洪老师日常对我们的严格要求与春风化雨般的指导，洪老师站在国内外学术讲坛上的大师风范，以及那美丽优雅、雷厉风行、不知疲倦、永不停歇的背影……

我是洪老师学生中年龄较大的学生，入学前一直从事地质学教学与科研工作，转行学习新专业，年龄大、底子薄，师从先生我还是有点小自卑的。三年学习期间，洪老师从宏观到微观、从理论到实践给予我全方位的指导与培养。记得面试时洪老师对我提出一个要求，攻读海洋和海岸带综合管理专业的博士研究生要具备的基本素质是综合能力，这对当时的我是个不小的挑战。还记得在一次专业英语课上，结结巴巴念完了我的报告后，洪老师亲切地告诉我“Practice makes perfect”（“熟能生巧”）的道理。诸如此类，点点滴滴，时至今日仍历历在目、记忆犹新。在其后多年的研究和管理工作中，我始终牢记洪老师的这些要求，将其作为指导我学习工作的重要方法学和努力方向，受益良多。先生的教诲与指导为我今天的学习和工作奠定了坚实的基础。

洪老师挚爱海洋事业，20世纪90年代，海洋和海岸带综合管理理念刚刚引入国内，如何将国际经验与我国管理实践结合，有效促进海洋可持续发展的相关理论方法还存在诸多空白，先生顶着巨大压力，全身心投入海洋综合管理教学和科研工作中，从重大科研项目到大型公益活动都亲力亲为。海洋和海岸带管理研究与学科建设从零起步，到今天蜚声海内外的海岸带可持续发展培训中心和海洋事务管理专业，无不浸透着洪老师的心血，先生是当之无愧的我国海岸带综合管理学科建设的开拓者。

相信所有的师兄妹们都跟我感受一样，洪老师集良师与楷模于一身，从先生那看到的、学到的、悟到的远不是笔墨所能穷尽的，感谢师恩、铭记师恩！

师从先生是吾辈之荣幸，更是吾辈毕生学习的榜样。

2001年，刘岩博士论文答辩后与洪老师合影

恩师引路，砥砺前行

张玉珍（2003届博士）

福建省环境科学研究院院长，教授级高工

2019年7月，接到母校洪丽玉老师电话，说是适逢厦门大学100周年校庆来临前夕，要组织编写《碧海生命乐章》，全面回顾洪华生老师"从筑梦—追梦—圆梦"的求学、教学、科研及国内外学术交流的人生历程的故事，要我写一篇回忆洪华生老师的文章。这个电话，把我拉回记忆深处，那些我和洪老师相遇、相识、相处的过往，历历在目。

初遇洪老师，那是将近二十年前的事情了。2000年9月，我从遥远的西部边陲考到厦门大学环境科学研究中心读博，跟随洪华生老师开始从事流域水污染防治研究。那时候的我还没有意识到自己是多么幸运地遇见了她，我还不知道如果没有遇见她，就不会有现在的我。

读博那年，洪老师正带领团队组建厦门大学教育部、福建省海洋环境科学联合重点实验，同时，获得国家环境保护总局"环境使者"称号，工作非常繁忙。而那年的我虽考取厦门大学博士，但是基本上没有了生活来源，加之母亲病逝，生活比较困难，我连续三年没有回过新疆家。洪老师细心地发现了我的困难，她并没有多说什么，每年春节她都邀请我去家里一起过年，让我感受家的温暖。看着洪老师为我煎年糕的身影，我眼眶湿润了，学术成就如此高的老师，能够一点架子都没有，像家人一样体贴关心自己的学生实在很难得。到后来我自己带学生之后，我也总能看到学生的困难，像长辈一样去爱护学生成长，这应该就是榜样的力量吧。

洪老师对培养年轻人不遗余力，毫无保留，总是希望青出于蓝而胜于蓝，对学生专业素养培养上，一向主张要因材施教，为每个学生精心谋划适合个人特长和兴趣的研究方向。洪老师一直从事海洋研究领域，见我是水利专业，便将自己的研究领域拓展到流域，引导我选定农业面源污染防治研究。记得当时她和我说，“这块领域国内才刚刚起步，是一块处女地，不要受前人和框框条条限制，你将水利专业和农业面源污染研究融合，好好研究，一定能出很好的成果”。

课题研究期间，洪老师先后送我赴清华大学参加“流域面源污染控制和管理”高级研讨班、越南河内大学中—加—越三国关于流域管理的学术研讨会，以及到加拿大Nova Scotia省农业大学环境工程系访学，学习国际先进的农业面源污染防治技术。在洪老师学术上传、帮、带的指导和培养下，我在农业面源污染研究领域取得了一系列成果。

毕业后，我到福建省生态环保系统工作，继续从事水污染防治领域研究，老师还是一如既往地在环境科研工作上帮扶我，每次只要遇到她，就会和我一起探讨福建流域环境问题有哪些，以及如何去研究解决这些问题，把自己的科研经验、知识结构毫无保留地传给我，并且一再叮嘱我要坚持科学研究，要注重单位人才队伍建设，尽到一个科研工作者应尽的职责。

我始终都在追寻洪老师的足迹，我以老师为榜样，始终坚守在环保科研战线上，孜孜不断地在科学研究道路上攀登。我当选成为全国人大代表，站在国家的大舞台上，为国家建言献策。洪老师科学严谨的学术观、言传身教的育人观始终影响着我，指引着我为国家、为福建省生态环境保护做贡献。

名师风范，高山仰止

—— 琐忆洪华生老师二三事

翟惟东（2003届博士）

山东大学（青岛）海洋研究院教授

洪华生老师是国际知名的海洋学家，20世纪80年代留学美国，回国之后就引入当时国际上刚提出来的生物地球化学循环的科学理念，随后在成立的环境科学研究中心大力发展海洋生物地球化学和基于生态系统的海岸带综合管理两大新兴学科，奠定了后来近海海洋环境科学国家重点实验室和厦门大学海洋与海岸带发展研究院的基础。本来厦门大学的海洋学科自20世纪中叶的院系调整之后曾元气大伤，现在能有如此成就，实属不易。这里面离不开几代老一辈厦大海洋人的集体努力，而洪老师则堪称引领厦大海洋学科中兴的总设计师。

我1999年考入洪老师门下，被安排到刚回国急需人手的戴民汉教授那里开展研究工作，因此我在学期间直接聆听洪先生教诲的机会并不多。然而二十余年过去，仍有几件事情令我难以忘怀。第一件，我在西安读硕士期间联系考博，曾试着给洪老师写信，并索要备考资料。自己明白很冒昧的，本来也没抱太大希望，没想到很快就收到时任厦大环科中心副主任的黄邦钦老师代为回复的邮件，以及厦大环科相关研究生课程的讲义，令我十分感动，从而下定决心要考入厦大深造。第二件，洪老师丝毫不排斥外人参加自己学生的论文答辩会，曾有一名来访的科学家在旁听论文答辩会的场合要求答辩人当堂提炼出“可能进入教科书的新观点或新表述”，令当时还懵懵懂懂的我大开眼界，略微明白了什么是博士学位论文的标准，也见识了什么叫“defense”（答辩）。第三件，我的博士论文在南海北部海-气CO_2通量方面的工作，出于客观原因没能实现较高的时空覆盖度，洪老师对此并不满意。这促使我不辱使命，在毕业后继续争取航次机会，努力完善调查，终于在博士毕业十年后以14个航次的雄厚数据，确证了当年我的博士论文得出的主要结论，并成为我在职业生涯中开展的代表性工作之一。

洪老师既待人宽厚，开放开明，又在科研品质方面严格要求，一方面使我作为博士生受益匪浅，另一方面我想这也是洪老师能引领厦大海洋学科中兴的重要原因吧。

桃李无言，下自成蹊

——记洪老师教书育人二三事

黄金良（2004届博士）

厦门大学环境与生态学院教授，博士生导师

十八年前我考入厦大，就读于洪老师门下，毕业后到清华做了近三年的博士后，于2007年返回厦大。有幸在恩师身边受其言传身教十五载，其海纳百川的胸襟、强大的事业心以及关爱扶持学生的师者形象早已深深地烙在我心里。

至今还清楚地记得2000年春天的一个午后，我到本部凌峰楼，在楼道上迎面向洪老师做自我介绍，急切表达希望跟随她读博士的情景。后来博士考上了，自己又出于家庭的原因在工作与读博之间摇摆不定，洪老师又帮我排除困难，最后得以成为洪门弟子，想来实在万幸。2007年博士后出站后，我去信向洪老师说明有返校任教的想法，恩师再次用宽广的胸怀欢迎我归来。我时常感念于恩师对我的接纳，无论是求学还是求职，并将其归结为洪老师有海纳百川的胸襟和强大的事业心。因为这个，洪老师极为成功地引领了学院的学科发展和平台建设。在她的领导下，众人拾柴火焰高，环科中心、海洋与环境学院、联合重点实验室、国家重点实验室等一个个平台得以从无到有，从有到优。

另外一个很深的感触是，洪老师对学生培养的用心与倾注的爱心。我本科硕士所学专业为地理学，在博士阶段，她就让我专注流域农业非点源污染问题的研究，这个选题很好地将地理学与环境科学研究结合起来，也奠定了我后来环境地理学的研究方向。这种考虑学生专业背景因材施教的指导，极大地调动了学生的积极性。洪老师对学生也极具爱心，有件事情我至今仍印象深刻。2009年秋天，我准备到国外访学进修，出国前洪老师打电话嘱咐我别忘了给自己带的研究生按月发补贴，如果没有经费她也可以帮忙发。联想到当初读博士时洪老师对我的关照，当时我曾动容地跟洪老师说："我在读研究生时您是如何关照我，我也会如何待我的研究生。"洪老师在研究生培养上的因材施教、对学生在生活上无微不至的关心呵护等做法深深地影响了我的教书育人观。

遥想15年前的夏天，和几位同级博士同门与恩师在老校区的凌峰楼穿着博士服合影。2019年夏天，自己带的第一届博士生也顺利毕业了，也穿着博士服意气风发地与我合影。我想这是一种传承。洪老师在教书育人、做人做事、待人接物等方面是我辈永远学习的楷模。作为弟子，唯有不忘初心，不断进取，才可不负恩师的期望。

跟随洪老师学习工作二三事

张彩云（2005届博士）
厦门大学海洋与地球学院副教授

我一直都非常感恩并深感荣幸，自己能师从洪华生教授。

印象中，我第一次听说洪老师的名字，是在大学期间。那是在我刚踏进厦大校园不久的一次游园活动中，有一道有奖抢答题："谁是中国第一位归国的海洋学女博士？"我听到很多人抢着回答"厦大洪华生教授"。我当时的感觉是，我为母校有洪老师这样了不起的女科学家而自豪，但于我而言，洪老师遥不可及。

没想到在读硕士研究生时，我却不时有机会遇到洪老师。那时，我所在的实验室位于映雪楼二楼，而刚成立不久的海洋与环境学院院长办公室就设在三楼。洪老师作为首任院长，有时会到映雪楼来办公或开会。虽然她非常忙碌，但每次碰面时她总会微笑着跟我打招呼，有时还会问候几句。她的平易近人、和蔼可亲给我留下深刻的印象。

我真正与洪老师有近距离接触，是我硕士毕业留校后的事了。那年，在胡建宇老师的带领下，我参加了洪老师主持的"台湾海峡生源要素生物地球化学过程研究"重点项目。有一次，洪老师将项目组成员集中到福州开总结讨论会并撰写项目报告。我有幸被安排到洪老师身边，帮忙做报告的排版、作图等辅助性工作。洪老师在项目讨论中敏锐的洞察力、开拓性的启发思维、对大家讨论内容提纲挈领式的总结，以及之后修改报告内容时的逐字斟酌和精益求精，至今仍让我记忆犹新。也是在那次接触中，她鼓励我要进一步深造，提升自己的科研和业务能力。几年后，经过努力，我成了洪老师的博士生。

此后，在近二十年时间内，我追随着洪老师：从国家基金重点项目、863福建示范区项目、联合基金重点项目一直到厦门南方海洋中心的重点项目。每一个项目的申报、讨论，洪老师都亲力亲为；每一份PPT、报告的撰写、修改和完善无不倾注着洪老师的心血。在她几年的言传身教中，我总是被洪老师坚定不移的信念、孜孜不倦的追求、无私奉献的胸怀和求真务实的科学态度所感动。2012年，我曾跟着洪老师到北京参加国家基金重点项目的答辩，虽然洪老师准备充分，可惜项目没有获批。那时我非常沮丧，洪老师却鼓励我说“没关系，明年再来，我们的工作基础这么好，肯定有机会上的”。之后的一年，我们补短板、强弱项，进一步完善了项目申请书。2013年，洪老师带着潘伟然老师、黄水英和我到武夷山参加联合基金重点项目的答辩。答辩中，洪老师思路清晰，思维敏捷，终于成功获得了项目。

洪老师一直希望能把毕生所学知识应用服务于社会。2013年起，她顺应时代需求，倾力建设海洋监测与信息服务中心，构建海洋云平台，并以此为窗口，努力推动厦门大学海洋、生态与环境等涉海学科优秀的科研成果转化并应用服务于社会。这几年，我有机会跟着洪老师在海洋监测与信息服务中心学习工作，她超前的科学理念与远见，依然是我未来需要继续努力与前进的方向。

“年轻人要多担些责任，要有使命感”“要踏踏实实做事，快快乐乐生活”“要认准目标，坚持不懈的努力，才能在人生道路上有所作为，使梦想变成现实”……此文撰写之际，我的耳边不时响起洪老师的教诲。

谨以此文感谢洪老师多年来的培养与教导。

“随风潜入夜，润物细无声”
—— 记恩师洪华生教授

曾　悦（2005届博士）
福州大学环境与资源学院副教授

2000年9月凤凰花开时节，我考入厦门大学，在研究生阶段的起点，很幸运地成为洪老师的学生，在她的言传身教下，对科研、对人生、对自己都有了全新的认识。那时的我，缺乏自信，环境科学是一个崭新的领域，我并不清楚如何在海洋环境保护中提供相应的科研支持，怎样将科研成果和政府管理更紧密地结合起来。

作为海洋专家的老师，很早就发现了要想保护好海洋环境，应从控制陆域污染入手，并从科研上积极探索如何实现流域到近海管理的相关理论和实践方法，这一思想也较早地体现了如今刚成立的生态环境部提出的陆海统筹、保护海洋环境的战略。老师思维敏捷，轻言快语，在授课和组会上总能显现出学术大师的知识渊博。虽然她并没有花很多时间去给学生讲如何去做一名研究者，做一个怎样的研究者，但她时刻用实际行动在教育着我们，而这样的教育方式毫无疑问比任何的语言都更有力量，更深入人心。她经常告诉我们要了解实际，必须走到现场。

为了获得第一手的资料，了解当地的环保需求，洪老师亲自带领我们深入九龙江流域的每个县市，一路风尘仆仆，召开各种座谈会，开展实地社会调查，介绍国内外相关环境管理技术，还与我们一起深入现场，查看我们的研究区和监测设备。当时，我们的研究基本上是围绕着解决流域环境污染这个主题展开的，她要求我们一定要结合实情，形成具有指导意义的调查报告，为政府部门决策提供科学依据。所有这些活动中，老师不仅特别认真和细致，而且平易近人，丝毫没有专家或者教授权威的架子。老师带领我们所做的课题“九龙江流域非点源污染机理与机制研究”，获得了福建省科技二等奖，这成果的背后需要付出老师多少汗水和辛勤的劳动啊！

老师非常重视培养我们独立思考、不因循守旧、勇于探索的科学精神，一直给我们提供机会和施展的空间，这主要体现在我们选题的过程和最终确定的研究方向上。我觉得自己非常幸运，研二的时候参与流域环境管理课题，开始独立科研思考。由于当时找不到可以借鉴的研究案例，不知该如何开展，曾经对专业和研究内容非常迷茫，也走了不少弯路。每次与老师交流，老师对涉及的问题总能做到画龙点睛，精准到位，循循善诱。那些富于启发的教育方法，让我心智开启，思路开阔，这才使我定下心来，踏踏实实地读文献，设计研究方案。

洪老师在海洋和环境领域建树颇丰。即使到现在，仍身体力行，用自己的实际行动为海洋环境保护事业贡献着力量。“随风潜入夜，润物细无声。”她所传授的知识和治学严谨的作风，使我终身受益。谨以此文祝洪老师快乐安康，桃李芬芳！

2005年，曾悦获博士学位与导师洪华生合影

记洪老师二三事

方秦华（2006届博士）

厦门大学环境与生态学院教授，海洋与海岸带发展研究院副院长

我2001年考入厦门大学环科中心环境管理专业读硕士，先是在课堂上认识了洪老师，2003年又经考核提前攻博，成为洪老师的博士生，算起来已经快二十个年头了。

攻读博士学位期间，我跟随张珞平老师进行日常的研究工作，加之洪老师工作繁忙，因此平常主要通过邮件往来接受她的指导。但每隔一段时间，洪老师总要找我们当面讨论。每每这时我总是心情忐忑，既为有机会汇报论文进展而激动，又生怕自己表现不好让老师失望。但每一次会面，所有的紧张情绪很快又随着老师关切、热情的谈话而消散，感觉如沐春风，研究中遇到的难题总是能在洪老师点拨后茅塞顿开，谈话结束时也经常因为明确了研究方向而斗志昂扬。

完成博士论文答辩后，为使我能够如愿从事科学研究，洪老师多方举荐，我因此得以进入厦门大学理论经济学博士后流动站，跟随陈振明教授从事环境政策工具研究。后来又到美国特拉华大学访问一年，从事海洋环境政策研究，并最终回国加入当时的海洋与环境学院。可以说，这其中的每一步，都离不开洪老师的关心和支持。

洪老师自己出身海洋科学，但她总是高瞻远瞩，二十多年前就深刻地认识到了科学研究应当面向需求、服务管理。作为厦门市海洋专家组组长，她积极推动厦门海岸带综合管理的研究和实践，为建立海岸带综合管理的厦门模式做了很多开创性的工作，特别为海洋功能区

划制度在中国的推广提供了丰富的地方范本，积累了重要的实践经验。2017年，第二届海洋空间规划大会在联合国教科文组织巴黎总部召开，我受邀向大会介绍海洋空间规划的中国经验。当我站上主席台发言时，我深刻地感受到，正是像洪老师这样的许多科学家打下的基础，才有了我们今天走向世界的路。

洪老师很早就深刻地认识到学科交叉的重要性。2005年她倡导的文理交叉的厦门大学海洋与海岸带发展研究院（以下简称“海发院”）成立，她鼓励我们几个同期留校的学生积极参与建设。历经十多年的风雨历程，海发院今天能够在海洋事务国际化人才培养、海洋可持续发展交叉研究方面取得一定的成就，可以说洪老师在其中倾注了大量的心血。当得知我对海洋政策研究稍有兴趣后，她积极地鼓励我在这方面进行大胆拓展，并利用机会推荐我参加相关研究工作。2009年，她带领我们参加了中国环境与发展国际合作委员会在海洋领域的第一个可持续发展研究课题，让我们有机会与苏纪兰院士、蔡程瑛博士等国内外海洋领域的资深学者共事，正是通过这些近距离的学习，我们在专业领域得以快速成长。

一直以来，洪老师为厦门国际海洋周的成功举办而不遗余力地奔走，她亲力亲为，连续多年担任海洋周主论坛的主持人。2018年11月，洪老师爱人离世不久，她仍然克服内心的巨大悲痛坚持担任海洋周国际海洋论坛的主持工作，保证了这一重大国际活动的顺利进行。那天早上，当她出现在会场的时候，我们无不充满了感动。在她的要求下，我坚持多年组织厦门国际海洋周记录人团队，保障论坛的记录、总结工作。通过这个工作，不仅我自己得到锻炼，同时也为一批又一批海洋事务的学生提供了很好的学习机会。

洪老师曾身兼数职、事务繁忙，但她始终牵挂的是海洋学科发展和人才培养；她在研究上高瞻远瞩、站位前沿，但她总是不辞辛劳，在一个接一个海洋领域里劈波斩浪；她有着很高的威望，但从不对我们讲大道理；她对待工作上的每一件事都要求严格，对身边的每一个人却又充满了温暖。也许正是大海赋予了她这些高尚的思想品质和崇高的精神境界，而通过她的言传身教，我们看到越来越多的人正在被她毕生追求的蓝色梦想所吸引，所影响，所教育。

致敬爱的洪老师

陈能汪（2006届博士）
厦门大学环境与生态学院教授、环境科学系主任，
福建省海陆界面生态环境重点实验室副主任

我与洪老师结缘于2001年。2001年9月，我离开了南京栖霞镇政府的工作岗位，考取厦门大学环境科学研究中心环境管理专业硕士研究生，师从张珞平教授（也是我十分敬爱的老师）。很幸运，我一入学就参加了洪老师主持的福建省重大科技项目——九龙江流域农业非点源污染控制研究，主要开展小流域营养盐（氮、磷）循环的观测研究。两年后，我顺利申请到硕博连读，师从洪华生教授，并延续我的营养盐（氮）循环研究。2006年博士毕业，我去了浙江大学做博士后。2009年1月博士后出站，在洪老师的大力支持下，我顺利回到厦门大学海洋与环境学院，得以继续从事感兴趣的环境生物地球化学研究。

回想起来，特别感恩洪老师，她一直在引领着我前行。我是十分幸运之人，一进厦大之门，就有幸得到洪老师在科研上的指引。印象很深刻，在项目实施期间，洪老师就亲自带队，赴九龙江流域开展调研，并到五川小流域（我研究论文的定点观测站）考察，指导我们采样。她和我讲到海洋环境问题，追根溯源，主要来自流域农业非点源污染，也指导我确立了博士学位论文题目——九龙江流域氮的源汇过程与机理。我知道，20世纪80年代，洪老师从美国罗德岛大学留学回国，率先启动我国海洋环境学科，带领学生和团队推进相关的研究方向。2000年，洪老师牵头申请福建省重大科技项目，从此建立从流域到近

海的研究体系。在与洪老师的接触中，时刻能够感受到她对科研的敏锐、前瞻和宽广的视野。也正是从那时候起，奠定了我的主攻方向：流域-近海环境生物地球化学，也形成了厦门大学的海陆界面生态环境研究特色。

洪老师一直在推动流域-近海系统研究，并促使我和团队成员致力于科学研究成果的转化应用。2009年九龙江发生“水华”事件，洪老师随即带领我们申请厦门市重大科技平台项目——厦门九龙江北溪饮用水源安全保障科技支撑平台。2013年，洪老师牵头申请厦门南方海洋研究中心项目——厦门及其毗邻海域海洋经济发展及海洋生态文明建设信息服务平台，2016年推动二期项目建设，2019年通过验收，建成厦门大学海洋监测与信息服务平台。在这期间，我参与了部分工作，从她身上感受到的不仅是对科学研究的热爱，更多的是对科学事业的执着，是关注民生和社会经济可持续发展，是团结所有人朝着目标奋斗，是不忘初心砥砺前行。洪老师对我们年青一代有很高的期望，经常教育我们不要怕难，要迎难而上。她有一股力量，一种精神，推动着我，感染着我。洪老师犹如海上灯塔之光，为我指明了前进的方向。我坚信，一分耕耘，一分收获，绵绵用力，久久为功。

洪老师在我的学习、学术和工作方面给了很多指导、支持和帮助，也时常关心我的生活和家庭。她对身边的每一个人都给予尽可能多的温暖。往事历历在目，导师的教诲弟子铭记于心。只望老师保重身体，永远健康！致敬亲爱的洪老师：老师您辛苦了！

春风化雨，师恩难忘

——洪华生老师的人格魅力

王卫平（2006届博士）

国家海洋环境监测中心，海洋化学室副主任，高工

2003年我考上厦门大学环境科学专业的博士研究生，到洪老师门下攻读博士学位，毕业后来到大连工作。转眼十几年已经过去了，虽然毕业后不能像留在厦门的其他同门那样，能够继续近距离接受洪老师的言传身教，但洪老师对科学研究事业的不倦追求和对海洋环境事业的无私奉献，依然影响我的一生。

初入厦大时，洪老师正承担福建省重大科技项目“九龙江流域农业非点源污染机理与控制研究”，我也成了这个课题组的一员。众所周知，洪老师是海洋环境科学家，面对陆源污染对海洋环境日益加重的影响，她义无反顾地把研究领域拓展到了流域，带领课题组几乎跑遍了从九龙江源头到入海口的每一处河道和农田。在项目快要结题撰写研究报告时，有一天洪老师从厦门赶赴福州开会，当天回到厦门已经晚上10点左右，她不顾旅途劳顿立刻与我们开始讨论，精神矍铄、热情饱满的样子我至今仍记忆犹新。要知道那时洪老师已经年逾六十，但她对待科学研究永远保有认真的态度和充沛的精力，这值得每一位从事科研工作的年轻人学习。

2011年的“6·8世界海洋日暨全国海洋宣传日”主场活动在大连举办，洪老师被评为“2010年度十大海洋人物”应邀出席。知道这消息后，我和洪老师的另一名博士生，也是我单位的同事穆景利热切盼望在大

连见到洪老师。洪老师未抵大连之前就告诉我们，她要去大连一个叫“牧城驿”的地方看望她的指导员，我还纳闷没听说洪老师参过军，怎么会有指导员？活动前一天，我和穆景利陪着洪老师见到她的指导员，才知道洪老师还有在北大荒农场当知青的这段经历。我以前只知道洪老师是出生在菲律宾的归国华侨，后来是我国第一位回国服务的海洋学女博士，但并不十分清楚她的其他经历。听着洪老师和指导员的交谈，我才了解到洪老师从厦门大学毕业后到北大荒农场锻炼，后来到武汉钢铁公司当工人，再后来当她已经成家立业并成为两个孩子母亲时，毅然又在国家恢复研究生教育时，抓住机遇考取了厦门大学研究生，还作为国家首批公派出国留学生到美国罗德岛大学攻读海洋学博士学位。洪老师成功励志的人生中那些艰苦奋斗的经历，充分诠释了她的科学精神、爱国精神、拼搏精神和奉献精神，也更增添了她的人格魅力。

桃李不言，下自成蹊。洪老师对待人生，对待科学研究，对待海洋环境事业的态度，永远值得我们在工作、学习和生活中去思考借鉴。

2010年，王卫平（左）与洪老师在大连一起看望谭敏指导员（右）

记我的导师洪华生教授

张文舟（2007届博士生）

厦门大学海洋与地球学院教授，博导

洪华生教授是我读博时的导师，也是我走上海洋科学研究的引路人。

2001年我考上了厦门大学海洋学系物理海洋学方向商少平教授的硕士生，正赶上国家高技术研究发展计划（“十五”863计划）资源与环境领域重大项目“台湾海峡及毗邻海域海洋动力环境实时立体监测系统”福建示范区（简称“示范区项目”）建设立项，洪老师是项目的首席科学家。可能是因为我有在国家海洋局厦门海洋预报台工作的经验，作为一名刚入学不久的硕士生，就有幸参加了该项目风暴潮部分建设与实施方案的编写，有幸认识了洪老师。原本报考硕士研究生只是单纯地想提升海洋理论和预报业务水平，但在参与项目的过程中，与洪老师、商老师和项目组其他老师的交流，以及对科研活动的亲身体验，让我对科学研究的兴趣日益强烈，于是2002年年底我决定提前报考环境科学方向洪老师的博士生。2003年，我顺利通过了博士生统考和复试，并被录取。但因我与所在工作单位厦门海洋预报台在工作协议上协商未果，只能从原单位辞职，方成为洪老师的一名博士生，这也是后来洪老师开玩笑地说我为了读博士至少损失了50万的原因。尽管读博士期间学习和科研工作非常辛苦，经济压力也比较大，但对于我而言，无论是当时还是现在，都没有丝毫后悔和遗憾。

示范区项目建设方案于2002年12月21日通过了国家科技部组织的

专家组论证，我参加了子项目“海洋风暴潮灾害预警预报系统”的研发工作，进行风暴潮数值预报模式的研制。作为首席科学家，洪老师对示范区项目倾注了大量心血和精力，对项目的完成也寄予了很高的期望，时刻关注着项目的研究进度。她常对我说：“你要把示范区风暴潮数值预报模式像对自己的孩子一样对待，心中要把它当作自己的孩子。”洪老师意味深长的话时刻提醒着我，也正因如此，我对风暴潮数值预报模式的研制不敢有丝毫马虎。项目前期进展并不顺利，2004年启动后一段时期内拿不出有显示度的成果。记得在一次示范区项目进展汇报会上，项目建设单位福建省海洋与渔业局负责人在会上指责项目进展较慢，没有明显应用成果。面对这种情况，洪老师情不自禁地流下了眼泪，在场的所有项目组成员均陷入沉静，当时的心情难以言表。这是我第一次也是至今唯一一次见到洪老师落泪，面对项目最艰难的时刻，承受着这么大的压力，即使如此坚强的她也难以抑制此时委屈的心情。后来洪老师指导大家调整了工作思路，从应用需求出发，最终取得了很好的成果。相关研究成果受到充分肯定，2012年还被中国新闻网报道并被国家科技部官网转载。风暴潮数值预报模式也投入到台风风暴潮预报应用服务，预报产品频繁在福建省政府召开的台风防灾减灾专题会议上出现，受到省政府领导和专家的肯定与重视。海洋风暴潮灾害预警预报系统子项目于2007年3月24日顺利通过了专家组验收，该系统也投入到台风风暴潮数值预报业务化应用。十几年过去了，当时研制的风暴潮数值预报模式至今仍在福建省海洋预报台、厦门海洋预报台和宁德海洋预报台业务化预报中发挥着重要作用。示范区项目的成功是洪老师带领厦大科研团队及项目参与单位共同努力的结晶，更是洪老师高瞻远瞩的科研智慧、杰出科研组织领导能力的体现，吸引、锻炼和培养了一批敢于面对现实和勇于挑战困难的科研人员。我也是在该项目中逐渐成长起来的，并通过参加该项目完成了自己的博士学业，顺利拿到博士学位。

2009年5月10日至19日洪老师带领我们一行10人到中国台湾先后走访了台湾几所大学和海洋相关科研机构，包括“中央大学”、台湾大学、台湾“中央气象局”海洋测报中心、台湾海洋大学、中山大学、成功大学、金门县水产实验所等。在短短10天的时间里，我们对台湾海洋科研环境、科研设施和科研发展现状有了大概了解，并认识了一批台湾海洋学界的学者和同仁，学习了他们在海洋监测和数据共享方面的宝贵经验。在台湾大学图书馆，我们意外地看到一只纪念水杯，上面满是红色图章，其中居然有一枚写着“台北帝国大学保管厦门大学旧藏图书”，说明书上对这枚图章的说明是“因特定馆藏刻制使用之藏书章”。经了解得知，抗战时期厦门大学为防意外，曾将部分图书寄存在台湾大学（当时叫台北帝国大学）。这次台湾访问让我更进一步了解了洪老师的为人，我们每到一处都受到像亲人一样的热情接待和细致介绍，这些都与洪老师长期以来与台湾海洋学界保持良好交流合作所建立的深厚情谊有关，希望他们的这份情谊能在我们这一代得到传承和发扬，我想这也是洪老师带领我们访问台湾海洋学界的初衷。

自认识洪老师及相处的近20年里，我不仅从洪老师的言语中获得了教诲和知识，更多的是在与她相处的科研活动和生活中潜移默化地领悟到很多东西，而这些往往是很难用我笨拙的文字来描述的，能写出来的仅是如上所叙的一些经历和感受，也不过是所经历的很少一部分而已。回过头来想，洪老师不仅仅是我读博时的导师，也是我人生的导师。

关爱学生，热爱生活

—— 我的导师和榜样洪华生教授

王玉珏（2007届博士）

华东师范大学河口海岸学国家重点实验室副研究员

看到关于《碧海生命乐章》一书征稿的通知后，我第一感觉很兴奋，这是一个很好的机会大家一起回忆跟洪老师相处的过往点滴，记录成册互相分享，同时又没觉得这是一件多难的事情。但真正写起来，发现太多的内容，不知从何下笔。

我是2004年考入厦门大学海洋与环境学院的，并有幸成为洪老师的博士研究生。其实在入学之前，在报名、考试、面试等各个环节已经和洪老师有过多次接触，让我印象最深刻的就是，洪老师永远把学生的事情放在前面，这点在我求学期间通过跟洪老师进一步的接触中也反复得到加深。

和洪老师见面前，就知道她工作特别繁忙，时间表安排得非常满，如果找她，一定要提前预约。因此，在前往厦门考试期间，在没有提前预约的情况下，贸然打电话给洪老师，想着看碰下运气吧，估计是没机会见到。哪想到洪老师接到电话后，立即安排时间让我去她办公室见面，这让我既感动于洪老师的态度，又内疚于自己之前的想法。

入学后，暂代了洪老师的秘书一段时间，这期间，通过对洪老师的近距离接触，让我看到了洪老师身上更多不为人知的闪光点。太多的报道里提到洪老师求学期间学习的刻苦，工作中治学态度的严谨，对科研对海洋的热爱……而我更时刻感受到她饱满的精神，乐观的心态，宽广的心胸，坚强的性格，温暖的关爱和帮助他人的热情。

记得有天，洪老师说："我最近与学生交流时间太少，你安排一下，每周一到周五，只要我不出差，中午就请一个学生一起吃饭，了解一下学生的近况。"我说："大家考虑到您平时太忙了，所以没有特别重要的事情都不好意思来打扰您。"洪老师说："我是一个导师，学生的事情对我是最重要的，别的事情再忙，也要排到后面。"回想当时自己考试时洪老师拨冗见面的事情，更加明白"学生第一"是洪老师一贯的工作原则。

洪老师总是尽力给每一位学生提供更好的学习交流环境，送他们去美国、加拿大等地学习。作为一名女性科研工作者，洪老师用她慈母般的感情为同学们带来关心和爱护。在每位学生的毕业季，除了对论文的指导，她对学生毕业后的去向都给予了无微不至的帮助和建议。记得我当年毕业，洪老师多次询问我毕业后的想法，得知我和单位签订合同后，马上跟单位的相关人员联系，对我延迟毕业推迟报道的情况进行了说明。这对洪老师而言可能只是一个微不足道的电话，但对于我，避免了与单位的沟通和解释过程。洪老师作为一名领导和学者，让大家尊重和敬佩，而作为她的学生，则更受益于她作为导师在学习和生活中给予的指导和关爱。每年的教师节，无数的鲜花和祝福是大家对导师心意的表达，也是对洪老师作为导师多年心血和付出的最大肯定。

在工作中充满干劲，永远精力充沛的洪老师，在生活中同样爱好广泛，爬山、钢琴都是她的爱好，作为海的女儿，她喜爱游泳。记得看到过洪老师的一张抱着老虎的照片，她自己也笑着说："都说老虎屁股摸不得，我这也是摸了老虎屁股的了。"在繁忙的工作中，每年洪老师都会抽时间组织同学们开展爬山、参观植物园、博饼等活动。在山顶上、瀑布前、小道上、圆桌旁，处处留下了洪老师精神奕奕、笑容满满的身影。

在繁忙的科研、管理工作之外，洪老师将自己有限的剩余时间都放到了学生身上，留给家人和亲人的时间却是少之又少，这一点跟洪老师相处中我感受最深。傍晚时分经常接到翁老师的电话问洪老师晚上能不能回家吃饭，多数情况下洪老师都很无奈地回复不能。我不由地想到，作为一位妻子和母亲，如果一天和家人的团聚时光只有聚在一起吃晚饭，那时间也忒少了，但这对洪老师的亲人来说显得很奢侈。

桃李不言，下自成蹊。洪老师的一点一滴的付出学生们都看在眼里，记在心里。洪老师从业以来获得了包括科技进步奖、国家环境保护总局特聘“环境使者”、福建三八红旗手标兵、福建省杰出科技人才奖、福建省“五一劳动奖章”、全国海洋科技先进工作者、国务院侨务办公室“全国优秀归侨、侨属知识分子”……诸多奖项和荣誉，但更大的荣誉和成就是洪老师多年来培养和教育出来的分布在各地的学生们，相信大家对洪老师发自内心的尊重和关爱也是洪老师的无形的财富。2019年中华人民共和国成立70周年到临前夕，得知洪老师获得国家颁发的“庆祝中华人民共和国成立70周年”纪念章的好消息，大家在纷纷送上自己的恭喜和祝福的同时，更为自己有幸作为洪老师的学生而骄傲。戴着奖牌的洪老师一如既往地神采焕发，笑容灿烂……我们真心祝福洪老师永远精神饱满，永远笑容相伴！

2007年，王玉珏获博士学位与洪老师合影

碧海华生，驶向星辰大海的领路人

黄子鉴（2017届博士）

广西壮族自治区北部湾经济区规划建设管理办公室，港口发展处二级主任科员

在喜迎厦门大学建校100周年华诞前夕，恰逢恩师洪华生回国35年，有幸受邀为《碧海生命乐章》一书写一篇短文，说说恩师与我的故事，作为关门弟子，有太多的故事想写，有太多的回忆难忘，撷英采华，分享几件令我铭诸五内，对我的人生有重要意义的事。

一、初识恩师，一次会面改变一生

第一次见恩师是在2011年的10月，当时还是厦门大学化学系本科生的我，在犹豫着是否要攻读海洋事务的研究生，抱着试试看的态度给恩师发送了一封邮件，没想到不仅得到回复，恩师还约我到办公室面谈。现在回想起来，敲门前的忐忑还记忆犹新，但是见到恩师后，一切的忐忑都烟消云散，恩师是如此的亲切真诚、平易近人，非但没有觉得我想在海洋领域深造是异想天开，而是鼓励我海洋污染领域很需要具有化学基础知识的人，可以充分发挥我的专长，为海洋强国做贡献。这次会面改变了我的一生，从此我全身心地投入海洋事业，做出了最关键也是最正确的选择。2016年，老师接受采访的时候还专门提到这段往事，我的内心更是无比的温暖和自豪。

二、三生有幸，成为恩师关门弟子

2014年，海洋事务专业招收第一届博士研究生，适值我硕士即将

毕业，当时恩师已近古稀之年，非常担心恩师是否会不再继续招收学生，没想到恩师非常爽快地答应了。后来我才知道，恩师是破例继续招收博士生，而我也非常荣幸地成了关门弟子。不仅如此，针对海洋事务专业的学科交叉的特点，恩师为我组建了“豪华”的导师组，由伍兹霍尔海洋研究院的金隄教授，厦大法学院的何丽新教授、海洋与地球学院的王海黎教授分别从不同领域对我进行指导，在恩师的全力支持、悉心指导和无微不至的关怀下，我开启了一段斗志昂扬又充满温情的博士之旅。

三、亦师亦亲，最幸福的博士生涯

刚进师门，我是非常自卑的，恩师德高望重，享誉海内外，同门师兄师姐成绩斐然，令我自惭形秽；海洋事务专业博大精深，一时无从下手，正在我迷茫、无助、困惑的时候，恩师言传身教，耐心地为我答疑解惑，并鼓励我大胆去尝试，根据我化学基础及硕士海洋事务的专业知识，为我量身打造了博士培养路径，并与我一起探讨确定了溢油污染的科学和管理作为研究方向。为了让我对这个领域有更多更深入了解，专门送我到国内顶级溢油管理机构国家海洋局北海分局学习了近半年；为了让我更了解应急工作，特意联系安排我到国家海洋监测中心、福建省应急办、海事局等单位进行调研；为了让我更清楚美国如何处置墨西哥湾溢油事故的前因后果，又大力支持我赴美国伍兹霍尔海洋研究所攻读联合培养博士；为了让我开拓视野、锻炼能力，鼓励、指导我参加各种大型国际会议，并做相关报告，诸如此类，不胜枚举。

特别令我感激的是，恩师不仅从论文选题、理论探索、实地调研等方面给予全力支持和指导，在博士论文撰写过程中更是呕心沥血，从框架到每个章节，逐字逐句都加以认真修改，治学之严谨，求真之精神，负责的态度令我终身受益。

更令我难忘的是，恩师对我，不仅是师徒的关心，更多的是长辈对晚辈的疼爱，关心我生活上的点点滴滴，嘘寒问暖，体贴关怀。还记得第一次我带爱人去恩师家里，恩师满眼的欢喜和疼爱，为我们送上了满满的祝福。还记得与恩师一起扬帆五缘湾，令我感受到了如同家人般的温情，林林总总，回想起来依然历历在目，直到现在，虽远隔千里，但和恩师的亲情从未间断。我想，我应该是最幸福的博士了。

四、高瞻远瞩，为我指向星辰大海

四年博士生涯真的有如白驹过隙，转瞬就到了临近毕业之时，再一次，我面临关键的人生抉择，是继续从事科学研究，还是投身到海洋治理的一线；是留在发达地区，还是去到西部地区，我很难抉择，求助于恩师，恩师以其博大的胸怀，开阔的胸襟，激励我好男儿志在四方，要为祖国伟大的海洋环境事业贡献自己的一份力量，也让我明确了前进的方向，最终来到了广西壮族自治区，充分利用自己的所学所能，为祖国西部、为北部湾地区的开放开发服务。

来到广西后，恩师还专程带着团队来看望我，在工作上进行指导，推动广西和厦门大学的深度合作，让我虽远在广西依旧有恩师作为强大后盾，指导我在工作上取得了一个又一个的成绩，更勉励我不要满足，要有更高的站位，将个人融入伟大事业中，将广西融入祖国发展、海洋强国当中去，将北部湾融入全球海洋事业发展中去。有此恩师，实乃我的至幸。

回首过往，满是感激与感动，老师生活上的豁达、和善，事业上的谦逊、严谨，教会了我如何做人做事，令我仰之弥高，钻之弥坚。恩师常常教诲我，要常怀一颗感恩的心，要与人为善，要谦卑，不自满，更要不忘初心，务实进取。这些教诲我将永远铭记于心，并作为做人做事的准绳，不断鞭策自己大步向前。在离校之际，我向恩师允诺过，以后每年都要回来看望恩师，毕业接近两年，还没有失信，相信将来也不会，衷心感谢恩师洪华生教授对我的悉心栽培，更祝愿恩师松柏常青，健康长寿！

师恩深且长，致吾知于无央

王大志（2000届博士后）
厦门大学环境与生态学院，教授，博士生导师，国家杰出青年基金获得者

受邀为洪华生老师的传记《碧海生命乐章》写一篇文章，让我又回忆起那些与洪老师相处的点点滴滴，感慨颇多。我能走上海洋科学研究这条学术之路并能坚持下来，在每一个关键的抉择路口，都有洪老师那坚毅的身影。

第一次听到洪老师名字是在1992年的夏天，那时我刚刚进入研究生生活。由于和好友王海黎同居一室，时常听他讲到他的导师洪华生教授的事情，如何回国创立海洋生物地球化学这一新兴学科，如何为他们营造舒适的实验条件、宽松的学习氛围、频繁的学术交流等，我非常地仰慕，但当时一直未能有机会认识洪老师，很是遗憾。

时间很快就到了1994年夏天，海黎告知我洪老师将组织台湾海峡上升流夏季科考，需要一些人手帮忙，问我是否有兴趣参加。出于对海洋研究的好奇和年轻人的无知无畏，我毫不犹豫地报名参加此次科考。出发前，洪老师在“延平2号”考察船的甲板上给我们做了出海动员。这是我第一次见到洪老师，清脆的声音、爽朗的笑声、矫健的身影，一点也看不出她已经50岁了，充满活力和激情，感染了我们现场每一颗年轻的心，给我的印象非常深刻。在随后的海上调查中，虽然洪老师晕船也很厉害，但她总是出现在第一线，以身作则，指挥团队作战，帮助采集样品，每天晚上召开总结会，分析海况变化，确定第二天的调查方案。这一次的无心插柳使我对海洋科考有了很深刻的认识，也

在我的内心深处埋下了一颗科学的种子。

1997年博士毕业，我第一次走到了人生抉择的路口，当时也联系了国外几所研究机构去做博士后研究工作，但一直未能得到明确的答复，情绪非常低沉。在听取了海黎的意见后，我就直接去找了洪老师，请她指点迷津。当时的情景至今依然历历在目，洪老师认真地听了我的介绍后，鼓励我不要气馁，到国外去学习固然非常重要，但在国内也有很多机会，并建议我一边工作一边联系。那一年她的研究方向已没有公费博士后名额了，她答应从她有限的科研经费中出钱资助我继续从事博士后研究。这一决定改变了我的人生走向，因为当时我原本已有了放弃继续从事科学研究的念头。感谢洪老师，在我人生抉择最迷茫的时候给予我支持、帮助和鼓励，使我能够继续向前奔跑。

博士后期间，洪老师给予我更多成长的空间和机会。她让我兼职担任教育部海洋生态环境开放研究实验室秘书，使我有机会接触到国内外不同领域的许多大学者，得到他们的熏陶和指导；教导我如何组织项目的实施、实验室的运转、对外的合作交流等，使我的组织能力和执行力得到极大的提升。此外，她还为我创造了赴香港城市大学和香港科技大学学习访问的机会，使我有机会接触到当时国际科学研究的前沿、先进的研究理念和方法，提高了我的独立科研和思考能力。博士后三年的学习，洪老师的言传身教和潜移默化，使我在做人、做事、立德等各方面都得到了显著的提升，受益终生。

2004年年底，我完成了在美国伍兹霍尔海洋研究所的访问回到国内，开始了海洋环境蛋白质组学研究工作。这是一个崭新的方向，当时的理论和方法都不成熟，特别是缺乏开展研究的仪器设备，我的研究一度陷入困境，非常迷茫，又萌生了返回美国的念头。非常幸运的是，2007年，我们的近海海洋环境国家重点实验室获得向财政部申报仪器设备的机会，于是我提出购置一台用于海洋环境蛋白质组学研究的生物质谱仪，由于申请的购置经费额度较大，达到450万元，在当时是一个天文数字，再加上我们没有熟悉该仪器的技术人员，因而引起大家的争议和质疑，但洪老师从学科发展和人才培养的角度力排众议，全力支持该仪器的申报并最终获得资助，使我获得了学术道路上第一桶金，开始了我的海洋环境蛋白质组学研究的学术生涯。我想如果没有洪老师的无私、全力的支持和扶持，我的学术生涯和人生道路可能会是另外一种完全不同的境况。

学海何洋洋！谁欤操钥必其藏？师恩深且长，致吾知于无央。衷心祝愿洪老师健康快乐、永保年轻!

附录三 媒体报道

1985年第7期《生活创造》报道洪华生《她追寻着海蓝色的梦》

她追寻着海蓝色的梦

[报告文学]

张　红

大西洋的飓风，人称"风暴王"。

"风暴王"正袭击美国罗德岛大学海洋研究生院的调查船。

"风暴王"狂啸怒号，卷着败絮般的残云扑向大海。海被激怒了，震荡着，咆哮着，汹涌的巨浪带着轰然巨响砸向银色的甲板。

"怎么办？"望着座舱里前俯后跌、呕吐狼藉的专家和学生，凯斯特教授不无焦虑地想。

"教授！"突然，伴着风暴的喧嚣传来一个清脆的声音。

凯斯特教授应声扭过头去——一位中国女郎踉踉跄跄，扶着舱壁走来。中国留学生洪华生！

"教授，什么时候开始取样？"洪华生那闪动在玻璃镜片后的眼睛，充满热情，充满信心。

"取样？"天哪，死神正威胁着生命！可她还记挂着她的海水试验，多么不可思议……

一九八〇年九月，中国留学生洪华生的出现，在罗得岛大学海洋研究生院引起了一阵小小的骚动："三十六岁！""两个孩子的母亲！""迟到了三个星期！""什么？上课还带录音机？"

导师未待华生按东西半球的时差校准手表，就拿出五篇深奥的海洋学论文："准备一下，一个星期后讨论！"

房东太太未待华生站定，就捧着一张纸片，对着她叽哩咕噜地念了一通住房规则。

外语还未完全过关，开设的课程，有些闻所未闻，而按规定，第一年的四门主课中，只要有一门得"C"，就取消攻读博士学位的资格。

来到了另一个星球，到处是金发、碧眼、大胡子，两个月了，还认不清谁是谁。还有，天天晚上盖在身上的，竟然不是被子而是床罩，唉，别笑，房东太太，我太忙，什么都顾不上了……

还是中国人心疼中国人。一位台湾留学生瞅着四处没人，悄悄对华生说：

"师妹，好歹拿个硕士学位赶快走吧。搞博士，要送命的……念海洋生物学象念咒，导师象阎罗王，我当了十年博士生，学位还没拿到，人被整得半死不活。"

"不，我花四年，一定要拿下博士学位。"华生冷静而坚定地回答。

一年之后，奇迹出现了。在三十一名留学生中，洪华生成绩优异，被研究生院特许越级攻读博士学位。

然而，有谁知道，临上调查船的那个晚上，洪华生关在寝室里泪如泉涌。她接到了小儿子的来信。不满六岁的浪浪还不大识字，他用独特的方式表达对母亲的爱：画上两树梅花，大的是妈妈，小的是浪浪。捧着《梅花图》，华生仿佛听到浪浪那稚嫩的童音："妈妈，梅花最坚强了，咱俩都应当做梅花。"啊，在万里之外的故国，在玉兰花幽香的怀抱中，一个小小的身影正伏案作画……那是她的儿子，多大了？多高了？见不到，摸不着，三岁半时妈妈就考研究生去了，孩子全托给托儿所……

母亲对孩子的爱，也是一片深沉的大海。为什么要离开孩子，为什么要离开家？记忆，把她带到遥远的过去——

海边长大的孩子，做的是蓝色的梦。梦见波光粼粼的大海，梦见可爱的小人鱼临海梳妆，唱着动人的歌；梦见自己成了海洋的主人，命令海洋为祖国献出红珊瑚、夜明珠。

她有条件做这样的梦。她出生在一个进步的华侨知识分子家庭。父母亲一九五四年从菲律宾回国后，一直蒙受党的关怀和信任，而她自己，更是在党的阳光下长大的，小学、中学、大学，一路绿灯。

风暴来了：这是比大西洋飓风更严酷的政治风暴。国外回来的？有特务嫌疑！于是，父母被隔离审查。大学毕业，修正主义的黑苗子！去东北晓黑垄吧！于是洪华生和许多上海、广东的学生一起被分配到大庆某某农场，后又北迁到北大荒。零下四十度，没有热炕，睡的是木板统铺，身下铺的稻草结了冰，跟床板冻在一起，翻不开了……割麦、拔土豆、挖沟、学习班、大批判、吃忆苦饭，四处是白茫茫一片，啊，海洋在哪里？希望在哪里？

猛然间一声霹雳，春天来了。睡醒来迟的春天哪……花朵会再开，燕子会再来，逝去的年华还有可能复返吗？有谁三十好几了，还做童年的梦？

这是一个小康之家。丈夫是经济师，自己是技术员。两个可爱的孩子。同龄人有的，他们都有。增薪晋级正等着，舒心的日子才开头。洪华生报考研究生的消息一传开，有人大惑不解："这是图什么？"

华生默然无语。墙头挂的是一幅世界地图。这是一片神奇的土地，这片土地留下了列祖列宗开拓者的足迹，留下了做为中华子孙的光荣和骄傲。

"你下决心走吧。"不知什么时候，丈夫来到身边："我想过了，咱俩都是共产党员，至少得站出一个让祖国挑选。你放心地去，家务全交给我。"

洪华生既考取了厦门大学海洋系研究生，又考取了出国留学生。离开祖国前夕，她盘桓在天安门广场……而留给哭着找妈妈的很很，只有两行清泪……

小小的调查船在大西洋上颠簸了三天三夜，总算躲过"风暴王"。当船上的基督徒们惊魂未定地在胸口划十字的时候，洪华生已投入了紧张的科学实验工作。她以七天时间完成了十天的工作量。返航后，房东太太双手迭合在胸前，由衷地赞叹："你会成为真正的海洋学家！"

当然，要成为真正的海洋学家，路途遥远哩！

那是一个严酷的冬天。深夜两点钟，洪华生仍在实验室。她沉湎在科学的海洋里，全然没注意到天气的骤变。

剌骨的寒冷。她披上天蓝色的风雪衣，揉揉冻红的双手，揉揉发涩的眼皮。

突然，电灯全灭了。黑暗，寒冷！啊，哪怕有一点火，一盏灯！她喊着同学的名字，空荡荡的实验室里只有自己的回音。她摸索着，摸索着，用劲拉开大门。门外，大雪纷飞，雪塑造了另一个世界，楼房、树木，一片银白。下楼的台阶被雪封住了，成了陡峭的雪坡。华生摸索着，从雪坡上爬下来。头上、身上落满雪花……

巡夜的校警被眼前这位雪人惊呆了："你从天上掉下来？"

华生嫣然一笑："请借给我一把手电筒，我还得回实验室。"

巡警目送着洪华生借着手电筒那微弱的光，一步步向前迈去。脚印，深深地嵌进雪地……了不起，来自红色中国的留学生！了不起，中国的精神！

中国人值得尊敬。罗得岛大学图书馆的工作人员，为洪华生提供一切方便；威严的校警也感动了，夜阑人静，当华生步出图书馆、实验室，踏着积雪回寝室时，他们总是迎上前来，热忱地说："女士，让我们送送您。"

一九八四年，我国家海洋局某代表团赴美考察，罗德岛大学海洋研究生院院长向代表团介绍华生："这是我们这里最好的学生。这样的学生有多少我们都欢迎。"

她当之无愧。她仅用四年时间，就完成了五年的学业。在著名海洋学家凯斯特教授担任研究生导师的十五年中，用这么短的时间获得博士学位的学生，还是绝无仅有。必修的十三门功课中，她得了十二门的"A"，在三十一位不同国籍的同学中，总平均成绩最高。

洪华生走上了美国伍兹霍尔研究所的讲坛。她关于《铁在海洋不同环境中的化学》的报告，掀起热烈的掌声。这位中华人民共和国的第一位海洋学博士，以她丰富的学识、雍容的气度征服了人们。许多专家、学者希望与她合作，希望她留下。博士论文答辩前夕，麦金泰尔教授就说了：

"华生，我不能让你通过。"

"为什么？"华生觉得有点怪。

"不然你就要离开我们了。"

论文答辩委员会仅讨论了一个半小时，就通过了洪华生的博士论文。麦金泰尔教授说着地对华生做了一个无可奈何的手势："我本来坚持原来的观点，但谁都不同意。"

洪华生笑了。她诚挚地告诉导师和朋友们："我的事业在中国。"

一九八四年十一月，洪华生回到了祖国。她准备着手研究台湾海峡。洪华生回到厦大海洋系任教，并在福建省海洋研究所兼搞科研工作。

她追寻着海蓝色的梦。她相信她的追求一定会成为现实，尽管还会有风浪……

题图：赵仰云

— 5 —

1995年12月7日《厦门日报》报道洪华生《致力两岸海洋科技合作》

厦门日报　经济广角
ECONOMIC OVERVIEW　ECONOMIC OVERVIEW
经济广角　第239期
★ 责任编辑　吴汀煌　林水圳　张黎华
★ 请提供采访线索　Tel:2036093　2036094

-轮企业竞争潮

司的实践看顾客满意策略

本报记者　林小红

场经济呼唤信誉

○倪小林　刘澍泉

人物剪影

致力两岸海洋科技合作

——记厦门大学环科中心主任洪华生教授

○白　蓝

我国海洋学女博士、厦门大学环科中心主任洪华生在海洋研究和促进海峡两岸科技交流方面作出了卓有成效的努力。

洪华生的创业开拓精神，来源于她对开展海峡两岸海洋研究与环境保护重大意义的认识。两岸“共顶一蓝天，共拥一片海”的台湾海峡是连接东海和南海的重要通道。而且，海洋资源丰富。海峡西岸是福建沿海的繁荣地带，海峡东岸是台湾港口、工业的主要集中地。两岸经济发展乃至两岸的繁荣是两岸人民的共同利益所在。

早在十五年前，情系台湾海峡的洪华生作为大陆首批派出的留学生到美国罗德岛大学海洋研究生院攻读博士学位时，就同该大学的台湾学生开始接触。在他们联系过程中，加深了解，发觉彼此虽政治见解不同，但是“振兴中华是每个炎黄子孙共同的责任”的认识是一致的。从此，“就开始着手探讨两岸交流和合作的事宜。”1984年，洪华生取得博士学位回国到厦门大学工作，开展台湾海峡研究，热心推动两岸的科技交流与合作。

1987年，她争取多方支持，主持了多单位合作、多学科交叉的“闽南——台湾浅滩渔场上升流区生态系研究”的重点课题，不仅学术上有重大突破，而且还取得可观的经济、社会效益。运用该课题指导渔业生产，仅1991—1993年就取得近6亿元的渔业收益，还填补了台湾海峡许多项目的研究空白，成果获1992年福建省科技进步一等奖。该重点课题专家评审时，台湾学者应邀出席，对成果给予肯定。

1991年，海峡两岸近海海洋学术讨论会首次在杭州召开，洪华生应邀到会上作学术报告。1992年11月，她作为大陆首位海洋学者应邀正式访问台湾和讲学。在台期间，她访问了台湾8个与海洋、环境研究相关的高等院、所和众多的科技专家学者，作了3场讲座，增进了解，取得了共识。

1994年至今，洪华生领导的环科中心和国家海洋局第三海洋研究所等单位已就“台湾海峡生物生产力及其调控机制研究”课题与台湾学者进行了两次配合航次研究，并互换了数据。洪华生还担任“两岸三地（闽、台、港）沿海环境科学与管理研究联络组”组长，主持开展厦门—金门、闽江—马祖海区污染物监测等合作课题。她亲自带课题组深入台湾海峡、福建罗源湾、厦门九龙江口、广东大亚湾、香港维多利亚港进行现场调研，对海洋资源持续开发利用和环境保护作出突出贡献。她还多次应邀出席，并担任国际学术会议分主席，与美、英、法、日、韩等国海洋学家建立了广泛联系，打开了与台、港进行区域性海洋和环境科学合作研究的新局面。作为中国代表担任了GOFS/LOICZ边缘海工作组成员的洪华生教授，目前正同台湾学者等一起完成了GDFS/ LOICZ边缘海研究的科学计划报告，共同争取中国在国际海洋科学中的重要地位而不懈努力。

中国海域面积辽阔，如何维护中国海域主权，开发、保护好海洋资源和环境，为炎黄子孙造福，为建设福建海洋大省、发展蓝色产业，为建设厦门风景海港城市建功立业……许许多多的课题正在洪华生教授面前展开……

广角茶座

1997年3月28日《厦门日报》“厦门海域功能区划”专版中洪华生写的文章《科学决策 有序利用 持续发展》

科学决策 有序利用 持续发展

厦大海洋与环境学院院长 洪华生

在我市海洋界专家学者和科技人员的共同努力下，《厦门市海域功能区划》（下称《区划》）工作终于取得了预期成果。《区划》的具体内容将作为我市涉海法规、规章实施的科学依据之一。

厦门市自改革开放以来，工业化和城市化进程加快，外来人口迅速增长，对资源的开发利用强度日益加深，在有限的海岸带土地和水域空间内出现了港建、城建、旅游、水产业等开发热潮。但迄今为止，厦门的海洋开发和资源环境保护只有一些行业规划，缺乏综合规划，导致开发中只考虑行业发展，忽视整体效益现象。各行业在竞相开发有限的海岸带资源中产生的矛盾也日益突出，互相牵制，这些现象在西海域表现得最为突出。市委、市政府提出到2010年我市要争取成为经济繁荣、科教发达、法制健全、社会文明、环境优美、人民富裕的社会主义现代化国际性港口风景城市，现有的海域使用与管理显然无法适应实现上述远景目标的要求。

厦门是一个海岸带城市。海岸带是一个多功能、综合的有机整体，是陆域向海洋过渡的生态过渡带，是人与自然、陆域与海洋交互作用十分强烈的系统。既具有资源丰富与多样性的优点，也具有生态脆弱性、管理复杂性的特点。就厦门海域而言，目前已面临排海废弃物大量增加、海洋生物生境缩小和恶化、生物资源减少、海岸和沙滩蚀退、淤积加重、航道堵塞等巨大压力，因而迫切要求制定和实施能促进资源的可持续利用，确保社会经济不断健康发展的有效的管理方法。值此之际，《区划》的制定与公布可以说是非常及时且意义重大的。

《区划》是在综合研究各海域（区）自然属性与社会属性的科学基础上，突出主导功能与兼容其它功能相结合的效益优先原则、经济效益、社会效益、环境效益三统一原则以及局部服从整体的统筹兼顾原则，对海域进行功能区划。明确各个海域功能综合区的主导功能、兼顾功能及其限制功能，从而达到有利于综合开发、综合利用、综合治理、综合管理、各种功能（产业）协调发展的总体要求。区划作为城市总体规划的组成部分，是我市制定海洋经济发展规划的基础，对市委市政府建设港口风景城市的战略决策具有指导性作用，也是管理执法机构制定涉海法规、规章的重要依据，其出台将为我市海洋事业走依法管海，有序开发，协调发展的可持续发展之路奠定科学基础。

1997年10月17日《中国海洋报》报道
洪华生《海洋学界一巾帼》

中国海洋报
CHINA OCEAN NEWS
报名题字：邓小平　　中华人民共和国国家海洋局　主办
1997年10月17日
星期五
第653期
邮发代号1－149
国外代号D993

唐山召开海域使用管理工作现场会

海洋学界一巾帼
——记厦门大学海洋与环境学院院长洪华生博士

陈宗团　李

开篇的话：

随着海洋事业的快速发展，越来越多的人开始认识到海洋科技的重要。海洋开发不仅是资源的开发，更是科技的储备和人才的培养。没有技术进步和大批懂业务、有专长的海洋后备军，海洋事业的腾飞就会缺乏后劲，海洋产业发展就不能落到实处。

从本期开始，中国海洋报将在“大海之子”栏目中，陆续刊出展现我国海洋科技界群英风采的人物专稿，介绍他们在海洋科学领域孜孜以求、刻苦攻关、埋头钻研所创下的闪光业绩，从而使更多的人了解海洋，关注我国海洋事业的未来与发展。

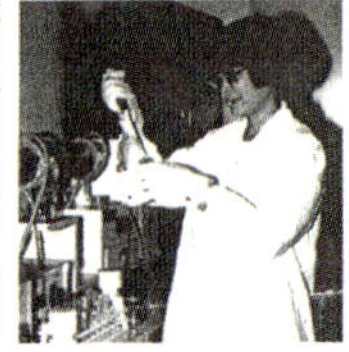

在被誉为“花园般校园”的厦门大学里，有一位中年女科学家，十几年如一日地为海洋与环境事业而默默耕耘，她就是开创中国海洋生物地球化学研究领域的学术带头人——洪华生教授。

“努力学习，报效祖国”这是洪华生的理想。1980年

从著名的罗德岛大学研究生院获得博士学位后，谢绝了恩师及多家机构对她的挽留，毅然回国，成为中国海洋学界第一位回国服务的海洋学女博士。

“瞄准前沿，勇于开拓；投身大海，联系实际。”这是洪华生十几年工作的真实写照。她一回国就瞄准国际海洋学发展的前沿领域，结合中国海洋科学发展的实际，带领年轻人投身到台湾海峡、福建罗源湾、广东大亚湾、九龙江口和厦门西海域等现场，开辟了中国海洋生物地球化学研究新领域，取得了具有中国区域特色的研究成果，得到了国内外同行的关注和认可。由她主持，多单位共同攻关的“闽南—台湾浅滩渔场上升流区生态系研究”成果获1992年度福建省科技进步一等奖，1995年度国家科技进步三等奖。该成果不仅在学术上取得了重大突破，而且用于指导渔业生产，1991年－1993年度取得了6亿元的经济效益。1991年由她主编的《闽南—台湾浅滩渔场上升流区生态系研究》是中国第一部近海上升流渔场研究文集，获得国内外同行的广泛好评。1994年由她编著的《海洋生物地球化学研究文集》是洪华生及其助手多年工作的阶段总结，它初步形成了中国边缘海生源要素生物地球化学过程的理论体系，其成果居国内领先地位。由洪华生作为主要研究人员完成的福建罗源湾鱼贝虾综合开发基础调查，获得1991年度国家教委科技进步二等奖；由她主持的UNDP和GEF联合资助项目“厦门海岸带经济发展的生态与社会经济影响评价”在1996年4月间在厦门召开的国际会议上受到来自美、英、法、日等二十余个国家专家和有关国际组织官员的高度评价。

在过去的五年里，洪华生及其合作者在国内

学环境科学研究中心第一任主任。她还为1994年度获取“国家环保局环境评价甲级资质证书”和建立“国家教委海洋生态环境开放研究实验室”作出其重要的贡献。

“培养人才，甘当人梯”，洪华生认为是她的责任。她说：中国能否在21世纪立足于世界民族之林，人才培养是关键。几年来，她为巩固和发展厦门大学海洋化学博士点作出了重要的贡献。

“加强合作，取长补短；广泛交流，共同进步”，这是洪华生的学术思想之一。多年来，她积极促进和参与国内外的合作，特别是与港台之间的合作。

最近几年她先后开展了与香港科技大学进行“厦门—香港维多利亚污染沉积物的比较研究”；与法国、意大利、美国合作开展“中国珠江口有毒金属和有机污染物归宿研究”；与台湾同行在厦门—金门、闽江—马祖海域进行联合污染监测，1995年10月实现海峡两岸半个世纪以来在海上的第一次样品交换。1992年她作为大陆第一位海洋学者出访台湾，增进两岸的交流和理解。作为主要组织者之一，她先后于1993年、1994年、1996年与台湾、香港的同行在台湾、厦门、香港等地组织两岸及国际研讨会，并于1994年8月在台湾海峡开展了配合航次，使两岸的海洋科技从交流走向实质性的合作。她还是闽、港、台海洋学者组成的“两岸三地沿海环境科学与管理研究联络组”组长，香港科技大学的客座研究员。在过去几年里，她多次应邀出席担任国际学术会议分会主席，与英、美、法、日、韩等国海洋学界建立了广泛的联系。

“服务社会，多做奉献”这是洪华生的人生理念之一。

她把自己的所有精力都扑在海洋事业上，把时间留给了社会，服务于社会。

大海之子

2011年第三期《海洋开发与管理》“名家访谈”栏目报道洪华生《潜心近海生态研究　推动海洋事业发展》

潜心近海生态研究　推动海洋事业发展
——厦门大学洪华生教授

○文／本刊编辑部

DOI:10.3772/j.issn.1673-6516.2011.00.000

洪华生，女，67岁。1984年获美国罗德岛大学博士学位后即回国，成为中国第一位回国服务的海洋学女博士。现任厦门大学特聘教授，博士生导师；近海海洋环境科学国家重点实验室（厦门大学）名誉主任，中国海洋学会名誉理事长。曾任中国海洋科学委员会主席（2002－2011年），国际海洋科学委员会副主席（2006－2010年），中国海洋学会副理事长（1995－2010年），国际地圈生物圈计划（IGBP）核心计划全球联合海洋通量研究（JGOFS）科学指导委员会委员。2010年被评为全国十大海洋人物之一。

洪华生教授主要从事近海生源要素和有机物的海洋生物地球化学及海岸地区可持续发展的科研和教学工作。至今发表SCI文章120篇，被SCI期刊收录论文他引850余次，出版编著4部，专著3部，研究成果获国家、省部级奖项8项。近30年来在所从事的研究领域取得具有理论和应用价值的系统性研究成果，推动了我国海洋环境科学事业的发展，并在人才培养和服务社会方面作出了突出贡献。

揭示渔场生态系统

洪华生教授着重选择台湾海峡及其邻近海域作为季风作用下的亚热带近海上升流区的典型区域，亲自带队出海，综合应用现场走航、定点观测、遥感、数值模型、生物和化学示踪等多手段开展系列研究，揭示亚热带上升流生态系统生物生产力特征及其对环境变化的响应机制，成为全球变化在中国近海区域响应的一个研究实例；成果相继发表于Geophysical Research Letters、Journal of Geophysical Research、Marine Chemistry等地学界主流刊物。出版了我国第一部近海渔场上升流生态系研究专著，成果被管理部门用于预测台湾海峡中心渔场与渔业资源量，指导渔场的开发和管理，取得可观的经济效益，获1995年国家科技进步三等奖。2011年在Continental Shelf Research出版台湾海峡上升流生态系统研究专刊，研究成果得到国外同行的认可。

系统研究近海污染

洪教授率先对我国东南近岸海域重要河口港湾（香港维多利亚港、厦门湾、珠江口及厦门－金门海域等）的持久性有机污染物（POPs）进行了系统的研究，揭示了POPs在河口港湾环境中的来源、时空分布特征、迁移转化规律及毒性效应。其中“香港与厦门港湾污染沉积物研究”项目以详实科学数据最先证实维多利亚港的持久性有机污染物主要来自香港本地而非珠江口，为中英联络小组有关香港生态环境问题的谈判提供有力依据。拓展了流域－河口－近海为一体的研究思路，依托现场连续观测，结合模型模拟、同位素示踪、3S等多技术集成的研究手段，开展九龙江流域农业非点源污染控制对策研究。在流域尺度上对非点源污染物来源和贡献以及排污总量进行定量化估算。所开发的“九龙江信息系统”等研究成果为九龙江流域污染综合整治、相关规划与管理决策提供了科学依据和技术支撑。“九龙江农业非点源污染及机理控制研究”获2008年福建省科技进步二等奖。

近海污染－九龙江流域野外调研

预警海洋环境灾害－实地考察海上浮标

预警海洋环境灾害

近年来，海洋灾害如海浪、海啸、台风及其引发风暴潮等等频繁发生，给沿海城市居民带来巨大的人员伤亡及物质损失。洪华生教授顺应国家和社会的重大需求，立足于造福百姓，积极推动争取了科技部“十五”863计划重大专项“台湾海峡及毗邻海域海洋动力环境实时立体监测系统”示范区在福建落地。她担任首席科学家，主持制定建设和实施方案，并以丰富学识和人格魅力去带动和团结相关海洋单位人员同心协力推动这个复杂庞大的系统工程。帮助地方在台湾海峡及其周边海域建立了一个实用的、实时的、业务化运行的海洋环境实时立体监测系统。洪华生教授组织厦门大学团队所研发的“三维海流数值预报和海上突发事件应急辅助决策系统”、“风暴潮预警系统”等有效提高了海洋灾害预警预报的准确率，已开始为福建海洋防灾减灾及台湾海峡周边海域的环境安全发挥作用。2010年，该项目被科技部作为科技服务民生的案例，在“十一五”国家重大科技成就展的“基础研究和前沿高技术研究”展区上展出，引起了业内专家和领导的关注。立足于两岸人民福祉，近年来洪华生还积极推动海峡两岸学界加强台湾海峡及附近海域之环境监测和预报技术的学术交流与合作，提升海峡两岸在海洋环境监测及预报技术的研究应用水平和灾害预警能力。

发展综合管理理念

洪教授多年来担任厦门海洋专家组组长，发展并实践了海岸带综合管理的理念。1994－1998年参与组织联合国发展署“东亚海域海洋污染预防与管理厦门示范区”项目的实施，主持制定了厦门第一部大比例尺《厦门市海域功能区划》，主持开发了《厦门市海域功能区划地理信息系统》；她指导的“厦门海域资源价值的量化评估体系及其在收费标准制定上的应用研究”等成果，被厦门市政府应用于海洋综合管理、地方性法规及海洋经济发展规划的制定，为厦门海洋经济的可持续发展提供了强有力的科技支撑。参与组建“厦门海岸带国际可持续发展培训中心”，推动厦门国际海洋周活动。洪教授为厦门特区成为国内外海洋环境保护和海岸带综合管理的典范作出了重要贡献。

重视饮用水源安全

水是生命之源，饮用水安全事关国计民生与社会经济发展。作为沿海城市的厦门，80%水源来自九龙江。2009年2月，九龙江江东库区发生大规模甲藻水华，严重威胁百姓饮水安全。洪华生教授基于多年在九龙江流域的研究基础，联合厦门环境监测中心站人员开展“厦门九龙江北溪江东库区饮用水源安全科技保障平台”的科技计划项目。期间不辞辛劳，多次亲临江东库区现场实地考察，指导浮标布放和数据采集，并深入九龙江流域的漳南和郑店水文站等基层监测单位考察，深入了解水华爆发的机制及过程，初步构建了一个集空间信息管理、预测模型应用和可视化辅助决策的江东饮用水源地环境监测、预警和信息共享服务平台，为水华控制和污染预警提供科技支撑，为饮用水源安全提供保障。

“培养人才甘当人梯”

通过身体力行与培养和凝聚人才并重，1995年创建环境海洋学博士点，至今培养博士生38名。1996年组建厦大海洋与环境学院，2000年组建教育部、省海洋环境科学联合重点实验室，1995年组建的近海海洋环境科学教育部重点实验室，已于2005年获科技部批准建设为我国第一个海洋环境科学国家重点实验室，已凝聚和培养一批优秀的青年人才，成为我国具有国际影响的海洋环境科学教育和研究的重要基地。

发展海岸带综合管理理念－2010年9月

后记

洪华生教授在海洋环境科学研究和人才培养上取得了显著成果，在国内外的学术界产生了广泛的影响，同时也身负服务社会重任，从学术专业代言和为民负责角度出发，关心海洋经济发展大业，关心百姓饮水安全，关心海洋环境安全，为福建省海西经济区建设和我国的海洋事业发展献出了突出贡献

2012年11月21日《中国海洋报》报道
洪华生《"海的女儿"讲述人生故事》

中国海洋报 2012年11月21日 星期三 人才 3

"海的女儿"讲述人生故事

——访著名海洋女科学家、厦门大学特聘教授洪华生

■本报记者 崔鲸涛

女人总是向往大海，因为大海浪漫、自由。有这样一位女性，她在海边出生，又在海边成长，她是我国第一位回国服务的海洋学女博士，并组建了我国第一个海洋环境科学国家重点实验室。在她近70年的人生道路上，大海成就了她的梦想。她就是厦门大学海洋与海岸带发展研究院首席科学家、厦门大学特聘教授、博士生导师洪华生。前不久，刚刚被授予海洋女科学家奉献奖的洪华生为我们讲述了她与大海的故事。

近海海洋环境科学国家重点实验室 建设计划论证会

洪华生在论证会上发言

人生如梭，影响她的三位女性

"我的一生与大海有着不解之缘。我是在海边出生、在海边长大的。"洪华生说。1944年，祖籍福建南安的洪华生在千岛之国菲律宾出生。小时候，她跟随母亲回到福建厦门，在美丽的鼓浪屿岛上长大。从小，她就爱做与大海有关的梦，满怀着对大海的热爱与眷恋。

作为女性，洪华生十分爱美，但在她眼中，女人的美体现在"自尊、自信、自强"这6个字当中。"自尊是对自己的形象、素质、能力有正确客观的认识，肯定自己，实现自己的价值；自信是要了解自己的性别优势，要看到女人专注力强、感觉敏锐、观察细微、长于记忆、善于形象思维、沟通能力强等特质，充分发挥自己的聪明才智和潜在能力；而自强就是要不断奋发图强，碰到机遇学会抓住，遇到挫折学会坚强，环境改变学会适应。"洪华生说。

洪华生把这6个字作为自己人生的信条，激励自己不断向前，追求梦想。而她的人生信条则来自于她生命中重要的三位女性榜样。

她人生中第一位老师是她的母亲。母亲的小名叫"也好"，这个别致的小名里带着些许中国传统观念中重男轻女的味道，但这也造就了母亲坚毅自强的个性。洪华生从小就从母亲那里学到了坚强自立、乐于助人的品格。有着拳拳爱国之心的母亲又在她小的时候把她从菲律宾带回了祖国。"我母亲很爱国，后来我在美国获得海洋学博士学位后，毅然选择回国报效祖国也是受了母亲的影响。"洪华生说。

影响洪华生的第二位女性是她的中学校长，在厦门创办了英语中学的陈碧玉。在中学的时候，陈碧玉给予洪华生许多关心和鼓励。陈校长曾说："女性一定要自强自爱，碰到困难要努力克服，不要随便放弃学习和成长。"这句话给洪华生留下了深刻的印象。陈碧玉对教育事业的追求与奉献更是对洪华生回国后献身海洋教育事业起到了很大的示范作用。

1962年，洪华生进入厦门大学化学系学习，时任厦门大学化学系党总支书记的刘正坤则是第三位影响洪华生人生的女性。她坚强的意志和乐观的人生态度深深影响了洪华生后来的人生道路。她曾送给洪华生一句话："有志者，事竟成。"正是这句话，在"文革"结束后的1978年，让洪华生在离别书本10年后，重拾信心，凭着扎实的知识功底考入了厦门大学海洋系攻读硕士学位。

人生如梦，要把梦想变成现实

人生好比海上的波浪，有时起，有时落。1967年大学毕业前，洪华生开始了10年的"锻造"。1968年~1970年，她在条件艰苦的北大荒部队农场下乡锻炼，冬天最低温度达零下40多摄氏度；1970年~1978年，她在武汉钢铁厂工作，车间温度达到了40多摄氏度。洪华生把这严寒酷热的10年称作是千锤百炼的时光。

"人生如梦，要把梦想变成现实。"这是洪华生喜欢的一句人生格言。1978年，国家重新招收研究生。当时洪华生已经34岁了，是两个孩子的母亲，但她从未放弃过成为一名科学家的梦想。她安顿好家庭，凭着良好的学习基础和强烈的进取精神，考入了厦门大学海洋系攻读硕士学位，同时她还考取了国家首批公派出国研究生。

"人生有很多机遇，是否能抓得住，关键在于自身的积累和面对挑战的勇气。有了这两点，机会来的时候，才能抓得住。"洪华生用她的亲身经历告诉了世人这样一个道理。

1980年，洪华生来到美国罗德岛大学海洋研究生院学习，身边的同学基本上都比她小10岁左右，由于语言不过关，洪华生最开始上课时都带着录音机，先把老师讲的内容录下来，课后再反复听。洪华生戏言，她在国外过着"修女"般的生活，每天晚上都泡在图书馆苦读，经常睡在实验室里。就这样，洪华生用4年时间完成了5年的学业，必修的13门功课中，有12门取得了"A"的优异成绩。

人生如歌，要到大风大浪里去锻炼

1984年获得海洋学博士学位后，洪华生婉言谢绝了导师的挽留，回到祖国在厦门大学任教。凭着对事业的热爱和坚韧的工作作风，她很快创建了海洋生物地球化学实验室，开启了我国在这一前沿新兴交叉学科的研究工作。

从事海洋科学研究需要经常出海，她曾到大西洋马尾藻海、太平洋秘鲁海域进行调查研究。1988年，她第一次带队乘坐"东方红"号科考船对台湾海峡出海调查，作为首席科学家的洪华生与学生们一起，每隔一个多小时进行一次取样作业，每天24小时，她几乎没怎么睡觉，这样的工作持续了两三天。船长被她的敬业精神感动了，当看到备受晕船折磨的洪华生一直呕吐没有进食时，亲自送来了压缩饼干，进行深水取样的时候，船长还破例到甲板上亲自指挥，以保证安全。

"要到大风大浪里去锻炼自己。"这是洪华生经常教导学生的一句话。20多年来，她带领学生在台湾海峡、珠江口、广东大亚湾、福建罗源湾、九龙江河口和厦门海域等大风大浪的作业现场，取得了一系列具有中国特色的海洋生物地球化学研究成果。

如今，68岁的洪华生依旧活跃在海洋教学和科研前线。她还不遗余力地推动公众海洋、环保意识的提高，提倡综合治理，实现海岸带地区的可持续发展。

科学研究最终的落脚点是为民众谋福利，"民生"二字永远是洪华生最为关切的字眼。"作为一名海洋科技工作者，有责任、有义务为海洋经济发展和海洋环境保护以及民生福祉做出力所能及的贡献。"这是洪华生对她热爱的海洋事业始终所坚持的信仰。

临危受命 默默坚守

弗里曼特尔的休闲时光

2019年厦门市妇联联合《厦门日报》《巾帼建新功，厦门她风采》系列报道中的洪华生专题报道

思路超前：

34 年前创立海洋生物化学新学科

属国际前沿交叉学科，填补国内空白

1985 年，洪华生在厦门大学组建了海洋生物化学新学科。当时，这样的交叉学科在国际海洋学界是一个前沿课题，在国内则几乎是一片空白。

洪华生带领厦大海洋科研团队创下过很多个"第一"——创立环境科学研究中心、创立厦门大学海洋与环境学院、创建厦门大学海洋与海岸带发展研究院、领衔组建近海海洋环境科学国家重点实验室……现在，她的学生们已经从她手中接过接力棒，继续带领厦大海洋人追逐海洋强国的蓝色梦想。

中国科学院院士戴民汉、厦大嘉庚号的总技术负责人王海黎都是洪华生的学生。他们在国外深造时，洪华生曾孜孜不倦地把他们"喊"回厦大。洪华生说，当年她在美国罗德岛大学取得博士学位前夕，也是这样被恩师李法西喊回来的。"一代传一代，这是厦大人的传统。"

中年留学：

36 岁获国家首批公派出国读研资格

克服年龄语言短板提前获博士学位

洪华生从小的梦想就是当一名科学家。她是在厦大化学系完成本科学业的。1978 年国家恢复招收研究生时，她又马上报考了母校并成功考入厦大海洋系。后来她又拿到国家首批公派出国读研的资格。但是，到了美国后，更多的挑战才接踵而至。当时的洪华生实在有太多短板——大龄、语言不通、基础弱。美国导师也在观察，想看看她到底有没有本事读研。

洪华生不服输的韧劲又一次上涌。上课听不透，她就把课堂内容录下来，之后再反复听。最后，洪华生用 4 年时间提前拿到了博士学位，必修的十三门功课中有十二门成绩是"A"。

洪华生一直用自身经历在证明，要改变外界的偏见其实也很简单，只需要用实力来说话。她坚信，"只要你自己干出来了，别人一定会帮你。"

快乐生活：

古稀之年爱上书法和唱歌

劝学生不要只会搞研究

这位女科学家也有浪漫可爱的一面。最近几年，过去不是在海上漂着就是在实验室里待着的洪华生终于有时间发展一点兴趣爱好了，到老年大学学书法和唱歌。她说自己性子急，写书法可以磨炼耐性。但是，她也为如何按时完成作业而烦恼。"我总算知道以前我逼学生交作业，他们是什么感受了。"上个月，洪华生的学生们刚为她过完 75 岁生日。一位学生送出的生日礼物是，作为指挥为她演奏了一曲交响乐。她惊喜极了，连连夸奖学生，她说："希望学生们不只会搞研究，还要快乐生活。"

厦门她风采

018/020

热烈庆祝中华人民共和国成立七十周年暨厦门解放七十周年

壮丽70年 奋斗新时代

厦门大学海洋与环境学院创院院长洪华生：

海洋女博士归国追逐"蓝色梦想"

每年11月，洪华生总是作为主持人之一出现在厦门国际海洋周的主论坛舞台上，今年已经75岁的她还在竭尽全力为这个当年亲自建议设立的海洋国际交流平台保驾护航。

厦门海洋界有关人士说，洪华生堪称海洋周的"门面"，请她来坐镇国际海洋论坛，是因为她在国内外海洋科学界具有广泛的影响力。

36岁出国读书，40岁深入科研领域，73岁学书法……洪华生的人生不存在"什么时间该做什么事"，她重视内心，只认准"当下想做什么事"。无论对待学术，还是生活，这位性格坚毅的女科学家从不自我设限，而是以超强的行动力不断"后来居上，弯道超车"。

本报记者 林 雯

▶新中国第一位公派留学后归国服务的海洋学女博士洪华生。（本报记者 张奇炜 摄）

思路超前 34年前创立海洋生物化学新学科 属国际前沿交叉学科，填补国内空白

中年留学 36岁获国家首批公派出国读研资格 克服年龄语言短板提前获博士学位

▶年轻时的洪华生在做实验。（厦门大学供图）

—人物名片

洪华生

1944年出生。厦门大学海洋与环境学院创院院长、教授、博士生导师，厦门大学近海海洋环境科学国家重点实验室创始人，中国海洋科学委员会主席（2002年—2011年），国际海洋科学委员会副主席（2006年—2010年），曾获中国十大海洋人物（2010年）。

快乐生活 古稀之年爱上书法和唱歌 劝学生不要只会搞研究

展现时代女性新风采 谱写巾帼建功新篇章

成功挑战"全球规模最大开笔礼"

解除协议通知书

厦门市思明区土地房屋征收办公室

2020年3月5日《厦门晚报》报道洪华生《到大风大浪里锻炼自己》

厦门晚报

到大风大浪里锻炼自己

——访我国第一位归国海洋学女博士洪华生

文/记者 吴笛

刚被评为福建省"三八"红旗手标兵的她，是我国第一位归国的海洋学女博士，20年多来致力开拓我国的海洋环境科学事业，2005年厦门大学海洋环境科学国家重点实验室就是以她为核心建立。她就是中国海洋科学委员会主席、厦门大学海洋与环境学院首任院长、博士生导师洪华生教授。

近日记者走近洪华生，这个在中国海洋学术界颇具影响力的巾帼，带领记者和她一起，陶醉在一个女性追求梦想、不断拼搏的故事里。

每晚把小儿子哄睡 重温丢失10年的知识

1967年大学毕业后，洪华生开始了10年的"锻造"。她曾经在零下40多摄氏度的北大荒部队农场和40多摄氏度高温的武汉钢铁厂工作过，她戏称这是一段让她千锤百炼的时光。

从小勤奋学习的洪华生，心中的偶像是居里夫人，能成为科学家是她一生的梦想。然而，这个梦想被十年文革击碎了，直到1978年科学春天的到来，国家重新招收研究生，并把报考者的年龄扩大到35岁，当年梦想又被点燃了。"人生如梦，要把梦想变成事实"，这是她最喜欢的一句格言，当时有两个孩子的洪华生已经34岁了，在夫君的支持下，毅然决定报考，但距离考试只有一个半月时间。当时她在武汉钢铁公司冷轧厂检验车间工作，领导也只给她放两周假复习。10年没再碰过书本的洪华生，每天晚上哄着小儿子入睡后，开始啃丢失10年的书本和读书时的笔记。就凭着当年扎实的知识功底，出乎意料，她不仅考取了母校的研究生，同时还考取国家首批选拔的公派出国研究生。

洪华生说，人生有很多机遇，是否能抓得住的，关键在于自身本事的积累和面对挑战的勇气，机会来的时候，才能抓得住。

本科到博士只用4年 经常睡在实验室里

1980年到美国罗德岛大学海洋研究生院，洪华生是同学中的大姐姐，身边的同学基本上都比她小10岁。开始，为克服语言带来的困难，她带着录音机去上课，好把老师讲的内容先录下来回来好复习，这一举动给老师留下了深刻的印象。

因为比同学晚入学一个月，刚上了一个月的课，她就参加了物理海洋学的期中考试。当时老师出了四道题，任选三题。由于不理解要求需要选题，洪华生把四道题都答了，其中有三道题满分，一道零分，真为难老师不知该给她多少分好。期末考试的时候，她考了全班第一名，所有的老师和同学都开始对她刮目相看。

在美国的4年完成了五年的学业，必修的13门功课中，取得了12门的"A"，在31位不同国籍的同学中，总平均成绩最高。洪华生的指导教授说，能用这么短的时间从本科学历到获得博士学位的学生，在他的教学生涯中是史无前例的。洪华生戏言，她在国外过着"修女"般的生活，每天晚上都泡在图书馆苦读，经常睡在实验室里，真想把丢失的十年捡回来。4年中，她只回国一个月。

海上晕船，吐了再干 感动有偏见的老船长

1984年获得海洋学博士学位后，洪华生婉言谢绝了导师的挽留，即回到厦门大学任教。回国后，一切都得从零开始，在前进的道路上，面临许许多多意想不到的困难。凭着坚定的信念和自强不息的精神，她很快创建了海洋生物地球化学实验室，开始我国这一前沿新兴交叉学科的建设。

从事海洋科学研究需要经常出海，她曾到大西洋马尾藻海，太平洋秘鲁上升流出海调查研究。1988年第一次带队上"东方红"科考船到台湾海峡出海调查，一开始洪华生就感到老船长不好打交道，后来她才知道，船长不喜欢女性上船，觉得和女性同行出海不方便，又不太吉利。

海上作业非常辛苦，海况有时很恶劣，一个多小时就到达一个取样站，作为首席，洪华生每站都爬起来，组织学生一起取样。每天24小时，她几乎都没怎么睡觉，这样的工作持续两三天。在海上晕船，吐了再干。

老船长被洪华生的敬业精神感动了。一天晚上，他亲自递给洪华生一盒压缩饼干。船员都说，从来没见到船长对人这么好过。深水取样的时候，老船长还破例到甲板上亲自指挥，来保证安全。

要到大风大浪里去锻炼自己，是洪华生经常教导学生的一句话。20多年来，她带领学生投身到台湾海峡、珠江口、广东大亚湾、福建罗源湾、九龙江河口和厦门海域等大风大浪的现场，取得了一系列具有中国特色的海洋生物地球化学研究的丰硕成果。如今，67岁的洪华生虽然从领导岗位退下来，还活跃在教学和科研前线。现在，国家提出"海洋强国"战略，福建海峡西岸经济区建设中提出建设"海洋经济强省"，厦门提出建设国家海洋中心。她的理想永无止境。

洪华生获评“2010年度中国海洋十大人物”的相关传记

目次
CONTENTS

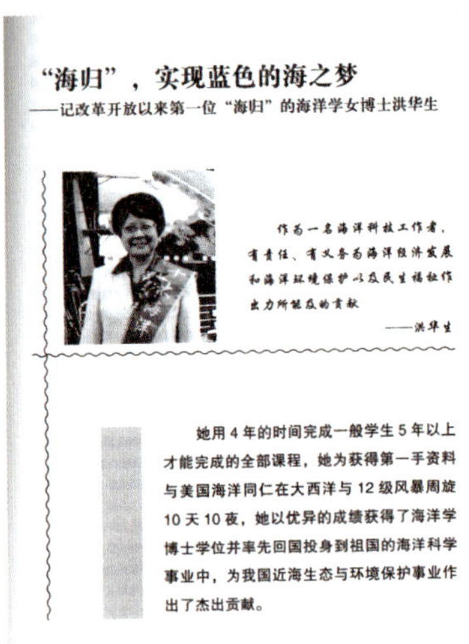

“海归”，实现蓝色的海之梦
——记改革开放以来第一位“海归”的海洋学女博士洪华生

作为一名海洋科技工作者，有责任、有义务为海洋经济发展和海洋环境保护以及民生福祉作出力所能及的贡献
——洪华生

她用4年的时间完成一般学生5年以上才能完成的全部课程，她为获得第一手资料与美国海洋同仁在大西洋与12级风暴周旋10天10夜，她以优异的成绩获得了海洋学博士学位并率先回国投身到祖国的海洋科学事业中，为我国近海生态与环境保护事业作出了杰出贡献。

-33-

后　记

《碧海生命乐章——首位归国海洋学女博士洪华生传》即将与广大读者见面，洪华生教授半个多世纪以来一直奋斗奉献的海洋科学事业的人生轨迹、厦门大学海洋学科源远流长的发展历史，通过翻动的书页将在你的眼前逐一展现。

“长风破浪会有时，直挂云帆济沧海。”本书是对洪华生教授“筑梦、追梦、圆梦”精彩人生和艰辛学术历程的回顾与叙述，展现了洪华生教授作为归国华侨和海洋科学家的蓝色“海洋强国梦”和浩瀚“海洋赤子心”，全面反映了厦门大学海洋环境学科与时俱进的发展脉络、“自强不息，止于至善”的嘉庚精神以及中华人民共和国发展“海洋强国”战略的时代强音。也以此书的出版，作为对厦门大学100周年校庆的一份隆重的献礼。

在本书的编撰过程中，我们常常听到这样的由衷表达——“洪老师是厦大近30年来海洋环境科学之魂，她德才兼备的学术修养、高瞻远瞩的创新理念、无私奉献的家国情怀和对后辈、学子的关爱，鼓舞着厦大海洋环境学科一代又一代学子不断向上，也使得有思想、有胆识、有追求、有毅力、有成就的学生人才辈出”。

洪华生教授在海洋环境科学教育上的贡献，确实整整影响了几代人。她不仅是我国海洋生物地球化学学科的开拓者和奠基人，还是一位“伯乐”，她奖掖后进不遗余力的故事，一直在中国科学界和厦门大学传为美谈。经由洪华生教授对许多优秀海洋人才的发掘和培养，使得厦门大学海洋学科成为一流学科，环境学科在国内、国际学界备受瞩目。

本书的筹备和征编、撰写工作前后历经近两年，在编写过程当中查询了大量的书籍、项目资料，进行了细致的梳理和归纳，尽可能做到全面、翔实。同时也进行了细致的访谈，实地采访了洪华生教授的许多同事、合作伙伴、朋友、学生和相关人士，获得丰富的第一手资料。此外，在征稿过程中，也得到了洪华生教授的同学、朋友、同事、项目合作伙伴和学生们的大力支持。

在征编和撰写的过程中，李少菁、郑微云、洪港船、许振祖、胡明辉、潘世建、周鲁闽、张珞平、陈伟琪等多位专家学者及项目相关人员，为资料的收集和采访提供了便利和支持，诗人阿真女士提供了有价值的内容建议，大学同窗许美丽女士写来感言，收藏家陈亚元先生提供了宝贵的图片，谨在此一并致谢！

自2019年春天征稿开始，我们陆续收到了来自北京、山东、广东、广西、福州、厦门、武汉、香港、台湾等地以及菲律宾、加拿大、美国等国朋友、同事、合作伙伴、学生们的来稿，使得本书的编撰更加翔实和生动。洪华生教授本人不仅提供大量的第一手素材和照片，还对书中的每一章节仔细审阅、修改。本书附录的“感恩情缘篇”，洪华生教授亲自起草了对家人、恩师、朋友、合作伙伴以及学生们的感恩故事和肺腑之言，其中的感恩和殷切之情溢于言表。

在本书付梓之际，衷心感谢胡敦欣院士、戴民汉院士拨冗欣然作序。特别鸣谢洪丽玉在学生来稿征集和协助本书相关访谈事宜、校稿工作等过程中付出的诸多努力与帮助。感谢吴晞等人为本书的编写提供的帮助。再次感谢所有接受访谈和邀稿的洪华生教授的同学，海洋学科、环境学科专家同仁及合作伙伴，朋友和学生们。感谢近海海洋环境科学国家重点实验室（厦门大学）、厦门大学科考船运行管理中心和福建省海陆界面生态环境重点实验室以及洪华生弟子们对本书出版的大力支持！

囿于时间因素和水平的局限，在编撰过程中，错漏和不足之处在所难免，敬请专家和读者不吝批评指正。

最后，让我们共同品读一段段传奇人生、一份份家国情怀，碧海无垠，属于中国海洋科学的蓝色生命乐章还将继续生生不息！

编著者

2020年8月